ÁLVARO **ANDRINI**
MARIA JOSÉ **VASCONCELLOS**

PRATICANDO
MATEMÁTICA

edição
renovada

4ª edição
São Paulo, 2018

Dados Internacionais de Catalogação na Publicação (CIP)
(Câmara Brasileira do Livro, SP, Brasil)

Andrini, Álvaro
  Praticando matemática 9 / Álvaro Andrini, Maria José Vasconcellos. –
4. ed. renovada. – São Paulo: Editora do Brasil, 2018. – (Coleção praticando
matemática)

  Suplementado pelo manual do professor.
  Bibliografia
  ISBN 978-85-10-06859-8 (aluno)
  ISBN 978-85-10-06860-4 (professor)

  1. Matemática (Ensino fundamental)
  I. Vasconcellos, Maria José. II. Título. III. Série.

18-16833   CDD-372.7

Índices para catálogo sistemático:
1. Matemática: Ensino fundamental 372.7
Maria Alice Ferreira - Bibliotecária - CRB-8/7964

© Editora do Brasil S.A., 2018
Todos os direitos reservados

Direção geral: Vicente Tortamano Avanso

Direção editorial: Felipe Ramos Poletti
Gerência editorial: Erika Caldin
Coordenação de arte: Cida Alves
Supervisão de revisão: Dora Helena Feres
Supervisão de iconografia: Léo Burgos
Supervisão digital: Ethel Shuña Queiroz
Supervisão de controle de processos editoriais: Marta Dias Portero
Supervisão de direitos autorais: Marilisa Bertolone Mendes

Supervisão editorial: Valéria Elvira Prete
Edição: Igor Marinho Guimarães da Nóbrega
Assistência editorial: Andriele de Carvalho Landim e Cristina Silva dos Santos
Auxílio editorial: Fernanda Carvalho
Coordenação de revisão: Otacilio Palareti
Copidesque: Gisélia Costa e Ricardo Liberal
Revisão: Alexandra Resende, Andréia Andrade, Elaine Fares e Maria Alice Gonçalves
Pesquisa iconográfica: Elena Ribeiro e Thais Falcão
Assistência de arte: Leticia Santos
Design gráfico: Andrea Melo
Capa: Patrícia Lino
Imagem de capa: Ivansmuk/Dreamstime.com com pesquisa iconográfica de Daniel Andrade
Ilustrações: DAE, Danillo Souza, Estúdio Ornintorrinco, Hélio Senatore, Ilustra Cartoon,
Jorge Zaiba, Leonardo Conceição, Marcelo Azalim, Paulo José, Pedro Sotto, Reinaldo Rosa,
Reinaldo Vignati, Ronaldo Barata e Zubartez.
Produção cartográfica: DAE e Sônia Vaz
Coordenação de editoração eletrônica: Abdonildo José de Lima Santos
Editoração eletrônica: Adriana Albano, Armando F. Tomiyoshi, Débora Jóia, Gabriela César,
Gilvan Alves da Silva, José Anderson Campos e Sérgio Rocha
Licenciamentos de textos: Cinthya Utiyama, Paula Harue Tozaki e Renata Garbellini
Controle de processos editoriais: Bruna Alves, Carlos Nunes, Jefferson Galdino, Rafael Machado
e Stephanie Paparella

4ª edição / 1ª impressão, 2018
Impresso na Meltingcolor Gráfica e Editora Ltda.

Rua Conselheiro Nébias, 887
São Paulo, SP – CEP 01203-001
Fone: +55 11 3226-0211
www.editoradobrasil.com.br

APRESENTAÇÃO

Prezado aluno,

Você já deve ter perguntado a si mesmo, ou a seu professor:
"Para que eu devo estudar Matemática?"
Há três respostas possíveis:

1. A Matemática permite que você conheça melhor a realidade.
2. A Matemática pode ajudar você a organizar raciocínios.
3. A Matemática pode ajudar você a fazer descobertas.

Este livro e as orientações de seu professor constituem um ponto de partida.
O caminho para o conhecimento é você quem faz.

Os autores

"Não há ramo da Matemática, por mais abstrato que seja, que não possa um dia vir a ser aplicado aos fenômenos do mundo real."

Lobachevsky

Agradecemos ao professor
Eduardo Wagner
pelos comentários e sugestões
que contribuíram para a melhoria
deste trabalho.

SUMÁRIO

UNIDADE 1 – Potenciação e radiciação

1. Revendo a potenciação.............................. 7

2. Propriedades das potências..................... 11

3. Revendo a radiciação.............................. 15

4. Expoentes racionais................................ 18

5. Propriedades dos radicais....................... 19

6. Simplificação de radicais........................ 25

7. Adição e subtração de radicais............... 28

8. Cálculos com radicais............................. 31

9. Racionalização....................................... 33

UNIDADE 2 – Equações do 2° grau

1. Equações.. 41

2. Resolvendo equações do 2° grau............. 43

3. Forma geral de uma equação do 2° grau 48

4. Trinômios quadrados perfeitos e equações do 2° grau............................. 49

5. Fórmula geral de resolução da equação do 2° grau.............................. 54

6. Resolvendo problemas............................ 58

7. Soma e produto das raízes de uma equação do 2° grau.............................. 62

8. Equações fracionárias que recaem em equações do 2° grau.............................. 68

9. Equações biquadradas............................ 71

10. Equações irracionais............................... 72

UNIDADE 3 – Sistema cartesiano

1. Localização.................................81

2. Sistema cartesiano.......................84

3. Coordenadas geográficas.............86

UNIDADE 4 – Funções

1. Conceito de função.......................95

2. As funções e suas aplicações.......102

3. Da tabela para a lei de formação da função.....................................108

4. Interpretando gráficos.................110

5. Construindo gráficos de funções.............115

6. Função constante.......................123

7. Função linear e proporcionalidade direta.....................................123

8. Funções do 1º grau e sistemas de equações do 1º grau..................125

UNIDADE 5 – Noções de probabilidade

1. Qual é a chance?.........................137

2. As probabilidades e a estatística...............145

3. População e amostra...................148

UNIDADE 6 – Teorema de Tales e semelhança de triângulos

1. Razões, proporções e segmentos proporcionais............................159

2. Teorema de Tales.......................161

3. Teorema de Tales nos triângulos.............166

4. Semelhança...............................168

5. Semelhança de triângulos...........173

6. Aplicando a semelhança de triângulos.... 177

UNIDADE 7 – Relações métricas nos triângulos retângulos

1. O teorema de Pitágoras...............185

2. Teorema de Pitágoras, quadrados e triângulos..............................192

3. Relações métricas nos triângulos retângulos...............................196

UNIDADE 8 – Trigonometria no triângulo retângulo

1. As razões trigonométricas............207

2. As razões trigonométricas e os ângulos de 30º, 45º e 60º......................216

UNIDADE 9 – Círculo e cilindro

1. Área do círculo..........................225

2. Área da superfície e volume de um cilindro...................................233

UNIDADE 10 – Porcentagem e juro

1. Revendo porcentagens, descontos e acréscimos...............................245

2. Juro...251

Sugestões de livros e *sites*........263

Referências 266

Malha 267

Respostas dos exercícios..........268

UNIDADE 1
Potenciação e radiciação

1. Revendo a potenciação

*Numa estrada, encontrei sete mulheres.
Cada mulher tinha sete sacos,
cada saco tinha sete gatos,
cada gato tinha sete gatinhos.
Quantos gatinhos encontrei na estrada?*

Essa brincadeira, adaptada de um verso do folclore inglês, pode ser solucionada calculando-se:

$7 \cdot 7 \cdot 7 \cdot 7 = 2\,401$ gatinhos; ou, usando a potenciação, $7^4 = 2\,401$ gatinhos.

Nesta potenciação, 7 é a base e 4 é o expoente.

O papiro de Rhind

Entrelaçando e colando as hastes das folhas de uma planta chamada papiro, os egípcios fabricavam artesanalmente um material para nele escrever: um ancestral do nosso papel. Alguns documentos escritos nesse material sobreviveram ao tempo e são chamados de **papiros**.

Em 1858, um pesquisador escocês chamado Henri Rhind comprou, no Egito, um papiro que, estima-se, foi escrito por volta de 1650 a.C. Ele contém informações sobre o sistema de numeração egípcio, conhecimentos de geometria e proporcionalidade, problemas e até brincadeiras com números.

Uma dessas brincadeiras cita:

7 casas, 49 gatos, 343 ratos e 2 401 espigas de milho.

Supõe-se que essa brincadeira tenha inspirado o versinho do folclore inglês que citamos.

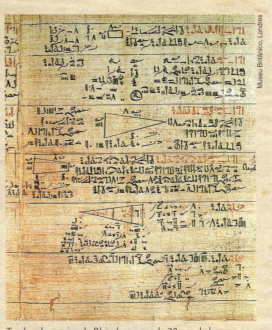

Trecho do papiro de Rhind, que mede 30 cm de largura e 5 m de comprimento.

Definições

Você já trabalhou nos anos anteriores com a potenciação e suas propriedades. Vamos recordar? Considerando que a base é um número real a e o expoente é um número natural n, temos:

$$a^n = \underbrace{a \cdot a \cdot a \cdot \ldots \cdot a}_{n \text{ fatores iguais a } a} \text{ para } n > 1$$

$a^1 = a$ e para $a \neq 0$
$a^0 = 1$
$a^{-n} = \dfrac{1}{a^n} = \left(\dfrac{1}{a}\right)^n$

Os matemáticos tiveram várias razões para introduzir essas definições. Por exemplo, a manutenção de padrões:

3^4	3^3	3^2	3^1	3^0	3^{-1}	3^{-2}	3^{-3}	3^{-4}
81	27	9	3	1	$\dfrac{1}{3}$	$\dfrac{1}{9}$	$\dfrac{1}{27}$	$\dfrac{1}{81}$

÷3 ÷3 ÷3 ÷3 ÷3 ÷3 ÷3 ÷3

Os expoentes diminuem sempre uma unidade.
O quociente entre os valores sucessivos das potências é constante e igual a 3.

Veja exemplos de cálculos de potências:

- $1{,}5^2 = 1{,}5 \cdot 1{,}5 = 2{,}25$
- $(-2)^5 = (-2) \cdot (-2) \cdot (-2) \cdot (-2) \cdot (-2) = -32$
- $\left(\dfrac{3}{7}\right)^2 = \dfrac{3}{7} \cdot \dfrac{3}{7} = \dfrac{9}{49}$
- $\left(\dfrac{7}{9}\right)^{-2} = \left(\dfrac{9}{7}\right)^2 = \dfrac{81}{49}$
- $\left(-\dfrac{1}{5}\right)^{-3} = (-5)^3 = -125$
- $4^{-3} = \dfrac{1}{4^3} = \dfrac{1}{64}$
- $8^0 = 1$
- $(-2{,}6)^0 = 1$

Veja:
$$\dfrac{1}{\left(\dfrac{7}{9}\right)^2} = \dfrac{1}{\dfrac{49}{81}} = 1 \cdot \dfrac{81}{49} = \dfrac{81}{49}$$

REFLETINDO

Registre no caderno.

1. Potências com expoente dois são chamadas "quadrados" e com expoente três "cubos". Explique por que associamos essas potências às figuras do quadrado e do cubo.

2. Escreva o produto $2 \cdot 2 \cdot 2 \cdot 2 \cdot 2 \cdot 2$ como potência de base:
   - 2
   - 4
   - 8
   - 64

3. A sentença abaixo é falsa. Explique por quê.
   "Potências com expoente negativo sempre têm resultado negativo."

Atenção!

Quando a base é um número negativo, é necessário escrevê-la entre parênteses.

$\underbrace{(-2)^4}_{\text{base } (-2)} = 16$

$\underbrace{-2^4}_{\text{base } 2} = -16$

Sem parênteses, o sinal de negativo será aplicado ao resultado da potenciação.

Ilustrações: Estúdio Ornitorrinco

8

EXERCÍCIOS

NO CADERNO

1. Num depósito há 10 caixas; cada caixa contém 10 pacotes, e cada pacote contém 10 parafusos. Quantos parafusos há no total?

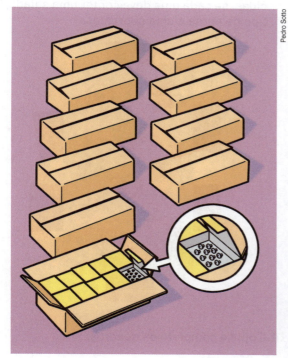

2. Qual é o expoente?

   a) $2^{\square} = 8$
   b) $7^{\square} = 49$
   c) $10^{\square} = 10\,000$
   d) $0^{\square} = 0$
   e) $(+2)^{\square} = 32$
   f) $(-2)^{\square} = 64$
   g) $(-2)^{\square} = -128$
   h) $(-3)^{\square} = 9$
   i) $(-3)^{\square} = -27$
   j) $(-10)^{\square} = -100\,000$

3. Qual é o número maior: 22^2 ou 2^{22}?

4. Complete o quadro que traz a área e o perímetro de cinco quadrados diferentes.

Lado	3	7	1,5	$\frac{1}{2}$	x
Área	9				
Perímetro					

5. Calcule.

   a) $(-7)^2$
   b) -7^2

   Os resultados são iguais ou diferentes? Por quê?

6. Calcule.

   a) $(-3)^4$
   b) -3^4
   c) -5^3
   d) $(-5)^3$
   e) $(-1,4)^2$
   f) $-1,4^2$

7. Um gato come 4 ratos por dia. Quantos ratos 4 gatos comem em 4 dias?

8. Qual é o valor de *a*?

   a) $a^5 = 1$
   b) $a^6 = 0$
   c) $a^3 = 8$
   d) $a^2 = 25$
   e) $a^4 = 16$
   f) $a^2 = -9$ (Cuidado!)

   Atenção! Em alguns itens pode haver duas respostas.

9. Traduza para a linguagem matemática:

   a) o quadrado de 5;
   b) o dobro do quadrado de 5;
   c) o cubo de 5;
   d) o triplo do cubo de 5.

10. Seguindo o mesmo padrão de construção do prédio abaixo em relação à posição das janelas, foi construído outro com 7 blocos, também numerados de cima para baixo como o da figura. Nesse novo prédio, qual é o número de janelas do 7º bloco (o mais próximo do chão)?

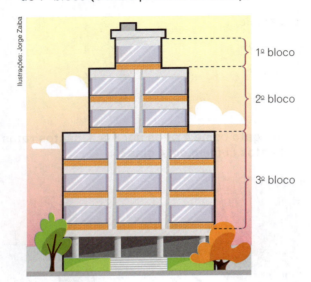

11. Copie e complete cada uma das tabelas utilizando as potências de base 10.

kg	g
1	
10	
100	
1000	

m	cm
1	
10	
100	
1000	

12. Calcule.

a) $\left(\dfrac{4}{5}\right)^2$

b) $\dfrac{4^2}{5}$

c) $\left(-\dfrac{3}{10}\right)^2$

d) $\left(-\dfrac{9}{8}\right)^2$

e) $\left(-\dfrac{1}{2}\right)^5$

f) $\left(-\dfrac{1}{2}\right)^6$

13. Um restaurante oferece três tipos de salada, três tipos de carne e três tipos de sobremesa. Quantas refeições diferentes podem ser oferecidas, se cada uma deve conter uma salada, um tipo de carne e uma sobremesa?

14. Copie e complete os quadros.

$3^3 = 27$
$3^2 = 9$
$3^1 = 3$
$3^0 = 1$
$3^{-1} = \square$
$3^{-2} = \square$

$(-3)^3 = -27$
$(-3)^2 = 9$
$(-3)^1 = -3$
$(-3)^0 = 1$
$(-3)^{-1} = \square$
$(-3)^{-2} = \square$

Responda.

a) As potências 3^{-1} e $(-3)^{-1}$ são iguais ou diferentes?

b) As potências 3^{-2} e $(-3)^{-2}$ são iguais ou diferentes?

15. Calcule.

a) 7^{-2}

b) $\left(\dfrac{5}{7}\right)^{-2}$

c) $\left(\dfrac{2}{3}\right)^{-4}$

d) 5^{-3}

e) $\left(\dfrac{2}{5}\right)^{-3}$

f) $\left(\dfrac{6}{3}\right)^{-1}$

2. Propriedades das potências

Para evitar tantos cálculos, podemos aplicar as propriedades das potências. Vamos lembrá-las e depois voltaremos a essa expressão. Observe:

$2^4 \cdot 2^3 = \underbrace{2 \cdot 2 \cdot 2 \cdot 2}_{2^4} \cdot \underbrace{2 \cdot 2 \cdot 2}_{2^3} = 2^7$

$2^4 \cdot 2^3 = 2^{4+3} = 2^7$

$5^6 : 5^4 = \dfrac{\cancel{5} \cdot \cancel{5} \cdot \cancel{5} \cdot \cancel{5} \cdot 5 \cdot 5}{\cancel{5} \cdot \cancel{5} \cdot \cancel{5} \cdot \cancel{5}} = 5^2$

$5^6 : 5^4 = 5^{6-4} = 5^2$

> Quando multiplicamos potências de mesma base, podemos conservar a base e somar os expoentes.

> Quando dividimos potências de mesma base, podemos conservar a base e subtrair os expoentes.

Acompanhe exemplos de aplicação dessas propriedades:

- $(-3)^{-4} \cdot (-3)^6 = (-3)^{-4+6} = (-3)^2$
- $\dfrac{6^9}{6^8} = 6^{9-8} = 6^1 = 6$
- $x^2 \cdot x^3 \cdot x^{-9} = x^{2+3+(-9)} = x^{-4}$ (com $x \neq 0$)
- $a^5 : a^9 = a^{5-9} = a^{-4}$ (com $a \neq 0$)
- $1{,}7^9 : 1{,}7^2 = 1{,}7^{9-2} = 1{,}7^7$

Dessas propriedades decorrem outras:

$(7^4)^2 = 7^4 \cdot 7^4 = 7^8$, ou seja, $(7^4)^2 = 7^{4 \cdot 2} = 7^8$

> Para elevar uma potência a um expoente, podemos conservar a base e multiplicar os expoentes.

Finalmente, acompanhe os exemplos:

- $(5 \cdot 3)^2 = (5 \cdot 3) \cdot (5 \cdot 3) = 5 \cdot 5 \cdot 3 \cdot 3 = 5^2 \cdot 3^2$
- $(x \cdot y^2)^3 = (x \cdot y^2) \cdot (x \cdot y^2) \cdot (x \cdot y^2) = x \cdot x \cdot x \cdot y^2 \cdot y^2 \cdot y^2 = x^3 \cdot (y^2)^3 = x^3 \cdot y^6$

> Se a base é uma multiplicação, podemos elevar cada fator ao expoente indicado.

De forma semelhante, na divisão podemos elevar dividendo e divisor ao expoente indicado. Veja:

$(8 : 5)^3 = 8^3 : 5^3$

POTENCIAÇÃO E RADICIAÇÃO 11

Podemos usar letras para generalizar as propriedades que acabamos de rever.
As bases são números reais a e b diferentes de zero, e os expoentes, números inteiros m e n.

$$a^m \cdot a^n = a^{m+n}$$
$$a^m : a^n = a^{m-n}$$
$$(a^m)^n = a^{m \cdot n}$$
$$(a \cdot b)^m = a^m \cdot b^m$$
$$(a : b)^m = a^m : b^m$$

Usando essa forma de representação, uma pessoa que não fale o nosso idioma, mas que conheça Matemática, saberá que listamos as propriedades das potências!

Agora, voltando à nossa expressão...

$5^4 \cdot 5^6 : 5^8 = 5^{10} : 5^8 = 5^2 = 25$

Ficou mais fácil!

Vamos ver mais um exemplo.

Tomemos a expressão $\dfrac{243 \cdot 3^8}{27^4}$.

Seria bastante trabalhoso calcular as potências indicadas. No entanto, podemos simplificar a expressão.

Primeiro fatoramos 243 e 27:

243	3
81	3
27	3
9	3
3	3
1	

 $243 = 3^5$

27	3
9	3
3	3
1	

$27 = 3^3$

Aplicando as propriedades das potências, economizamos cálculos e tempo!

Voltando à expressão inicial:

$$\dfrac{243 \cdot 3^8}{27^4} = \dfrac{3^5 \cdot 3^8}{(3^3)^4} = \dfrac{3^{5+8}}{3^{3 \cdot 4}} = \dfrac{3^{13}}{3^{12}} = 3^{13-12} = 3^1 = 3$$

Então, $\dfrac{243 \cdot 3^8}{27^4} = 3$.

REFLETINDO

Registre no caderno.

1. Mostre que:
   a) $8^7 = 2^{21}$
   b) $(7+3)^2 \neq 7^2 + 3^2$
   c) $(4-3)^2 \neq 4^2 - 3^2$

2. Escreva a expressão $2^7 \cdot 8^2 : 16^2$ como uma única potência de base 2.

3. Copie e complete de modo a obter uma igualdade verdadeira: $2^5 \cdot (\;\;\;)^5 \cdot 6^2 = 6^7$

12

EXERCÍCIOS

16. O desenho abaixo representa o cruzamento de linhas horizontais com linhas verticais. Quantos pontos haveria se tivéssemos 18 linhas horizontais e 18 verticais?

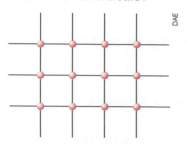

17. Transforme numa única potência.
  a) $5^7 \cdot 5^2$
  b) $a \cdot a^4 \cdot a$
  c) $7 \cdot 7^3 \cdot 49$
  d) $7^{10} : 7^4$
  e) $3^2 : 3^{-5}$
  f) $10^6 : 10^3 : 10$

18. Certo ou errado? Anote as respostas.

  a) $(8^3)^2 = 8^5$
  b) $6^7 : 6^{-5} = 6^2$
  c) $(5 + 3)^2 = 5^2 + 3^2$
  d) $\dfrac{10^4}{10^5} = 10^{-1}$

19. No chaveiro representado na figura, são guardadas as chaves de um estacionamento. Em cada gancho são colocadas 5 chaves. No total, quantas chaves podem ser guardadas?

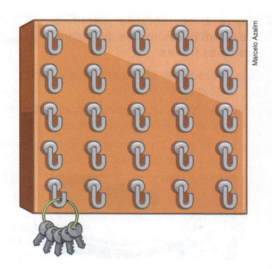

20. Calcule mentalmente o valor de:

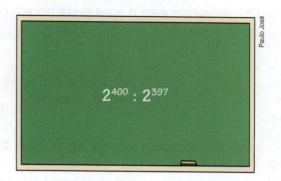

$2^{400} : 2^{397}$

21. Relacione as expressões que têm o mesmo valor.
  Ⓐ $7 \cdot 7 \cdot 7 \cdot 7$
  Ⓑ $(7^2)^4$
  Ⓒ $(5^2)^2$
  Ⓓ $5^2 \cdot 5^4$
  Ⓘ $7^3 \cdot 7$
  Ⓘ Ⓘ $5 \cdot 5 \cdot 5 \cdot 5$
  Ⓘ Ⓘ Ⓘ $(5^2)^3$
  Ⓘ Ⓥ 49^4

22. Simplifique.
  a) $\dfrac{(7^2)^3}{(7^3)^2}$
  b) $\dfrac{(3 \cdot 5^2)^3}{(3^2 \cdot 5)^2}$

23. Resolva mentalmente o problema.

Em uma caixa há 3^7 lápis. Quantos pacotes, com 3^5 lápis em cada um, vou conseguir embalar?

24. Quanto é:
  a) o dobro de 2^{10}?
  b) o quádruplo de 2^{10}?
  c) o quadrado de 2^{10}?
  d) o cubo de 2^{10}?

Uma aplicação da potenciação: a notação científica

Provavelmente você já aprendeu a notação científica no 8º ano.
As potências de base 10 são utilizadas para simplificar e padronizar o registro de números.

> A distância entre o planeta Vênus e o Sol é de, aproximadamente, 108 000 000 quilômetros.

A notação científica permite registrar esse número numa forma mais simples:
108 000 000 km = $1{,}08 \cdot 10^8$ km
A vírgula foi deslocada 8 casas para a esquerda: o expoente da potência de base 10 é 8.

Outro exemplo:

> Certo vírus tem espessura aproximada de 0,0005 milímetro.

Na notação científica, 0,0005 mm = $5 \cdot 10^{-4}$ mm.
A vírgula foi deslocada 4 casas para a direita: o expoente da potência de base 10 é -4.

> Os registros de números na notação científica apresentam um número entre 1 e 10 multiplicado por uma potência de base 10.

EXERCÍCIOS

NO CADERNO

25. Escreva os números utilizando notação científica.

a) 4 000
b) 8 200 000
c) 0,00756
d) 0,00009

26. Escreva, em notação científica, os números que aparecem nas frases.

a) O coração humano bate cerca de 36 000 000 de vezes em um ano.
b) Há cerca de 60 milhões de células na retina do olho humano.
c) A espessura de uma folha de papel é de 0,005 mm.
d) A distância da Terra à Lua é de, aproximadamente, 384 400 000 metros.

27. Escreva, em notação científica, cada um dos números que aparecem nas frases.

a) O estádio do Maracanã já acomodou um público de 210 000 pessoas.
b) O Rio Nilo é um dos mais compridos do mundo, com 6 695 000 metros de extensão.
c) Em média, uma célula do corpo humano tem massa de 0,000000008 grama.

Estádio do Maracanã, Rio de Janeiro, RJ.

3. Revendo a radiciação

Conhecendo a medida do lado do quadrado, podemos determinar sua área.

$$A = \ell^2 = 4^2 = 16 \text{ cm}^2$$

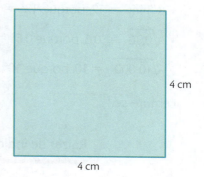

Conhecendo a área do quadrado, podemos determinar a medida de seu lado.

$$A = \ell^2$$
$$\ell^2 = 25$$
$$\ell = \sqrt{25} = 5 \text{ cm, pois } 5^2 = 25$$

Extrair a raiz quadrada é a operação inversa de elevar ao quadrado.

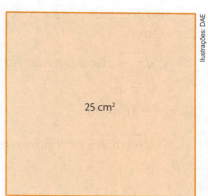

Já aprendemos que há dois números que, elevados ao quadrado, resultam em 25.

$$5^2 = 25 \text{ e } (-5)^2 = 25$$

Considera-se que $\sqrt{25}$ é o número **positivo** que elevado ao quadrado resulta em 25:

$$\sqrt{25} = 5$$

Indicaremos por $-\sqrt{25}$ o oposto de $\sqrt{25}$. Observe: $-\sqrt{25} = -5$

O volume de um cubo de aresta 2 cm é:

$$V = a^3 = 2^3 = 8 \text{ cm}^3$$

Se um cubo tem volume de 27 cm³, podemos determinar a medida de sua aresta.

$$V = a^3$$
$$27 = a^3$$
$$a = \sqrt[3]{27} = 3, \text{ porque } 3^3 = 27$$

Extrair a raiz cúbica é a operação inversa de elevar ao cubo.

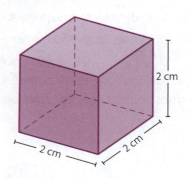

A potenciação e a radiciação são operações inversas.

Relembre o cálculo de raízes com estes exemplos:

- $\sqrt{144} = 12$, porque $12^2 = 144$
- $\sqrt{0,36} = 0,6$, porque $0,6^2 = 0,36$
- $\sqrt[4]{10\,000} = 10$, porque $10^4 = 10\,000$

$\sqrt[4]{10\,000}$ (lê-se: raiz quarta de dez mil)
- 4 é o índice da raiz
- 10 000 é o radicando
- $\sqrt{}$ é o símbolo da raiz

Lembre-se:

Raízes de índice par de números negativos não são números reais.

Isso acontece porque todo número real elevado a um expoente par resulta em um número positivo. Por exemplo:

- $\sqrt{-16}$ não é um número real

  $4^2 = 16$

  $(-4)^2 = 16$

- $\sqrt[6]{-1}$ não é um número real

  $1^6 = 1$

  $(-1)^6 = 1$

REFLETINDO

1. Calcule mentalmente a medida:
   a) do lado de um quadrado de área 36 cm²;
   b) da aresta de um cubo de volume 8 cm³.
2. Responda no caderno.
   a) Se $x^2 = 49$, quais são os possíveis valores de x?
   b) $\sqrt{49} = 7$ e $-\sqrt{49}$?
3. $\sqrt{-3^4}$ é um número real? E $\sqrt{(-3)^4}$?

No entanto...

Raízes de índice ímpar de números negativos são números reais.

Exemplos:

- $\sqrt[3]{-8} = -2$, porque $(-2)^3 = -8$
- $\sqrt[5]{-32} = -2$, porque $(-2)^5 = -32$

Muitas raízes são números irracionais: têm infinitas casas decimais e não apresentam período. $\sqrt{2}$, $\sqrt{5}$, $\sqrt{8}$ e $\sqrt[3]{24}$, por exemplo, são números irracionais. Podemos trabalhar com esses números na forma de radical. Se necessário, podemos aproximar essas raízes por um número racional.

Digite 2 e a tecla $\sqrt{}$ na calculadora.

Aparece, no visor, 1,414213562, que é uma aproximação para $\sqrt{2}$ com 9 casas decimais.

Na prática podemos usar, por exemplo, $\sqrt{2} \cong 1,41$.

EXERCÍCIOS

28. Expresse cada número como uma raiz quadrada.

a) 10
b) 0
c) 13
d) 2,6
e) 0,2
f) $\dfrac{3}{7}$

29. Calcule mentalmente.

a) $\sqrt{1}$
b) $\sqrt{121}$
c) $\sqrt{1{,}21}$
d) $\sqrt{0{,}49}$
e) $\sqrt{0{,}09}$
f) $\sqrt{\dfrac{4}{25}}$

30. Um terreno quadrado tem 900 m² de área.

a) Quantos metros mede o seu perímetro?
b) Qual será a área, em m², de um terreno com o triplo da medida do lado desse quadrado?

31. Complete de modo a obter igualdades verdadeiras.

a) $\sqrt[3]{1}$ = ▨
b) $\sqrt[3]{▨} = 2$
c) $\sqrt[3]{▨} = 20$
d) $\sqrt[3]{0{,}008}$ = ▨
e) $\sqrt[3]{8\,000\,000}$ = ▨
f) $\sqrt[3]{64}$ = ▨
g) $\sqrt[3]{▨} = 40$
h) $\sqrt[3]{0{,}001}$ = ▨

32. Calcule a diferença entre a raiz quadrada de 49 e a raiz cúbica de 125.

33. O volume de um cubo é 1 000 dm³. Qual é o comprimento da aresta?

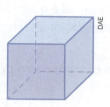

34. Responda.

a) Se $\sqrt[4]{a} = 3$, qual é o valor de *a*?
b) Se $\sqrt[5]{a} = 2$, qual é o valor de *a*?
c) Se $\sqrt[7]{a} = 1$, qual é o valor de *a*?
d) Se $\sqrt[n]{625} = 5$, qual é o valor de *n*?
e) Se $\sqrt[n]{64} = 2$, qual é o valor de *n*?

35. Responda:

> 400 é quadrado de quais números?

36. Qual é o maior número: 2,81 ou $\sqrt{8}$?

37. O senhor José tem um galinheiro quadrado, com uma área de 5 m², que precisa ser cercado com tela. Que número inteiro de metros de tela ele precisa comprar?

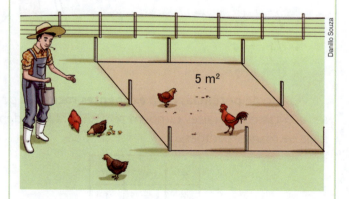

38. Calcule, caso exista, no conjunto dos números reais:

a) $\sqrt{64}$
b) $-\sqrt{64}$
c) $\sqrt{-64}$
d) $\sqrt[4]{81}$
e) $-\sqrt[4]{81}$
f) $\sqrt[4]{-81}$
g) $\sqrt[3]{27}$
h) $-\sqrt[3]{27}$
i) $-\sqrt[3]{-27}$

4. Expoentes racionais

Até agora trabalhamos com potências cujos expoentes eram números inteiros. E se o expoente for um número racional?

Por exemplo, qual é o significado de $7^{\frac{1}{2}}$? E de $2{,}8^{\frac{3}{4}}$? E $16^{0{,}25}$?

Os expoentes racionais relacionam a potenciação e a radiciação da seguinte maneira:

> Se a é um número positivo e m e n são números naturais diferentes de zero, então:
>
> $$a^{\frac{m}{n}} = \sqrt[n]{a^m} \qquad \sqrt[n]{a^m} = a^{\frac{m}{n}}$$

Veja num exemplo por que tomamos base positiva:

$(-2)^{\frac{3}{4}} = \sqrt[4]{(-2)^3}$

Como $(-2)^3$ é um número negativo, essa raiz não é um número real.

As potências de base positiva e expoente racional podem ser escritas na forma de radical, e os radicais podem ser escritos na forma de potência com expoente racional.

Exemplos:
- $7^{\frac{1}{2}} = \sqrt[2]{7^1} = \sqrt{7}$
- $2{,}8^{\frac{3}{4}} = \sqrt[4]{2{,}8^3}$
- $16^{0{,}25} = 16^{\frac{1}{4}} = \sqrt[4]{16^1} = \sqrt[4]{16}$
- $\sqrt{5} = 5^{\frac{1}{2}}$
- $\sqrt[3]{4^2} = 4^{\frac{2}{3}}$
- $\sqrt[5]{2^7} = 2^{\frac{7}{5}}$

O fato de **potências com expoentes racionais** poderem ser escritas como raízes também tem suas razões, dentro da ideia de manter padrões...

4^1	$4^{\frac{1}{2}}$	4^0
4	$x = ?$	1

Os valores dos expoentes diminuem sempre $\frac{1}{2}$. Do mesmo modo como ocorre para os expoentes naturais, os quocientes entre dois valores sucessivos de potências devem ser constantes:

$\dfrac{4}{x} = \dfrac{x}{1} \rightarrow x^2 = 4 \rightarrow x = \sqrt{4}$ 	Como $x = 4^{\frac{1}{2}}$, temos $4^{\frac{1}{2}} = \sqrt{4}$.

As propriedades das potências continuam valendo para os expoentes racionais.

INTERAGINDO

Registrem no caderno.

1. Mostrem que:
   a) $49^{\frac{1}{2}} = 7$
   b) $27^{\frac{1}{3}} = 3$
   c) $32^{0{,}2} = 2$

2. Se $3^x = 2$, quanto vale 27^{2x}?

3. Procurem números a e c tais que:
   a) $a^c < c^a$
   b) $a^c = c^a$
   c) $a^c > c^a$

4. Sendo $a < 0$ e $b < 0$, então $a^2 \cdot b$ é maior ou menor que zero?

5. Sendo $a > 0$ e $b < 0$ então ab^3 é maior ou menor que zero?

6. Se $x^{\frac{1}{3}} = 2$, qual é o valor de x?

5. Propriedades dos radicais

1ª propriedade

Sem fazer cálculos, Márcio escreveu em seu caderno:

Elevar à quinta potência e extrair a raiz quinta: são operações inversas!

Acompanhe:

- $\sqrt{5^2} = 5^{\frac{2}{2}} = 5^1 = 5$
- $\sqrt[3]{7^3} = 7^{\frac{3}{3}} = 7^1 = 7$
- $\sqrt[6]{3^6} = 3^{\frac{6}{6}} = 3^1 = 3$

Veja como escrevemos a forma geral dessa propriedade:

> Se *a* é um número positivo e *n* é um número natural diferente de zero, $\sqrt[n]{a^n} = a$.

Atenção!

Cuidado com a base negativa do radicando!
Veja um exemplo do que ocorre se a base for **negativa** e o índice for **par**:

$\sqrt{(-3)^2} = \sqrt{9} = 3$

Nesse caso, $\sqrt{(-3)^2} \neq -3$.

Essa propriedade pode ser útil no cálculo de raízes. Veja:

Para calcular $\sqrt[4]{625}$, Rogério fatorou 625:

625	5
125	5
25	5
5	5
1	

$625 = 5^4$

Depois fez:

$\sqrt[4]{625} = \sqrt[4]{5^4} = 5$

Para descobrir a medida do lado do quadrado de área 576 cm², Patrícia fez:

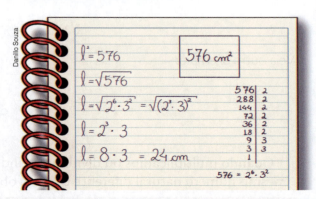

POTENCIAÇÃO E RADICIAÇÃO 19

2ª propriedade

- Escrevemos a raiz quinta de dois elevado à terceira na forma de potência.
- Achamos uma fração equivalente a $\frac{3}{5}$ que tenha denominador dez.
- Escrevemos a potência na forma de radical, outra vez, e está resolvida a questão!

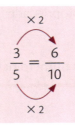

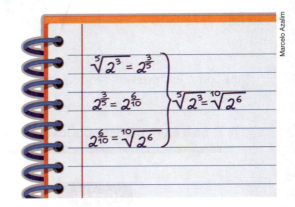

Na prática, faremos:

$$\sqrt[5]{2^3} = \sqrt[5 \cdot 2]{2^{3 \cdot 2}} = \sqrt[10]{2^6}$$

Aproveitando as ideias da Ana...

$$\sqrt[8]{3^6} = 3^{\frac{6}{8}} = 3^{\frac{3}{4}} = \sqrt[4]{3^3}$$

REFLETINDO

Registre no caderno.

1. Como escrevemos $\sqrt[3]{5}$ na forma de radical com índice 6?
2. Mostre de duas maneiras diferentes que $(3^4)^{0,5} = 9$.
3. Qual foi o erro de Rafael ao escrever a igualdade $\sqrt[4]{7^3} = \sqrt[8]{7^9}$?

Usamos frações equivalentes para escrever o radical numa forma mais simples.
Podemos registrar o procedimento acima de uma forma mais curta, assim:

$$\sqrt[8]{3^6} = \sqrt[8:2]{3^{6:2}} = \sqrt[4]{3^3}$$

Veja outro exemplo:

$$\sqrt[10]{7^5} = 7^{\frac{5}{10}} = 7^{\frac{1}{2}} = \sqrt{7} \quad \text{ou} \quad \sqrt[10]{7^5} = \sqrt[10:5]{7^{5:5}} = \sqrt{7}$$

Quando multiplicamos ou dividimos o índice da raiz e o expoente do radicando pelo mesmo número natural diferente de zero, obtemos um radical equivalente ao primeiro.

EXERCÍCIOS

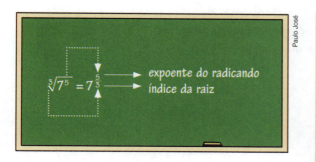

39. Calcule.

a) $64^{\frac{1}{2}}$

b) $400^{\frac{1}{2}}$

c) $8^{\frac{2}{3}}$

d) $\left(\dfrac{16}{25}\right)^{\frac{1}{2}}$

e) $100^{0,5}$

f) $625^{0,25}$

g) $32^{\frac{1}{5}}$

h) $\left(\dfrac{8}{27}\right)^{\frac{1}{3}}$

40. Simplifique.

a) $\sqrt{7^2}$

b) $\sqrt[5]{2^5}$

41.

a) $\sqrt{49}$

b) $\sqrt{121}$

c) $\sqrt{169}$

d) $\sqrt[3]{125}$

e) $\sqrt[4]{625}$

f) $\sqrt[3]{343}$

g) $\sqrt[4]{81}$

h) $\sqrt[6]{729}$

i) $\sqrt[7]{128}$

j) $\sqrt[10]{1024}$

42. A figura representa um escritório com duas salas quadradas de 9 m² de área cada uma. O corredor tem 1 m de largura. Qual é a área total do conjunto?

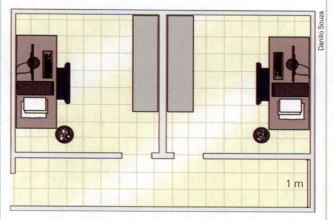

43. Veja o que o professor escreveu na lousa:

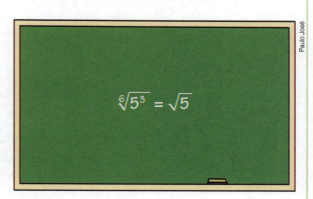

Justifique essa afirmação do professor.

44. Simplifique os radicais e, em cada item, responda: Que número você usou para dividir o índice e o expoente?

a) $\sqrt[4]{7^6}$

b) $\sqrt[9]{5^6}$

c) $\sqrt[10]{2^{15}}$

d) $\sqrt[8]{3^2}$

45. Certo ou errado?

a) $\sqrt[6]{7^2} = \sqrt[3]{7}$

b) $\sqrt[5]{6^4} = \sqrt[10]{6^8}$

c) $\sqrt[6]{5^3} = \sqrt[3]{5}$

d) $\sqrt[3]{2} = \sqrt[12]{2^4}$

46. (Unicamp-SP) Determine o maior dentre os números $\sqrt[3]{3}$ e $\sqrt[4]{4}$.

Descobrindo mais propriedades dos radicais

3ª propriedade

Sabemos que $\sqrt{25 \cdot 4} = \sqrt{100} = 10$.
Também sabemos que:

$\left.\begin{array}{l}\sqrt{25} = 5 \\ \sqrt{4} = 2\end{array}\right\}$ $\sqrt{25} \cdot \sqrt{4} = 5 \cdot 2 = 10$

Então, $\sqrt{25 \cdot 4} = \sqrt{25} \cdot \sqrt{4}$.

O que observamos nesse exemplo pode ser generalizado. Acompanhe.
Tomemos os números positivos a e b e o número natural n diferente de zero:

$$\sqrt[n]{a \cdot b} = (a \cdot b)^{\frac{1}{n}} = a^{\frac{1}{n}} \cdot b^{\frac{1}{n}} = \sqrt[n]{a} \cdot \sqrt[n]{b}$$

Ou seja, usando a notação de potência de expoente racional para os radicais e as propriedades da potenciação, mostramos que:

$$\sqrt[n]{a \cdot b} = \sqrt[n]{a} \cdot \sqrt[n]{b}$$

raiz de um produto   produto de raízes

A raiz de um produto é igual ao produto das raízes dos fatores desse produto.

Aplicando essa propriedade, chegaremos a um resultado importante:

$\left(\sqrt[3]{7}\right)^2 = \sqrt[3]{7} \cdot \sqrt[3]{7} = \sqrt[3]{7 \cdot 7} = \sqrt[3]{7^2}$, isto é: $\left(\sqrt[3]{7}\right)^2 = \sqrt[3]{7^2}$

De modo geral:

$$\left(\sqrt[n]{a}\right)^m = \sqrt[n]{a^m}$$

(Saresp) Por qual dos números abaixo deve ser multiplicada a expressão $\sqrt{5} \cdot \sqrt{8} \cdot \sqrt{9}$ para que seja obtido um número inteiro?

a) $\sqrt{10}$ c) $\sqrt{45}$
b) $\sqrt{30}$ d) $\sqrt{50}$

4ª propriedade

Agora observe:
- $\sqrt{36:4} = \sqrt{9} = 3$
- $\sqrt{36} : \sqrt{4} = 6 : 2 = 3$

Então, $\sqrt{36:4} = \sqrt{36} : \sqrt{4}$.

Sendo a e b números positivos e n um número natural diferente de zero:

$\sqrt[n]{a:b} = (a:b)^{\frac{1}{n}} = a^{\frac{1}{n}} : b^{\frac{1}{n}} = \sqrt[n]{a} : \sqrt[n]{b}$, ou seja:

Você verá como as propriedades que estamos vendo serão úteis!

raiz de um quociente ⟵ $\sqrt[n]{\dfrac{a}{b}} = \dfrac{\sqrt[n]{a}}{\sqrt[n]{b}}$ ⟶ quociente de raízes

A raiz de um quociente é igual ao quociente das raízes do dividendo e do divisor.

Para determinar $\sqrt[4]{6\,561}$ usando uma calculadora simples que tem a tecla , digitamos 6 561   e obtemos 9.

Confirme que $9^4 = 6\,561$ digitando:

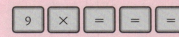

Agora compreenda por que calcular $\sqrt[4]{6\,561}$ é o mesmo que calcular $\sqrt{\sqrt{6\,561}}$.

$\sqrt{\sqrt{6\,561}} = \left(\sqrt{6\,561}\right)^{\frac{1}{2}} = \left(6\,561^{\frac{1}{2}}\right)^{\frac{1}{2}} = 6\,561^{\frac{1}{4}} = \sqrt[4]{6\,561}$

Usando o procedimento do exemplo, mostre que $\sqrt[5]{\sqrt{6}} = \sqrt[10]{6}$.

Registrem no caderno.

1. Mostrem que:
   a) $\sqrt{100 \cdot 4} = \sqrt{100} \cdot \sqrt{4}$
   b) $\sqrt{100 : 4} = \sqrt{100} : \sqrt{4}$

2. Para calcular $\sqrt{12\,100}$ podemos fazer $\sqrt{121 \cdot 100} = \sqrt{121} \cdot \sqrt{100} = 11 \cdot 10 = 110$. Usem esta ideia para efetuar:
   a) $\sqrt{62\,500}$
   b) $\sqrt[3]{216\,000}$

3. Mostrem que $(25\%)^{\frac{1}{2}} = 50\%$.

4. Sabendo que $\sqrt[3]{x} = 4$, calculem $\sqrt[6]{x}$.

5. A igualdade $\sqrt[n]{a:b} = \sqrt[n]{a} : \sqrt[n]{b}$ é sempre verdadeira?

6. Qual é o inverso de $\sqrt{10}$? Representem este número como potência de base 10.

EXERCÍCIOS

47. Escreva sob a forma de uma única raiz.

a) $\sqrt[3]{\sqrt[4]{5}}$

b) $\sqrt[5]{\sqrt[3]{2}}$

c) $\sqrt[3]{\sqrt[4]{3^2}}$

d) $\sqrt{\sqrt{\sqrt{5}}}$

48. Leia a questão que Renato deve responder:

A raiz quadrada da raiz quadrada de um número é igual a 3. Qual é esse número?

Responda você também.

49. Certo ou errado?

a) $\sqrt{21} = \sqrt{3} \cdot \sqrt{7}$

b) $\sqrt[3]{40} = \sqrt[3]{4} \cdot \sqrt[3]{10}$

c) $\sqrt[3]{2} \cdot \sqrt{5} = \sqrt{10}$

d) $\sqrt{2} \cdot \sqrt{3} \cdot \sqrt{5} = \sqrt{30}$

50. Calcule, indicando o resultado sem radical.

a) $\sqrt{3} \cdot \sqrt{12}$

b) $\sqrt[3]{2} \cdot \sqrt[3]{4}$

c) $\sqrt[5]{8} \cdot \sqrt[5]{4}$

d) $\sqrt{11} \cdot \sqrt{11}$

e) $\sqrt{2} \cdot \sqrt{50}$

f) $\sqrt{8} \cdot \sqrt{0,5}$

g) $\sqrt{0,1} \cdot \sqrt{10}$

h) $\sqrt{0,5} \cdot \sqrt{5} \cdot \sqrt{10}$

51. A figura é constituída por duas partes retangulares (medidas em cm).

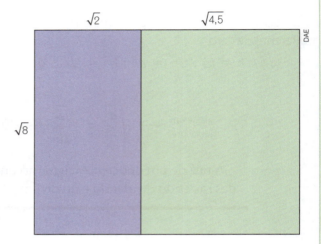

a) Qual é a área do retângulo azul?

b) Qual é a área do retângulo verde?

52. Calcule, usando as propriedades dos radicais aritméticos.

a) $\left(\sqrt{10}\right)^2$

b) $\left(\sqrt[3]{8}\right)^2$

c) $\left(\sqrt[3]{7}\right)^6$

d) $\left(\sqrt{3^2}\right)^4$

53. A figura mostra um retângulo e no seu interior um quadrado.

Qual é a área da parte hachurada da figura?

54. É verdade que $\sqrt{\dfrac{64}{16}} = \dfrac{\sqrt{64}}{\sqrt{16}}$?

6. Simplificação de radicais

Um reservatório em forma de cubo deve comportar 1 728 m³ de água.

Qual deve ser a medida de sua aresta?

Vamos descobrir?

O volume do cubo é: $V = a^3$

Como $V = 1\,728$ m³, temos $a^3 = 1\,728$.

Então, $a = \sqrt[3]{1\,728}$.

Podemos determinar essa raiz por tentativas. Também podemos usar as propriedades dos radicais para determiná-la.

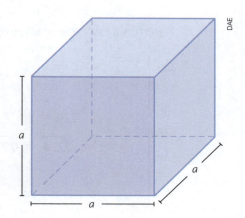

◆ Fatoramos 1 728:

1728	2
864	2
432	2
216	2
108	2
54	2
27	3
9	3
3	3
1	

$1\,728 = 2^6 \cdot 3^3$

$\sqrt[3]{1\,728} = \sqrt[3]{2^6 \cdot 3^3} = \sqrt[3]{2^6} \cdot \sqrt[3]{3^3} = \sqrt[3]{2^3} \cdot \sqrt[3]{2^3} \cdot \sqrt[3]{3^3} = 2 \cdot 2 \cdot 3 = 12$

Logo, a aresta deve medir 12 metros.

As propriedades dos radicais permitiram simplificar e calcular a raiz que resolvia o problema.

Confira calculando se $12^3 = 1\,728$.

Para fazer a higiene pessoal, cozinhar, limpar a casa, lavar a roupa etc., cada pessoa consome em média 200 litros de água por dia.

Um reservatório como esse seria capaz de abastecer um grupo de 500 pessoas por aproximadamente quantos dias?

Lembre-se de que 1 m³ = 1 000 L e responda no caderno.

Veja mais exemplos de simplificação de radicais:

1. $\sqrt{8} = \sqrt{2^3} = \sqrt{2^2 \cdot 2} = \sqrt{2^2} \cdot \sqrt{2} = 2\sqrt{2}$

$2\sqrt{2}$ é a forma simplificada de $\sqrt{8}$

2. Usaremos a fatoração para simplificar $\sqrt[5]{224}$.

224	2
112	2
56	2
28	2
14	2
7	7
1	

$224 = 2^5 \cdot 7$

$\sqrt[5]{224} = \sqrt[5]{2^5 \cdot 7} = \sqrt[5]{2^5} \cdot \sqrt[5]{7} = 2\sqrt[5]{7}$

3. Sabendo que $\sqrt{5} \cong 2,24$, vamos calcular o valor aproximado de $\sqrt{245}$.

245	5
49	7
7	7
1	

Fatorando 245, obtemos $245 = 7^2 \cdot 5$.

$\sqrt{245} = \sqrt{7^2 \cdot 5} = \sqrt{7^2} \cdot \sqrt{5} = 7\sqrt{5}$

$\sqrt{245} \cong 7 \cdot 2,24 \cong 15,68$

Para simplificar $\sqrt{700}$ Ricardo lembrou que $700 = 100 \cdot 7$ e fez:

$\sqrt{700} = \sqrt{100 \cdot 7} = \sqrt{100} \cdot \sqrt{7} = 10\sqrt{7}$

Como a raiz era quadrada, ele decompôs 700 num produto, de forma que um dos fatores fosse um número quadrado perfeito.

Você também pode usar essa ideia!

---

1. Utilize a ideia de Ricardo para simplificar no caderno os seguintes radicais:
   a) $\sqrt{28}$ c) $\sqrt{500}$
   b) $\sqrt{32}$ d) $\sqrt[3]{16}$

2. É verdade que $\sqrt{32}$ é o dobro de $\sqrt{8}$?

3. Qual dos números é o maior?
   a) $\sqrt{100}$ c) $\sqrt{\dfrac{1}{0,1}}$
   b) $\sqrt{1\,000}$ d) $\dfrac{1}{0,01}$

REFLETINDO

Registre no caderno.

1. Veja como Marcela pensou: $5\sqrt{3} = \sqrt{25} \cdot \sqrt{3} = \sqrt{25 \cdot 3} = \sqrt{75}$

   Marcela introduziu o 5 no radical. Faça o mesmo para:
   a) $2\sqrt{7}$ b) $10\sqrt{11}$ c) $2\sqrt[3]{5}$

2. Mostre que $\dfrac{3\sqrt{5}}{\sqrt{3}} = \sqrt{15}$.

3. Que número é maior: $3\sqrt{2}$ ou $2\sqrt{3}$?

EXERCÍCIOS

55. Verifique...

a) $5\sqrt{7} = \sqrt{25 \cdot 7}$

b) $\sqrt{3 \cdot 4} = 2\sqrt{3}$

c) $2\sqrt{10} = \sqrt{20}$

d) $2\sqrt{5} = \sqrt{20}$

e) $2\sqrt[3]{2} = \sqrt[3]{16}$

f) $\sqrt{9 \cdot 8} = 6\sqrt{2}$

... cada item, se está certo ou errado.

56. Simplifique os radicais.

a) $\sqrt{98}$
b) $\sqrt{27}$
c) $\sqrt{72}$
d) $\sqrt[3]{24}$
e) $\sqrt[4]{80}$
f) $\sqrt[3]{729}$
g) $\sqrt{363}$
h) $\sqrt[3]{108}$
i) $\sqrt[5]{224}$
j) $\sqrt[4]{240}$

57. Considere a sequência abaixo, em que a área de cada quadrado é a quarta parte da área do quadrado anterior.

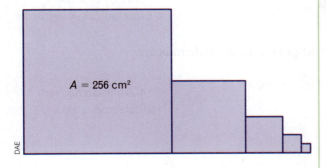

$A = 256$ cm²

Sendo 256 cm² a área do primeiro quadrado, responda:

a) Qual é a medida do lado do segundo quadrado?

b) Qual é a medida do lado do menor quadrado?

58. O sólido abaixo tem o volume de 4374 cm³ e é formado por cubos de mesmo volume. Calcule a medida da aresta de cada cubo.

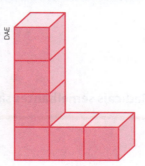

59. Mostre que as igualdades são verdadeiras.

a) $\sqrt{\dfrac{12}{25}} = \dfrac{2\sqrt{3}}{5}$

b) $\sqrt{\dfrac{32}{27}} = \dfrac{4\sqrt{2}}{3\sqrt{3}}$

60. Rodrigo está escrevendo uma sequência de cinco números. Qual é o número que ele ainda deverá escrever?

$\sqrt{8}, \sqrt{18}, \sqrt{32}, \sqrt{50}$

61. Mostre que os números $4\sqrt{3}$, 7 e $5\sqrt{2}$ estão colocados em ordem crescente.

62. Use propriedades dos radicais e consulte o quadro para achar um valor aproximado de:

a) $\sqrt{12}$
b) $\sqrt{18}$
c) $\sqrt{63}$
d) $\sqrt{80}$
e) $\sqrt{54}$

$\sqrt{2} \cong 1{,}41$
$\sqrt{3} \cong 1{,}73$
$\sqrt{5} \cong 2{,}23$
$\sqrt{6} \cong 2{,}44$
$\sqrt{7} \cong 2{,}64$

7. Adição e subtração de radicais

Na expressão algébrica $5x + 9y + 2x + 4y$, podemos somar os termos semelhantes:

$5x + 9y + 2x + 4y = 7x + 13y$

> $5x$ e $2x$ são termos semelhantes
> $9y$ e $4y$ são termos semelhantes

> **Radicais semelhantes** são radicais que têm mesmo índice e mesmo radicando.

radicais semelhantes: $7\sqrt[3]{2}$ e $5\sqrt[3]{2}$

Veja a seguir outros exemplos.

- São semelhantes:

    $2\sqrt{5}$ e $3\sqrt{5}$

    $\sqrt[5]{34}$ e $10\sqrt[5]{34}$

- Não são semelhantes:

    $\sqrt{6}$ e $\sqrt[3]{6}$ ⟶ Os índices são diferentes.

    $5\sqrt{3}$ e $5\sqrt{8}$ ⟶ Os radicandos são diferentes.

Veja esta expressão com radicais:

- $5\sqrt{2} + 7\sqrt{2} + 6\sqrt{3} - 2\sqrt{3}$

Nela encontramos radicais semelhantes. Aproveitando as ideias da expressão algébrica, podemos fazer:

$5\sqrt{2} + 7\sqrt{2} + 6\sqrt{3} - 2\sqrt{3} = 12\sqrt{2} + 4\sqrt{3}$

> Não é difícil somar e subtrair radicais semelhantes!

Veja outros exemplos de expressões envolvendo adição e subtração de radicais:

- $8\sqrt[3]{5} + \sqrt[4]{7} - 10\sqrt[3]{5} + 2\sqrt[4]{7} - 9\sqrt[4]{7} = -2\sqrt[3]{5} - 6\sqrt[4]{7}$

> A expressão não tem radical semelhante a $\sqrt{3}$.

- $\sqrt{3} + 5\sqrt{7} - 6\sqrt{7} + 2\sqrt{7} = \sqrt{3} + \sqrt{7}$

- $\sqrt{50} + \sqrt{32} = \sqrt{25 \cdot 2} + \sqrt{16 \cdot 2} = \sqrt{25} \cdot \sqrt{2} + \sqrt{16} \cdot \sqrt{2} = 5\sqrt{2} + 4\sqrt{2}$

- $\underbrace{\sqrt{50} + \sqrt{32} = 5\sqrt{2} + 4\sqrt{2}}_{} = 9\sqrt{2}$

> Radicais que inicialmente não eram semelhantes tornaram-se semelhantes depois de simplificados.

Vamos resolver um problema de Geometria?

Um quadrado tem área de 32 cm².

Qual é a medida de seu perímetro?

O perímetro do quadrado é igual à soma das medidas de seus lados.

Portanto, precisamos descobrir primeiro a medida do lado do quadrado.

A área do quadrado é $A = \ell^2$.

Então $\ell^2 = 32$, ou seja, $\ell = \sqrt{32}$.

Podemos simplificar esse radical, lembrando que:

$$32 = 16 \cdot 2$$

$\sqrt{32} = \sqrt{16 \cdot 2} = \sqrt{16} \cdot \sqrt{2} = 4\sqrt{2}$, ou seja, o lado do quadrado mede $4\sqrt{2}$ cm.

Agora podemos calcular o perímetro:

$P = 4\sqrt{2} + 4\sqrt{2} + 4\sqrt{2} + 4\sqrt{2} = 16\sqrt{2}$ cm

Se quisermos um valor aproximado para esta medida, podemos usar $\sqrt{2} \cong 1{,}41$ e fazer $16 \cdot 1{,}41 = 22{,}56$.

O perímetro do quadrado é de 22,56 cm, aproximadamente.

Ilustrações: Reinaldo Rosa

REFLETINDO

Registre no caderno.

1. A igualdade é verdadeira ou falsa?

a) $\sqrt{2} + \sqrt{2} = \sqrt{4}$ b) $\sqrt{10} + \sqrt{10} = \sqrt{20}$ c) $\sqrt{5} + \sqrt{5} = 2\sqrt{5}$ d) $\sqrt{20} - \sqrt{5} = \sqrt{5}$

2. Mostre que:

a) $\sqrt{4} + \sqrt{9} \neq \sqrt{4+9}$ b) $\sqrt{25} - \sqrt{9} \neq \sqrt{25-9}$

3. Podemos somar $\sqrt{7}$ com $\sqrt[3]{7}$? Justifique.

4. Verdadeiro ou falso?

a) $\dfrac{\sqrt{12} - \sqrt{3}}{\sqrt{3}} = 1$ b) $\sqrt{9 + 4\sqrt{5}} = 2 + \sqrt{5}$

Dica: Eleve ambos os membros ao quadrado.

5. Descubra qual é maior:

a) $\sqrt{18} - \sqrt{32} + \sqrt{72}$ b) $\sqrt{162} + \sqrt{98} - \sqrt{200}$

EXERCÍCIOS

63. Responda.

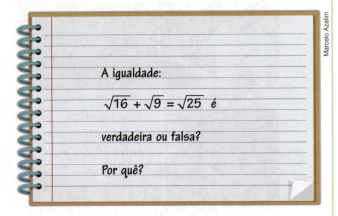

A igualdade:

$\sqrt{16} + \sqrt{9} = \sqrt{25}$ é

verdadeira ou falsa?

Por quê?

64. Certo ou errado?

a) $\sqrt{9} - \sqrt{4} = 1$

b) $\sqrt{36} + \sqrt{64} = \sqrt{100}$

c) $\sqrt{21} + \sqrt{21} = \sqrt{42}$

d) $\sqrt{10} + \sqrt{10} = 2\sqrt{10}$

65. Efetue.

a) $5\sqrt{7} + 3\sqrt{7}$

b) $4\sqrt{5} - 2\sqrt{5}$

c) $2\sqrt[3]{9} + 3\sqrt[3]{9}$

d) $\sqrt{5} - \sqrt{5} - \sqrt{5}$

e) $5\sqrt{2} - 3\sqrt{2} + 2\sqrt{2}$

f) $8\sqrt{3} - 2\sqrt{3} - 8\sqrt{3} + \sqrt{3}$

66. Efetue.

a) $\sqrt{3} + \sqrt{27}$

b) $\sqrt{75} - \sqrt{12}$

c) $7\sqrt{2} + \sqrt{50}$

d) $\sqrt{12} - \sqrt{75} + \sqrt{3}$

e) $3\sqrt{20} + \sqrt{32} - 2\sqrt{45} + \sqrt{50}$

f) $\sqrt{125} + 2\sqrt{27} - \sqrt{20} + 3\sqrt{12}$

67. Nas figuras, as medidas indicadas são dadas em cm. Determine o perímetro de cada figura.

a)

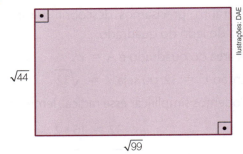

b)

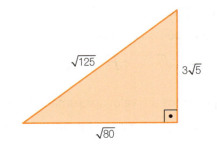

68. Qual é o perímetro da figura?

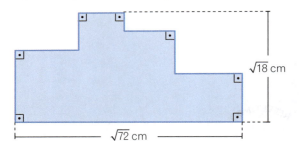

69. É verdade que $\sqrt{5} + \sqrt{45} = \sqrt{80}$?

70. Sabendo-se que os valores aproximados de $\sqrt{2} \cong 1{,}41$ e $\sqrt{3} \cong 1{,}73$, calcule um valor aproximado de:

a) $\sqrt{2} + \sqrt{3}$

b) $\sqrt{9} + \sqrt{3}$

c) $\sqrt{3} - \sqrt{2}$

d) $\sqrt{25} - \sqrt{2}$

71. Situe $\dfrac{12 + \sqrt{5}}{3}$ entre dois números inteiros consecutivos.

8. Cálculos com radicais

◆ Vamos calcular a área do retângulo ao lado.

c: medida do comprimento

ℓ: medida da largura

Lembrando que a área do retângulo é $A = c \cdot \ell$,

temos para esse retângulo $A = \sqrt{15} \cdot \sqrt{6}$.

Aplicando a 3ª propriedade, podemos escrever:

$$A = \sqrt{15 \cdot 6}$$

$$A = \sqrt{90} = \sqrt{9 \cdot 10} = \sqrt{9} \cdot \sqrt{10} = 3\sqrt{10} \text{ cm}^2$$

$\ell = \sqrt{6}$ cm

$c = \sqrt{15}$ cm

Ilustrações: DAE

◆ Aqui temos outro retângulo.

$(3 - \sqrt{5})$ cm

$\sqrt{5}$ cm

Qual é sua área?

$$A = \sqrt{5} \cdot \left(3 - \sqrt{5}\right)$$

Aplicamos a propriedade distributiva:

$$A = \sqrt{5} \cdot 3 - \sqrt{5} \cdot \sqrt{5}$$

$$A = 3\sqrt{5} - \sqrt{5^2}$$

$$A = \left(3\sqrt{5} - 5\right)\text{cm}^2$$

Escrevemos $3\sqrt{5}$.
É mais usual.

$2 \cdot (\sqrt{3} - \sqrt{2})$ cm

$(\sqrt{3} + \sqrt{2})$ cm

Para calcular a área desse retângulo, usaremos nossos conhecimentos sobre produtos notáveis:

$$A = \left(\sqrt{3} + \sqrt{2}\right) \cdot \left(\sqrt{3} - \sqrt{2}\right) \cdot 2$$

$$A = \left[\left(\sqrt{3}\right)^2 - \left(\sqrt{2}\right)^2\right] \cdot 2 = \left(\sqrt{3^2} - \sqrt{2^2}\right) \cdot 2$$

$$A = (3 - 2) \cdot 2$$

$$A = 2 \text{ cm}^2$$

Acompanhe outros exemplos de cálculos que envolvem radicais:

◆ $\dfrac{\sqrt[3]{90}}{\sqrt[3]{15}} + 4\sqrt[3]{6} = \sqrt[3]{\dfrac{90}{15}} + 4\sqrt[3]{6} = \sqrt[3]{6} + 4\sqrt[3]{6} = 5\sqrt[3]{6}$

Aplicamos a 3ª propriedade.

◆ $\dfrac{8 + \sqrt{12}}{2} = \dfrac{8 + \sqrt{4 \cdot 3}}{2} = \dfrac{8 + \sqrt{4} \cdot \sqrt{3}}{2} = \dfrac{8 + 2\sqrt{3}}{2} = \dfrac{2\left(4 + \sqrt{3}\right)}{2} = 4 + \sqrt{3}$

Colocamos o fator comum 2 do numerador em evidência e simplificamos a expressão.

POTENCIAÇÃO E RADICIAÇÃO **31**

EXERCÍCIOS

72.

Efetue as multiplicações, indicando o resultado sem radical.

a) $\sqrt{17} \cdot \sqrt{17}$

b) $\sqrt[3]{5} \cdot \sqrt[3]{25}$

c) $\sqrt{2} \cdot \sqrt{40{,}5}$

d) $\sqrt{7} \cdot 3 \cdot \sqrt{7}$

e) $2 \cdot \sqrt{5} \cdot 3 \cdot \sqrt{5}$

f) $\sqrt{3} \cdot \sqrt{6} \cdot \sqrt{6} \cdot \sqrt{3}$

73. Na figura, as medidas indicadas são dadas em cm. Determine a área desse retângulo.

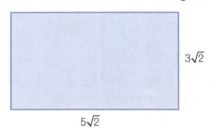

74. Efetue.

a) $\sqrt{14} : \sqrt{2}$

b) $\sqrt[3]{20} : \sqrt[3]{5}$

c) $8\sqrt{10} : \sqrt{2}$

d) $20\sqrt{20} : 5\sqrt{2}$

75. A área do retângulo é igual a $\sqrt{195}$ cm², e o comprimento mede $\sqrt{15}$ cm. Quanto mede a largura deste retângulo?

76. Calcule a área do trapézio, supondo as medidas em cm.

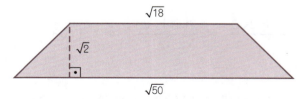

77. Calcule a área de cada um dos quadrados.

a)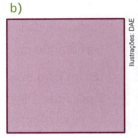

$\sqrt{2} + 1$

b)

$\sqrt{2} + \sqrt{3}$

78. Calcule, indicando o resultado sem radical.

a) $\dfrac{\sqrt[3]{40}}{\sqrt[3]{5}}$

b) $\dfrac{\sqrt{490}}{\sqrt{10}}$

c) $\dfrac{\sqrt{2} \cdot \sqrt{6}}{\sqrt{3}}$

d) $\dfrac{\sqrt{40}}{\sqrt{5} \cdot \sqrt{2}}$

79. Simplifique.

a) $\dfrac{4 + \sqrt{12}}{2}$

b) $\dfrac{4 - \sqrt{32}}{4}$

80. Para saber a área de determinada figura, uma pessoa calculou a área de cada parte da figura, encontrando a seguinte expressão: $4 + 2\sqrt{10}$. Outra pessoa calculou a área dessa mesma figura de outra maneira, chegando também ao resultado anterior.

De que forma essa pessoa pode ter representado a área dessa figura?

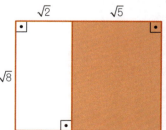

a) $\sqrt{8} \cdot \sqrt{2} + 5$

b) $\sqrt{2} \cdot (\sqrt{8} + \sqrt{5})$

c) $\sqrt{5} \cdot (\sqrt{2} + \sqrt{8})$

d) $\sqrt{8} \cdot (\sqrt{2} + \sqrt{5})$

9. Racionalização

Você já sabe:

> Os números irracionais têm infinitas casas decimais e não apresentam período.

Veja a divisão que Aninha precisava fazer:

$$\frac{7}{\sqrt{2}} = \frac{7}{1{,}414213562} = 7 : 1{,}414213562$$

Essa divisão é mesmo trabalhosa!

Observe que ela precisou usar uma aproximação para $\sqrt{2}$, pois $\sqrt{2}$ é um número irracional.

Podemos evitar essas divisões encontrando uma divisão equivalente à divisão original e que não tenha número irracional como divisor. Acompanhe o raciocínio da Aninha:

$$\frac{7}{\sqrt{2}} = \frac{7 \cdot \sqrt{2}}{\sqrt{2} \cdot \sqrt{2}} = \frac{7\sqrt{2}}{\sqrt{2^2}} = \frac{7\sqrt{2}}{2}$$

Quando multiplicamos o dividendo e o divisor por um mesmo número diferente de zero, o quociente não se altera.

Então:

$$\frac{7}{\sqrt{2}} = \frac{7\sqrt{2}}{2}$$

Essa divisão tem divisor racional e vale o mesmo que a divisão original. Tornamos o divisor racional. Fizemos sua **racionalização**.

REFLETINDO

Registre no caderno.

1. Por qual número você multiplicaria dividendo e divisor de $\frac{\sqrt{5}}{\sqrt{3}}$ para racionalizar o divisor?

2. Mostre que $\frac{6}{\sqrt{2}} = 3\sqrt{2}$.

3. Veja o que Caio fez: $\frac{2}{\sqrt[3]{5}} = \frac{2 \cdot \sqrt[3]{5}}{\sqrt[3]{5} \cdot \sqrt[3]{5}} = \frac{2\sqrt[3]{5}}{\sqrt[3]{5^2}}$.
   Ele racionalizou o divisor? Por qual número Caio deveria ter multiplicado dividendo e divisor?

Acompanhe mais dois exemplos de racionalização:

- $\frac{3}{5\sqrt{6}} = \frac{3 \cdot \sqrt{6}}{5\sqrt{6} \cdot \sqrt{6}} = \frac{3\sqrt{6}}{5\sqrt{6^2}} = \frac{\cancel{3}\sqrt{6}}{5 \cdot \cancel{6}_2} = \frac{\sqrt{6}}{10}$

- $\frac{1}{\sqrt[3]{7}} = \frac{1 \cdot \sqrt[3]{7^2}}{\sqrt[3]{7} \cdot \sqrt[3]{7^2}} = \frac{\sqrt[3]{7^2}}{\sqrt[3]{7^3}} = \frac{\sqrt[3]{49}}{7}$

Agora é com você! Registre no caderno.

1. É verdade que $\frac{11}{\sqrt{11}} = \sqrt{11}$?

2. Racionalize.
   a) $\frac{8}{\sqrt{3}}$
   b) $\frac{5\sqrt{2}}{\sqrt{6}}$
   c) $\frac{8}{\sqrt[5]{3^4}}$

REVISANDO

81.

a) $-7^2 + (-7)^2$

b) $-2^3 - 30 + 1$

c) $\left(-\dfrac{2}{3}\right)^3 + 1$

d) $-5^2 + (-3)^2 - 10$

e) $3^2 + 3^{-2}$

f) $5^0 - (-1) - \left(-\dfrac{1}{2}\right)^2$

g) $\left(1 - \dfrac{1}{2}\right)^4 + \left(1 + \dfrac{1}{2}\right)^{-1}$

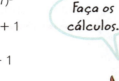

Faça os cálculos.

82. Escreva os números dos cartões em ordem crescente.

 A: 2^5

 B: $100^{\frac{1}{2}}$

 C: $(-2)^3$

 D: 4^{-2}

 E: 5^2

 F: 3^3

83. Escreva o número $\dfrac{1}{9}$ na forma de uma potência de base 3.

84. Sabendo-se que $29^2 = 841$, calcule mentalmente.

a) $2{,}9^2$

b) $0{,}29^2$

c) 290^2

85. Sabendo-se que a é um número inteiro positivo, indique as expressões equivalentes.

(A) $a + a + a + a + a$
(B) $a \cdot a \cdot a \cdot a \cdot a$
(C) $(a + a) \cdot (a + a + a)$
(D) $(a + a + a) \cdot (a \cdot a)$
(E) $(a \cdot a \cdot a) - (a + a)$
(F) $(a \cdot a) + (a + a)$

(1) a^5
(2) $3a \cdot a^2$
(3) $5a$
(4) $a^2 + 2a$
(5) $2a \cdot 3a$
(6) $a^3 - 2a$

86.

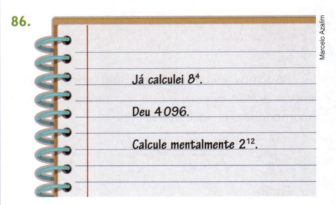

Já calculei 8^4.

Deu 4 096.

Calcule mentalmente 2^{12}.

87. Qual dos números é o menor?

a) $\left(\dfrac{1}{9}\right)^2$

b) $\dfrac{1}{27^{\frac{1}{3}}}$

c) $\dfrac{2}{\frac{1}{9}}$

88. Uma fábrica produz garrafas de refrigerantes com capacidade de $\dfrac{1}{2}$ litro, 1 litro e 2 litros, cada uma delas disponível nos sabores guaraná, limão e laranja. Quantas possibilidades de escolha existem para o consumidor que levar apenas uma garrafa?

89. Determine os dois termos seguintes de cada uma das sequências indicadas.

a) 1, 4, 9, 16, ...

b) 1, 8, 27, 64, ...

c) $1, \dfrac{1}{2}, \dfrac{1}{4}, \dfrac{1}{8}, \ldots$

d) $\dfrac{2}{3}, \dfrac{4}{9}, \dfrac{8}{27}, \ldots$

90. Usando "cubinhos" iguais, Alice fez a construção a seguir:

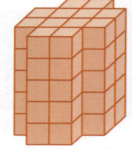

a) Determine o menor número de "cubinhos" que Alice teria de acrescentar à construção para obter um cubo.

b) Determine o menor número de "cubinhos" que Alice teria de retirar da construção para obter um cubo.

91. Simplifique.

a) $\dfrac{2^5 \cdot 5^{13}}{2^9 \cdot 5^6}$

b) $\dfrac{(2 \cdot 3)^7 \cdot (3 \cdot 5)^4}{3^9}$

92. Uma feira de livros foi instalada num prédio de 3 andares, cada andar dividido em 3 setores. Compondo cada setor havia 3 estandes, e em cada um deles trabalhavam 3 pessoas, que foram identificadas com um crachá. Quantos crachás, no mínimo, foram confeccionados?

93. Calcule.

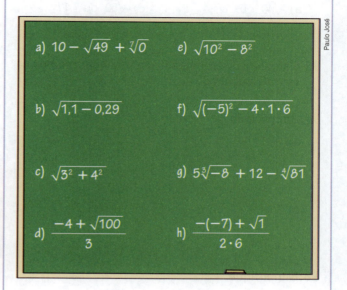

a) $10 - \sqrt{49} + \sqrt[7]{0}$

b) $\sqrt{1{,}1 - 0{,}29}$

c) $\sqrt{3^2 + 4^2}$

d) $\dfrac{-4 + \sqrt{100}}{3}$

e) $\sqrt{10^2 - 8^2}$

f) $\sqrt{(-5)^2 - 4 \cdot 1 \cdot 6}$

g) $5\sqrt[3]{-8} + 12 - \sqrt[4]{81}$

h) $\dfrac{-(-7) + \sqrt{1}}{2 \cdot 6}$

94. Observe o quadrado representado na figura:

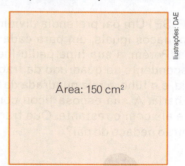

Área: 150 cm²

Responda.

a) Você pode indicar o lado do quadrado como $\sqrt{150}$ cm?

b) Qual é o número natural que elevado ao quadrado resulta 150?

• Tente o 11. É muito ou pouco?

• Tente o 12. É muito ou pouco?

• Tente o 13. É muito ou pouco?

c) O lado desse quadrado é um número natural? Entre quais dois números naturais consecutivos está $\sqrt{150}$?

d) Com o auxílio da calculadora, calcule aproximadamente a medida do lado desse quadrado.

95. Qual é maior:

a) $\sqrt{40}$ ou 6?
b) $\sqrt{5}$ ou 2,2?
c) $\sqrt{50}$ ou 7,1?
d) $\sqrt{5,29}$ ou 2,3?

96. Calcule a diferença entre a raiz quadrada de 64 e a raiz cúbica de 8.

97. Simplifique.

a) $\sqrt{576}$
b) $\sqrt[5]{243}$
c) $\sqrt[4]{4\,096}$
d) $\sqrt{14\,400}$
e) $\sqrt{\pi^2}$
f) $\sqrt[6]{729}$
g) $\sqrt{2\,025}$
h) $\sqrt{\dfrac{121}{144}}$

98. Simplifique.

a) $\sqrt{99}$
b) $\sqrt{450}$
c) $\sqrt{800}$
d) $\sqrt{432}$

99. (FMRP-SP) Um pai pretendia dividir uma *pizza* em 4 pedaços iguais, um para cada pessoa da família. Porém, a sua filha pediu-lhe o pedaço correspondente ao quadrado da fração que lhe caberia, e o filho, a raiz quadrada da fração que lhe caberia. A sua esposa ficou com a quarta parte e ele com o restante. Que fração correspondeu ao pedaço do pai?

100. Situe $\dfrac{5\sqrt{8}}{3\sqrt{2}}$ entre dois números inteiros consecutivos.

101. Calcule e simplifique.

a) $\sqrt{2} \cdot \sqrt{5}$
b) $\sqrt{3} \cdot \sqrt{15}$
c) $\sqrt{2} \cdot \sqrt{98}$
d) $\sqrt{20} \cdot \sqrt{\dfrac{9}{20}}$
e) $\sqrt{200} \cdot \sqrt{2}$
f) $\sqrt{50} \cdot \sqrt{3 \cdot 6}$
g) $\sqrt{0,4} \cdot \sqrt{10}$
h) $\sqrt{8} \cdot \sqrt{\dfrac{1}{2}}$

102. No retângulo a seguir, as medidas estão indicadas em centímetros. Determine a área da figura.

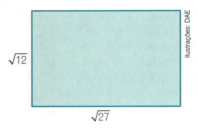

103. Em um triângulo equilátero, o perímetro é igual a $24\sqrt{2}$ cm. Quanto mede o lado desse triângulo?

104. Escreva na forma mais simples possível cada uma das expressões a seguir.

a) $\sqrt{8} + \sqrt{98}$
b) $\sqrt{45} + \sqrt{20}$
c) $\sqrt{13} + \sqrt{19}$
d) $\sqrt{28} - 10\sqrt{7}$
e) $\sqrt{3} + \sqrt{75} - \sqrt{12}$
f) $\sqrt{11} + \sqrt{44} - 2\sqrt{99} + \sqrt{176}$

105. No quadrilátero da figura, as medidas dos lados estão dadas em centímetros. Determine o perímetro desse quadrilátero.

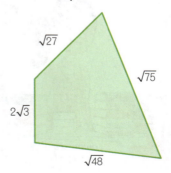

106. Veja as medidas da figura:

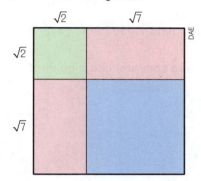

a) Qual é a área do quadrado verde?
b) Qual é a área do quadrado azul?
c) Qual é o perímetro do quadrado azul?
d) Qual é o perímetro de um retângulo rosa?
e) Que expressão representa a área total dessa figura?

107.

Os números $\sqrt[6]{3}$, $\sqrt[3]{2}$ e $\sqrt[4]{5}$ estão colocados em ordem crescente? Demonstre.

108. Um engenheiro mandou construir um reservatório que tem a forma de um cubo, com capacidade de 64 m³.

a) Qual é a medida do lado desse reservatório?
b) Quanto teria de aumentar cada um dos lados do reservatório para a capacidade ser de 125 m³?

109. Racionalize.

a) $\dfrac{3}{\sqrt{2}}$

b) $\dfrac{\sqrt{8}}{\sqrt{5}}$

c) $\dfrac{8\sqrt{7}}{5\sqrt{2}}$

d) $\dfrac{15}{\sqrt[3]{7^2}}$

e) $\dfrac{18}{\sqrt[4]{6}}$

f) $\dfrac{1}{4\sqrt[3]{2}}$

110. Observe a planta abaixo e responda.

a) Qual é a área da sala do Dr. João, sabendo-se que as outras duas salas são quadradas?
b) Qual das salas tem maior perímetro?

111. (Obmep) Qual dos números a seguir está mais próximo de $(0{,}899^2 - 0{,}101^2) \cdot 0{,}5$?

a) 0,4   b) 0,5   c) 0,8   d) 0,9

112. (Cesgranrio) Pensando em reunir os amigos em torno de uma única mesa, João juntou duas mesas retangulares e iguais formando uma única mesa, quadrada, de área 1,44 m², como mostra a figura 1. José analisou a arrumação de João e concluiu que, se ele juntasse as duas mesas pelo menor lado (figura 2), haveria espaço para mais pessoas, pois o perímetro dessa nova mesa seria maior. A diferença em metros, entre os perímetros da "mesa de José" e da "mesa de João", é:

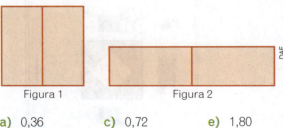

a) 0,36   c) 0,72   e) 1,80
b) 0,60   d) 1,20

DESAFIOS NO CADERNO

113. Consideremos a seguinte situação:

- Ao lançarmos uma moeda, temos dois resultados possíveis: cara ou coroa.
- Se lançarmos duas moedas diferentes, por exemplo, uma de R$ 0,10 e outra de R$ 0,50, teremos quatro possibilidades:

(cara, cara)	(cara, coroa)
(coroa, coroa)	(coroa, cara)

Fotos: Banco Central do Brasil

A relação entre o número de moedas e o número de resultados é dada pela tabela. Copie-a e complete-a.

Nº de moedas	Nº de resultados
1	2
2	4
3	
4	
5	
6	

Se n é o número de moedas, qual é o número de resultados?

114. Uma sala quadrada de área 49 m² tem um tapete também quadrado de área 6,25 m² colocado no centro da sala. Qual é a distância do tapete às paredes?

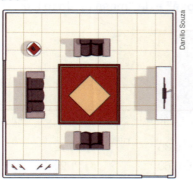

Danilo Souza

115. (Fuvest-SP) Qual a metade de 2^{22}?

116. Qual é maior: $\sqrt{5\sqrt{2}}$ ou $\sqrt{4\sqrt{3}}$?

117. Observe com atenção o quadro:

1ª	1					soma = 1
2ª	3	5				soma = 8
3ª	7	9	11			soma = 27
4ª	13	15	17	19		soma = 64
5ª	21	23	25	27	29	soma = 125

a) Quais números formam a 6ª linha?
b) Qual é a soma dos números da 6ª linha?
c) Qual é a soma dos números da 10ª linha?

118. Um torneio de pingue-pongue é disputado por 32 jogadores, que são agrupados em pares. Os jogadores de cada par se enfrentam, e os perdedores são eliminados (não há empates). Os vencedores são agrupados em novos pares e assim por diante, até que fique apenas o campeão. Quantas partidas são disputadas?

Ilustra Cartoon

38

SEÇÃO LIVRE

A lenda do jogo de xadrez

O xadrez é um jogo muito antigo e interessante. Desenvolve o raciocínio e a capacidade de concentração, além de proporcionar momentos agradáveis.

Existe uma lenda a respeito desse jogo, bastante conhecida, que envolve o conceito de potência:

Conta-se que um rei, entusiasmado com o jogo de xadrez, ordenou que dessem ao inventor do jogo o que ele pedisse. O inventor pediu: 1 grão de trigo pela primeira casa do tabuleiro de xadrez; 2 grãos de trigo pela segunda casa; 4 pela terceira casa; 8 pela quarta casa; 16 pela quinta casa; 32 pela sexta casa; e assim sucessivamente, sempre dobrando o número de grãos que foi colocado na casa anterior, até completar as 64 casas.

A vontade do rei não pôde ser satisfeita. Mesmo juntando-se todos os celeiros do mundo não se conseguiria a quantidade pedida pelo inventor: dezoito quintilhões, quatrocentos e quarenta e seis quatrilhões, setecentos e quarenta e quatro trilhões, setenta e três bilhões, setecentos e nove milhões, quinhentos e cinquenta e um mil e seiscentos e quinze grãos de trigo, ou seja:

18 446 744 073 709 551 615

Agora é a sua vez!

Imagine que você queira economizar dinheiro e adote o seguinte esquema: no 1º dia, você guarda 1 centavo; no 2º dia, dois centavos; no 3º dia, quatro centavos, e assim sucessivamente. Ou seja, você guarda, a cada dia, o dobro do que guardou no dia anterior.

Quanto você acha que economizaria, mais ou menos, em um mês?

Faça os cálculos utilizando uma calculadora.

AUTOAVALIAÇÃO

NO CADERNO

Anote no caderno o número do exercício e a letra correspondente à resposta correta.

119. Quais destas igualdades são verdadeiras?

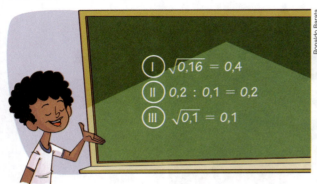

I) $\sqrt{0{,}16} = 0{,}4$
II) $0{,}2 : 0{,}1 = 0{,}2$
III) $\sqrt{0{,}1} = 0{,}1$

a) Apenas a primeira.
b) Apenas a segunda.
c) Apenas a terceira.
d) A primeira e a última.

120. (UFRJ) A dose diária recomendada de um remédio líquido é de 40 gotas. Uma gota deste medicamento pesa, em média, $5 \cdot 10^{-2}$ gramas. Então, num frasco contendo 80 gramas desse remédio, temos medicamento suficiente para um tratamento de no máximo:

a) 15 dias.   c) 30 dias.
b) 20 dias.   d) 40 dias.

121. Um queijo tem forma cúbica, com 5 cm de aresta. Se o queijo for cortado para aperitivo em "cubinhos" de 1 cm de aresta, quantos "cubinhos" serão obtidos?

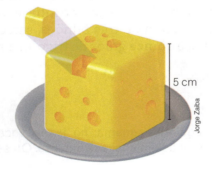

a) 25   c) 125
b) 75   d) 150

122. O menor país do mundo em extensão é o Estado do Vaticano, com área de 400 000 m².

Basílica de São Pedro, Vaticano.

Se o território do Vaticano tivesse a forma de um quadrado, então a medida de seus lados estaria entre:

a) 200 e 210 m   c) 400 e 410 m
b) 320 e 330 m   d) 600 e 650 m

123. (OBM) O valor de $\sqrt{0{,}444\ldots}$ é:

a) $0{,}222\ldots$ c) $0{,}444\ldots$
b) $0{,}333\ldots$ d) $0{,}666\ldots$

124. Com azulejos brancos e azuis, todos do mesmo tamanho, Carlinhos está construindo uma sequência de mosaicos.

Os números de azulejos azuis e de azulejos brancos que serão necessários para construir o 5º mosaico dessa sequência são, respectivamente:

a) 24 e 25   c) 24 e 16
b) 25 e 24   d) 16 e 24

125. (Vunesp) Uma cultura de certa bactéria, mantida sob condições ideais, triplica o seu volume a cada dia. Se o volume no primeiro dia é de 9 cm³, o volume no quinto dia será:

a) 405 cm³   c) 939 cm³
b) 729 cm³   d) 2 187 cm³

UNIDADE 2
Equações do 2º grau

1. Equações

Você já sabe como as equações são úteis na representação e resolução de problemas.

Então, acompanhe a situação a seguir.

Na loja ao lado, um *kit*-presente com duas bermudas e três camisetas custa o mesmo que um *kit*-presente com uma bermuda e duas camisas.

Qual é o preço de uma bermuda?

Com um colega, tentem resolver o problema antes de prosseguir com a leitura. A seguir, leia a resolução que apresentamos. Observe que ela utiliza a álgebra.

Representaremos o preço da bermuda por x.

Duas bermudas e três camisetas custam $2x + 108$.

Uma bermuda e duas camisas custam $x + 190$.

Como os preços dos *kits* são iguais, temos que:

$$2x + 108 = x + 190$$

Subtraindo x de ambos os membros da equação:

$2x + 108 - x = x + 190 - x$

$x + 108 = 190$

$x = 190 - 108$

$x = 82$

A bermuda custa R$ 82,00.

Escrevemos uma equação na incógnita x para representar a situação. Vamos resolver a equação para descobrir o valor de x, que é o preço da bermuda.

Para verificar se a solução está correta, substituímos x por 82 na equação $2x + 108 = x + 190$.

$2 \cdot 82 + 108 = 82 + 190 \longrightarrow 164 + 108 = 82 + 190$

$272 = 272$ (igualdade verdadeira)

Logo, 82 é a solução da equação.

Grau de uma equação

A equação $2x + 108 = x + 190$ que acabamos de resolver, é uma equação do 1º grau, pois o maior expoente de x é 1.

As equações podem ser classificadas de acordo com o valor do maior expoente da incógnita.

Nas equações do 2º grau, o valor do maior expoente da incógnita é 2.

- $5y^2 + 7y = 0$
- $9x^2 = 25$
- $x^2 + 2x + 4 = 3$
- $8 - 10a - a^2 = 4a^2 - 3a$

→ São exemplos de equações do 2º grau.

Há equações do 3º grau, 4º grau, 5º grau etc.

Por exemplo, o valor do maior expoente da incógnita x na equação $8x + x^2 + 2x^4 = 0$ é 4. Então, essa equação é do 4º grau.

Até agora resolvemos somente equações do 1º grau.

Nesta unidade, resolveremos equações do 2º grau.

EXERCÍCIOS

1. Na lousa há oito equações com uma incógnita.

1) $x^2 - 5x + 6 = 0$
2) $2x - 7 = 0$
3) $x^3 - x^2 = 10$
4) $6x^2 - x = 0$
5) $3x + 4 = 20$
6) $4x^2 - 2 = 34$
7) $2x^4 - 8 = 0$
8) $9x + 6 = 7x + 4$

Responda.

a) Quais são equações do 1º grau?
b) Quais são equações do 2º grau?
c) Quais são equações do 3º grau?
d) Quais são equações do 4º grau?

2. Será a equação $x^2 + 3x = x + 6 + x^2$ do 2º grau?

3. Considere a equação do 2º grau:

$$x^2 + 3x - 10 = 0$$

a) 3 é solução dessa equação?
b) 2 é solução dessa equação?
c) -2 é solução dessa equação?
d) -5 é solução dessa equação?

4. Para a expressão abaixo, existem dois números reais que podem ser colocados no lugar de 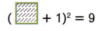. Quais são eles?

$(\square + 1)^2 = 9$

Resolva "de cabeça"!

2. Resolvendo equações do 2º grau

Você já sabe resolver algumas equações do 2º grau. Acompanhe.

1. Leia a pergunta da professora:

Qual é o número que elevado ao quadrado resulta em nove?

Para representar essa situação podemos chamar o número desconhecido de x e escrever uma equação:

$$x^2 = 9$$

Há dois números que elevados ao quadrado resultam em nove: 3 e −3. Indicamos assim:

$$x = \pm\sqrt{9}$$
$$x = \pm 3$$

3 e −3 são as **soluções** da equação do 2º grau $x^2 = 9$

Essa equação tem duas soluções! Isso não acontecia nas equações do 1º grau!

Usando outra nomenclatura bastante comum: 3 e −3 são as **raízes** dessa equação.

Registre no caderno.

1. Resolver a equação $x^2 = 49$ é a mesma coisa que calcular $\sqrt{49}$?

Explique sua resposta.

2. Calcule, mentalmente, os valores de x.

- Primeiro pense: Quanto vale x^2?
- Em seguida: Quanto vale x?

a) $x^2 + 1 = 10$ d) $3x^2 = 75$

b) $x^2 + 3 = 19$ e) $\dfrac{x^2}{4} = 9$

c) $x^2 - 1 = 48$

2. Num terreno quadrado será construída uma casa que ocupa a área de um retângulo de medidas 8 m por 10 m. Na planta, a medida do lado do terreno está ilegível, mas sabe-se que a área livre ($A_{terreno} - A_{casa}$) é de 320 m². Quanto mede o lado do terreno?

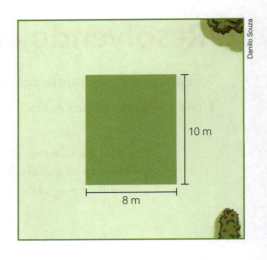

A área da casa é $A_{casa} = 8 \cdot 10 = 80$ m².

O terreno é quadrado. Representando por x a medida do seu lado:

$$A_{terreno} = x^2$$

Como $A_{terreno} - A_{casa} = 320$ m², temos:

$$\mathbf{x^2 - 80 = 320}$$

$$x^2 = 320 + 80$$

$$x^2 = 400$$

$$x = \pm\sqrt{400}$$

$$x = \pm 20$$

A solução -20 não serve, pois a medida do lado de um terreno não pode ser negativa. Então, o lado do terreno mede 20 m.

Existem leis municipais que regulamentam a ocupação dos terrenos, principalmente os reservados a loteamentos e condomínios. Por exemplo, a área construída deverá ocupar no máximo certa porcentagem da área total do terreno.

No problema, a casa construída ocupa que porcentagem da área total do terreno?

A área total do terreno é $A = 20^2 = 400$ m².

Para responder à pergunta, precisamos descobrir que porcentagem 80 representa em 400. Comparando 80 e 400 por meio de uma razão:

$$\frac{80}{400} = \frac{20}{100} = 20\%$$

A casa ocupa 20% da área total do terreno.

3. Existe um número real que elevado ao quadrado e somado a 16 resulta em zero?

Não há número real nessas condições. Veja por que:
Número desconhecido: x.
Elevamos x ao quadrado, somamos 16 e igualamos a zero, obtendo uma equação:

$$x^2 + 16 = 0$$

Para que tenhamos $x^2 + 16 = 0$ é preciso ter $x^2 = -16$, mas não existe número real que elevado ao quadrado resulte em um número negativo.

A equação $x^2 + 16 = 0$ não tem solução, ou não tem raízes, no conjunto dos números reais, $\mathbb{R}$.

4. Veja outra situação:

Então, vamos usar outro caminho!

Na equação $x^2 + x = 3x$, podemos subtrair $3x$ de ambos os membros:

$$x^2 + x - 3x = 0$$
$$x^2 - 2x = 0$$

Em seguida fatoramos $x^2 - 2x$, colocando x em evidência:

$$x(x - 2) = 0$$

Então, se $x(x - 2) = 0$, devemos ter:

$x = 0$ ou
$x - 2 = 0$, isto é, $x = 2$

O número pensado pode ser zero ou dois.

Eu pensei numa solução e não usei uma equação: se um número somado com seu quadrado dá três vezes o número, é porque o quadrado vale o dobro do número.

Daí, pensei em 2, porque o quadrado dele é igual ao seu dobro. Ih!... Esqueci do zero...

5. Os retângulos ilustrados abaixo têm a mesma área.
Com essa informação, podemos escrever e resolver uma equação e determinar as medidas dos lados de cada retângulo. Acompanhe.

As medidas estão em centímetros.

- Área do retângulo Ⅰ
$A_I = 2x(x + 2) = 2x^2 + 4x$

- Área do retângulo Ⅱ
$A_{II} = x(x + 8) = x^2 + 8x$

Como $A_I = A_{II}$, temos:

$2x^2 + 4x = x^2 + 8x$ Subtraímos x^2 de ambos os membros da equação:

$2x^2 + 4x - x^2 = x^2 + 8x - x^2$

$x^2 + 4x = 8x$ Subtraímos $8x$ de ambos os membros da equação:

$x^2 + 4x - 8x = 8x - 8x$

$\mathbf{x^2 - 4x = 0}$ Colocamos x em evidência no primeiro membro da equação:

$x(x - 4) = 0$

Para que o produto $x(x - 4)$ seja igual a zero, devemos ter:

$x = 0$ ou
$x - 4 = 0 \rightarrow x = 4$

A solução $x = 0$ não serve, pois os retângulos não existiriam.
Então $x = 4$ cm.

Agora é com você! Sabendo que $x = 4$ cm, determine as medidas dos lados de cada retângulo.

REFLETINDO

Registre no caderno.

1. A equação $x^2 + 3x = x^2 + 1$ é do 2º grau? Por quê?

2. Explique por que as afirmações abaixo são verdadeiras.

   a) $x^2 + 1 = 0$ não tem solução em $\mathbb{R}$.

   b) $3x^2 + 5x = 0$ tem zero como uma de suas soluções.

EXERCÍCIOS

5. Existem dois valores reais que podem ser colocados no lugar de *x*. Quais são eles?

a) $x^2 = 9$ $x = $ ▨ ou $x = $ ▨

b) $x^2 = 36$ $x = $ ▨ ou $x = $ ▨

c) $x^2 = 0{,}36$ $x = $ ▨ ou $x = $ ▨

d) $x^2 = \dfrac{25}{4}$ $x = $ ▨ ou $x = $ ▨

6. Qual é o lado do quadrado cuja área é:

a) 169 m²?

b) 1,69 m²?

c) 100 m²?

d) 1 m²?

7. Resolva as equações.

a) $x^2 - 25 = 0$

b) $2x^2 - 98 = 0$

c) $24 = 6x^2$

d) $64x^2 - 1 = 0$

e) $7x^2 - 14 = 0$

f) $-x^2 + 49 = 0$

g) $-25 + 100x^2 = 0$

h) $x^2 - \dfrac{81}{4} = 0$

8. Indique quais das equações são impossíveis resolver com os números reais.

a) $x^2 - 9 = 0$

b) $x^2 + 9 = 0$

c) $-x^2 + 9 = 0$

d) $-x^2 - 9 = 0$

9. Resolva as equações.

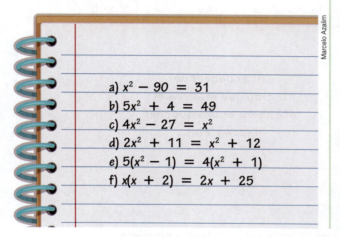

a) $x^2 - 90 = 31$

b) $5x^2 + 4 = 49$

c) $4x^2 - 27 = x^2$

d) $2x^2 + 11 = x^2 + 12$

e) $5(x^2 - 1) = 4(x^2 + 1)$

f) $x(x + 2) = 2x + 25$

10. O dobro do quadrado de um número é 72. Qual é o número?

11. A área da figura abaixo, formada por 5 quadrados, é 20. Quanto mede o lado de cada quadrado?

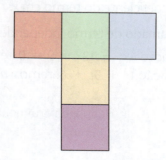

12. O que é necessário para que um produto de fatores desconhecidos seja nulo?

13. Resolva estas equações com o auxílio do exercício anterior (lei do anulamento do produto).

a) $x(x + 1) = 0$

b) $2x(x - 5) = 0$

c) $(x + 3)(x - 1) = 0$

d) $(x - 6)(4x - 8) = 0$

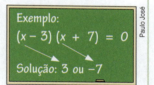

Exemplo:
$(x - 3)(x + 7) = 0$
Solução: 3 ou −7

14. Resolva estas equações usando o recurso da fatoração e depois copie e complete o pensamento de Robertinho.

a) $x^2 - 8x = 0$

b) $x^2 + 3x = 0$

c) $9x^2 = 5x$

d) $5x^2 = -10x$

Estas equações têm sempre duas raízes reais, das quais uma é...

15. Em um quadrado de lado *x*, o número que expressa a área é igual ao número que expressa o dobro de seu perímetro.

a) Quanto mede o lado do quadrado?

b) Qual é o perímetro do quadrado?

c) Qual é a área do quadrado?

3. Forma geral de uma equação do 2º grau

Já resolvemos várias equações do 2º grau. Antes de prosseguir estudando outros métodos de resolução, vamos caracterizar essas equações.

Equações do 2º grau na incógnita x têm a seguinte forma:
$ax^2 + bx + c = 0$, onde a, b e c são números reais com $a \neq 0$.

- a é o coeficiente do termo em x^2.
- b é o coeficiente do termo em x.
- c é chamado de termo independente.

> Se **$a = 0$**, o termo em x^2 se anula e não temos mais uma equação do 2º grau. Por isso colocamos a condição **$a \neq 0$**.

Na equação $4x^2 - 12x + 9 = 0$, temos: $a = 4$, $b = -12$ e $c = 9$. A incógnita é x.
Na equação $t^2 + 3t + 6$, temos: $a = 1$, $b = 3$ e $c = 6$. A incógnita é t.

> Responda oralmente: qual é o valor de a, de b e de c na equação:
> $$-x^2 + \frac{2}{3}x + \frac{1}{2} = 0?$$

A equação $5x - 3x^2 = 4 - 2x$ não está na forma $ax^2 + bx + c = 0$.
No entanto, é possível reorganizá-la, escrevendo-a na forma geral:

$$5x - 3x^2 + 2x = 4$$
$$-3x^2 + 7x = 4$$
$$-3x^2 + 7x - 4 = 0$$
$$a = -3; b = 7 \text{ e } c = -4$$

> Por uma questão de organização, daremos preferência ao registro na forma geral.

Vimos que devemos ter $a \neq 0$.
No entanto, podemos ter $b = 0$ ou $c = 0$, ou ainda $b = 0$ e $c = 0$.
Nesses casos teremos equações do 2º grau incompletas. Veja exemplos:

$2x^2 + 5x = 0$ $a = 2$ $b = 5$ $c = 0$	$x^2 - 16 = 0$ $a = 1$ $b = 0$ $c = -16$	$6x^2 = 0$ $a = 6$ $b = 0$ $c = 0$

> As equações do 2º grau que resolvemos até agora eram equações incompletas.

Consequentemente, se $b \neq 0$ e $c \neq 0$, a equação do 2º grau é chamada de **completa**.

Um francês, nascido em 1540, teve grande importância no desenvolvimento da Álgebra.

François Viète era advogado, mas dedicava seu tempo livre à matemática. Em seu livro *In Arten Analyticam Isagoge*, publicado em 1591, mostrou a vantagem de representar um número desconhecido (que chamamos hoje de incógnita) por uma letra.

Viète usou nessa obra uma vogal para representar uma quantidade desconhecida, no entanto, ele ainda utilizava palavras em várias situações. Por exemplo:

a^2 ele escrevia como *a quadratus*.

Fontes: Universidade de Lisboa.
<www.educ.fc.ul.pt/icm/icm98/icm21/equacoes.htm>;
Carl B. Boyer. *História da Matemática*.
São Paulo: Edgard Blücher, 1974. p. 223.

François Viète (1540-1603). Anônimo (escola francesa). Gravura.

4. Trinômios quadrados perfeitos e equações do 2º grau

A área da figura ao lado pode ser escrita como:

$A = (a + b)^2$, ou:

$A = a^2 + 2ab + b^2$ — Polinômio com três termos: trinômio.

a^2: área do quadrado de lado a.

$2ab$: 2 vezes a área do retângulo de lados a e b.

b^2: área do quadrado de lado b.

Ou seja, $(a + b)^2 = a^2 + 2ab + b^2$.

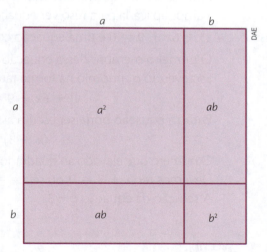

Lembrei! Nós já aprendemos isso. Também vimos que $(a - b)^2 = a^2 - 2ab + b^2$.

Essas igualdades também podem ser obtidas se lembrarmos que:

$(a + b)^2 = (a + b)(a + b)$

Aplicando a propriedade distributiva,

$(a + b)(a + b) = a^2 + ab + ba + b^2$

$(a + b)^2 = a^2 + 2ab + b^2$

De forma semelhante, mostre em seu caderno que $(a - b)^2 = a^2 - 2ab + b^2$.

- $a^2 + 2ab + b^2$ é um trinômio quadrado perfeito cuja forma fatorada é $(a + b)^2$
- $a^2 - 2ab + b^2$ é um trinômio quadrado perfeito cuja forma fatorada é $(a - b)^2$
- $4x^2 + 12x + 9$ é um trinômio quadrado perfeito. Sua forma fatorada é $(2x + 3)^2$

$4x^2$ é a área do quadrado de lado $2x$

9 é a área do quadrado de lado 3

$12x$ é igual a 2 vezes a área do retângulo de lados $2x$ e 3

$12x = 2 \cdot 6x$

- $y^2 + 10y + 20$ *não* é um trinômio quadrado perfeito
- $y^2 \longrightarrow$ área do quadrado de lado y
- $10y \longrightarrow$ 2 vezes a área do retângulo de lados y e 5

$10y = 2 \cdot 5y$ Até aqui tudo certo.

No entanto, para formar o quadrado perfeito, o terceiro termo deveria ser 25, que é a área do quadrado de lado 5, mas não é.

Quer saber por que recordamos a fatoração do trinômio quadrado perfeito?
Vamos aplicá-la para resolver equações do 2º grau. Veja:

- $x^2 + 6x + 9 = 0$ é uma equação completa do 2º grau

O primeiro membro dessa equação é um trinômio quadrado perfeito.
Escrevendo o trinômio na forma fatorada:
$$x^2 + 6x + 9 = (x + 3)^2$$
Então a equação pode ser escrita assim:
$$(x + 3)^2 = 0$$
O número que elevado ao quadrado resulta em zero é o próprio zero.
Devemos ter: $x + 3 = 0$, ou seja, $x = -3$
A solução da equação é -3.

Verifique a solução substituindo x por -3 na equação e fazendo no caderno as operações indicadas.

REFLETINDO

Registre no caderno.

1. Qual a medida do lado do quadrado cuja área é representada por $a^2 + 10a + 25$?
2. Verifique se $x^2 + 2\sqrt{2}x + 2$ é um trinômio quadrado perfeito e, se for, escreva sua forma fatorada.
3. A equação $x^2 - 14x + 49 = 0$ pode ser resolvida fatorando o trinômio?
4. Resolva mentalmente.
   a) $(x - 3)^2 = 0$
   b) $(x + 1)(x - 5) = 0$

Quer mais um exemplo?

- Tomemos a equação $9x^2 - 6x + 1 = 6$.

Como $9x^2 - 6x + 1$ é um trinômio quadrado perfeito, podemos fatorá-lo e reescrever a equação: $(3x - 1)^2 = 6$

Temos que: $3x - 1 = \pm\sqrt{6}$

$3x - 1 = \sqrt{6}$

$3x = 1 + \sqrt{6}$

$x = \dfrac{1 + \sqrt{6}}{3}$ é uma das soluções.

E fazendo:

$3x - 1 = -\sqrt{6}$

$3x = 1 - \sqrt{6}$, obtemos:

$x = \dfrac{1 - \sqrt{6}}{3}$, que é a outra solução.

Em geral não encontramos um trinômio quadrado perfeito numa equação completa do 2º grau.

- Veja a equação $x^2 + 8x + 7 = 0$, por exemplo.

Interpretando geometricamente $x^2 + 8x$, temos que: x^2 corresponde à área do quadrado de lado x.

$8x$ corresponde a duas vezes a área do retângulo de lados x e 4

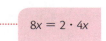

$8x = 2 \cdot 4x$

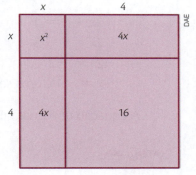

Um quadrado de lado 4 completaria o quadrado perfeito, ou seja, o terceiro termo do trinômio deve ser 16.

Voltemos à equação $x^2 + 8x + 7 = 0$.

Como numa equação podemos somar o mesmo número a ambos os membros, basta fazer $x^2 + 8x + 7 \mathbf{+ 9} = 0 \mathbf{+ 9}$ para obter a equação $x^2 + 8x + 16 = 9$, que apresenta um trinômio quadrado perfeito no primeiro membro.

Fatorando o trinômio chegamos a: $(x + 4)^2 = 9$.

Os números que elevados ao quadrado resultam em 9 são 3 e -3. Daí:

$x + 4 = 3$	$x + 4 = -3$
$x = 3 - 4$	$x = -3 - 4$
$x = -1$ é uma solução da equação.	$x = -7$ é a outra solução da equação.

Entendeu o processo?

Vamos acompanhar mais um exemplo.

◆ Na equação $x^2 + 3x + 2 = 0$, não temos um trinômio quadrado perfeito.

$b = 3$, e 3 é um número ímpar, ou seja, deixando a equação nessa forma, teríamos de trabalhar frações.

$$3x = 2 \cdot \frac{3}{2} \cdot x$$

Por isso, inicialmente multiplicaremos o primeiro e o segundo membros da equação por 4.

$$\mathbf{4} \cdot (x^2 + 3x + 2) = \mathbf{4} \cdot 0$$
$$4x^2 + 12x + 8 = 0$$

Por que não multiplicar por 2, que também é par?

Porque 4, além de ser par, é um número quadrado perfeito. Queremos chegar a um trinômio quadrado perfeito, certo?

Reinaldo Rosa

Na interpretação geométrica de $4x^2 + 12x$, podemos perceber que, para completar o quadrado de lado $(2x + 3)$, falta o quadrado de lado 3. O terceiro termo do trinômio deveria ser 9, mas é 8.

Voltando à equação $4x^2 + 12x + 8 = 0$, somaremos 1 a ambos os membros.

$$4x^2 + 12x + 8 \mathbf{+ 1} = 0 \mathbf{+ 1}$$
$$4x^2 + 12x + 9 = 1$$

Fatorando o trinômio quadrado perfeito que encontramos no primeiro membro da equação:

$$(2x + 3)^2 = 1$$

$2x + 3 = 1$	$2x + 3 = -1$
$2x = 1 - 3$	$2x = -1 - 3$
$2x = -2$	$2x = -4$
$x = -1$ é uma solução da equação.	$x = -2$ é a outra solução da equação.

A equação tem duas raízes: -1 e -2.

Registrem no caderno.

1. Que número devemos colocar no lugar de ▨ para termos um trinômio quadrado perfeito?

$$▨x^2 + 6x + 1$$

Qual o lado do quadrado que representa o trinômio?

2. Que número deveria estar no lugar do 12 em $x^2 - 8x + 12 = 0$ para que tivéssemos um trinômio quadrado perfeito no primeiro membro da equação?

3. Resolvam a equação $x^2 - 8x + 12 = 0$ usando a fatoração do trinômio.

4. A equação $(x + 2)^2 = -6$ tem solução em $\mathbb{R}$?

5. Transformem o primeiro membro da equação em trinômio quadrado perfeito e resolvam.

   a) $x^2 + 6x + 5 = 0$
   b) $9x^2 + 1 = 6x$

Você achou a técnica de completar quadrados interessante? Muitas civilizações antigas utilizavam essa técnica, entre elas os babilônios.

Os árabes e os hindus, no século IX, utilizavam essa técnica para resolver equações do 2º grau.

Esses povos tiveram um papel muito importante no desenvolvimento da matemática.

Sabemos que o sistema de numeração decimal posicional teve origem na Índia e foi difundido no mundo ocidental pelos árabes. Daí os nossos algarismos serem chamados de **indo-arábicos**.

Falamos anteriormente do matemático árabe al-Khwarizmi, lembra?

Do nome dele derivam as palavras **algarismo** e **algoritmo**, e do título de um de seus livros, *Al jabr wa'l muqãbalah*, veio o nome **Álgebra**.

Na obra de al-Khwarizmi encontram-se vários exemplos da técnica de completar quadrados.

Bagdá, atual capital do Iraque, é uma cidade de cultura predominantemente árabe. No passado, durante o califado de al-Mamun (809-833), Bagdá se transformou em importante centro cultural. O califa levou a essa cidade sábios de toda parte, que traduziram e escreveram importantes obras. Entre eles estava al-Khwarizmi.

Fonte de pesquisa: Carl B. Boyer. *História da Matemática*. São Paulo: Edgard Blücher, 1974.

EXERCÍCIOS

16. Que número você deve adicionar a cada uma das expressões para que tenhamos um trinômio quadrado perfeito?

a) $x^2 + 14x$
b) $x^2 - 6x$
c) $x^2 + 12x$
d) $x^2 - 5x$

17. Determine as raízes das equações.

a) $x^2 = 81$
b) $x^2 = 100$
c) $(x - 7)^2 = 0$
d) $(x + 5)^2 = 0$

18. Empregando a fatoração e a lei do anulamento do produto, resolva as equações.

a) $x^2 - 6x + 9 = 0$
b) $x^2 + 8x + 16 = 0$
c) $4x^2 - 12x + 9 = 0$
d) $9x^2 + 6x + 1 = 0$

19. Fatore o primeiro membro e ache as raízes das equações.

a) $x^2 + 4x + 4 = 25$
b) $x^2 - 6x + 9 = 16$

20. Para resolver a primeira equação, acrescente 36 nos seus dois lados. Para resolver as demais, descubra o número que deve ser somado nos dois lados dela, para tornar o primeiro membro um quadrado perfeito.

a) $x^2 + 12x = 28$
b) $x^2 + 8x = 9$
c) $x^2 - 10x = 39$
d) $2x^2 - 8x = 24$

5. Fórmula geral de resolução da equação do 2º grau

Há uma fórmula que permite resolver equações do 2º grau. Vamos obtê-la a partir do método de completar quadrados.

Partiremos da equação genérica $ax^2 + bx + c = 0$, com $a \neq 0$.

Nosso objetivo é obter um trinômio quadrado perfeito no primeiro membro da equação.

O coeficiente a pode não ser um número quadrado perfeito.

Por isso vamos multiplicar os dois membros da equação por 4a.

$$ax^2 + bx + c = 0$$
$$4a^2x^2 + 4abx + 4ac = 0$$

Observe a figura ao lado. O terceiro termo do trinômio deve ser b^2.

Vamos somar b^2 a ambos os membros da equação:

$$4a^2x^2 + 4abx + 4ac + b^2 = b^2$$

Para que no primeiro membro da equação fique somente o trinômio quadrado perfeito, vamos subtrair $4ac$ de ambos os membros:

$$4a^2x^2 + 4abx + b^2 = b^2 - 4ac$$

Fatorando o trinômio quadrado perfeito, obtemos:

$$(2ax + b)^2 = b^2 - 4ac$$

A expressão $b^2 - 4ac$ será representada pela letra grega Δ (delta).

Fazendo $\Delta = b^2 - 4ac$ na equação acima, temos:

$$(2ax + b)^2 = \Delta$$

Supondo $\Delta > 0$ vem:

$2ax + b = \pm\sqrt{\Delta}$. Subtraindo b de ambos os membros da equação:

$2ax = -b \pm \sqrt{\Delta}$ e, finalmente, dividindo ambos os membros por $2a$ para encontrar x:

$$x = \frac{-b \pm \sqrt{\Delta}}{2a}$$

Nessa fórmula, precisamos extrair a raiz quadrada de Δ.

- Se o valor de delta for um número negativo, $\sqrt{\Delta}$ não será um número real, e a equação não terá solução no conjunto $\mathbb{R}$.
- Se $\Delta = 0$, $\sqrt{\Delta} = 0$, e $x = \dfrac{-b \pm \sqrt{\Delta}}{2a}$ fica $x = \dfrac{-b}{2a}$ e a equação terá somente uma solução.
- Se o valor de delta for um número positivo, aí a equação terá duas soluções reais.

Vamos resolver equações aplicando essa fórmula?

1. $x^2 + 3x - 10 = 0$

$a = 1$
$b = 3$
$c = -10$ } Identificamos os coeficientes e o termo independente na equação.

$\Delta = b^2 - 4ac$
$\Delta = 3^2 - 4 \cdot 1 \cdot (-10)$
$\Delta = 9 + 40 = 49$ } Calculamos o valor de Δ.

Agora aplicamos a fórmula para determinar os valores de x:

$x = \dfrac{-b \pm \sqrt{\Delta}}{2a}$

$x = \dfrac{-3 \pm 7}{2}$

$x_1 = \dfrac{-3 + 7}{2} = \dfrac{4}{2} = 2$

$x_2 = \dfrac{-3 - 7}{2} = \dfrac{-10}{2} = -5$

Fazendo a verificação:
$(-5)^2 + 3 \cdot (-5) - 10 =$
$= 25 - 15 - 10 = 0$ e
$2^2 + 3 \cdot 2 - 10 = 4 + 6 - 10 = 0$

Logo, -5 e 2 são as soluções, ou as raízes, da equação $x^2 + 3x - 10 = 0$.

2. $6x^2 + x - 1 = 0$

$a = 6$ $\Delta = b^2 - 4ac$
$b = 1$ $\Delta = 1^2 - 4 \cdot 6 \cdot (-1)$
$c = -1$ $\Delta = 1 + 24 = 25$

$x = \dfrac{-b \pm \sqrt{\Delta}}{2a}$

$x = \dfrac{-1 \pm 5}{12}$

$x_1 = \dfrac{-1 + 5}{12} = \dfrac{4}{12} = \dfrac{1}{3}$

$x_2 = \dfrac{-1 - 5}{12} = \dfrac{-6}{12} = -\dfrac{1}{2}$

Logo, $-\dfrac{1}{2}$ e $\dfrac{1}{3}$ são as raízes da equação $6x^2 + x - 1 = 0$.

3. $2x^2 - 4x + 3 = 0$

$a = 2$
$b = -4$
$c = 3$
$\Delta = b^2 - 4ac$
$\Delta = (-4)^2 - 4 \cdot 2 \cdot 3$
$\Delta = 16 - 24 = -8$

A equação $2x^2 - 4x + 3 = 0$ não tem raízes reais.

Atenção! Neste caso $\sqrt{\Delta}$ não é um número real.

REFLETINDO

Registre no caderno.

1. Podemos aplicar a fórmula para resolver equações como $3x^2 - 27 = 0$ ou $x^2 - 5x = 0$. Experimente.

2. Resolva a equação $x^2 - 8x + 16 = 0$:
   a) fatorando o trinômio quadrado perfeito;
   b) usando a fórmula geral.

3. Uma equação do 2º grau pode ter no máximo quantas soluções?

Em situações com dados reais, a resolução de uma equação pode ser trabalhosa, com raízes não exatas. Com a calculadora, podemos encontrar mais facilmente soluções aproximadas. Use-a para determinar de maneira aproximada as soluções da equação $2x^2 - 118x - 1435 = 0$. Registre no caderno.

4. $\dfrac{x^2}{3} - \dfrac{x}{2} = \dfrac{1}{3}$

Vamos primeiro encontrar frações equivalentes às dadas e que tenham mesmo denominador:

$\dfrac{2x^2}{6} - \dfrac{3x}{6} = \dfrac{2}{6}$

$\dfrac{2x^2 - 3x}{6} = \dfrac{2}{6}$ Multiplicando ambos os membros da equação por 6, obtemos:

$2x^2 - 3x = 2$ ou $2x^2 - 3x - 2 = 0$

$\Delta = 9 + 16 = 25$

$x = \dfrac{3 \pm 5}{4}$

$x_1 = \dfrac{3 + 5}{4} = 2$

$x_2 = \dfrac{3 - 5}{4} = -\dfrac{1}{2}$

Logo, $-\dfrac{1}{2}$ e 2 são as raízes da equação.

Leonhard Euler

Falamos sobre a contribuição de François Viète para o desenvolvimento da linguagem algébrica. No entanto, um brilhante matemático suíço foi notável nesse aspecto.

Leonhard Euler é considerado um dos maiores matemáticos da história. Aos 26 anos, tornou-se o matemático mais importante da Academia de São Petersburgo, na Rússia. Publicou mais de 500 livros e artigos durante sua vida.

Em suas obras, introduziu terminologia e notações que simplificaram registros na Álgebra, na Geometria e em outros campos da Matemática. Muitas notações são usadas hoje por nós. Vem das obras de Euler, por exemplo, usar letras maiúsculas para nomear os vértices de um triângulo e letras minúsculas para indicar as medidas dos lados opostos a cada vértice.

Leonhard Euler (1707-1783).

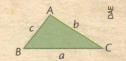

Fonte de pesquisa: Carl B. Boyer. *História da Matemática*. São Paulo: Edgard Blücher, 1974. p. 324-327.

Registrem no caderno.

1. Expliquem como podemos saber o número de soluções de uma equação do 2º grau a partir do valor de Δ.

2. Inventem uma equação do 2º grau completa $ax^2 + bx + c = 0$ que não tenha solução em $\mathbb{R}$.

3. Resolvam a equação $x(x - 11) = 0$ de duas maneiras diferentes.

4. Podemos escrever a equação $6x^2 - 42x + 60 = 0$ de forma mais simples dividindo todos os termos por 6; $x^2 - 7x + 10 = 0$ é equivalente à primeira e é mais fácil de resolver.

   Usem esta ideia para resolver as equações:
   a) $9x^2 - 63x + 54 = 0$
   b) $-2x^2 + 32x = 128$

5. Utilizem uma equação para representar e resolver o problema: "O quadrado de x somado à metade de x, resulta 39". Encontrem x sabendo que $x > 0$.

6. Elias disse que se $\Delta = 7$ a equação não tem solução, pois não existe $\sqrt{7}$. Ele está certo?

EXERCÍCIOS

21. Considere $y^2 - 4y = -6 + 3y$. Escreva essa equação na forma geral e responda às seguintes questões:

a) Qual é a incógnita?

b) Qual é o grau?

c) Qual é o termo independente?

d) Qual é o coeficiente do termo de grau 1?

e) O número 6 é uma solução? E o −1?

22. Resolva as equações do 2º grau usando a fórmula geral.

a) $x^2 - 6x + 9 = 0$

b) $-x^2 + x + 12 = 0$

c) $7x^2 + x + 1 = 0$

d) $x^2 - x - 1 = 0$

23. A soma de um número com o seu quadrado é 30. Calcule esse número.

24.

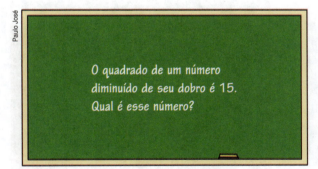

O quadrado de um número diminuído de seu dobro é 15. Qual é esse número?

25. Escreva as equações na forma geral e resolva.

a) $x^2 + 3 = 4x$

b) $-20 = -x - x^2$

c) $13 - 2x - 15x^2 = 0$

d) $4x^2 + 7x + 3 = 2x^2 + 2x$

e) $x(x - 2) = 2(x + 6)$

f) $x(2x - 1) + 6 = 4(x + 1)$

g) $(x - 1)(x - 2) = 6$

h) $(2x - 3)(x - 8) = 34$

26. Resolva as equações.

a) $(x + 1)^2 = 7 + x$

b) $(x - 2)^2 - x = 1$

c) $x^2 = \dfrac{4}{5}x + \dfrac{1}{5}$

d) $\dfrac{x^2}{4} - \dfrac{x}{3} + \dfrac{1}{9} = 0$

e) $x^2 - 3 = \dfrac{x - 3}{6}$

f) $\dfrac{x^2 - 5x}{6} + 1 = \dfrac{2x + 11}{3}$

27. (CPII-RJ) O diagrama abaixo tem um formato que lembra um triângulo. Este "triângulo" é formado por seis números que devem ocupar os espaços indicados. Um desses números (o 27) já foi dado. Os outros você terá de descobrir, sabendo que a soma dos números correspondentes a cada "lado do triângulo" deve ser sempre a mesma.

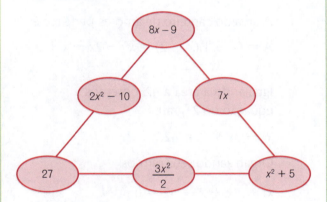

a) Qual é o valor de x?

b) Copie e complete o "triângulo" com os números correspondentes:

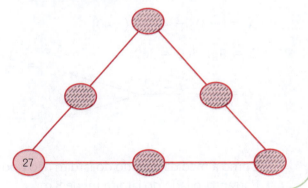

6. Resolvendo problemas

Muitas situações e problemas podem ser resolvidos por meio de equações do 2º grau. Acompanhe alguns exemplos.

1. Um jardim, com a forma de um quadrado, foi dividido em três canteiros.
Nesses canteiros foram plantadas margaridas, papoulas e amores-perfeitos, conforme a ilustração ao lado.
O canteiro de amores-perfeitos ocupa uma área de 42 m².
Qual é a medida do lado do jardim?

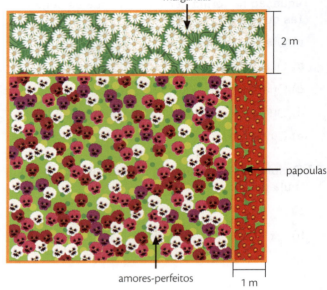

Representando a medida do lado do jardim por x, faremos um novo desenho:

A área do canteiro de amores-perfeitos é:

$A = (x - 1)(x - 2) = x^2 - 2x - x + 2 =$
$= x^2 - 3x + 2$

Igualando a área a 42, obtemos a equação do 2º grau:

$x^2 - 3x + 2 = 42$

Organizando seus termos:

$x^2 - 3x + 2 - 42 = 0$

$\mathbf{x^2 - 3x - 40 = 0}$

$a = 1; b = -3 \text{ e } c = -40$

$\Delta = (-3)^2 - 4 \cdot 1 \cdot (-40)$

$\Delta = 9 + 160 = 169$

$x = \dfrac{-(-3) \pm 13}{2}$

$x_1 = \dfrac{3 + 13}{2} = \dfrac{16}{2} = 8$

$x_2 = \dfrac{3 - 13}{2} = \dfrac{-10}{2} = -5$

Como a medida do lado do jardim não pode ser negativa, consideraremos somente a solução $x = 8$.
Portanto, o lado do jardim mede 8 m.

2. Um grupo de amigos organizou uma festa para comemorar o Natal. Como presente, todos escreveram e deram um belo cartão para cada participante da festa. Os cartões foram pendurados na árvore de Natal. Se na árvore havia 156 cartões, quantas pessoas participaram da festa?

Se imaginarmos que o grupo tinha 5 pessoas, cada pessoa deu 4 cartões: 1 para cada participante, menos para ele mesmo, é claro! Nesse caso, teríamos 20 cartões pendurados na árvore: $5 \cdot 4 = 20$

A partir desse raciocínio, copie e complete a tabela abaixo em seu caderno.

Número de pessoas que participavam da festa	Número de cartões que cada pessoa deu	Número de cartões na árvore de Natal
5	4	$5 \cdot 4 = 20$
6	5	$6 \cdot 5 = 30$
7		
8		
x		

O número de cartões na árvore é 156. Representando o número de pessoas por x, podemos escrever uma equação para representar o problema: $\boldsymbol{x(x-1) = 156}$

A solução deste problema é um número natural, pois x representa o número de pessoas.

Como x e $x-1$ são números consecutivos, podemos resolver o problema por tentativas, procurando dois números consecutivos que multiplicados resultam em 156.

Com base no que está na lousa, podemos concluir que o número de pessoas é 13.

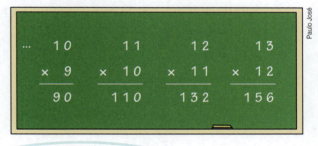

Outro caminho é resolver a equação obtida usando a fórmula geral:

$x(x-1) = 156$

$x^2 - x = 156$

$x^2 - x - 156 = 0$

$a = 1; b = -1$ e $c = -156$

$\Delta = b^2 - 4ac = 1 - 4 \cdot 1 \cdot (-156) = 625$

$x = \dfrac{-b \pm \sqrt{\Delta}}{2a} = \dfrac{1 \pm \sqrt{625}}{2}$

$x_1 = \dfrac{26}{2} = 13$ e $x_2 = \dfrac{-24}{2} = -12$

Há problemas em que pensar numa solução como a sugerida acima pode ser difícil ou trabalhoso demais. Nesses casos, representar e resolver o problema por meio de uma equação é uma boa opção.

Como o número de pessoas não pode ser negativo, desconsideramos a solução $x = -12$ e concluímos que 13 pessoas participaram da festa.

EQUAÇÕES DO 2º GRAU

3. O retângulo representado abaixo tem 26 cm de perímetro e 40 cm² de área. Quais são as medidas de seus lados?

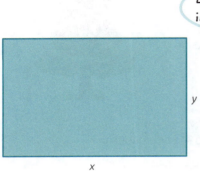

Como o perímetro é de 26 cm, temos que:

$x + x + y + y = 26$, ou

$2x + 2y = 26$, ou ainda, dividindo ambos os membros da equação por 2:

♦ $x + y = 13$

A área é de 40 cm², isto é:

♦ $x \cdot y = 40$

Temos um sistema de equações nas incógnitas x e y. Vamos resolvê-lo:

$$\begin{cases} x + y = 13 \\ x \cdot y = 40 \end{cases}$$

Se $x + y = 13$, então $y = 13 - x$.

Substituiremos y por $13 - x$ na segunda equação:

$x \cdot y = 40$

$x(13 - x) = 40$

$13x - x^2 = 40$

Organizando a equação:

$-x^2 + 13x - 40 = 0$

$a = -1; b = 13$ e $c = -40$

$\Delta = 13^2 - 4 \cdot (-1) \cdot (-40)$

$\Delta = 169 - 160 = 9$

$x = \dfrac{-13 \pm 3}{-2}$

$x_1 = \dfrac{-13 + 3}{-2} = \dfrac{-10}{-2} = 5$

$x_2 = \dfrac{-13 - 3}{-2} = \dfrac{-16}{-2} = 8$

Falta determinar y.

$y = 13 - x$

Para $x = 5 \longrightarrow y = 13 - 5 = 8$

Para $x = 8 \longrightarrow y = 13 - 8 = 5$

As soluções do sistema são $x = 5$ e $y = 8$, ou $x = 8$ e $y = 5$.

Em ambos os casos, os lados do retângulo medem 5 cm e 8 cm.

> Quais são os dois números que somados resultam em 13 e multiplicados resultam em 40? Se você descobriu, confira com a solução do sistema de equações que resolvemos ao lado.
>
> Sempre que possível, exercite o raciocínio e utilize o cálculo mental para resolver problemas!

EXERCÍCIOS

28. O quadrado da quantia que Carlos possui, aumentado do dobro da mesma quantia, é igual a R$ 35,00. Quanto Carlos possui?

29. Perguntada sobre sua idade, Juliana respondeu:

O quadrado de minha idade menos o seu quíntuplo é igual a 104.

Qual é a idade de Juliana?

30. (Unicamp-SP) Ache dois números inteiros positivos e consecutivos sabendo que a soma de seus quadrados é 481.

31. A área de um retângulo é de 84 m². A medida do comprimento supera em 5 m a medida da largura. Quais são as dimensões desse retângulo?

32. Se um quadrado de lado 5 cm tiver seu lado aumentado de x, passará a ter uma área de 49 cm². Quanto vale x?

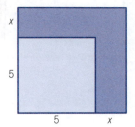

33. Um estacionamento retangular tem 23 m de comprimento por 12 m de largura. O proprietário deseja aumentar a área para 476 m², acrescentando duas faixas laterais de mesma largura. Qual deve ser a medida da largura da faixa acrescida?

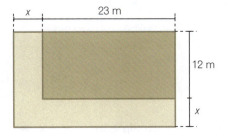

34. Uma caixa na forma de um bloco retangular tem 1 200 cm³ de volume. Quais são as dimensões da caixa?

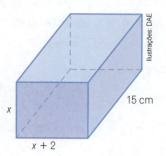

35. Para que valor de x a área do quadrado é igual à área do retângulo?

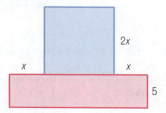

36. Um quadro tem forma retangular de dimensões externas 12 cm × 15 cm. A moldura tem largura x uniforme e a área da tela é 88 cm². Qual é a largura da moldura?

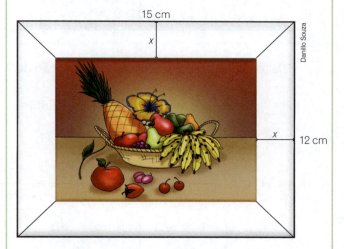

37. A soma das idades de dois irmãos é 12 anos, e o produto delas é 35. Calcule essas idades.

38. Quais são as dimensões de um terreno retangular que tem 70 m de perímetro e 250 m² de área?

7. Soma e produto das raízes de uma equação do 2º grau

Escrevemos duas equações do 2º grau e suas raízes:

- $x^2 - 5x + 6 = 0$ tem como raízes $x_1 = 2$ e $x_2 = 3$

  $a = 1; b = -5$ e $c = 6$

  Observe que:
  $$x_1 + x_2 = 2 + 3 = 5 \text{ e}$$
  $$x_1 \cdot x_2 = 2 \cdot 3 = 6$$

- $x^2 + 2x - 3 = 0$ tem como raízes $x_1 = -3$ e $x_2 = 1$

  $a = 1; b = 2$ e $c = -3$

  Observe que:
  $$x_1 + x_2 = -3 + 1 = -2 \text{ e}$$
  $$x_1 \cdot x_2 = -3 \cdot 1 = -3$$

Fazendo essa atividade, você perceberá que a soma das raízes e o produto das raízes têm alguma relação com os valores de a, b e c. Vamos descobrir qual é essa relação? Acompanhe!

Copie e complete o quadro, encontrando primeiro as raízes x_1 e x_2 de cada equação.

Equação	x_1	x_2	$x_1 + x_2$	$x_1 \cdot x_2$
$x^2 - 3x - 10 = 0$ $a = 1; b = -3$ e $c = -10$				
$x^2 + 2x - 15 = 0$ $a = 1; b = 2$ e $c = -15$				
$x^2 - 5x + 4 = 0$ $a = 1; b = -5$ e $c = 4$				

Pela fórmula geral, as raízes de uma equação do 2º grau são:

$x_1 = \dfrac{-b + \sqrt{\Delta}}{2a}$ e $x_2 = \dfrac{-b - \sqrt{\Delta}}{2a}$. Então:

se anulam

- $x_1 + x_2 = \dfrac{-b + \sqrt{\Delta}}{2a} + \dfrac{-b - \sqrt{\Delta}}{2a} = \dfrac{-2b}{2a}$ Finalmente: $\boxed{x_1 + x_2 = -\dfrac{b}{a}}$

- $x_1 \cdot x_2 = \left(\dfrac{-b + \sqrt{\Delta}}{2a}\right) \cdot \left(\dfrac{-b - \sqrt{\Delta}}{2a}\right) = \dfrac{(-b + \sqrt{\Delta}) \cdot (-b - \sqrt{\Delta})}{4a^2} =$

  $= \dfrac{(-b)^2 - (\sqrt{\Delta})^2}{4a^2} = \dfrac{b^2 - \Delta}{4a^2}$

Como $\Delta = b^2 - 4ac$, temos:

$x_1 \cdot x_2 = \dfrac{b^2 - (b^2 - 4ac)}{4a^2} = \dfrac{b^2 - b^2 + 4ac}{4a^2} = \dfrac{4ac}{4a^2}$. Finalmente: $\boxed{x_1 \cdot x_2 = \dfrac{c}{a}}$

Chamando de S a soma e de P o produto das raízes de uma equação do 2º grau que tenha raízes reais, temos:

$$S = -\frac{b}{a}$$ e $$P = \frac{c}{a}$$

Se tivermos $a = 1$, a equação pode ser escrita como $x^2 - Sx + P = 0$.

Na equação $x^2 - 5x + 6 = 0$, temos $a = 1$.
Então:
$$S = 5$$
$$P = 6$$

Quais são os números cuja soma é 5 e o produto é 6?

2 e 3, é claro! As raízes da equação são $x_1 = 2$ e $x_2 = 3$.

Ilustrações: Ronaldo Barata

Essas relações podem nos ajudar a resolver algumas equações do 2º grau mentalmente. Veja mais exemplos a seguir.

1. Quais são as raízes da equação $x^2 - 4x + 3 = 0$?

Como $a = 1$, temos que $S = 4$ e $P = 3$.

Procuramos dois números que somados resultam em 4 e multiplicados resultam em 3.

Os números são 1 e 3, pois $1 + 3 = 4$ e $1 \cdot 3 = 3$.

Descobrimos mentalmente que as raízes da equação $x^2 - 4x + 3 = 0$ são 1 e 3.

2. Quais são as raízes da equação $2x^2 - 10x = 0$?

$a = 2; b = -10$ e $c = 0$

$$S = -\frac{b}{a} = -\left(\frac{-10}{2}\right) = 5$$

$$P = \frac{c}{a} = 0$$

Soma 5 e produto zero... Já sei: as raízes são 0 e 5.

Atenção!

Nem sempre é fácil descobrir as raízes mentalmente.

Por exemplo, na equação $2x^2 + 5x + 3 = 0$ teríamos de descobrir números cuja soma é $-\frac{5}{2}$ e cujo produto é $\frac{3}{2}$. Aí fica mais fácil aplicar a fórmula geral para resolver a equação.

EQUAÇÕES DO 2º GRAU

Escrevendo uma equação do 2º grau

Até o momento, tomávamos uma equação do 2º grau e encontrávamos suas soluções ou raízes. Faremos o contrário agora.

Pensaremos nas soluções, e aí obteremos uma equação que tenha essas soluções.

Vamos escrever uma equação que tem raízes iguais a 4 e 7.
- A soma das raízes é $4 + 7 = 11$ ⟶ **S = 11**
- O produto das raízes é $4 \cdot 7 = 28$ ⟶ **P = 28**
- Usando a forma $x^2 - Sx + P = 0$, obtemos a equação $\mathbf{x^2 - 11x + 28 = 0}$.

Marina pensou diferente. Leia o que ela disse e acompanhe como chegou a uma equação que tem raízes 4 e 7.

Eu pensei em uma equação em que apareça um produto igual a zero, como fizemos anteriormente...

Se um produto é igual a zero, então pelo menos um dos fatores é zero.
As soluções da equação $(x - 4)(x - 7) = 0$ são $x = 4$ ou $x = 7$
Aplicando a propriedade distributiva Marina obteve:
$x^2 - 7x - 4x + 28 = 0$
$x^2 - 11x + 28 = 0$

Vamos acompanhar mais um exemplo?

Escreveremos a equação com soluções -2 e 5 utilizando cada uma das ideias que vimos acima:

- Soma das raízes: $-2 + 5 = 3$ ⟶ **S = 3**
  Produto das raízes: $-2 \cdot 5 = -10$ ⟶ **P = −10**
  Equação: $x^2 - Sx + P = 0$ ⟶ $\mathbf{x^2 - 3x - 10 = 0}$
- Produto igual a zero
  A equação $(x + 2)(x - 5) = 0$ tem soluções -2 ou 5.
  Aplicando a propriedade distributiva:
  $x^2 - 5x + 2x - 10 = 0$
  $\mathbf{x^2 - 3x - 10 = 0}$

$x + 2 = 0$ ou $x - 5 = 0$
$x = -2$ ou $x = 5$

Qual dos dois procedimentos você prefere?

Ilustrações: Leonardo Conceição

Registrem no caderno.

1. Utilizando soma e produto das raízes, escrevam uma equação do 2º grau que tenha raízes:

   a) 3 e 4
   b) $-\dfrac{1}{4}$ e $\dfrac{1}{4}$
   c) 2 e −5

2. André disse que as raízes da equação $2x^2 + 3x - 2 = 0$ têm soma -3 e produto -2. Ele está certo? Resolvam a equação comparando a resolução por soma e produto com a que utiliza a fórmula geral.

3. Releiam a proposta de Marina e usem esta ideia para escrever uma equação do 2º grau que tenha raízes:

   a) −7 e 4
   b) −6 e 6
   c) 0 e 5

4. Aplicando a propriedade distributiva à igualdade $(x - 3)(x - 5) = 0$ obteremos uma equação do 2º grau que tem quais soluções?

5. Mostrem que x^2 nunca é igual a $5x - 14$ para todo x real.

EXERCÍCIOS

39. Calcule a soma e o produto das raízes das equações.

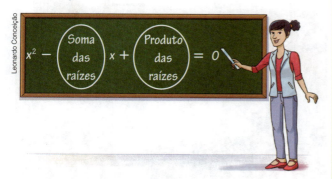

a) $x^2 - 7x + 10 = 0$

b) $2x^2 - 10x - 12 = 0$

c) $8x^2 - 7 = 0$

d) $1 + 12x = 9x^2$

40. A soma de dois números é 19, e o produto, 88. Esses números são as raízes de qual equação?

a) $x^2 + 88x - 19 = 0$

b) $x^2 - 88x + 19 = 0$

c) $x^2 + 19x + 88 = 0$

d) $x^2 - 19x + 88 = 0$

41. As raízes de uma equação do 2º grau têm por soma $\frac{3}{4}$ e por produto $\frac{1}{8}$. Essa equação é:

a) $8x^2 - 6x + 1 = 0$

b) $8x^2 + 6x - 1 = 0$

c) $\frac{3}{4}x^2 - \frac{1}{8}x + 1 = 0$

d) $\frac{3}{4}x^2 + \frac{1}{8}x - 1 = 0$

42. (Cesep-PE) Qual deve ser o valor de m na equação $2x^2 - mx - 40 = 0$ para que a soma de suas raízes seja igual a 8?

a) 8

b) 16

c) −8

d) −16

43. Dois números reais têm soma 7 e produto 6. Quais são eles?

Só vale cálculo mental!

▨ + ▨ = 7

▨ · ▨ = 6

44. Tente resolver mentalmente as equações. Isso se torna mais fácil se a equação tiver coeficientes inteiros e o coeficiente de x^2 for 1.

Para começar, encontre dois números que tenham soma 8 e produto 15.

a) $x^2 - 8x + 15 = 0$

b) $x^2 + 3x - 10 = 0$

c) $x^2 - 4x - 12 = 0$

d) $x^2 - x - 90 = 0$

45. Mateus queria obter uma equação do 2º grau cujas raízes fossem −2 e 3. Ele pode ter obtido a equação:

a) $x^2 + x + 1 = 0$

b) $x^2 + x - 6 = 0$

c) $(x + 2)(x - 3) = 0$

d) $(x + 2)(x + 3) = 0$

46. Somente uma das equações abaixo tem as raízes 2 e 3. Qual é?

a) $x^2 + 5x + 6 = 0$

b) $x^2 - 5x - 6 = 0$

c) $2x^2 - 5x + 6 = 0$

d) $-x^2 + 5x - 6 = 0$

47. Se m e n são as raízes da equação $x^2 - 4x + 1 = 0$, então $(m + 7)(n + 7)$ vale:

a) 49

b) 78

c) 57

d) 60

VALE A PENA LER

O furto da fórmula

A partir dos séculos XV e XVI, abre-se entre os matemáticos italianos uma das páginas mais curiosas da história da Matemática. Naquela época, a Itália era um dos maiores centros comerciais do mundo. Florença e Veneza progrediam a passos largos. Nesse ambiente conviviam desde as pessoas que tinham prática em cálculo até os mais famosos algebristas [...].

Detalhe de miniatura francesa do século XV, que retrata o comércio medieval. Anônimo (escola francesa). Uma rua com lojas, século XV. Iluminura.

Os algebristas tinham por costume fazer debates públicos para resolver problemas algébricos, promovendo suas descobertas e proezas na Matemática. Nesse tempo, estourou uma verdadeira guerra, que tinha como objeto a equação do terceiro grau.

Tudo começou em 1494, quando Fra Luca Pacioli, na *Summa de Arithmetica*, afirmou que os matemáticos não sabiam solucionar uma equação do terceiro grau por métodos algébricos. O primeiro a aceitar o desafio foi o professor de Matemática da Universidade de Bolonha, Scipione del Ferro. Scipione conseguiu achar a solução para a equação do tipo $x^3 - bx + c = 0$, mas por muito tempo manteve segredo sobre isso. Foi aí que entrou em cena o matemático Niccolo Fontana.

Fra Luca Pacioli (1445-1517). Jacopo de Barbari. Óleo sobre madeira, 99 cm × 120 cm.

Quem era Tartaglia

Em 1512, os franceses invadiram a cidade italiana de Bréscia. Niccolo Fontana tinha 12 anos e morava lá. Todos os habitantes refugiaram-se na catedral. Isso de nada valeu, pois os invasores fizeram terrível chacina. Niccolo escapou vivo, mas com grandes ferimentos, inclusive na boca, o que produziu uma enorme cicatriz que o tornaria gago para o resto da vida. O defeito valeu-lhe o apelido de Tartaglia. Muito pobre para frequentar uma escola, o pequeno Niccolo arrumou um livro para estudar e usava as pedras sepulcrais do cemitério como lousa.

Vencendo todos os obstáculos, Tartaglia torna-se professor de Matemática e Mecânica.

Pressentindo que ia morrer, Scipione revelou a um de seus alunos, Antonio Fiore, a solução da equação do terceiro grau. Com a fórmula, Fiore desafiou o matemático Niccolo Fontana, de apelido Tartaglia, a resolver 30 problemas do terceiro grau. Em contrapartida, Fiore deveria resolver 40 problemas propostos por Tartaglia. Em 40 dias, Niccolo resolveu os problemas. Mas Fiore não conseguiu resolver nenhum dos apresentados por Tartaglia.

Niccolo Fontana (Tartaglia) (1499-1557). Philips Galle. Gravura.

Tartaglia sabia que Fiore conhecia a solução da equação $x^3 - bx + c = 0$, mas desconhecia a solução da equação $x^3 + ax^2 + c = 0$, que era uma descoberta sua. Todos os problemas por ele apresentados teriam que ser resolvidos com essa equação.

Tanto Tartaglia como Scipione só conseguiram resolver equações "incompletas" do terceiro grau. Nas de Scipione faltava o termo em x^2. Nas de Tartaglia faltava o termo em x. Mas foi na solução da equação completa que surgiu o roubo da fórmula, com a intromissão do inescrupuloso matemático italiano Geronimo Cardano (1501-1576).

Com muita astúcia, Cardano conseguiu que Tartaglia lhe revelasse o seu método de resolução da equação do terceiro grau, comprometendo-se a guardar absoluto segredo. Quebrando todos os juramentos feitos, publicou a solução no livro *Ars Magna*, no qual ainda afirmava que era ele o autor da descoberta. Indignado, Tartaglia desafiou Cardano para um debate público. Este fugiu do confronto direto, mandando no lugar seu melhor aluno, Ludovico Ferrari, que foi totalmente derrotado.

Geronimo Cardano.

Apesar de tudo, Cardano teve seus méritos, pois, na *Ars Magna*, resolvera a equação completa do terceiro grau, apresentara a solução da equação do quarto grau e, além do mais, ainda considerara os números negativos como números. [...] Os matemáticos italianos da época, embora sem muito rigor, prepararam o campo para o formidável desenvolvimento que a Matemática iria ter nos séculos seguintes.

Equações de vários graus

A equação do segundo grau, ou quadrática, é uma expressão da forma $ax^2 + bx + c = 0$, em que a, b e c são números conhecidos, e x é uma incógnita, que se deseja conhecer. Para isso, usa-se a seguinte fórmula:

$$x = \frac{-b \pm \sqrt{b^2 - 4ac}}{2a}$$

A equação do terceiro grau expressa na forma: $ax^3 - bx + c = 0$ pode ser resolvida por meio da seguinte fórmula, já bem mais complicada:

$$x = \sqrt[3]{\frac{-c}{2a} + \sqrt{\left(\frac{c}{2a}\right)^2 + \left(\frac{b}{3a}\right)^3}} + \sqrt[3]{\frac{-c}{2a} + \sqrt{\left(\frac{c}{2a}\right)^2 + \left(\frac{b}{3a}\right)^3}}$$

A solução de uma equação do quarto grau usando-se fórmulas em que intervêm os coeficientes conhecidos sob os sinais de raiz é tão complicada que, na prática, os matemáticos lançam mão de outros processos de cálculo.

As equações de grau maior que quatro não têm uma fórmula de resolução usando-se radicais. Isso, contudo, não significa que não possamos resolver uma equação do quinto grau, do sexto grau etc. A solução de equações de grau maior que quatro, hoje em dia, é encontrada por processos de aproximação ou usando-se computadores eletrônicos, quando elas são muito complicadas.

A álgebra e o furto da fórmula (trechos). CHE 8. Antônio Marmo Oliveira.

8. Equações fracionárias que recaem em equações do 2º grau

> **Equações fracionárias** são equações que apresentam pelo menos um termo com **incógnita no denominador**.

Você já resolveu equações fracionárias; vamos recordar com um exemplo:

Determinaremos o valor de x na equação $\dfrac{x+5}{x+3} + \dfrac{2}{3} = 2$.

Primeiro é preciso observar para que valores de x a equação não existe. Sabemos que não existe divisão por zero.

Temos $x + 3$ no denominador de um dos termos. É preciso termos $x + 3 \neq 0$, ou seja, a condição de existência dessa equação é $x \neq -3$.

Agora escreveremos todos os termos da equação num mesmo denominador. Como nas frações numéricas, esse denominador deve ser um múltiplo dos denominadores originais.

$3(x + 3)$ é uma boa escolha, já que é o mmc dos denominadores.

$$\frac{3(x+5)}{3(x+3)} + \frac{2(x+3)}{3(x+3)} = \frac{6(x+3)}{3(x+3)}$$

> Multiplicamos ambos os membros da equação por $3(x + 3)$ cancelando os denominadores.

$$3(x+5) + 2(x+3) = 6(x+3)$$
$$-x = -3$$
$$x = 3$$

Como x é diferente de -3, a equação tem solução 3.

Agora vamos resolver um problema...

Os alunos do 9º ano contribuíram todos com certa quantia para comprar o presente de uma colega que faria 15 anos. O presente custaria R$ 180,00.

No dia da compra, dois alunos desistiram de participar, o que fez com que os alunos restantes precisassem dar mais R$ 1,00 cada um para comprar o presente. Quantos alunos há no 9º ano? Quanto coube a cada um pelo presente?

Vamos chamar de x o número de alunos do 9º ano. Como o presente custa R$ 180,00, obtemos o valor que cada um pagaria inicialmente fazendo $\dfrac{180}{x}$.

Como dois alunos desistiram de participar, ficamos com $x - 2$ alunos, e a quantia que coube a cada um é calculada fazendo $\dfrac{180}{x-2}$.

A diferença entre as duas quantias é de 1 real. Matematicamente, escrevemos:

$$\frac{180}{x-2} - \frac{180}{x} = 1$$

Obtivemos uma **equação fracionária**.

Observe que antes de resolvê-la é preciso escrever que devemos ter $x \neq 0$ e $x \neq 2$.

$$\frac{180}{x-2} - \frac{180}{x} = 1$$

É uma equação do 2º grau.

O mmc de x e $x - 2$ é $x(x - 2)$.

$$\frac{180x}{x(x-2)} - \frac{180(x-2)}{x(x-2)} = \frac{x(x-2)}{x(x-2)}$$

Multiplicamos ambos os membros da equação por $x(x - 2)$ cancelando os denominadores.

$180x - 180x + 360 = x^2 - 2x$

$360 = x^2 - 2x$

$x^2 - 2x - 360 = 0$

$a = 1; b = -2$ e $c = -360$

$\Delta = 4 - 4 \cdot 1 \cdot (-360) = 1\,444$

$x = \dfrac{2 \pm 38}{2}$

$x_1 = 20$

$x_2 = -18$ (não serve, pois x é número de pessoas)

Há, portanto, 20 alunos no 9º ano, mas somente 18 participaram da compra do presente, cabendo a cada um a quantia de R$ 10,00 ($180 : 18 = 10$).

Registrem no caderno.

1. Vocês sabem que, se x é um número diferente de zero, então o inverso de x é $\dfrac{1}{x}$.

   Existem dois números que quando somados ao triplo do seu inverso resultam em $\dfrac{13}{2}$.

   Descubram quais são esses números.

2. Descubram os valores de x sabendo que $\dfrac{x}{2}$ é o inverso de $\dfrac{x-1}{10}$.

3. Relembrem:
   - O que são frações equivalentes?
   - Descubram os valores de x que tornam as frações $\dfrac{x+2}{x-2}$ e $\dfrac{3x+1}{x-1}$ equivalentes, com $x \neq 2$ e $x \neq 1$.

4. "Estavam os macacos divididos em dois grupos: enquanto o quadrado da oitava parte brincava sobre as árvores, outros doze, alegres, gritavam no campo."

   Descubram quantos eram os macacos representando o problema por meio de uma equação.

5. Na resolução da equação $\dfrac{2}{x^2-1} + \dfrac{1}{x+1} = 1$, um dos valores de x não pode ser considerado.

   Resolvam, encontrem este valor e expliquem por que ele não serve como solução.

EXERCÍCIOS

48. Resolva as equações.

a) $x + 5 + \dfrac{4}{x} = 0$

b) $\dfrac{10x}{3} + \dfrac{3}{x} = 7$

c) $\dfrac{3}{x} - 4 = x + \dfrac{6}{2x}$

d) $\dfrac{x-3}{2} + \dfrac{1}{x} = -3$

e) $\dfrac{5}{x^2} + \dfrac{1}{x} - 6 = 0$

f) $\dfrac{5}{x} + \dfrac{x-12}{x^2} - \dfrac{2}{3} = 0$

g) $\dfrac{x+8}{3} = \dfrac{x+2}{x} + \dfrac{1-x}{2x}$

49. (PUC-RJ) Se $1 - \dfrac{4}{x} + \dfrac{4}{x^2} = 0$, então $\dfrac{2}{x}$ vale:

a) 1   c) $\dfrac{1}{2}$

b) 2   d) $\dfrac{1}{4}$

50. (PUC-SP) Considere o seguinte problema:
"Achar um número que, somado com 1, seja igual ao seu inverso". Qual das equações representa esse problema?

a) $x^2 - x + 1 = 0$
b) $x^2 + x - 1 = 0$
c) $x^2 - x - 1 = 0$
d) $x^2 + x + 2 = 0$

51. Resolva as equações.

a) (USU-RJ) $\dfrac{x-5}{x-1} + x + 1 = 0$

b) (UFMG) $\dfrac{2}{x-1} + \dfrac{1}{x-2} = 2$

c) (UFPA) $\dfrac{2x+1}{x-3} - \dfrac{2}{x^2-9} = 1$

d) (Fuvest-SP) $\dfrac{x+2}{2} + \dfrac{2}{x-2} = -\dfrac{1}{2}$

52. (Mack-SP) Um grupo de amigos reunidos em um restaurante resolveu "rachar" a conta de R$ 600,00. No entanto, dois deles perceberam que estavam sem dinheiro, o que fez cada um dos outros contribuir com mais R$ 10,00.

Sendo x o número total de pessoas, a equação que melhor representa a situação é:

a) $\dfrac{600}{x+2} - \dfrac{600}{x-2} = 10$

b) $\dfrac{600}{x-2} - \dfrac{600}{x} = 10$

c) $\dfrac{600}{x} - \dfrac{600}{x-2} = 10$

d) $\dfrac{590}{x} - \dfrac{600}{x-2} = 10$

53. (FGV-SP) A quantia de R$ 4.000,00 deveria ser repartida para um certo número de crianças. No entanto, quatro crianças deixaram de comparecer, aumentando com isso em R$ 50,00 a quantia para cada uma das crianças restantes. Qual era o número inicial de crianças?

a) 10   c) 30
b) 20   d) 40

54. (PUC-MG) Uma criança gastou R$ 36,00 comprando chocolates. Se cada chocolate custasse R$ 1,00 a menos, ela poderia ter comprado mais 3 chocolates. O número de chocolates comprados por essa criança foi:

a) 4   c) 9
b) 6   d) 12

9. Equações biquadradas

Vamos resolver a equação $x^4 - 7x^2 + 12 = 0$.

Lembrando que $x^4 = (x^2)^2$, vamos reescrever a equação assim:

$(x^2)^2 - 7x^2 + 12 = 0$

Substituiremos x^2 por y na equação:

$y^2 - 7y + 12 = 0$ (recaímos numa equação do 2º grau, que sabemos resolver)

$\Delta = 49 - 48 = 1$

$y = \dfrac{7 \pm 1}{2}$ → $y_1 = 4$
$y_2 = 3$

Agora podemos determinar os valores de x, pois $x^2 = y$.

Para $y = 4$:
$x^2 = 4$
$x = \pm\sqrt{4}$
$x = \pm 2$

Para $y = 3$:
$x^2 = 3$
$x = \pm\sqrt{3}$

Então, -2, 2, $-\sqrt{3}$ e $\sqrt{3}$ são as raízes da equação $x^4 - 7x^2 + 12 = 0$.
Resolvemos uma equação biquadrada.

> **REFLETINDO**
>
> 1. Uma equação do 4º grau pode ter no máximo quantas soluções?
> 2. A equação $x^4 = -16$ tem solução em $\mathbb{R}$? Explique.

Toda equação da forma $ax^4 + bx^2 + c = 0$ com $a \neq 0$ é chamada de **equação biquadrada**.

Veja mais um exemplo de resolução desse tipo de equação.
Resolveremos a equação $x^4 - 3x^2 - 4 = 0$ substituindo x^2 por y:

$$y^2 - 3y - 4 = 0$$
$$\Delta = 9 + 16 = 25$$
$$y = \frac{3 \pm 5}{2}$$

$y_1 = 4$
$y_2 = -1$

Como $x^2 = y$, temos:

Para $y = 4$:
$x^2 = 4$
$x = \pm 2$

Para $y = -1$:
$x^2 = -1$

Não há número real que elevado ao quadrado resulte em um número negativo.

Então, a equação tem como soluções -2 e 2.

10. Equações irracionais

Vamos resolver a equação $\sqrt{x + 1} = 2$.
Elevaremos os dois membros da equação ao quadrado:

$$\left(\sqrt{x + 1}\right)^2 = 2^2$$
$$x + 1 = 4$$
$$x = 4 - 1$$
$$x = 3$$

Incógnita no radicando... Ainda não tínhamos visto equações desse tipo.

Equações que têm incógnita no radicando são chamadas de equações irracionais.

Agora devemos verificar se a solução encontrada satisfaz a equação original, pois nem sempre isso acontece.
Substituindo x por 3:

$$\left(\sqrt{x + 1}\right) = 2$$
$$\sqrt{3 + 1} = 2$$
$$\sqrt{4} = 2$$
$$2 = 2 \text{ (igualdade verdadeira)}$$

Verificado: 3 é a raiz da equação.

Acompanhe mais exemplos de resolução de equações irracionais.

1. Vamos resolver $\sqrt{2x - 5} - 4 = -3$.

Somaremos 4 a ambos os membros da equação:

$$\sqrt{2x - 5} = 1$$

No primeiro membro da equação, ficamos somente com o radical. Agora elevamos ambos os membros ao quadrado:

$$\left(\sqrt{2x - 5}\right)^2 = 1^2$$
$$2x - 5 = 1$$
$$2x = 1 + 5$$
$$2x = 6$$
$$x = 3$$

É preciso verificar se $x = 3$ satisfaz a equação inicial:

$$\sqrt{2x - 5} - 4 = -3; \text{ para } x = 3 \text{ fica:}$$
$$\sqrt{2 \cdot 3 - 5} - 4 = -3$$
$$\sqrt{6 - 5} - 4 = -3$$
$$\sqrt{1} - 4 = -3$$
$$1 - 4 = -3$$
$$-3 = -3 \text{ (igualdade verdadeira)} \quad \cdots\cdots$$

> Concluímos que $x = 3$ é solução da equação.

2. Vamos resolver $x - 1 = \sqrt{x + 5}$.

$$(x - 1)^2 = \left(\sqrt{x + 5}\right)^2$$
$$x^2 - 2x + 1 = x + 5$$
$$x^2 - 2x + 1 - x - 5 = 0$$
$$x^2 - 3x - 4 = 0$$
$$\Delta = (-3)^2 - 4 \cdot 1 \cdot (-4)$$
$$\Delta = 9 + 16 = 25$$

$$x = \frac{3 \pm 5}{2} \qquad x_1 = \frac{3 + 5}{2} = 4$$
$$x_2 = \frac{3 - 5}{2} = -1$$

Voltamos à equação original para verificar as soluções:

$$x - 1 = \sqrt{x + 5}$$

◆ Para $x = 4$:

$$4 - 1 = \sqrt{4 + 5}$$
$$3 = \sqrt{9}$$
$$3 = 3 \text{ (Verdadeiro!)}$$

◆ Para $x = -1$:

$$-1 - 1 = \sqrt{-1 + 5}$$
$$-2 = \sqrt{4}$$
$$-2 = 2 \text{ (Falso!)}$$

Consideramos somente a solução $x = 4$.

EQUAÇÕES DO 2º GRAU

EXERCÍCIOS

55. Considere a equação $4x^4 - 37x^2 + 9 = 0$.

a) Essa equação é biquadrada?

b) Qual é a equação do 2º grau que se obtém ao substituir x^2 por y?

c) Quais são as raízes da equação do item **b**?

d) Quais são as raízes da equação $4x^4 - 37x^2 + 9 = 0$?

56. Resolva as equações.

a) $x^4 - 16x^2 = 0$

b) $11x^4 - 7x^2 - 4 = 0$

c) $4x^4 - 5x^2 + 9 = 0$

d) $x^4 - 8x^2 = -15$

e) $x^4 + 36 - 20x^2 = 0$

57. (Unirio-RJ) O produto das raízes positivas de $x^4 - 11x^2 + 18 = 0$ vale:

a) $2\sqrt{3}$ b) $3\sqrt{2}$ c) $4\sqrt{2}$ d) $5\sqrt{3}$

58. (UGF-RJ) A diferença entre a maior e a menor raiz da equação $x^4 - 13x^2 + 36 = 0$ é:

a) 3   b) 4   c) 5   d) 6

59. Um número real é tal que sua quarta potência é igual a 4 somado com o triplo de seu quadrado. Qual é esse número?

60. Calcule mentalmente o valor de x.

a) $\sqrt{x} + 3 = 7$

b) $2\sqrt{x} = 12$

c) $\sqrt{x + 1} = 7$

d) $\dfrac{\sqrt{x}}{5} = 1$

61. Resolva as equações.

a) $\sqrt{x + 2} = 7$

b) $\sqrt{3x + 1} + 6 = 2$

c) $\sqrt{5x - 10} = \sqrt{3x + 2}$

d) $3\sqrt{3x + 1} = \sqrt{18}$

e) $\sqrt{3x + 6} - 2 = x$

62. Se $\sqrt{x + 2} = 2$, então $(x + 2)^2$ equivale a:

a) 2   b) 4   c) 8   d) 16

63. A diferença entre um número e sua raiz quadrada é 20. Calcule esse número.

64. (Fuvest-SP) Subtraindo-se 3 de um certo número, obtém-se o dobro da sua raiz quadrada. Qual é esse número?

65. (Vunesp) O tempo t, em segundos, que uma pedra leva para cair de uma altura x, em metros, é dado aproximadamente pela fórmula:

$$t = \dfrac{\sqrt{5x}}{5}$$

Se o tempo t da queda é de 4 segundos, a altura x é:

a) 80 m   b) 75 m   c) 55 m   d) 40 m

SEÇÃO LIVRE

Ricardo tem uma pequena fazenda onde cria gado. Como não gosta de desperdício, ele reaproveita muitas coisas. Ele precisou trocar a cerca ao redor da fazenda e, no final do serviço, constatou que sobraram 120 metros de tela de arame.

Logo teve uma ideia: usar a sobra para cercar um novo pasto para o gado.

Como gosta de Matemática e sabe o quanto esse conhecimento é útil, começou a desenhar retângulos que tivessem 120 m de perímetro, procurando aquele cuja área fosse igual a 1 000 m².

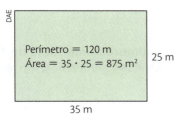
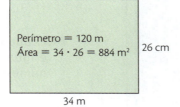
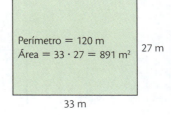

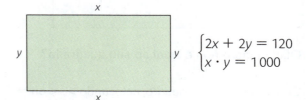

$$\begin{cases} 2x + 2y = 120 \\ x \cdot y = 1000 \end{cases}$$

Mas, ao resolver o sistema, Ricardo teve uma surpresa!

Não seria possível construir o pasto com a área que ele imaginou.

Resolva você também o sistema e descubra por quê. Depois, observando os desenhos de Ricardo, tente encontrar com seus colegas as medidas que Ricardo deve usar para obter a maior área possível de pasto com os 120 m de cerca.

EQUAÇÕES DO 2º GRAU

REVISANDO

66. Indique as equações que têm as mesmas raízes.

a) $x^2 - 6x + 8 = 0$ e $x^2 + 6x + 8 = 0$

b) $x^2 + 6x - 8 = 0$ e $x^2 + 6x + 8 = 0$

c) $x^2 + 6x + 8 = 0$ e $-x^2 - 6x - 8 = 0$

d) $x^2 + 6x + 8 = 0$ e $-x^2 + 6x - 8 = 0$

67. Resolva as equações.

a) $2x^2 - 72 = 0$

b) $x^2 = 99 - 10x^2$

c) $-64 + 4x^2 = 0$

d) $0{,}15x^2 = 0{,}6$

68. Existe algum número real x que, elevado ao quadrado, dê -9? A equação $x^2 + 9 = 0$ tem raízes reais?

69. Os ângulos nos cantos da figura são todos retos. Qual deve ser o valor de x para que a área seja 200 cm²?

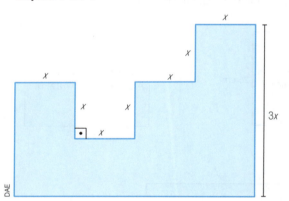

70. Qual número real é igual ao seu quadrado?

71. Copie e complete o quadro, colocando $>$, $<$ ou $=$ na coluna do Δ.

$ax^2 + bx + c = 0$	Valor de $b^2 - 4ac$	Δ ? 0	Número de raízes reais
$2x^2 - 7x + 3 = 0$			
$3x^2 - 2x + 4 = 0$			
$x^2 - 4x + 4 = 0$			

72. Resolva as equações.

a) $x^2 + x = 0$

b) $3x^2 + 7x = 0$

c) $5x^2 - x = 0$

d) $-3x^2 + 15x = 0$

73. Escreva as equações na forma geral e resolva-as.

a) $x^2 = 7x - 12$

b) $2x^2 - 3x = 2x - 1$

c) $2x(4x - 1) = 21$

d) $(x - 2)^2 = 3x + 4$

e) $1 - (x + 2)^2 = 0$

f) $(3x + 1)^2 + (x - 2)(x + 1) = -1$

74. O quadrado de um número aumentado de 10 é igual a sete vezes esse número. Qual é o número?

75. Perguntado sobre a idade de seu filho, um pai respondeu: "O quadrado da idade menos o quádruplo dela é igual a 5 anos". Qual é a idade do filho?

76. Para revestir uma parede de 18 m² são necessários exatamente 200 azulejos quadrados. Quanto mede o lado de cada azulejo?

77. Quais são as raízes da equação?

$$x^2 + \sqrt{3}\,x - 6 = 0$$

78. A idade que Sílvia terá daqui a 6 anos será igual ao quadrado da idade que tinha há 6 anos. Qual é a idade atual de Sílvia?

79. A área da parte colorida tem 9 cm². Quanto mede o lado do quadrado maior?

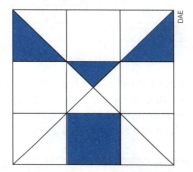

80. Resolva as equações.

a) $\dfrac{x^2}{3} + 3 - 2x = 0$

b) $2x^2 - \dfrac{3x}{2} + \dfrac{1}{4} = 0$

c) $\dfrac{x+1}{2} - \dfrac{x^2+1}{3} = 0$

d) $\dfrac{x^2}{2} - \dfrac{1}{5} = \dfrac{3x-1}{5}$

81. A figura abaixo representa uma quadra retangular de futebol de salão. A área da quadra é de 117 m², sendo:

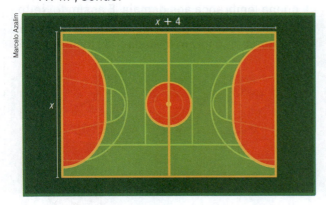

Determine as dimensões dessa quadra.

82. Um terreno de 7 200 m² de área vai ser dividido entre herdeiros. Para isso ele foi dividido em seis faixas retangulares iguais, sendo três verticais e três horizontais. O comprimento de cada faixa é o triplo da largura. Qual é o perímetro desse terreno?

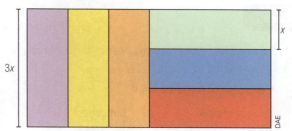

83. O senhor Alípio dispõe de 100 m de tela para construir uma cerca em um terreno retangular com 600 m² de área. Quais são as dimensões dessa cerca?

84. (CPII-RJ) Sabendo que o quadrado abaixo é mágico, pede-se:

$x+1$		
$6x+1$	x^2+5	$2x+1$
		$4x^2-1$

a) Determine o(s) valor(es) de x.

b) A partir do(s) valor(es) encontrado(s), escreva o quadrado mágico do item anterior usando apenas valores inteiros.

DESAFIOS

85. Em um campeonato de futebol, disputado em turno e returno, e com todas as equipes enfrentando as demais, foram realizados 56 jogos. Quantas equipes participaram desse campeonato?

Dica

Para resolver este problema, vamos esquematizar esta situação:

♦ Se fossem 2 equipes, A e B:

A recebe B	B recebe A
A ———— B	B ———— A

Número de jogos: $2 \cdot 1 = 2$

♦ Se fossem 3 equipes, A, B e C:

$$A \langle\begin{matrix}B\\C\end{matrix} \quad B \langle\begin{matrix}A\\C\end{matrix} \quad C \langle\begin{matrix}A\\B\end{matrix}$$

Número de jogos: $3 \cdot 2 = 6$

♦ Se fossem 4 equipes, A, B, C e D:

$$A \langle\begin{matrix}B\\C\\D\end{matrix} \quad B \langle\begin{matrix}A\\C\\D\end{matrix} \quad C \langle\begin{matrix}A\\B\\D\end{matrix} \quad D \langle\begin{matrix}A\\B\\C\end{matrix}$$

Número de jogos: $4 \cdot 3 = 12$

♦ E se fossem n equipes?

86. Numa reunião de 6 crianças, se cada uma trocar um aperto de mão com todas as outras, quantos apertos de mão serão ao todo?

MARA ARI RUI LIA RITA CIDA

Dica

É preciso levar em conta que, quando Rui estende a mão a Lia e Lia estende a mão a Rui, esses dois cumprimentos devem ser considerados como um só.

87. Cortando quadradinhos de 1 dm² nos cantos de uma placa quadrada de papelão e dobrando as abas para cima, obtivemos uma caixa com um volume de 16 dm³. Qual é a dimensão da placa original de papelão?

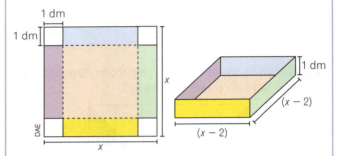

88. Uma escola quer organizar um torneio esportivo com 10 equipes, de forma que cada equipe jogue exatamente uma vez com cada uma das outras. Quantos jogos terá o torneio?

89. (Vunesp) Numa festa de final de ano, da qual participou um certo número de pessoas, ficou combinado que cada participante daria uma pequena lembrança aos demais. E assim foi feito.

Quantas pessoas participaram desta festa, sabendo-se que foram trocadas 132 lembranças?

AUTOAVALIAÇÃO

NO CADERNO

Anote no caderno o número do exercício e a letra correspondente à resposta correta.

90. (PUC-SP) Quantas raízes reais tem a equação $2x^2 - 2x + 1 = 0$?

a) 0   b) 1   c) 2   d) 3

91. (Obmep) Mariana entrou na sala e viu no quadro-negro algumas anotações da aula anterior, parcialmente apagadas, conforme a figura. Qual número foi apagado na linha de cima do quadro?

a) 11
b) 12
c) 20
d) 22

$2x^2 - \ldots x + 60 = 0$
raízes: $x = 6$ e $x = \ldots$

92. As soluções da equação $(x + 3)(2x - 4) = 0$ são:

a) 2 e 3
b) 3 e 4
c) -3 e 4
d) -3 e 2

93. (PUC-SP) Uma das raízes da equação $0,1x^2 - 0,7x + 1 = 0$ é:

a) 2   b) 7   c) 0,2   d) 0,5

94. O quadrado de um número natural é igual ao seu dobro somado com 24. O dobro desse número menos 8 é igual a:

a) 3
b) 4
c) 5
d) 6

95. (Fuvest-SP) Se $x(1 - x) = \dfrac{1}{4}$, então:

a) $x = 0$
b) $x = \dfrac{1}{2}$
c) $x = 1$
d) $x = \dfrac{1}{4}$

96. Em um losango, a diagonal menor mede x e a diagonal maior, $x + 3$, em centímetros. Se a área desse losango é de 40 cm², então:

a) $x^2 + 3x - 80 = 0$
b) $x^2 + 6x - 80 = 0$
c) $x^2 + 3x + 80 = 0$
d) $2x^2 + 6x - 40 = 0$

97. As soluções da equação $\dfrac{x^2}{3} - \dfrac{3 - x^2}{6} = \dfrac{1}{2}$ são:

a) -2 e 2
b) -3 e 3
c) $-\sqrt{2}$ e $\sqrt{2}$
d) $-\sqrt{6}$ e $\sqrt{6}$

98. (Vunesp) Um salão retangular tem área de 204 m² e seu comprimento tem 5 m a mais do que sua largura. As dimensões desse salão são:

a) 17 m e 12 m
b) 19 m e 24 m
c) 21 m e 16 m
d) 24 m e 8,5 m

99. (ETF-SP) As áreas do quadrado e do retângulo abaixo são iguais. Sabendo-se que a medida dos lados de ambos está em centímetros, o valor da área é:

a) 592 cm²
b) 850 cm²
c) 224 cm²
d) 784 cm²

100. (UFPA) As dimensões de um retângulo são indicadas por $x - 2$ e $x + 2$. Se esse retângulo tem 12 m² de área, seu perímetro é, em metros, igual a:

a) 10   b) 12   c) 14   d) 16

101. (Saresp) Num terreno de 99 m² de área será construída uma piscina de 7 m de comprimento por 5 m de largura, deixando-se um recuo x ao seu redor para construir um calçadão.

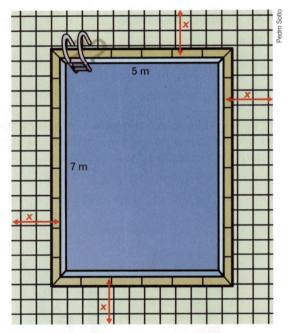

Dessa forma, o recuo x deverá medir:

a) 1 m   b) 2 m   c) 5 m   d) 8 m

102. A figura mostra duas salas quadradas e um corredor retangular que têm, juntos, 84 m² de área. O corredor tem 1 m de largura, e cada sala tem x metros de lado. As raízes da equação que permitem calcular o valor de x são:

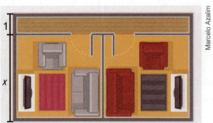

a) 6 e −7   c) 12 e −7
b) 7 e −6   d) 7 e −12

103. (Saresp) O perímetro de um retângulo é 20 m, e sua área é 24 m². Dessa forma, podemos afirmar que as dimensões desse retângulo são:

a) 2 m e 12 m   c) 3 m e 7 m
b) 3 m e 8 m   d) 4 m e 6 m

104. (PUC-SP) Um terreno retangular de área 875 m² tem o comprimento excedendo em 10 metros a largura. Quais são as dimensões do terreno?

Escreva a equação que representa o problema acima:

a) $x^2 + 10x - 875 = 0$
b) $x^2 + 10x + 875 = 0$
c) $x^2 - 10x + 875 = 0$
d) $x^2 + 875x - 10 = 0$

105. A idade de Rodrigo daqui a 4 anos multiplicada pela idade que tinha há 7 anos é igual a 5 vezes a sua idade atual aumentada de 5.

A idade atual de Rodrigo é:

a) 3 anos.
b) 9 anos.
c) 11 anos.
d) 12 anos.

106. (Vestibulinho-SP) Mário e Paulo são irmãos. Atualmente, a idade de Mário é igual ao quadrado da idade de Paulo. Daqui a 8 anos, a idade de Mário será o dobro da idade de Paulo. Hoje, as idades de Mário e Paulo são, respectivamente:

a) 4 e 2
b) 9 e 3
c) 16 e 4
d) 25 e 5

107. (Saresp) Um laboratório embalou 156 comprimidos de analgésico em duas caixas, uma com duas cartelas de x comprimidos cada e outra com quatro cartelas de y comprimidos cada. Sabendo-se que y é o quadrado de x, quantos comprimidos havia em cada cartela?

a) 4 e 16   c) 6 e 36
b) 5 e 25   d) 7 e 49

UNIDADE 3
Sistema cartesiano

1. Localização

Com as instruções dadas pela mãe, Lúcio encontrou seu boné.
É comum precisarmos localizar um objeto, uma rua, um lugar...
No trecho de estrada retilínea ilustrado abaixo, há um posto de gasolina. A figura não traz informações para localizá-lo.

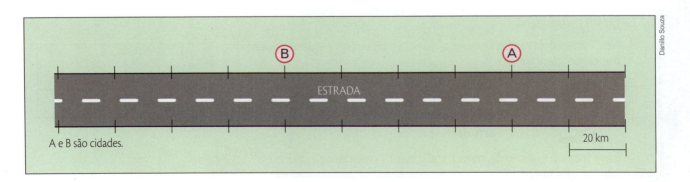

A e B são cidades.

E se acrescentarmos uma informação: o posto está a 40 km da cidade B?

Melhorou, mas temos duas localizações possíveis para o posto.

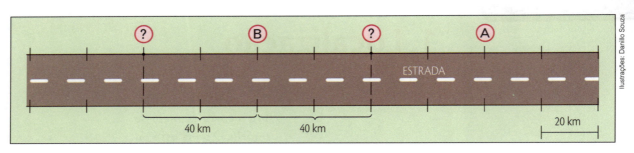

Com uma última informação definimos a localização: seguindo pela estrada da cidade B para a cidade A, o posto está a 40 km da cidade B.

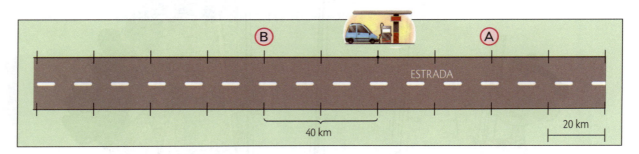

Repare que, além da distância, precisamos informar a direção e o sentido.

Observe, nesta ilustração, que as pessoas caminham na mesma direção, mas em sentidos opostos.

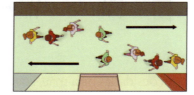

REFLETINDO

Registre no caderno.

1. Nas linhas pretas desta figura, quantas direções e quantos sentidos podemos identificar?

2. Moro a 400 m do colégio onde estudo.

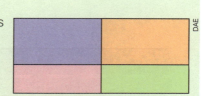

Essa frase é suficiente para localizarmos o endereço de Pedro?

Jair é um técnico de tráfego e monitora o trânsito de uma cidade por meio de câmeras instaladas em diversos pontos. Uma das câmeras mostrou um acidente sem vítimas, como você vê na ilustração ao lado. Uma viatura policial trafega na Rua Margarida. Que informações Jair deve passar por rádio para que a viatura localize rapidamente o local do acidente?

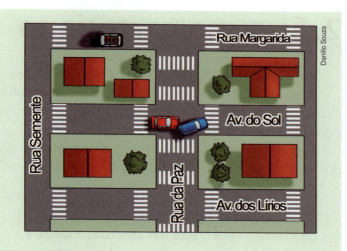

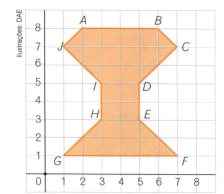

Para copiar este logotipo, Lúcio quadriculou o desenho original, marcou alguns pontos e numerou as linhas horizontais e verticais.

Numa folha de papel quadriculado ele localizou os pontos e reproduziu o logotipo.

*Ponto A: 2 horizontal e 8 vertical.
Ponto B: 6 horizontal e 8 vertical...
Assim fica mais fácil!*

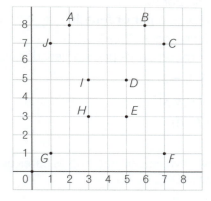

1. Numa folha de papel quadriculado, reproduza o logotipo localizando os pontos como Lúcio fez.

2. Qual dos pontos marcados no quadriculado ao lado corresponde a zero na horizontal e 2 na vertical?

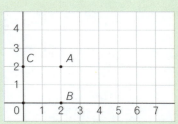

SISTEMA CARTESIANO **83**

2. Sistema cartesiano

Em Matemática há um sistema que permite localizar pontos no plano.

Traçamos duas retas numéricas perpendiculares que se intersectam no ponto que representa o zero de cada uma delas. Elas serão chamadas de **eixos**.

Repare que as setas indicam o sentido crescente dos números que seus pontos representam.

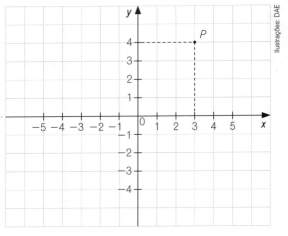

Eixo horizontal: é o **eixo das abscissas**, ou **eixo x**.
Eixo vertical: é o **eixo das ordenadas**, ou **eixo y**.

Localizamos o ponto P no plano:

- 3 no eixo x;
- 4 no eixo y.

A localização de P é dada pelo par ordenado (3; 4) onde 3 e 4 são as coordenadas do ponto P: 3 é a **abscissa** e 4 é a **ordenada**.

Estabeleceu-se que o primeiro elemento do par sempre será a abscissa e o segundo elemento, a ordenada do ponto.

(3; 4) é o **par ordenado** que representa o ponto P no plano.

Escrevemos P(3; 4).

Fornecemos os pares ordenados que representam os pontos A, B e C.

A(1; −2)

B(−3; 3)

C(4; 0)

Escreva em seu caderno os pares ordenados que representam os pontos D, E, F e G.

(1; −2) são as coordenadas de A.

EXERCÍCIOS

1. (Saresp) Observe a figura abaixo. Em qual posição está a roda da frente do carro?

a) C1
b) D3
c) C3
d) D2

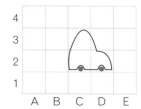

2. Observe a planta de uma sala de aula. Nela, há carteiras individuais dispostas em linhas e colunas.

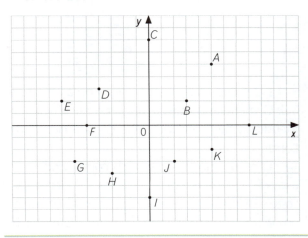

a) Qual é a posição (coluna; linha) da carteira A?

b) Qual é a posição (coluna; linha) da carteira B?

3. Dê as coordenadas de cada ponto do plano cartesiano.

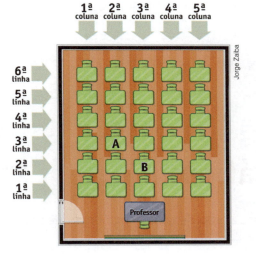

4. Use uma folha de papel quadriculado e represente, no plano cartesiano, os pontos:

a) $A(2; 4)$

b) $B\left(5; \dfrac{7}{2}\right)$

c) $C(-3; 1)$

d) $D\left(-\dfrac{1}{2}; 6\right)$

e) $E(-2; -7)$

f) $F\left(0; -\dfrac{5}{2}\right)$

5. Indique qual dos pontos A, B, C, D, E, F e G, abaixo, verifica cada uma das seguintes afirmações:

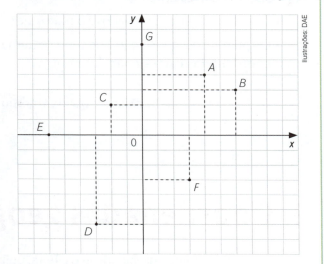

a) A abscissa é igual à ordenada.
b) A ordenada é negativa.
c) A abscissa é metade da ordenada.
d) A abscissa é o dobro da ordenada.
e) A ordenada é nula.
f) A abscissa é nula.

6. Foram marcados num sistema de coordenadas cartesianas os seguintes pontos:

$A(5; 6)$ $C(-5; -6)$

$B(6; 5)$ $D(5; -6)$

Qual dos seguintes segmentos de reta é paralelo ao eixo x?

a) $\overline{AB}$ b) $\overline{CD}$ c) $\overline{BC}$ d) $\overline{AD}$

SISTEMA CARTESIANO

VALE A PENA LER

O que é Geometria Analítica?

A Geometria Analítica é uma parte da Matemática que relaciona Álgebra e Geometria. Ela permite, por exemplo, representar retas ou circunferências por meio de equações e calcular a distância entre dois pontos a partir dos pares ordenados que os representam.

René Descartes contribuiu muito para o desenvolvimento dessas ideias. Na página 88 conheceremos mais sobre sua obra.

Em sua homenagem:

- O sistema de localização de pontos no plano que aprendemos chama-se **sistema cartesiano**.
- Os eixos x e y, eixos cartesianos e o plano que os contém, **plano cartesiano**.
- Os pares ordenados $(x; y)$ que representam os pontos no plano são as **coordenadas cartesianas** dos pontos.

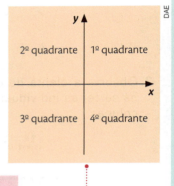

Os eixos cartesianos dividem o plano em quatro regiões chamadas **quadrantes**.

3. Coordenadas geográficas

Para localizar pontos na superfície da Terra, utilizam-se as coordenadas geográficas, que se baseiam em dois tipos de linhas imaginárias: **meridianos** e **paralelos**.

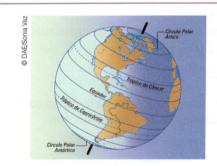

O paralelo de maior circunferência é o Equador. Ele divide o globo em dois hemisférios, o Hemisfério Norte e o Hemisfério Sul.

A partir do Equador são traçados 90 paralelos ao norte e 90 paralelos ao sul, numerados de 0° a 90° para cada hemisfério.

O Equador é a linha de referência para os paralelos.

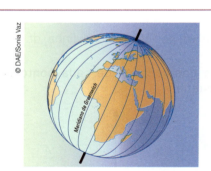

Os meridianos passam pelos polos Norte e Sul. O meridiano que serve como referência é o meridiano de Greenwich, que corta a cidade de Londres.

O meridiano de Greenwich corresponde a 0° e divide o globo em dois hemisférios – Hemisfério Leste e Hemisfério Oeste. São traçados 360 meridianos: 0° a 180° a leste e 0° a 180° a oeste de Greenwich.

Fonte dos mapas: *Atlas Geográfico Escolar*. Rio de Janeiro: IBGE, 6. ed., 2012.

Para localizar um ponto na superfície terrestre, indicamos a **latitude** (paralelo em que se encontra) e a **longitude** (meridiano em que se encontra).

As coordenadas geográficas do ponto referente a uma cidade, por exemplo, são dadas pelo **par ordenado** (latitude; longitude).

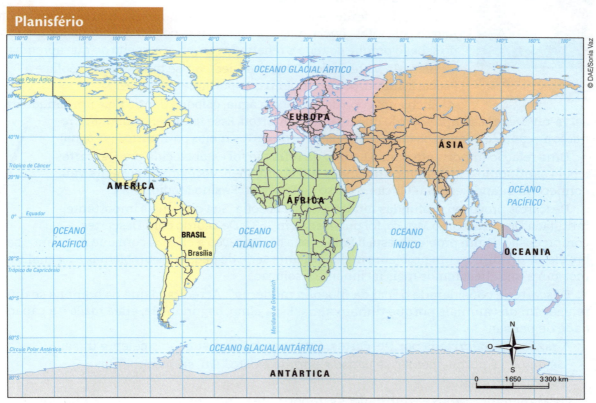

Fonte: *Atlas Geográfico Escolar*. Rio de Janeiro: IBGE, 6. ed., 2012.

Esse mapa, chamado **planisfério**, é uma representação plana da Terra. Observe que Brasília, capital do país, está aproximadamente a 18° de latitude sul e 50° de longitude oeste.

Prédio do Congresso Nacional, onde funcionam o Senado Federal e a Câmara dos Deputados, no centro da Praça dos Três Poderes, em Brasília. Projeto do arquiteto brasileiro Oscar Niemeyer que contempla duas torres independentes, de 28 andares, ligadas ao meio, formando um H. Na cúpula convexa fica a Câmara dos Deputados, e na cúpula côncava, o Senado Federal.

Você é capaz de escrever de forma aproximada as coordenadas geográficas da sua cidade?

SISTEMA CARTESIANO 87

O grande René Descartes

René Descartes (1596-1650).
W. Holl. Gravura.

Nesta Unidade trabalhamos com o Sistema Cartesiano, assim denominado em homenagem a René Descartes du Perron, nascido em 31 de março de 1596 na cidade francesa de La Haye (hoje chamada La Haye-Descartes).

Descartes, desde cedo na sua vida escolar, impressionou seus professores não só pela inteligência, mas principalmente por ser questionador, querendo saber o porquê de tudo e refletindo sempre a respeito do que aprendia.

Além da Matemática, Descartes dedicou-se também à Filosofia e à Física. Estudou, por exemplo, o comportamento da luz.

Encha um copo de vidro com água, coloque dentro dele um canudo e observe-o. Você terá a impressão de que o canudo entortou. Esse fenômeno chama-se *refração* e acontece quando os raios de luz passam de certos meios para outros (ar-água).

Uma relação importante para o estudo da refração foi estabelecida por Descartes e pelo astrônomo e matemático holandês Willebord Snell. Você provavelmente vai conhecê-la quando estudar Ótica no curso de Física do Ensino Médio.

Descartes provocou profundas mudanças na Filosofia. Sua obra mais importante, intitulada *Discurso sobre o Método*, foi publicada em 1637. De acordo com Descartes, a compreensão de um problema está ligada com a organização e clareza com que pensamos sobre ele. Se dividirmos um problema maior em uma série de pequenos problemas e os analisarmos um a um, chegaremos mais facilmente à solução.

Descartes é considerado o "pai da filosofia moderna". Acreditava que os homens se diferenciavam dos animais porque tinham alma. Essa alma, segundo ele, era a *razão* – a capacidade de pensar.

A razão, tão valorizada por Descartes, está presente em sua mais célebre frase:

"Se duvido é porque penso; se penso é porque existo." Ou, simplesmente:

"Penso, logo existo."

Na Matemática, trouxe contribuições importantes e desenvolveu o campo que hoje conhecemos como Geometria Analítica.

Fonte de pesquisa: <www.oregonstate.edu/instruct/phl302/philosophers/descartes.html>. Acesso em: abr. 2015.

INTERAGINDO

1. Observem os pontos localizados no sistema cartesiano e respondam as questões no caderno.

    a) Qual a abscissa de *A*? Qual a ordenada de *A*?
    b) Escrevam o par ordenado que corresponde ao ponto *C*.
    c) Que pontos têm abscissa 1?
    d) Que pontos tem ordenada 4?
    e) Qual o ponto de coordenadas (2; 0)?
    f) Quais são as coordenadas dos pontos *F*, *G* e *H*?

2. Um ponto que possui abscissa e ordenada negativas está em que quadrante?

3. Se $a \neq 0$, o ponto que corresponde ao par (*a*; *a*) pode estar em quais quadrantes?

4. Se $a > 0$, em que quadrante está o ponto correspondente ao par:

    a) (*a*; −*a*)   b) (−*a*; *a*)   c) (0; *a*)   d) (*a*; 0)

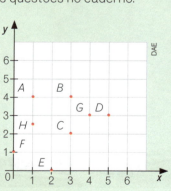

VALE A PENA LER

O que é e como funciona o CEP

Você já reparou que os números naturais são utilizados para compor códigos que nos ajudam no dia a dia? Nos hotéis e hospitais, por exemplo, é comum o número do quarto indicar o andar onde ele se localiza. Veja:

Quarto 52: corresponde ao quarto de número 2 do 5º andar.

Indica o andar.

O DDD usado nos números de telefone também é um código: para as cidades da Bahia, por exemplo, o primeiro algarismo é sempre 7. Ilhéus: 73, Salvador: 71.

O quarto 74 deve ficar no 7º andar.

Ilustrações: Zubartez

Outro exemplo importante de utilização dos números naturais na formação de códigos é o CEP.

O código de endereçamento postal (CEP) foi criado pelos Correios para tornar a entrega de correspondências e encomendas em todo o país mais rápida e eficiente, pois permite que a separação por endereços seja feita por equipamentos eletrônicos.

O CEP é um código composto de oito algarismos. Cada um deles fornece uma informação sobre o endereço do destinatário.

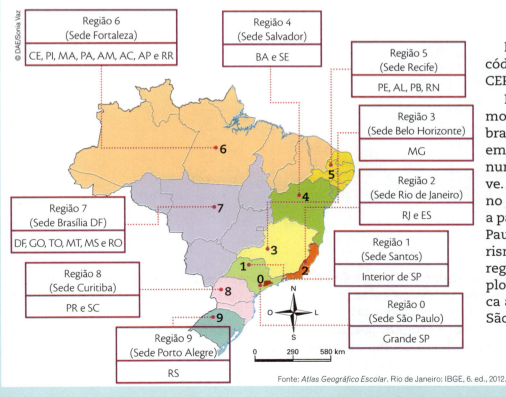

Fonte: *Atlas Geográfico Escolar*. Rio de Janeiro: IBGE, 6. ed., 2012.

Para entender esse código, vamos analisar o CEP 13165-000.

No mapa ao lado, vemos como o território brasileiro foi dividido em dez **regiões postais** numeradas de zero a nove. A numeração foi feita no sentido anti-horário a partir do estado de São Paulo. O primeiro algarismo do CEP indica essa região. No nosso exemplo, o algarismo 1 indica a região 1: interior de São Paulo.

SISTEMA CARTESIANO 89

Cada região foi dividida em 10 **sub-regiões** e cada sub-região em 10 **setores**, que são indicados respectivamente pelo **segundo** e o **terceiro** algarismos do CEP. Observe os mapas.

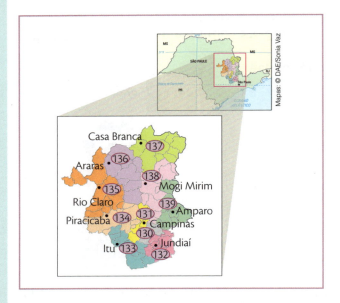
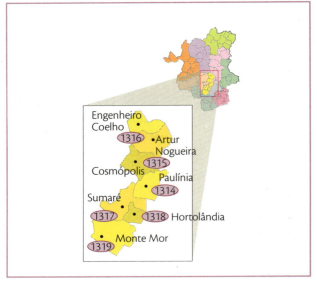

Estamos perto do endereço. Você percebeu que o código se baseia num sistema decimal? Cada região obtida é dividida em 10 novas regiões menores. Observe abaixo o significado do **quarto** e do **quinto** algarismos que permitem chegar ao nome da cidade de Engenheiro Coelho.

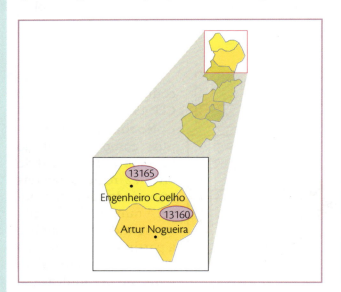
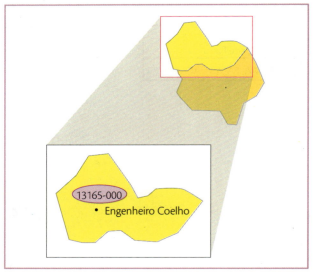

Os três algarismos após o hífen são denominados de **sufixo** e destinam-se à identificação individual do endereço: rua, praça, avenida, caixa postal ou, ainda, podem indicar um CEP promocional como os usados para concursos, por exemplo.

O sufixo 000 no endereço que estamos pesquisando corresponde à Rua Pedro Hereman, que fica no Centro da cidade de Engenheiro Coelho – interior de São Paulo.

Fonte: <www.correios.com.br/para-voce/precisa-de-ajuda/o-que-e-cep-e-por-que-usa-lo/estrutura-do-cep>. Acesso em: abr. 2015.

REVISANDO

7. Veja o mapa apresentado abaixo:

Fonte: *Atlas Geográfico Escolar*. Rio de Janeiro: IBGE, 6.ed., 2012.

Utilizando o sistema de coordenadas, localize (letra; número) alguns pontos do Brasil.

a) Manaus
b) Cuiabá
c) Macapá
d) Curitiba
e) Belém
f) Aracaju

8. Complete cada par ordenado abaixo, segundo a indicação.

a) (−7; ▒)   primeiro elemento = segundo elemento

b) (▒; 8)   primeiro elemento + segundo elemento = 3

c) (▒; ▒)   primeiro elemento = segundo elemento = −4

d) (x; ▒)   segundo elemento = dobro do primeiro elemento

9. Copie e complete com = ou ≠.

a) (2; 3) ▒ (4; 6)
b) (2; 3) ▒ (−2; −3)
c) (3; 2) ▒ (2; 3)
d) (3; 2) ▒ ($\sqrt{9}$; $\sqrt{4}$)

SISTEMA CARTESIANO

10. Observe no gráfico em que ponto se encontra cada animal, depois copie e complete o quadro.

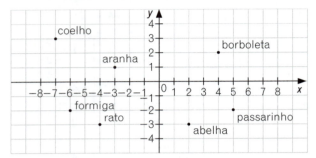

	Coordenadas	Quadrante
borboleta		
aranha	(−3; 1)	
coelho		
formiga		
rato		3º
abelha		
passarinho		

11. Quais são as coordenadas dos vértices do quadrado de lado 4?

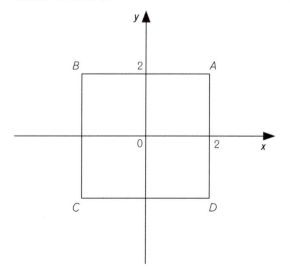

12. Determine mentalmente x e y para que cada uma das igualdades seja verdadeira.

a) $(x; 2y) = (5; -8)$

b) $(x; y + 1) = (-2; 7)$

c) $(5x; 3y) = (-20; 9)$

d) $(x - 2; y - 3) = (-4; -5)$

13. (Obmep) Gabriel testou sua pontaria lançando cinco flechas que atingiram o alvo nos pontos A, B, C, D e E. As coordenadas desses pontos são:

$A(1; -1)$ $B(2,5; 1)$ $C(-1; 4)$

$D(-4; -4)$ $E(6; 5)$

A tabela mostra quantos pontos são obtidos quando a flecha acerta um ponto dentro de cada uma das três regiões, conforme mostra a figura.

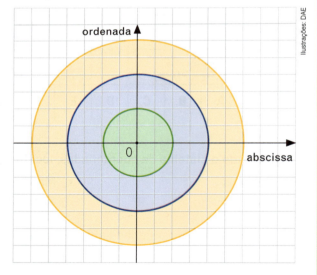

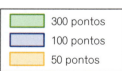

a) Marque os pontos A, B, C, D e E.

b) Quantas flechas Gabriel acertou no interior do menor círculo?

c) Quantos pontos Gabriel fez ao todo?

AUTOAVALIAÇÃO

NO CADERNO

Anote no caderno o número do exercício e a letra correspondente à resposta correta.

14. (Saresp) Num guia de cidade podemos encontrar parte de um mapa de ruas e praças como este:

Na posição **eE** desse mapa está a:

a) Praça do Sol.
b) Praça da Paz.
c) Praça do Vento.
d) Praça da Lua.

15. (Obmep) Carlos pode ir de sua casa à escola andando três quilômetros para o norte, dois para o oeste, um para o sul, quatro para o leste e finalmente dois para o sul. Para ir de casa à escola em linha reta, Carlos deve andar:

a) 2 km para o leste.
b) 1 km para o sul.
c) 3 km para o oeste.
d) 4 km para o norte.

16. (Saresp) Imagine um jogo em que um participante deva adivinhar a localização de algumas peças desenhadas num tabuleiro que está nas mãos do outro jogador. Veja um desses tabuleiros com uma peça desenhada.

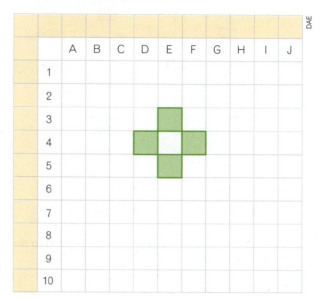

A sequência de comandos que acerta as quatro partes da peça desenhada é:

a) D4, E3, F4, E4
b) D4, E4, F4, E5
c) D4, E3, F3, E4
d) D4, E3, F4, E5

17. O ponto $E(\pi; \pi)$ pertence:

a) ao primeiro quadrante.
b) ao segundo quadrante.
c) ao terceiro quadrante.
d) ao quarto quadrante.

18. Sendo $(x; 2) = (5; y)$, então o valor de $x + y$ é:

a) 3
b) 4
c) 7
d) 10

19. Sendo $(x; 5) \neq (3; 5)$ e $(6; y) = (6; 4)$, então pode-se ter:

a) $x = 3$ e $y = 4$
b) $x = 5$ e $y = 4$
c) $x = 3$ e $y = 5$
d) $x = 5$ e $y = 3$

20. (Ceeteps-SP) O par ordenado de números que representa a represa é:

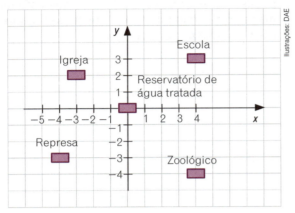

a) (−5; −3)
b) (−3; −4)
c) (5; −3)
d) (−4; −3)

21. Dois pontos simétricos em relação ao eixo das abscissas são:

a) A e C
b) A e D
c) C e F
d) C e D

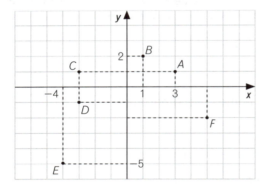

22. A área do triângulo ABC da figura abaixo é:

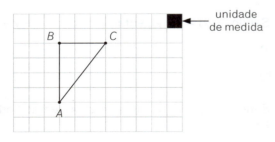

a) 6
b) 8
c) 9
d) 12

23. (Saeb-MEC) Num tabuleiro de xadrez, jogamos com várias peças que se movimentam de maneiras diferentes. O cavalo se move para qualquer casa que possa alcançar com movimentos na forma de "L", de três casas. Na figura abaixo, os pontos marcados representam as casas que o cavalo pode alcançar, estando na casa D4.

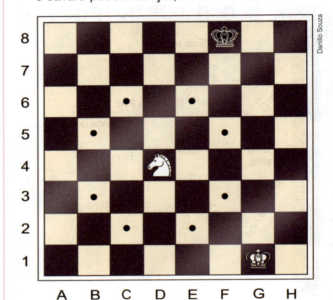

Dentre as casas que o cavalo poderá alcançar, partindo da casa F5 e fazendo uma única jogada, estão:

a) G3 ou D6
b) H5 ou F3
c) H7 ou D7
d) D3 ou D7

24. (Vunesp) A área da figura é:

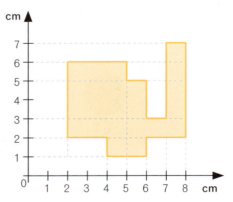

a) 20 cm²
b) 21 cm²
c) 22 cm²
d) 23 cm²

UNIDADE 4

Funções

1. Conceito de função

A quantidade de combustível consumida por um automóvel é função da distância que ele percorre.

Nessa afirmação e em outras presentes em nosso dia a dia, usamos a expressão "é função de" para mostrar que a quantidade de combustível depende do número de quilômetros rodados pelo automóvel.

Mas o que é função? Já percebemos a ligação entre a palavra **função** e a relação de interdependência entre os valores de grandezas.

Vamos descobrir mais?

Veja na tabela os números ditos pelo professor e as respostas dos alunos:

Número dado pelo professor	Resposta dos alunos
4	11
6	15
−5	−7
0	3

Qual deveria ser a resposta dos alunos se o professor dissesse:

a) $\dfrac{1}{2}$?   b) 1,3?

A resposta dos alunos depende do número escolhido pelo professor.

Observe que a cada número x dito pelo professor corresponde um único resultado correto y para a resposta dos alunos.

A fórmula que expressa a relação entre x e y é $y = 2x + 3$.

Nesse exemplo, dizemos que y é **função** de x.

A fórmula $y = 2x + 3$ é a **lei de formação** dessa função.

Outro modo de representar essa tabela é por meio de um **diagrama**:

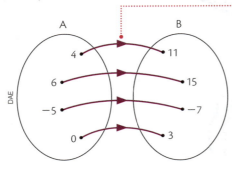

Cada seta associa o número falado pelo professor com a respectiva resposta dos alunos.

Formamos um conjunto A com os números dados pelo professor e um conjunto B com as respostas dos alunos.

Como os conjuntos que relacionamos são A e B, dizemos que essa é uma função de A em B. Escreve-se:

$f: A \longrightarrow B$ (Lê-se: f é uma função de A em B.)

Sempre que atribuímos um valor a x e determinamos seu correspondente y por meio da lei de formação da função, obtemos um par de números.

Podemos escrever os pares ordenados $(x; y)$ formados em nosso exemplo.

- $x = 4; y = 11$ par ordenado (4; 11)
- $x = 6; y = 15$ par ordenado (6; 15)
- $x = -5; y = -7$ par ordenado (−5; −7)
- $x = 0; y = 3$ par ordenado (0; 3)

Os pares são **ordenados**: o primeiro elemento do par é x, e o segundo é y.

Observe o diagrama:

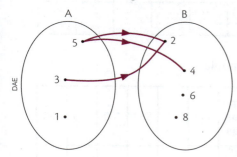

Formamos um conjunto A com os números escolhidos pelo professor e um conjunto B com os números que estavam escritos na lousa.

Observe que cada seta indica a correspondência do número dado pelo professor com o número ou os números registrados na lousa que são menores do que ele.

A relação entre o número x escolhido pelo professor e o número y que é a resposta dos alunos pode ser representada por $y < x$.

No entanto, aqui, y não é função de x. Veja por quê:

- Para um mesmo valor de x do conjunto A, temos mais do que um correspondente y no conjunto B.
- Há um valor de x em A que não tem correspondente y em B.

Para que tenhamos uma função é preciso:

- estabelecer dois conjuntos: um primeiro conjunto, do qual tomaremos os valores de x, e um segundo conjunto, no qual encontraremos os valores correspondentes de y;
- haver uma relação entre x e y de forma que a cada x tomado no primeiro conjunto corresponda um único y no segundo conjunto.

Em nosso exemplo, para $x = 1$ em A não temos correspondente y em B. Além disso, $x = 5$ tem dois correspondentes em B.

Por isso, não temos uma função.

FUNÇÕES 97

EXERCÍCIOS

1. Em cinco madrugadas consecutivas, sempre à mesma hora, foram registradas estas temperaturas em uma cidade brasileira.

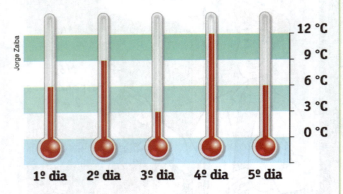

a) Qual foi a temperatura no segundo dia?
b) Em que dia a temperatura registrou 12 °C?
c) Em quais dias tivemos a mesma temperatura?
d) Copie e complete o diagrama de setas.

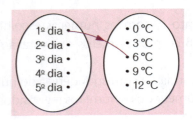

e) A relação que faz cada dia corresponder a uma temperatura é uma função?

2. Considere o diagrama abaixo:

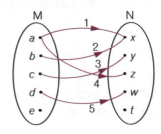

Para que haja uma função de M em N, basta:

a) apagar a seta 1 e retirar o elemento t.
b) apagar as setas 1 e 4 e retirar o elemento e.
c) retirar os elementos e e t.
d) apagar a seta 4 e retirar o elemento e.
e) apagar a seta 2 e retirar o elemento e.

3. Observe o diagrama e responda às questões.

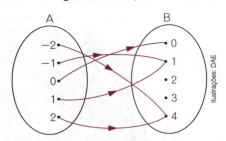

a) A todo número x tomado em A corresponde um único número y em B?
b) Esse diagrama ilustra uma função de A em B?
c) Escreva a expressão algébrica que liga as variáveis x e y.
d) Escreva os pares ordenados $(x; y)$ dessa função.

4. Copie e complete a tabela da função.

x	−2	0	1	2	3
metade de x					

5. Observe a tabela.

A	Número de calças vendidas	140	170	230	180	170	190
B	Tamanho	40	42	44	46	48	50

Responda.

a) A correspondência representa uma função de A em B? Por quê?

b) A correspondência B em A seria uma função? Por quê?

A ideia da máquina

Forme dupla com um colega para conhecer a brincadeira que Carla criou!

O professor propôs uma atividade em que ele dizia um número e colocava as orientações na lousa; os alunos faziam as operações pedidas e davam o resultado. A partir disso, Carla pensou numa nova brincadeira:

Imaginei a função como uma máquina. Para cada número que colocamos na entrada, ela faz as operações indicadas e fornece um número na saída.

Observem o desenho e usem o cálculo mental para responder oralmente qual o valor das bolinhas coloridas que sairão da máquina.

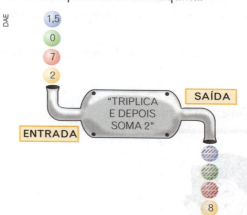

O número que sai é dado em função do número que entra!

Registrem no caderno.

1. Para obtermos na saída a bolinha com o número 71, que número deve ser colocado na bolinha de entrada?

2. Há como obter na saída o número 3?

3. Cada um de vocês inventa uma máquina como a da Carla com 3 bolinhas prontas para serem colocadas na entrada. Troquem os cadernos para determinar os valores nas bolinhas que sairão. Confiram as respostas.

4. Certa máquina eleva o número ao quadrado, soma o número original e exibe a resposta na saída.
   a) Que número sai quando entra o número:
      ◆ −4?
      ◆ −1?
   b) Representando o número que entra por x, como representaremos o número que sai?
   c) Descubram quais os dois números que podem entrar na máquina para que saia o número 6.
   d) É possível obter 23 na saída desta máquina?
   e) A todo elemento que entra na máquina corresponde um único elemento na saída?

Domínio e imagem

Mostraremos, por meio de exemplos, o significado das palavras **domínio** e **imagem** no estudo das funções.

1. Marcela foi comprar bombons na confeitaria. Cada bombom custa R$ 1,80. A quantia que ela pagará (y) será função do número de bombons que levar (x), pois, para cada quantidade de bombons, há um único preço a ser cobrado.

Número de bombons (x)	0	1	2	3	4	5	6	7	8	9	10	etc.
Preço a pagar (y)	0	1,80	3,60	5,40	7,20	9,00	10,80	12,60	14,40	16,20	18,00	

Os valores de x para essa função são números naturais. Não se compra 2,3 bombons ou algo assim. Dizemos que o **domínio** dessa função é o conjunto dos números naturais. Nessa função, x pode ser qualquer número natural, como x = 320 ou x = 1 000, mas x não pode ser uma fração ou número negativo, por exemplo.

Observando a tabela, vemos que quando x = 3, por exemplo, temos y = 5,40. Diremos que 5,40 é a **imagem** de 3 por essa função.

> Todo elemento do domínio tem uma única imagem.

Qual seria a imagem de 8 por essa função?

y = 2x

2. Ariel pensou em uma função que associa um número x ao seu dobro y (y = 2x).

Existe algum número que não possui dobro? Não, então nessa função, x pode ser qualquer número real, pois é sempre possível calcular o dobro de um número. Diremos, então, que o **domínio** da função pensada pelo Ariel é $\mathbb{R}$.

No entanto, se a função associasse, por exemplo, cada número x ao seu inverso y $\left(y = \dfrac{1}{x}\right)$, teríamos de excluir do domínio $\mathbb{R}$ o número zero, pois zero é o único número real que não possui inverso.

Em geral, quando não se explicita qual é o domínio de uma função, consideramos o domínio como $\mathbb{R}$, tomando o cuidado de excluir, se necessário, números para os quais não exista y correspondente a ele pela função.

EXERCÍCIOS

6. Considerando a função dada por $y = 1 - 2x$, responda:

a) Para $x = 5$, quanto vale y?

b) Para $x = -6$, quanto vale y?

c) Para $x = -\dfrac{1}{2}$ quanto vale y?

d) Para que valor de x se tem $y = -15$?

7. (Obmep) Antônio tem um papagaio que faz contas fantásticas com números inteiros, mas não sabe nada sobre decimais. Quando Antônio sopra um número em seu ouvido, o papagaio multiplica esse número por 5, depois soma 14, divide o resultado por 6, finalmente subtrai 1 e grita o resultado.

a) Se Antônio soprar o número 8, qual número o papagaio grita?

b) Se o papagaio gritou 3, qual é o número que Antônio soprou em seu ouvido?

c) Por que o papagaio nunca grita o número 7?

8. Considerando a função dada por $y = x^2 - 7x + 6$, responda:

a) Para $x = 4$, quanto vale y?

b) Para $x = -1$, quanto vale y?

c) Existe x, tal que $y = 0$?

d) Para que valores de x se tem $y = 6$?

e) Para que valor real de x se tem $y = -8$?

9. (Fesp-RJ) O custo C, em reais, para se produzir x unidades de determinado produto é dado pela função $C = x^2 - 90x + 3860$. O custo para se produzir 29 unidades desse produto corresponde a:

a) R$ 2.061,00

b) R$ 2.071,00

c) R$ 2.081,00

d) R$ 2.091,00

10. (CPII-RJ) Na figura, temos uma sequência de operações que devem ser efetuadas com um número real de "entrada".

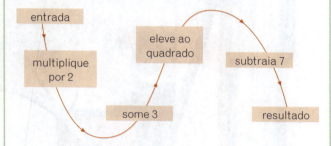

a) Se o valor de entrada é 5, qual é o resultado?

b) Chame de x o valor de entrada e obtenha uma expressão simplificada para o valor do resultado.

c) Utilizando a expressão obtida no item **b**, determine o(s) valor(es) de entrada quando o resultado é 18.

11. Considere a função definida por:

$$y = 3x - 1$$

a) Copie e complete a tabela.

x	y = 3x − 1
0	
1	
−2	
	11

b) Qual é a imagem do elemento $-0{,}2$?

c) Qual é o elemento que tem imagem 14?

2. As funções e suas aplicações

Por que aprender funções?
Na ciência e nas mais variadas atividades humanas, as funções são usadas para descrever e estudar a relação entre grandezas.

O gasto com combustível é função do número de litros colocados no tanque do automóvel.

A dose de remédio dada a uma criança, muitas vezes, é função da massa da criança.

O preço de uma ligação telefônica interurbana frequentemente é função do tempo de conversação.

O juro pago por um empréstimo é calculado em função da quantia emprestada.

As funções têm aplicações nas situações do cotidiano e do trabalho. Acompanhe.

1. No açougue, o quilograma de determinado tipo de carne custa R$ 26,00. O preço a pagar y é função da quantidade de carne comprada x. Veja a tabela:

No açougue...

Quantidade de carne (kg)	Preço (R$)
x	y
1	$26 \cdot 1 = 26$
2	$26 \cdot 2 = 52$
3	$26 \cdot 3 = 78$
4	$26 \cdot 4 = 104$

A cada valor de x corresponde um único valor de y.

A lei de formação dessa função é $y = 26x$.

x e y são as variáveis da função

A **lei de formação** da função estabelece a relação matemática entre x e y.

Vamos aplicá-la para responder a algumas questões.

♦ Uma pessoa comprou 1,8 kg de carne. Quanto pagou?

Como $y = 26x$, para $x = 1{,}8$ temos:

$y = 26 \cdot 1{,}8 = 46{,}80$

A pessoa pagou R$ 46,80 por 1,8 kg de carne.

♦ Com R$ 20,80, quanto de carne é possível comprar?

Agora temos $y = 20{,}80$.

$20{,}80 = 26 \cdot x$

$x = \dfrac{20{,}80}{26} = 0{,}8$

0,8 kg = 800 g, pois 1 kg = 1 000 g

Com R$ 20,80 é possível comprar 0,8 kg de carne.

Observe que, nesse exemplo de função, x não pode assumir valores negativos, pois uma medida de massa nunca é negativa.

> Responda usando cálculo mental: quanto se paga por 2,5 kg dessa carne?

... o funcionário digita na balança o preço do kg de carne (R$ 26,00); ...

... coloca a carne sobre o prato da balança que registra a massa (é o valor de x); ...

... a balança calcula automaticamente $26 \cdot x$ e apresenta no visor o valor a pagar. É o valor de y.

FUNÇÕES

2. Em um parque de diversões, os visitantes pagam R$ 15,00 pelo ingresso e R$ 13,00 para brincar em cada uma das 20 atrações disponíveis.

A quantia p gasta pelo visitante depende do número de atrações n que ele escolher e pagar. Podemos representar a relação entre n e p pela fórmula $p = 15 + 13n$.

n e p são as variáveis dessa função

Parque de diversões na baía de Sydney, na Austrália.

Observe: n é o número de atrações pagas pelo visitante. O parque tem no total 20 atrações.

Então n só pode ser um número inteiro de zero a 20.

Ou seja, $0 \leq n \leq 20$.

O visitante não pagou por atrações do parque. Seu gasto limitou-se ao ingresso.

O visitante pagou por todas as atrações do parque.

1. Paulo pagou o ingresso e foi a quatro atrações. Ele gastou R$ 67,00.

   $15 + 4 \cdot 13 = 15 + 52 = 67$

   Calcule mentalmente:
   - Quanto gasta o visitante que vai a dez atrações do parque?

2. Pense e responda no caderno:
   a) Nessa função, qual é o menor valor que podemos ter para p?
   b) E o maior?

   Explique esses valores.

A cada valor de n nesse intervalo corresponde um único valor a pagar p.
Então p é função de n.

3. Uma fábrica produz placas de aço na forma de retângulos. As medidas variam; no entanto, a medida do comprimento tem sempre 5 cm a mais do que a medida da largura.

Quantos centímetros quadrados de aço são gastos em cada placa?

Depende! Para cada valor de x teremos um valor para a área do retângulo.

E para a empresa é importante saber qual é a relação entre as medidas dos lados do retângulo e a sua área. Assim, ela pode prever custos e aproveitar melhor o material.

104

Se os lados do retângulo medem $(x + 5)$ e x, sua área é $y = (x + 5) \cdot x$.

Aplicando a propriedade distributiva obtemos $y = x^2 + 5x$.

A cada valor de x corresponde um único valor de y. Então y é função de x. Podemos montar uma tabela com alguns valores dessa função.

Podemos atribuir infinitos valores a x. No entanto, como x é a medida do lado do retângulo, devemos ter $x > 0$.

Quem vai ao quadro calcular os valores de y que faltam na tabela?

x (cm)	$y = x^2 + 5x$ (cm²)
1	6
2	14
2,5	18,75
4	36
6	
10	

◆ Qual deve ser a medida x para que a área da peça retangular seja de 104 cm²?

Basta fazer $y = 104$ cm² na lei de formação da função:

$$y = x^2 + 5x$$
$$104 = x^2 + 5x$$

Obtivemos uma equação do 2º grau. Vamos resolvê-la para encontrar x.
Reescrevendo a equação:

$$x^2 + 5x - 104 = 0$$
$$a = 1; b = 5 \text{ e } c = -104$$
$$\Delta = b^2 - 4ac$$
$$\Delta = 25 + 416 = 441$$
$$x = \frac{-b \pm \sqrt{\Delta}}{2a}$$
$$x = \frac{-5 \pm 21}{2a}$$

$$x_1 = \frac{-5 + 21}{2} = 8$$
$$x_2 = \frac{-5 - 21}{2} = -13$$

Consideramos somente a solução positiva, pois x é a medida do lado do retângulo. Então, para que a área da peça seja de 104 cm², devemos ter $x = 8$ cm.

FUNÇÕES

EXERCÍCIOS

12. Observe a tabela e responda.

Quantidade de refrigerantes	Preço a pagar (R$)
1	2,40
2	4,80
3	7,20
4	9,60
5	12,00
6	14,40

a) Qual é o preço a pagar numa compra de 3 refrigerantes?

b) Quantos refrigerantes podem ser comprados com R$ 9,60?

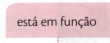

c) O preço a pagar depende do número de refrigerantes comprados?

d) Qual é o preço y a pagar numa compra de x refrigerantes?

13. Numa empresa de transportes, o preço que se paga pelo envio de uma encomenda de até 10 kg depende do seu peso. A tabela de preços é a seguinte:

Peso (kg)	Preço (R$)
até 1	6,00
de 1 a 5	15,00
de 5 a 10	20,00

Responda:

a) Quanto custará mandar uma encomenda com 750 g?

b) Quanto custará mandar uma encomenda com 3 kg? E uma com 7 kg?

c) Qual das seguintes afirmações está correta?
- O peso é uma função do preço.
- O preço é uma função do peso.

14. Observe na tabela a medida do lado de um quadrado e o seu perímetro.

Medida do lado (cm)	Perímetro (cm)
1	4
2	8
2,5	10
3	12
⋮	⋮
ℓ	P

a) Qual é o perímetro de um quadrado cujo lado mede 7 cm?

b) Qual é a medida do lado de um quadrado cujo perímetro mede 38 cm?

c) É verdade que o perímetro depende da medida do lado?

d) Qual é a lei que associa a medida do lado de um quadrado com o perímetro?

15. Os três retângulos da figura têm área igual a 18. O comprimento depende da largura, isto é, se a largura é 1, o comprimento é 18; se a largura é 2, o comprimento é 9; se...

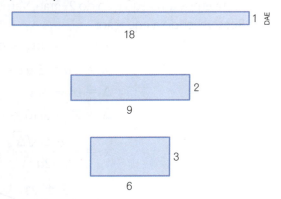

a) ... a largura for 4, qual será o comprimento?

b) ... a largura for chamada de x e o comprimento de y, qual é a fórmula que relaciona y com x?

16. O preço a ser pago por uma corrida de táxi inclui uma parcela fixa, denominada bandeirada, e uma parcela que depende da distância percorrida. Se a bandeirada custa R$ 7,00 e cada quilômetro rodado custa R$ 1,20, responda:

a) Qual é o valor V a pagar numa corrida de n quilômetros?

b) Quanto vai custar uma corrida de 11 quilômetros?

c) Quanto vai custar uma corrida de 5 quilômetros e 800 metros?

d) Qual é a distância percorrida por um passageiro que pagou R$ 27,40 pela corrida?

e) Qual é a distância percorrida por um passageiro que pagou R$ 18,40 pela corrida?

17. Numa fábrica de sucos, a cada 12 laranjas, obtém-se 1 litro de suco.

a) Qual é a função que traduz a relação entre o número de laranjas x e os litros de suco y?

b) Que quantidade de suco se obtém com 600 laranjas?

c) Quantas laranjas são necessárias para fazer 15 litros de suco?

d) Quantas laranjas são necessárias para fazer 3,4 litros de suco?

18. Ari dizia um número, e Rui dizia outro usando uma regra que só ele conhecia.

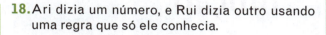

ARI	12	14	19	25	36
RUI	25	29	39	51	

a) Que número deve ser dito por Rui para ocupar o último quadradinho?

b) Chame de x os números ditos por Ari e de y os números falados por Rui. Escreva uma expressão matemática que dê y em função de x.

19. Uma parede de tijolos será usada como um dos lados de um canil retangular, com 40 m² de área. Para cercar os outros três lados, haverá uma tela de arame com 18 m de comprimento, que será dividida (veja a figura).

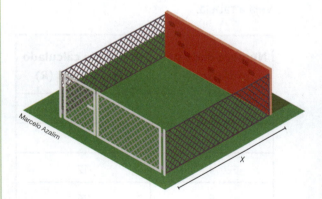

a) Chamando de x uma das dimensões do canil, qual será a outra em função de x?

b) Expresse a área A em função de x.

c) Quanto deverá medir cada lado que terá tela?

3. Da tabela para a lei de formação da função

Vimos como obter valores da função a partir da sua lei de formação.

Agora faremos o contrário: a partir de uma tabela com valores de uma função, escreveremos sua lei de formação. Acompanhe.

1. Um trem viaja com velocidade constante. A distância percorrida pelo trem (d) é função do tempo de viagem (t).
Veja na tabela valores de t e de d.

t (horas)	0	1	2	3	4
d (quilômetros)	0	30	60	90	120

Observe que para cada valor de t obtemos d multiplicando t por 30. Ou seja, $d = 30t$ é a lei de formação dessa função.

> Calcule mentalmente a distância percorrida pelo trem em 2,5 horas de viagem.

> A velocidade do trem é constante. Se ele percorreu 30 km em 1 hora, sua velocidade é de trinta quilômetros por hora. Escreve-se 30 km/h.

2. Na classe, durante uma aula de Matemática, o professor dizia um número. Os alunos faziam sempre uma mesma sequência de operações e davam o resultado obtido. A cada número n dado pelo professor, correspondia uma única resposta R.
Veja a tabela:

Número dado pelo professor (n)	Resultado calculado pelos alunos (R)
2	5
3	10
4	17
5	26
0,5	1,25

R é função de n. Qual é a lei de formação da função?
Observe:

$2^2 + 1 = 5$

$3^2 + 1 = 10$

$4^2 + 1 = 17$

$5^2 + 1 = 26$

$0,5^2 + 1 = 0,25 + 1 = 1,25$

Os alunos elevavam ao quadrado o número n dado pelo professor, somavam 1 e obtinham o resultado R.

Concluímos que $R = n^2 + 1$ é a lei de formação dessa função.

EXERCÍCIOS

20. Um metro de corda custa R$ 1,30. Copie e complete a tabela de preços em função do número de metros.

Comprimento (m)	Preço (R$)
1	1,30
2	
3	
	6,50
7,5	

21. Copie e complete a tabela.

x	y = 2x − 3	(x; y)
−2		
−1		
0		
1		
2		
3		
0,5		

22. (Encceja-MEC) Um vasilhame de água mineral contendo 20 litros foi colocado à disposição dos participantes de um evento. Considerando que os copos, com capacidade para 200 mL, eram servidos totalmente cheios, a expressão que representa a quantidade (y) de água, em mL, que restou no vasilhame, em função do número (x) de copos utilizados, é:

a) $y = 20 - 200x$
b) $y = 200x - 20$
c) $y = 200x - 20\,000$
d) $y = 20\,000 - 200x$

23. Entre as expressões seguintes, qual relaciona os valores de x e y?

x	−3	−2	−1	0	1
y	−2	−1	0	1	2

a) $y = x - 1$
b) $y = x + 1$
c) $y = -x$
d) $y = -x + 1$

24. As figuras seguintes mostram azulejos coloridos x e azulejos brancos y com a relação que segue na tabela ao lado.

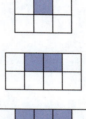

x	y
1	5
2	6
3	7
4	8

Qual é a fórmula que relaciona y com x?

25. Esta sucessão de p palitos vai formando t triângulos.

t	p
1	3
2	5
3	7
⋮	⋮

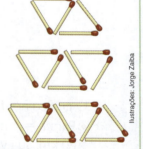

Qual é a fórmula que relaciona p com t?

26. O número de círculos b em cada figura é função da posição n que a figura ocupa na sequência. Escreva a lei de formação dessa função e calcule o número de círculos da figura 20.

fig. 1   fig. 2   fig. 3   fig. 4

4. Interpretando gráficos

Agora vamos analisar gráficos, retirando deles informações sobre a função.

1. Sérgio saiu de casa dirigindo seu automóvel e fez uma viagem de 160 km por uma estrada praticamente retilínea. Chegando ao seu destino, reclamou de um trecho da estrada em que teve de viajar com velocidade baixa por causa dos buracos.

   O gráfico a seguir mostra a distância d percorrida pelo automóvel em função do tempo decorrido de viagem t.

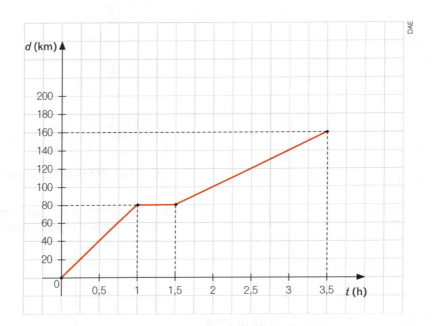

O gráfico nos fornece muitas informações.

- Para $t = 1$ h, temos $d = 80$ km. Isso significa que em 1 hora de viagem o automóvel percorreu 80 km. Sua velocidade média nesse trecho da viagem foi de 80 km/h.

- Repare que entre $t = 1$ h e $t = 1,5$ h, a posição do automóvel permaneceu constante, ou seja, nesse intervalo de tempo de 0,5 hora, ou 30 minutos, o automóvel ficou parado (provavelmente uma parada para um lanche!).

- No trecho final da viagem, depois da parada, o automóvel percorreu 80 km (160 − 80 = 80). Isso num intervalo de tempo de 2 horas (3,5 − 1,5 = 2).

$$80 \text{ km em 2 horas} \longrightarrow 40 \text{ km em 1 hora}$$

- No trecho final da estrada, a velocidade média do automóvel foi de 40 km/h.

Realmente, nesse trecho Sérgio desenvolveu uma velocidade média menor por causa dos buracos na pista.

2. Um paciente, num leito de hospital, tem sua temperatura tomada pela enfermeira de hora em hora. O médico deixou instruções: se a temperatura do paciente atingisse 38 °C, ele deveria ser medicado. Veja o gráfico construído pela enfermeira mostrando a variação da temperatura do doente em função do tempo.

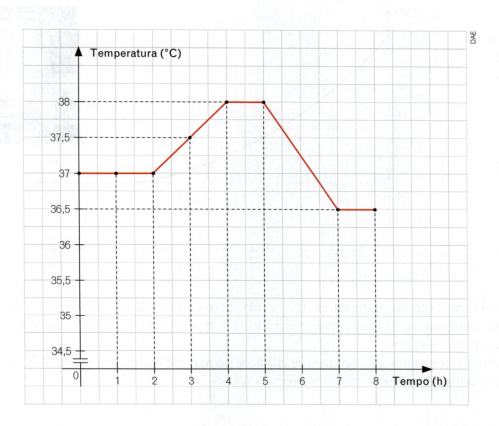

Responda no caderno.

CONECTANDO SABERES

1. O gráfico ilustra a variação de quais grandezas?

2. Observe que o eixo vertical está seccionado próximo ao zero. Você tem ideia do significado disso?

3. Observando o gráfico, responda:

   a) Qual é a temperatura do paciente anotada pela enfermeira a zero hora?

   b) E às 2 horas?

   Observe que nesse intervalo de tempo a temperatura se manteve constante.

4. O que aconteceu com a temperatura entre 2 e 4 horas? Qual é a temperatura do paciente às 4 horas?

5. O que ocorreu com a temperatura entre 4 e 5 horas? Você teria uma possível explicação para a temperatura não ter baixado nesse período?

   Observe que entre 5 e 7 horas a temperatura do paciente caiu de 38 °C para 36,5 °C, permanecendo constante das 7 às 8 horas.
   Analisando gráficos como esse, o médico pode verificar de forma mais rápida e fácil como variou a temperatura do paciente durante a noite.

FUNÇÕES 111

3. Certa quantidade de água foi aquecida num recipiente e em seguida colocada para esfriar naturalmente. Um termômetro colocado no interior do recipiente permitiu verificar a variação da temperatura da água com o decorrer do tempo.

Com os valores de x para o tempo e de y para a temperatura da água, construiu-se o gráfico abaixo.

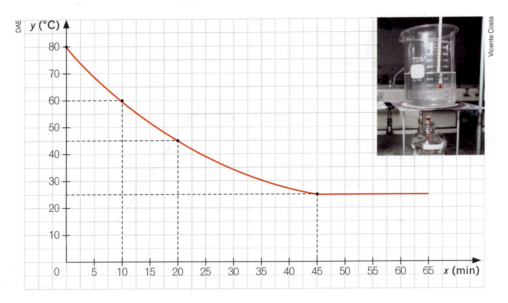

No início da contagem do tempo (x = 0 min), a temperatura da água era de 80 °C. A partir desse instante, a temperatura da água diminui, atingindo 60 °C quando x = 10 min, 45 °C quando x = 20 min e 25 °C quando x = 45 min.

A partir desse instante, a temperatura da água permaneceu constante, igual a 25 °C, o que significa que o processo de resfriamento natural terminou.

Escalas termométricas

CONECTANDO SABERES

Nos exemplos 2 e 3, trabalhamos com temperaturas em graus Celsius.

A escala Celsius é uma escala termométrica (*termo*, em grego, significa calor), criada em 1742 por Anders Celsius (1701-1744). Essa escala baseia-se em dois pontos fixos:
- ponto de fusão do gelo ⟶ valor zero;
- ponto de ebulição da água sob pressão normal ⟶ valor 100 (cem).

O intervalo entre esses dois pontos foi dividido em 100 partes iguais. Cada parte corresponde a 1 grau Celsius (1 °C).

Podemos citar também a escala Fahrenheit, criada por Daniel E. Fahrenheit (1686-1736) em 1726. É usada, por exemplo, nos EUA.

Comparando a escala Celsius com a Fahrenheit, temos:
- 0 °C corresponde a 32 °F;
- 100 °C correspondem a 212 °F.

Para converter temperaturas da escala Fahrenheit para a escala Celsius, utiliza-se a fórmula:

$T_C = \dfrac{5}{9}(T_F - 32)$, em que $\begin{cases} T_C = \text{temperatura na escala Celsius} \\ T_F = \text{temperatura na escala Fahrenheit} \end{cases}$

Uma temperatura de 41 °F, por exemplo, corresponde a uma temperatura de 5 °C. Confira isso substituindo T_F por 41 na fórmula e fazendo os cálculos.

EXERCÍCIOS

27. (Col. Isaac Roldan-Unesp) Na Confeitaria do Céu, quanto maior a encomenda, mais barato sai cada doce. Veja no gráfico:

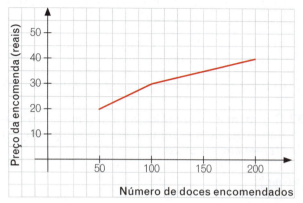

Se encomendarmos:

a) 150 doces, qual o preço em reais que vamos pagar?

b) 50 doces, qual o preço em reais de cada doce?

c) 200 doces, qual o preço em reais de cada doce?

28. Veja os gráficos:

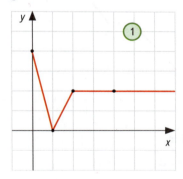

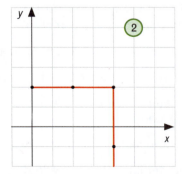

a) Para cada um dos gráficos, construa uma tabela com os pontos indicados.

b) Ambos os gráficos representam uma função?

29. Procure em jornais ou revistas e recorte uma função representada por um gráfico e outra por uma tabela.

30. (Unifor-CE) Suponha que o gráfico abaixo represente quantos milhares de turistas argentinos e uruguaios entraram no Brasil nos anos indicados.

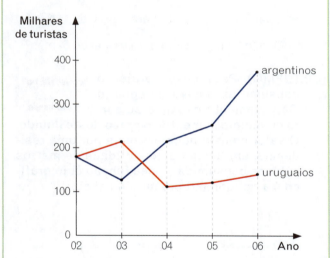

Nessas condições, é verdade que:

a) o número de turistas argentinos foi crescente no período de 2002 a 2006.

b) em 2004 não vieram turistas uruguaios ao Brasil.

c) de 2004 para 2005, o aumento de turistas argentinos foi menor que o de uruguaios.

d) de 2004 a 2006, entraram no Brasil mais turistas argentinos do que uruguaios.

e) em 2006, o número de turistas argentinos foi o triplo do de uruguaios.

FUNÇÕES 113

31. (Cefet-RN) O gráfico representa a previsão do lucro mensal de uma empresa que está lançando um novo produto.

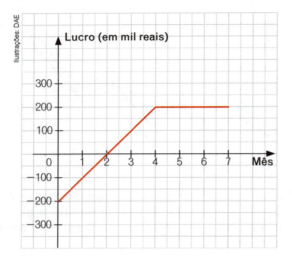

a) Qual o lucro previsto para o final do 1º mês?

b) Qual o lucro previsto para o final do 6º mês?

32. (UFMG) Para desencorajar o consumo excessivo de água, o Departamento de Água de certo município aumentou o preço deste líquido. O valor mensal pago em reais por uma residência, em função da quantidade de metros cúbicos consumida, é uma função cujo gráfico é a poligonal representada abaixo.

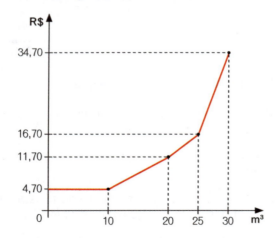

De acordo com o gráfico, quanto ao pagamento relativo ao consumo mensal de água de uma residência, é correto afirmar que, se o consumo:

a) for nulo, a residência estará isenta de pagamento.

b) for igual a 5 m³, o valor pago será menor do que se o consumo for igual a 10 m³.

c) for igual a 20 m³, o valor pago será o dobro do que se o consumo for igual a 10 m³.

d) for igual a 25 m³, o valor pago será de R$ 16,70.

33. O gráfico abaixo relaciona a distância, em quilômetros, com o tempo, em horas, gasto por Rafael em um passeio.

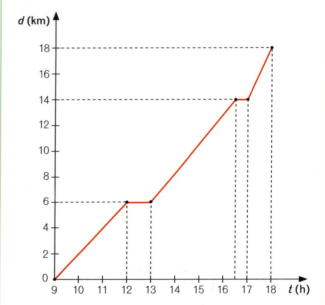

Responda.

a) A que horas ele partiu?

b) A primeira vez que Rafael parou, foi para almoçar. Quanto tempo demorou?

c) Quanto tempo caminhou antes do almoço?

d) Rafael voltou a parar? Quanto tempo?

e) Que distância percorreu entre o almoço e o café (2ª parada)?

f) Que distância percorreu após o café?

g) Quanto tempo esteve parado durante todo o passeio?

h) De quantos quilômetros foi o passeio de Rafael?

5. Construindo gráficos de funções

Vimos que o gráfico fornece informações sobre a função. Vamos aprender a construir gráficos de algumas funções.

Começaremos construindo o gráfico da função de lei de formação $y = 2x$.

> Essa função associa cada número real x ao seu dobro y.

Inicialmente montamos uma tabela atribuindo valores a x e calculando, por meio da lei de formação, os valores de y correspondentes. Assim obtemos alguns dos pares ordenados $(x; y)$ dessa função.

x	$y = 2x$	$(x; y)$
-3	-6	$(-3; -6)$
-2	-4	$(-2; -4)$
-1	-2	$(-1; -2)$
0	0	$(0; 0)$
1	2	$(1; 2)$
2	4	$(2; 4)$
3	6	$(3; 6)$

Nessa função, x pode ser qualquer número real. Escolhemos valores inteiros para facilitar os cálculos, mas poderíamos tomar $x = 8,4$ ou $x = \frac{1}{7}$, por exemplo.

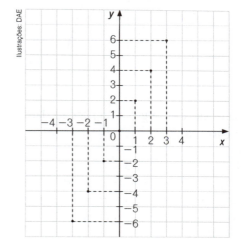

Em seguida localizamos no plano cartesiano os pontos que representam cada par ordenado.

Observe que os pontos estão alinhados.

Quanto mais pares ordenados da função representarmos, mais pontos alinhados obteremos.

> Escolha outro valor para x na tabela, calcule y e localize o par $(x; y)$ no plano. O ponto obtido está alinhado com os pontos já marcados?

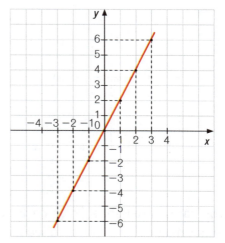

Todos os pontos que representam os pares ordenados dessa função formam seu gráfico, que é uma **reta**. Veja ao lado.

> Se você tomasse $x = 150\,000$ e o seu y correspondente, esse par estaria na reta?

Como será o gráfico da função dada por $y = -3x + 1$?

Montamos uma tabela atribuindo alguns valores para x, calculamos os valores de y por meio da lei de formação da função e representamos no sistema cartesiano os pares ordenados (x; y) obtidos.

x	$y = -3x + 1$	(x; y)
−3	10	(−3; 10)
−2	7	(−2; 7)
−1	4	(−1; 4)
0	1	(0; 1)
1	2	(1; −2)
2	−5	(2; −5)
3	8	(3; −8)

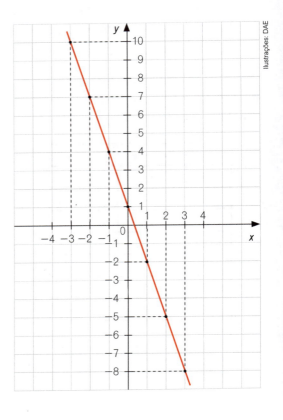

Os pontos obtidos estão alinhados.

Quanto mais pares ordenados da função representarmos, mais pontos alinhados obteremos.

São infinitos pares ordenados, pois x pode ser qualquer número real.

O gráfico dessa função é uma reta.

Será que toda função tem como gráfico uma reta?

A resposta é não. Vamos montar uma tabela com alguns valores de x e de y para a função dada por $y = x^2 + 2x - 1$ e representar os pares ordenados (x; y) no sistema cartesiano.

x	$y = x^2 + 2x - 1$	(x; y)
−4	7	(−4; 7)
−3	2	(−3; 2)
−2	−1	(−2; −1)
−1	−2	(−1; −2)
0	−1	(0; −1)
1	2	(1; 2)
2	7	(2; 7)

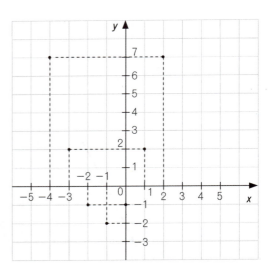

Os pontos não estão alinhados, portanto não determinam uma reta.

Nessa função, x pode ser qualquer número real. Podemos fazer $x = 0{,}5$; $x = 124$; $x = \dfrac{3}{5}$ etc.

Vamos atribuir mais valores a x na tabela, obtendo outros pares ordenados (x; y) da função. Representando mais pontos no sistema cartesiano nos aproximaremos mais da forma final do seu gráfico.

x	$y = x^2 + 2x - 1$	(x; y)
−3,5	4,25	(−3,5; 4,25)
−2,5	0,25	(−2,5; 0,25)
−1,5	−1,75	(−1,5; −1,75)
−0,5	−1,75	(−0,5; −1,75)
0,5	0,25	(0,5; 0,25)
1,5	4,25	(1,5; 4,25)

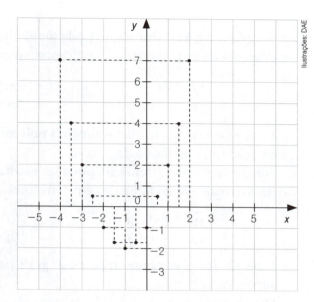

Podemos prosseguir atribuindo valores a x e localizando ainda mais pares ordenados. Todos os pontos que representam os pares ordenados dessa função formam seu gráfico. O gráfico dessa função é uma curva chamada **parábola**, cuja forma você vê abaixo.

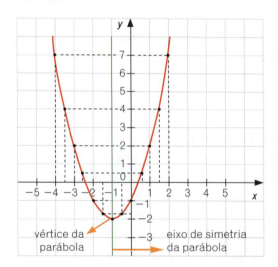

Observe que a parábola possui um **eixo de simetria**. O ponto da parábola que pertence ao eixo de simetria recebe o nome de vértice (V) da parábola.

No gráfico dessa função, o vértice tem coordenadas (−1; −2). A parábola que traçamos tem concavidade voltada para cima (ela é "aberta para cima"). No entanto, há funções cujo gráfico é uma parábola com concavidade voltada para baixo, como veremos na próxima página.

Funções cuja lei de formação pode ser escrita na forma **y = ax + b**, sendo *a* e *b* números reais e *a* diferente de zero, têm como gráfico uma **reta**. É o caso das funções:

- $y = 2x$ ($a = 2$ e $b = 0$)
- $y = -3x + 1$ ($a = -3$ e $b = 1$)

Essas funções são chamadas **funções polinomiais do 1º grau**, pois encontramos na sua lei de formação um polinômio do 1º grau.

Funções cuja lei de formação pode ser escrita na forma **y = ax² + bx + c**, sendo *a*, *b*, e *c* números reais e *a* diferente de zero, têm como gráfico uma **parábola**. É o caso das funções:

- $y = x^2 + 2x - 1$ ($a = 1, b = 2$ e $c = -1$)
- $y = -2x^2 + 4$ ($a = -2, b = 0$ e $c = 4$)

Essas são **funções polinomiais do 2º grau**, pois encontramos na sua lei de formação um polinômio do 2º grau.

Há funções cujo gráfico não é uma reta nem uma parábola.

Ainda como exemplo, veja como obtivemos um esboço do gráfico da função dada por $y = -2x^2 + 4$. A função é do 2º grau: sabemos que seu gráfico é uma parábola.

Montamos a tabela com valores da função.

x	$y = -2x^2 + 4$	(x; y)
−2	−4	(−2; −4)
−1	2	(−1; 2)
0	4	(0; 4)
1	2	(1; 2)
2	−4	(2; −4)

Abaixo localizamos no sistema cartesiano os pontos correspondentes aos pares ordenados e traçamos um esboço da parábola, que nesse caso tem concavidade voltada para baixo.

O que determina a concavidade da parábola que representa a função $f(x) = ax^2 + bx + c$ é o sinal do coeficiente *a*.

- Se $a > 0$: concavidade voltada para cima.
- Se $a < 0$: concavidade voltada para baixo.

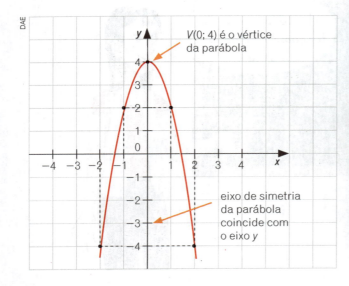

Repare como a forma de parábola é utilizada na arquitetura.

Intersecções de gráficos com eixos do sistema cartesiano e vértice da parábola

Sabemos que os pontos localizados sobre o eixo x do sistema cartesiano têm $y = 0$ e os localizados sobre o eixo y têm $x = 0$. Essa informação nos ajudará a encontrar pontos que facilitarão a construção dos gráficos de funções.
Acompanhe!

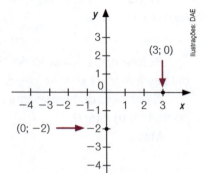

Função do 1º grau

Tomemos a função do 1º grau dada por $y = 2x - 6$. Vamos determinar os pontos nos quais o gráfico da função:

- **corta o eixo y**

  Fazendo $x = 0$ na lei de formação, obtemos $y = 2 \cdot 0 - 6$, ou seja, $y = -6$.

  O gráfico dessa função corta o **eixo y** no ponto **(0; −6)**.

- **corta o eixo x**

  Fazendo $y = 0$ na lei de formação, obtemos uma equação do 1º grau:
  $0 = 2x - 6$ ou $2x - 6 = 0$
  $2x = 6$
  $x = 3$

  Fazendo $y = 0$, obtivemos $x = 3$.

  O gráfico dessa função corta o **eixo x** no ponto **(3; 0)**.

Como o gráfico das funções do 1º grau são retas, dois pontos são suficientes para traçá-lo:

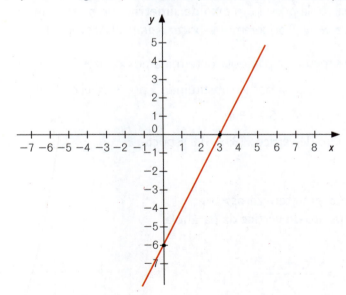

Chamamos de **zero** de uma função o(s) valor(es) de x encontrado(s) quando fazemos $y = 0$ na lei da função.

Como vimos, o zero da função $y = 2x - 6$ é $x = 3$.

Uma função pode ter um ou mais zeros e pode não ter zero, como veremos mais adiante.

FUNÇÕES 119

Função do 2º grau e vértice da parábola

Tomemos a função dada por $y = x^2 - 6x + 5$.

Fazendo $x = 0$ na lei de formação obtemos $y = 5$. A parábola corta o eixo y no ponto (0; 5).

Vamos verificar se existem e quais são os zeros da função do 2º grau. Para isso, basta substituir y por zero na lei de formação:

$$0 = x^2 - 6x + 5 \quad \text{ou} \quad x^2 - 6x + 5 = 0$$

Resolvendo a equação do 2º grau, encontramos dois zeros para esta função: $x = 1$ e $x = 5$.

A parábola que representa essa função corta o **eixo x** nos pontos **(1; 0)** e **(5; 0)**.

Mas...

REFLETINDO

Para encontrar os zeros da função do 2º grau, precisamos resolver uma equação do 2º grau. Uma equação do 2º grau sempre tem duas soluções diferentes? Explique.

Com base na resposta acima, pense e responda: quantos zeros pode ter uma função do 2º grau?

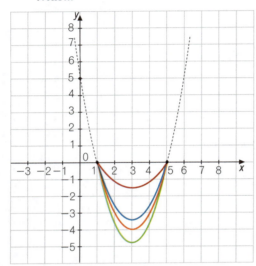

Com estes pontos ainda não consigo esboçar o gráfico da função! Onde se localiza o vértice da parábola?

Falta determinarmos o ponto do vértice da parábola e isso não é difícil.

Sabemos que a parábola possui um **eixo de simetria** que passa pelo seu vértice. Se encontrarmos as coordenadas do vértice $(x_v; y_v)$, poderemos esboçar o gráfico! Acompanhe:

Usando o eixo de simetria da parábola, determinamos x_v fazendo $\dfrac{1 + 5}{2} = 3$.

Sabendo-se que $x_v = 3$, achamos y_v substituindo x por 3 na lei de formação:

$$y_v = 3^2 - 6 \cdot 3 + 5 = -4$$

Encontramos o ponto de vértice $V(3; -4)$ e esboçamos o gráfico da função.

> Se uma função do 2º grau tem zeros x_1 e x_2, então a abscissa do ponto do vértice da parábola que é seu gráfico é:
>
> $$x_v = \dfrac{x_1 + x_2}{2}$$

Podemos determinar o ponto onde o gráfico corta o eixo y, fazendo $x = 0$ na lei de formação, encontrando $y = 5$. Esboçamos ao lado o gráfico da função.

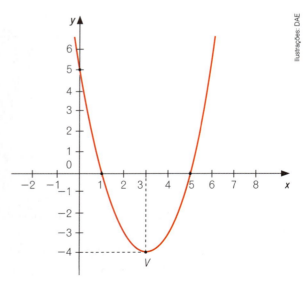

Descobrindo uma fórmula para calcular x_V

Podemos calcular x_V por meio da média aritmética dos zeros da função. Mas, e se a função não possui zeros? Vamos descobrir uma fórmula a partir da ideia de simetria.

Observe o gráfico ao lado.

A abscissa do vértice, x_V está no eixo de simetria da parábola. Existe um ponto simétrico a $(0; c)$ com coordenadas $(x_A; c)$, então:

x_V é a média aritmética de 0 e x_A.

Temos $y = c$ nos dois pontos.

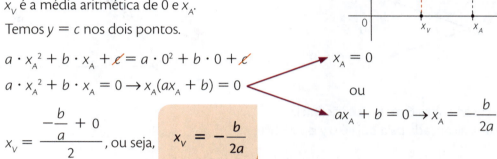

$a \cdot x_A^2 + b \cdot x_A + c = a \cdot 0^2 + b \cdot 0 + c$

$a \cdot x_A^2 + b \cdot x_A = 0 \rightarrow x_A(ax_A + b) = 0$

$x_A = 0$

ou

$ax_A + b = 0 \rightarrow x_A = -\dfrac{b}{2a}$

$x_V = \dfrac{-\dfrac{b}{a} + 0}{2}$, ou seja, $\boxed{x_V = -\dfrac{b}{2a}}$

Para encontrar y_V basta trocar x por x_V na lei de formação da função.

> Na página anterior, usamos a média aritmética dos zeros para encontrar x_V na função $y = x^2 - 6x + 5$. Use a fórmula que encontramos para calcular x_V. O resultado foi o mesmo?
> Quando a função tiver zeros, podemos usar a média deles ou a fórmula, escolhendo o que for mais simples.

Vamos aplicar o que aprendemos traçando o gráfico da função dada por $y = x^2 - 4x + 7$.
- Concavidade voltada para cima, pois $a = 1$ e $1 > 0$.
- Ponto no qual a parábola corta o eixo y: $(0; 7)$
- Zeros da função:

   $\Delta = 16 - 28 = -12$ (a função não possui zeros reais)
- Vértice:

   $x_V = -\dfrac{b}{2a} = 2$ e $y_V = 2^2 - 4 \cdot 2 + 7 = 3$, portanto temos:

   $V(2; 3)$

Localizamos os pontos acima e também o ponto simétrico a $(0; 7)$ em relação ao eixo de simetria para termos a parábola mais definida. Esse ponto tem abscissa $x = 4$.

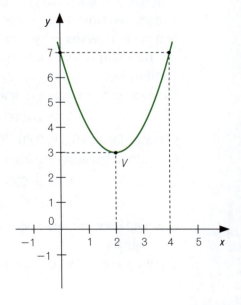

Como sabemos que o ponto simétrico a $(0; 7)$ é $(4; 7)$?

Vamos aplicar o que aprendemos na resolução de problemas?

1. A ilustração a seguir mostra a trajetória percorrida por uma bola durante um chute. Como vemos, um matemático inseriu os eixos cartesianos graduados em metros. Ele percebeu que a trajetória poderia ser descrita pela função de lei $y = -x^2 + 6x$.

A que distância da posição inicial a bola retornou ao chão e qual a altura máxima alcançada por ela no chute?

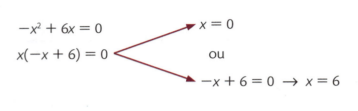

$-x^2 + 6x = 0$
$x(-x + 6) = 0$ → $x = 0$ ou $-x + 6 = 0$ → $x = 6$

A bola retornou ao solo a 6 m da posição inicial.
A altura máxima alcançada pela bola é o y do vértice!

$x_V = \dfrac{0 + 6}{2} = 3$ Substituindo x por 3 na lei da função, achamos y_V:

$y_V = -3^2 + 6 \cdot 3$

$y_V = 9$ A bola atingiu a altura máxima de 9 m.

2. Um caminhão-tanque descarregará 20 000 litros de gasolina em um reservatório. Serão descarregados 500 litros de gasolina por minuto. O volume de gasolina (V) restante no tanque é função do número de minutos de descarga (t).

A lei de formação é $V = 20\,000 - 500t$, função do 1º grau cujo gráfico é uma reta. Vamos determinar os pontos onde o gráfico corta os **eixos x** e **y** e calcular o tempo necessário para descarregar todo o combustível.

No momento em que a descarga se inicia, temos $t = 0$.

$V = 20\,000 - 500 \cdot 0 = 20\,000$

O par ordenado (0; 20 000) é um ponto sobre o **eixo y**.
Quando a descarga termina, temos $V = 0$.

$0 = 20\,000 - 500 \cdot t$

$t = 40$ é o zero da função

Então 40 minutos serão necessários para descarregar totalmente o caminhão.
O par ordenado (40; 0) está sobre o **eixo x**.

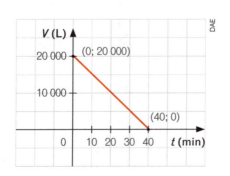

6. Função constante

Imagine um trem movendo-se à velocidade constante de 50 km/h sobre uma estrada de ferro em percurso retilíneo. Num certo momento é acionado um cronômetro que marca o tempo de viagem (t). Como a velocidade (V) não se altera, temos V = 50 para qualquer valor possível da variável t.

O gráfico da função V = 50 é uma reta paralela ao eixo t, passando pelo ponto (0; 50).

Este é um exemplo de **função constante**.

Veja abaixo o gráfico da função dada por y = 2.

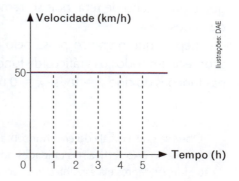

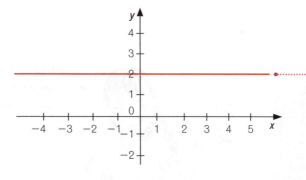

Nesta função, para todo valor de x, temos y = 2. Este é um exemplo de função constante.

7. Função linear e proporcionalidade direta

Vimos que as funções polinomiais do 1º grau são do tipo y = ax + b, com a ≠ 0.
Se b = 0, a função do 1º grau recebe o nome especial de **função linear**. Veja:

- A função y = 3x é linear. ⟶ a = 3 e b = 0
- A função y = $-\frac{3}{2}$x é linear. ⟶ a = $-\frac{3}{2}$ e b = 0

A função linear se aplica a diversas situações práticas! Acompanhe!

No laboratório do colégio, alguns alunos mediram, usando uma balança, a massa de blocos retangulares de chumbo cujo volume era conhecido.

Com os valores do volume V e da massa m de cada bloco, montaram a tabela abaixo.

V (cm³)	m (g)	(V; m)
1	11	(1; 11)
2	22	(2; 22)
3	33	(3; 33)
4	44	(4; 44)
5	55	(5; 55)

Observe que as grandezas massa e volume dos blocos são diretamente proporcionais: quando V dobra, m dobra, quando V triplica, m triplica e assim por diante.

A lei de formação desta função é m = 11V. É uma função linear.

FUNÇÕES 123

Os alunos localizaram os pares ordenados da tabela no sistema cartesiano e traçaram o gráfico da função, que é um trecho de reta, pois só temos valores de V e de m positivos.

Repare que o gráfico passa pelo ponto (0; 0). Isso acontece em todos os gráficos de função linear, porque nas funções do tipo $y = ax$, se $x = 0$ temos $y = 0$.

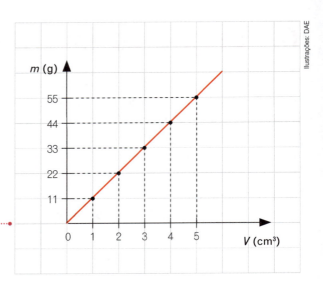

Observe que a escala do eixo horizontal é diferente da escala do eixo vertical. As unidades dos dois eixos são independentes e a escolha delas depende das grandezas que se deseja relacionar.

Resumindo:
- As funções lineares $y = ax$ relacionam grandezas x e y diretamente proporcionais.
- O gráfico destas funções é uma reta que passa pelo ponto (0; 0), origem do sistema cartesiano.

Ampliamos nossos conhecimentos sobre proporcionalidade!

INTERAGINDO

Registrem no caderno.

1. Qual é sempre o zero de uma função linear?

2. Se 1 litro de gasolina custar R$ 3,20, qual será a lei de formação que dá o valor a pagar y em função do número de litros de gasolina comprados? Esta função é linear? As grandezas preço a pagar y e número de litros de gasolina comprados x são diretamente proporcionais?

3. Esbocem o gráfico da função do item 2.

4. Na função linear $y = ax$, quando $x = 0$, temos $y = 0$. Na função do 1º grau $y = ax + b$, qual o valor de y quando $x = 0$?

5. A função representada pelo gráfico ao lado é linear? Expliquem.

6. O perímetro y de um quadrado é função da medida do lado x desse quadrado. Qual é a lei de formação dessa função? Essa função é linear? As grandezas x e y são diretamente proporcionais?

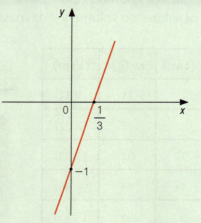

8. Funções do 1º grau e sistemas de equações do 1º grau

Vamos representar no mesmo sistema cartesiano o gráfico das funções dadas por $y = 2x - 1$ e $y = -x + 5$.

x	y = 2x − 1
0	−1
2	3

x	y = −x + 5
0	5
2	3

Fiquei curioso! O que função tem a ver com sistemas?

O ponto (2; 3) é o ponto de intersecção das retas!

Quando substituímos x por 2 encontramos $y = 3$ em ambas as leis de formação.

O par $x = 2$ e $y = 3$ é **solução** do sistema de equações do 1º grau:

$$\begin{cases} y = 2x - 1 \\ y = -x + 5 \end{cases}$$

Vamos verificar?

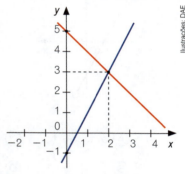

Substituindo y por $2x - 1$ na 2ª equação:
$2x - 1 = -x + 5$
$3x = 6$
$x = 2$

Substituindo agora x por 2 na 1ª equação:
$y = 2 \cdot 2 - 1$
$y = 3$

Quando traçamos no mesmo sistema cartesiano o gráfico das duas funções do 1º grau, resolvemos **graficamente** o sistema: $\begin{cases} y = 2x - 1 \\ y = -x + 5 \end{cases}$

INTERAGINDO

Registrem no caderno.

1. Resolvam graficamente o sistema: $\begin{cases} y = -x + 3 \\ y = x + 1 \end{cases}$

2. Observem o gráfico das funções e respondam:

   a) Quais as coordenadas do ponto de intersecção das retas representadas?

   b) Este ponto é solução de qual sistema de equações do 1º grau?

   (I) $\begin{cases} y = 7x - 3 \\ y = -x + 10 \end{cases}$
   (III) $\begin{cases} x + y = 7 \\ 3x - 7y = 3 \end{cases}$
   (II) $\begin{cases} x + y = 10 \\ 2x - 2y = 8 \end{cases}$

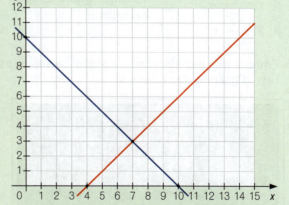

3. Tracem, no mesmo sistema cartesiano, o gráfico das funções $y = x + 3$ e $y = x - 1$. As retas obtidas têm ponto em comum? Resolvam o sistema $\begin{cases} y = x + 3 \\ y = x - 1 \end{cases}$ e relacionem o que observarem com a posição relativa entre as retas que representam as funções.

FUNÇÕES 125

EXERCÍCIOS

34. Estabeleça a correspondência entre cada gráfico e cada função.

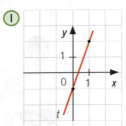
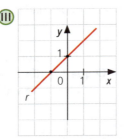
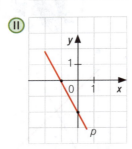
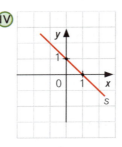

(A) $y = x + 1$
(B) $y = 3x - 1$
(C) $y = -x + 1$
(D) $y = -2x - 2$

35. Atribua valores à variável x, construa uma tabela com alguns pares ordenados e construa o gráfico das funções:

a) $y = -2x$
b) $y = x - 1$
c) $y = 3 - x$
d) $y = \dfrac{x}{2} + 1$

Para este exercício a malha quadriculada vai bem...

36. Em um mesmo sistema de eixos cartesianos, faça o gráfico das funções:

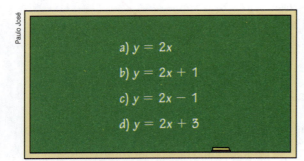

a) $y = 2x$
b) $y = 2x + 1$
c) $y = 2x - 1$
d) $y = 2x + 3$

Que fato geométrico você observa?

37. Observe o gráfico abaixo. Ele representa o preço de uma corrida de táxi. Lembre-se de que bandeirada é o preço fixo indicado pelo taxímetro ao ser acionado no início da corrida.

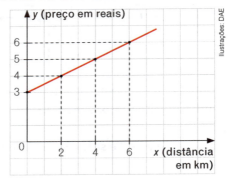

Com base nessas informações, responda:

a) Foi cobrada bandeirada? Em caso afirmativo, qual o valor?
b) Num percurso de 8 km, serão pagos R$ 8,00?
c) Qual é o preço do km rodado?
d) Qual é a lei que define esse gráfico?

38. Uma determinada função é representada pelo gráfico a seguir.

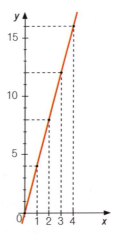

a) Copie e complete a tabela abaixo com alguns pontos da função.

x	0	1	2	3	4
y					

b) O que acontece a y se x for duplicado?
c) O que acontece a y se x for dividido por 3?
d) Represente essa função por uma fórmula matemática.

39. O gráfico representa a quantidade de medicamento que uma pessoa deve tomar em função de seu peso, caso tenha determinada infecção.

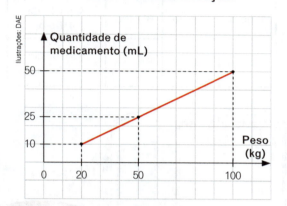

a) Quanto deve tomar de medicamento uma pessoa que pesa 40 kg?

b) Se uma pessoa tomou 43 mL de medicamento, qual é o seu peso?

c) Sabe-se que a quantidade de medicamento a ser tomada deve ser dividida em 12 doses. Quantos mL de medicamento deve tomar em cada dose uma pessoa que pesa 60 kg?

40. (Vunesp) Um botânico mede o crescimento de uma planta, em centímetros, todos os dias. Ligando os pontos colocados por ele num gráfico, obtemos a figura abaixo. Se for mantida sempre essa relação entre tempo e altura, qual a altura da planta no 30º dia?

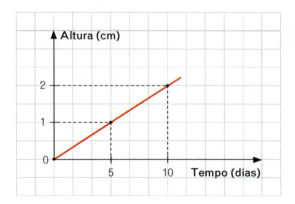

Para os três próximos exercícios, a malha quadriculada vai bem...

41. Seja a função $y = x^2 - 4x - 5$. Copie e complete a tabela. Em seguida, construa o gráfico.

x	−2	−1	0	1	2	3	4	5	6
y									

42. Seja a função $y = -x^2 + 4x - 3$. Copie e complete a tabela. Em seguida, construa o gráfico.

x	−1	0	1	2	3	4	5
y							

43. Seja a função $y = x^2 - 4x + 4$. Copie e complete a tabela. Em seguida, construa o gráfico.

x	−1	0	1	2	3	4	5
y							

44. (Unirio-RJ) Em busca de uma simetria, um caricaturista utilizou a parábola para traçar o rosto da figura abaixo:

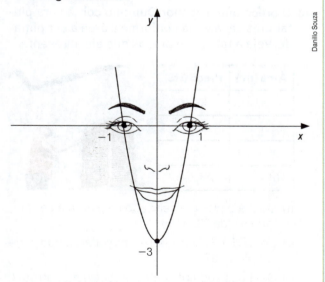

A equação que define essa parábola é...

a) $y = x^2 - 3$
b) $y = x^2 - 4$
c) $y = 3x^2 - 3$
d) $y = x^2 - 3x + 2$

REVISANDO

45. Seja a função $y = -3x + 2$.

a) Qual é o valor de y para $x = -2$?

b) Qual é o valor de y para $x = \dfrac{2}{3}$?

c) Qual é o valor de x para $y = 11$?

d) Qual é o valor de x para $y = 0$?

46. Seja a função $y = x^2 - 7x + 10$.

a) Qual é o valor de y para $x = -5$?

b) Qual é o valor de y para $x = \dfrac{1}{2}$?

c) Quais são os valores de x para $y = 0$?

d) Quais são os valores de x para $y = 18$?

47. Determine os valores das letras a, b, c, d.

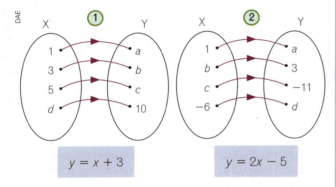

48. O preço que o senhor Quintino cobra para pintar uma casa varia conforme a área a ser pintada. Veja a tabela de preços que ele apresenta.

Área (m²)	Preço (R$)
0 a 50	400,00
51 a 100	750,00
101 a 200	1.300,00
201 a 300	2.400,00

a) Qual é o preço a ser pago se a área a ser pintada for de 83 m²?

b) Com R$ 1.300,00, qual é a maior área que pode ser pintada?

c) Qual das seguintes afirmações está correta?

♦ A área a ser pintada é uma função do preço.

♦ O preço a ser cobrado é uma função da área a ser pintada.

49. Em um estacionamento para veículos, paga-se por hora ou fração de hora de acordo com a tabela:

1ª hora	2ª hora	3ª hora	A partir da 4ª hora
R$ 2,00	R$ 1,50	R$ 1,00	R$ 0,80 por hora ou fração

Após p horas, um motorista retira seu veículo e deve pagar R$ 15,70. Qual é o valor de p em horas?

50. Roberto arrumou palitos de fósforo como mostra a figura:

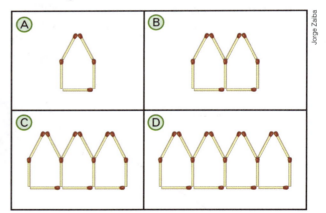

a) Quantos palitos Roberto usou para formar 4 "casas"?

b) Quantos palitos Roberto usaria para formar 10 "casas"?

c) Escreva a equação que expressa o total de palitos (p) em função do número de "casas"(c).

51. (Saresp) Em uma promoção, uma editora está vendendo vários livros a R$ 12,00 cada um, e cobrando uma taxa de R$ 5,00 pela entrega. Dessa forma, a expressão $P = 12x + 5$ permite calcular o preço a ser pago P, em reais, pela compra de x unidades desses livros. Se uma pessoa pagou R$ 137,00 pela compra de livros dessa promoção, quantos livros ela comprou?

52. Num supermercado, os sabonetes estão em promoção.

Copie e complete a tabela que permite saber quanto deve pagar uma pessoa que compra até 10 sabonetes.

Quantidade	Preço a pagar (R$)
1	
2	
3	
4	
5	
6	
7	
8	
9	
10	

53. Veja o gráfico da produção mensal de uma fábrica de agasalhos no primeiro semestre de um ano.

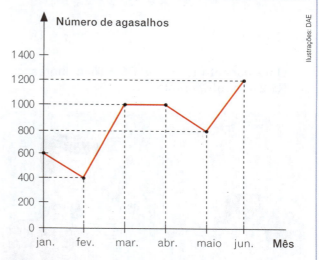

a) Quantas unidades foram produzidas em fevereiro?

b) Em que mês a produção foi maior? Em quantas unidades?

c) De abril para maio a produção aumentou ou diminuiu? Em quantas unidades?

54. Qual gráfico melhor traduz a situação?

"... a inflação, que estava aumentando, estacionou para voltar a crescer..."

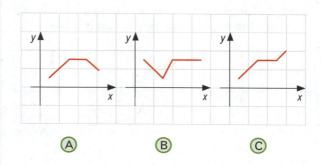

55. Para produzir um objeto, uma firma gasta R$ 1,20 por unidade. Além disso, há uma despesa fixa de R$ 4.000,00, independente da quantidade produzida. O preço de venda é de R$ 2,00 por unidade. Qual é o número de unidades que o fabricante deve vender para não ter lucro nem prejuízo?

56. Construa o gráfico de cada uma das funções:

a) $y = 1,5x$

b) $y = 4x - 1$

c) $y = -x - 1$

d) $y = \dfrac{1 + x}{2}$

57. Uma danceteria cobra R$ 5,00 o ingresso e R$ 2,00 o refrigerante.

a) Exprima, matematicamente, o valor da conta y num consumo de x refrigerantes.

b) Construa uma tabela e trace o gráfico dessa função.

c) Quantos refrigerantes tomou uma pessoa que gastou R$ 13,00?

58. Seja a função $y = -x^2 + 6x$. Copie e complete a tabela. Em seguida, construa seu gráfico.

x	0	1	2	3	4	5	6
y							

59. Dada a função $y = x^2 - 6x + 5$:

a) indique os pontos em que seu gráfico corta o eixo x;

b) indique os pontos em que seu gráfico corta o eixo y;

c) faça o gráfico da função.

60. Veja este anúncio de uma loja de consertos.

O preço C do conserto é função do número t de horas de trabalho (mão de obra).

a) Escreva a fórmula matemática que expressa a lei da função.

b) Calcule o preço do conserto de uma máquina de lavar roupa que levou 2,5 horas para ser consertada.

c) Dona Eliana pagou R$ 35,00 a um técnico dessa loja que foi consertar a sua televisão. Quanto tempo levou o técnico para consertar o aparelho?

61. (Encceja-MEC)

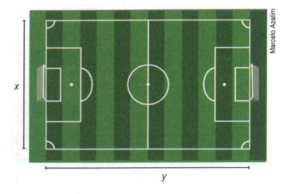

A figura acima representa um campo de futebol, de dimensões x e y, com perímetro de 340 m. A área desse campo pode ser corretamente representada, em função da menor dimensão x, por:

a) $A = -x^2 + 170x$

b) $A = -x^2 - 170x$

c) $A = -x^2 + 340x$

d) $A = -x^2 - 340x$

62. (CPII-RJ) O retângulo ABCD é formado por três quadrados, conforme mostra a figura abaixo:

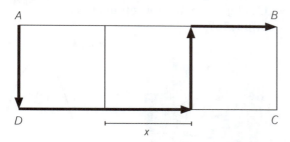

a) Exprima o perímetro do retângulo ABCD em função de x.

b) Exprima a área do retângulo em função de x.

c) Observe o trajeto de A a B, marcado na figura. Exprima, em função de x, a distância percorrida nesse trajeto.

d) Se o trajeto marcado corresponde a 60 cm, quanto vale x?

63. Um garoto brinca de arrumar palitos, fazendo uma sequência de quadrados, como na figura:

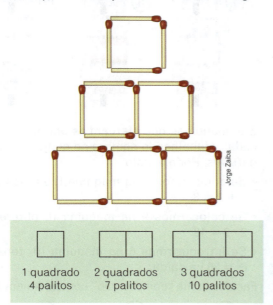

Quantos palitos ele usaria para fazer:

a) 4 quadrados?

b) 5 quadrados?

c) 10 quadrados?

d) n quadrados?

64. O gráfico mostra a distância, em quilômetros, que percorreram dois ciclistas, Pedro e Guilherme. Quatro horas depois da partida, quantos quilômetros Pedro percorreu a mais que Guilherme?

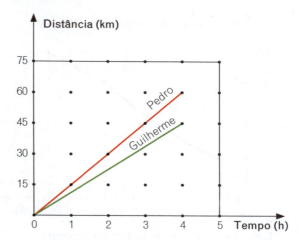

65. (UFPE) O gráfico a seguir fornece o perfil do lucro de uma empresa agrícola ao longo do tempo, sendo 1969 o ano zero, ou seja, o ano de sua fundação.

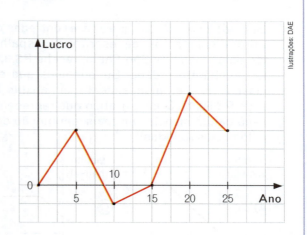

Analise o gráfico e classifique cada afirmação a seguir como certa ou errada.

a) 10 foi o único ano em que ela foi deficitária.

b) 20 foi o ano de maior lucro.

c) 25 foi um ano deficitário.

d) 15 foi um ano de lucro.

e) 5 foi o ano de maior lucro no período que vai da fundação até o ano 15.

DESAFIOS NO CADERNO

66. (CPII-RJ) Baseado nos dados do IBGE, construiu-se o gráfico referente à variação da população brasileira, em milhões de habitantes, ao longo de 6 décadas.

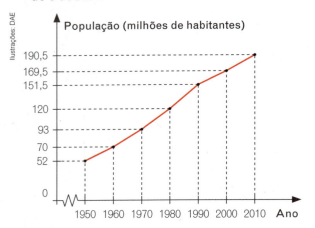

De acordo com esse gráfico, responda:

a) Qual a população brasileira no ano de 1970?

b) Qual a razão entre o crescimento populacional da década de 90 (1990 a 2000) e da década de 70 (1970 a 1980)?

67. (Saresp) Um *motoboy*, para fazer entregas ou retirar documentos de escritórios espalhados pela cidade de São Paulo, recebe R$ 3,00 por quilômetro rodado. Suponhamos que ele passe a receber, mensalmente, um auxílio fixo de R$ 50,00. Qual o gráfico que representa o seu ganho mensal, em reais, em função dos quilômetros rodados?

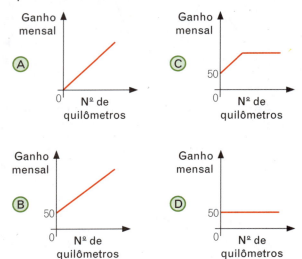

68. Leandro deu uma tacada na sua bola de golfe.

Qual gráfico melhor representa a situação?

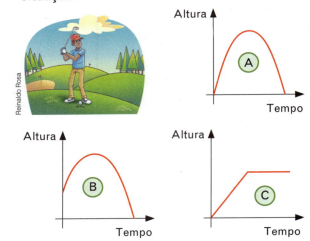

69. (CAp-Uerj) Considere as três máquinas seguintes:

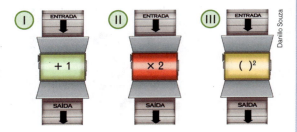

São máquinas que efetuam as operações indicadas, trabalhando sempre no conjunto ℕ, dos naturais. Por exemplo:

◆ Se colocarmos 7 na máquina I, ela nos dará $7 + 1 = 8$.

◆ Se colocarmos 9 na máquina II, obteremos $2 \cdot 9 = 18$.

◆ Se introduzirmos 6 na máquina III, teremos $6^2 = 36$ na saída.

Façamos uma "composição" com as 3 máquinas:

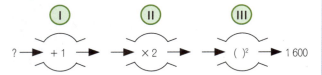

Se 1 600 é o número obtido na saída da máquina III, qual o número que foi colocado na entrada da máquina I?

AUTOAVALIAÇÃO

NO CADERNO

Anote no caderno o número do exercício e a letra correspondente à resposta correta.

70. O valor da função $y = -x^2 + 1$ para $x = -1$ é:

a) 0
b) 2
c) −1
d) −3

71. (Encceja-MEC) Analisando os custos e as vendas da produção artesanal de ovos de Páscoa, Cristina fez a seguinte relação:

- Despesas fixas de R$ 2.400,00 e R$ 3,60 por ovo produzido. Se x é o número de unidades, então a expressão do custo é $2400 + 3,60x$.

- Cada ovo é vendido por R$ 10,00, assim a expressão da venda é $10x$.

A quantidade de ovos a ser produzida e vendida para que Cristina tenha lucro é:

a) igual a 275.
b) igual a 375.
c) menor que 275.
d) maior que 375.

72. (Saresp) Uma população de bactérias cresce, em função do tempo, de acordo com a função:

$$N = 400 \cdot (1,2)^t$$

N: número de bactérias
t: tempo em horas

O número de bactérias, na população, depois de 2 horas é:

a) 400
b) 480
c) 576
d) 960

(SEE-RJ) Leia o texto seguinte para responder às questões 73 e 74.

Uma agência de aluguel de automóveis colocou um anúncio que dizia:

POLUA MENOS E ECONOMIZE MAIS!

Para incentivar o uso do carro a gás, que polui menos, essa agência apresentou uma promoção, de acordo com a tabela abaixo.

Categoria	Gasolina (R$)	Gás (R$)
popular	diária: 80,00 km: 1,00	diária: 50,00 km: 0,80
semiluxo	diária: 120,00 km: 2,00	diária: 80,00 km: 1,00
luxo	diária: 150,00 km: 3,00	diária: 100,00 km: 1,80

O aluguel de um carro é composto da diária e da quilometragem rodada em cada categoria.

73. Considerando-se y como o preço do aluguel e x como o número de quilômetros rodados, a função que representa o preço do aluguel de um carro popular a gás, por um dia, será expressa por:

a) $y = 50x$
b) $y = 80 + x$
c) $y = 0,80 + 50x$
d) $y = 50 + 0,80x$

74. O aluguel por um dia de um carro de luxo, movido a gasolina, para percorrer 30 quilômetros, em reais, vale:

a) 150
b) 180
c) 240
d) 320

133

75. A fórmula $N = \dfrac{5p + 28}{4}$ dá o valor aproximado do número do calçado (N) em função do comprimento (p), em centímetros, do pé de qualquer pessoa. De acordo com a fórmula, o comprimento do pé de quem calça 37 é, em centímetros, aproximadamente:

a) 22

b) 24

c) 25

d) 26

76. (Unisinos-RS) Suponha que o número de carteiros necessários para distribuir, em cada dia, as correspondências entre as residências de um bairro seja dado pela função $y = \dfrac{22x}{500 + 2x}$, em que x é o número de residências e y é o número de carteiros. Se foram necessários 6 carteiros para distribuir, em um dia, essas correspondências, o número de residências desse bairro que as receberam é:

a) 300
b) 340
c) 400
d) 420

77. (SEE-SP) Uma empresa fabrica um único produto e toda sua produção é vendida. O gráfico abaixo representa o custo total C e a receita R em função da quantidade vendida.

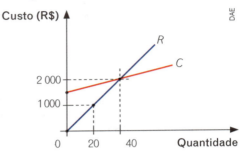

Dado que o lucro L da empresa é a diferença R − C, podemos garantir que:

a) a empresa só terá lucro se fabricar mais de 20 peças do produto.

b) a empresa só terá lucro se fabricar mais de 40 peças do produto.

c) fabricando 40 peças, o lucro será de R$ 2.000,00.

d) o lucro máximo ocorre fabricando 40 peças.

78. (Vunesp) A velocidade (V) de um objeto que se movia no espaço foi observada e medida durante um certo tempo (t). Os dados obtidos foram arrumados na tabela seguinte:

t (s)	V (m/s)
2	7
3	10,5
4	14
5	17,5

Sabendo-se que a variação da velocidade desse objeto com o tempo decorrido foi constante durante todo o período de observação, pode-se concluir que sua velocidade durante 17 segundos era de:

a) 48 m/s
b) 59,5 m/s
c) 63 m/s
d) 65,5 m/s

(UFRJ) Observe a tabela abaixo, que indica o número de casos (*n*) registrados de uma doença em função do tempo (*t*), em anos, e responda às questões 79 e 80.

t	n
1	67
2	117
3	167

79. A equação que fornece o valor de *n* em função de *t* é:

a) $n = 50t$
b) $n = 67t$
c) $n = 50t + 17$
d) $n = 17t + 50$

80. Supondo que o crescimento do número de casos dessa doença permaneça de acordo com a tabela, quando *n* = 567, o tempo *t*, em anos, corresponderá a:

a) 10
b) 11
c) 12
d) 13

81. (Ceeteps-SP) O gráfico mostra o salário mensal dos vendedores de aparelhos eletrônicos em função da quantidade vendida. A função que relaciona o salário *y* e a quantidade vendida *x* é dada por:

a) $y = 500 + 40x$
b) $y = 500 - 40x$
c) $y = 580 + 20x$
d) $y = 580 - 20x$

82. (Unisinos-RS) *x*, *y*, *z* e *t* são quatro números inteiros. Sobre eles, afirma-se que:

- *y* excede *x* em uma unidade;
- *z* é a soma de *x* com *y*;
- *t* é a soma de *z* com *y*.

A expressão *t*, em função de *x*, é representada por:

a) $t = 2x + 3$
b) $t = 3x + 2$
c) $t = x + 4$
d) $t = 3x + 1$

83. Entre as figuras seguintes, aquela que pode representar o gráfico de uma função é:

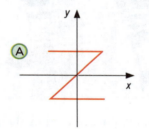
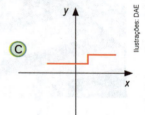
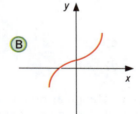
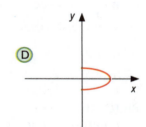

84. (UFPE) A altura *h* de um homem varia com o tamanho *F* do seu fêmur de acordo com a fórmula (medidas em cm):

$$h = 69{,}089 + 2{,}238F$$

Se a idade ultrapassa 30 anos, subtrai-se 0,06 cm por cada ano após os 30 anos. Qual a altura estimada de um homem de 40 anos cujo fêmur mede 40 cm?

a) 1,50 m
b) 1,58 m
c) 1,61 m
d) 1,65 m

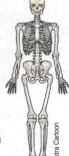

85. (Cesgranrio) O gráfico ao lado apresenta o preço de custo de determinado tipo de biscoito produzido por uma pequena fábrica, em função da quantidade produzida.

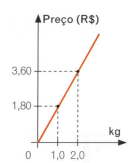

Se o preço final de cada pacote é equivalente a $\frac{8}{5}$ do preço de custo, um pacote de 0,5 kg é vendido, em reais, por:

a) 0,90
b) 1,20
c) 1,36
d) 1,44

86. (Ceeteps-SP) Numa sala retangular de um laboratório, a parte colorida da figura será destinada à pesquisa de clonagem.

A área colorida y, em função de x, é dada por:

a) $y = 12x - x^2$
b) $y = 8x - x^2$
c) $y = 96x - x^2$
d) $y = 20x - x^2$

87. (Saresp) O gráfico que melhor representa a função definida por $y = -x^2$ é:

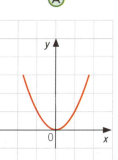

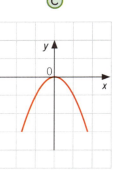
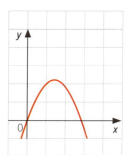
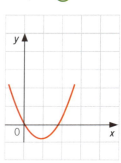

88. (Ceeteps-SP) Um projétil é atirado do ponto 0, como mostra a figura, e descreve uma parábola cuja função é $y = -2x^2 + 80x$, sendo x e y dados em metros.

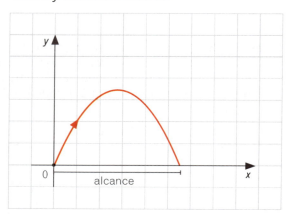

O alcance desse projétil é:

a) 40 m
b) 60 m
c) 80 m
d) 100 m

UNIDADE 5

Noções de probabilidade

1. Qual é a chance?

Com suas economias, Rogério e César compraram uma bicicleta em sociedade.

Combinaram que a bicicleta ficaria uma semana com cada um.

Com quem a bicicleta ficará na primeira semana?

Vamos jogar um dado. A bicicleta ficará com quem tirar o maior número.

Rogério lançou o dado e obteve 5.

César ainda não lançou o dado. Qual deles você acha que tem mais chances de ficar com a bicicleta na primeira semana?

Rogério, claro! César só ganha se obtiver 6 no dado. Se der 5, empata; se der 4, 3, 2 ou 1, o Rogério ganha.

Será que há como expressar matematicamente que as chances de Rogério ganhar são maiores nessa situação?

Veja: quando César lançar o dado, pode ocorrer 1, 2, 3, 4, 5 ou 6 pontos. Temos 6 possibilidades no total. Imaginando que o dado seja "honesto" e não tenha defeitos, cada possibilidade tem a mesma chance de ocorrer.

Dos seis resultados possíveis, somente um é favorável a César: o 6. Há 1 possibilidade em 6 de César vencer.

Apenas $\frac{1}{6}$ das possibilidades favorece César.

$$1 \text{ em } 6 = \frac{1}{6}$$

Como $\frac{1}{6} = 0{,}1666\ldots$, e $0{,}1666\ldots \cong 16{,}7\%$, a chance (ou probabilidade) de César ficar com a bicicleta na primeira semana, sendo que Rogério obteve 5 ao lançar o dado, é de aproximadamente 16,7%.

Se todas as possibilidades têm a mesma chance de ocorrer, a probabilidade de um fato ocorrer é expressa por meio de uma **razão**:

$$\text{probabilidade} = \frac{\text{número de possibilidades favoráveis}}{\text{número total de possibilidades}}$$

Qual é a chance de haver um empate?

Dos seis resultados possíveis para o lançamento de César, somente um determina um empate: César também conseguir 5 no dado.

A chance de ocorrer empate é de 1 em 6, ou seja, $\frac{1}{6}$, ou, aproximadamente, 16,7%.

E qual é a chance de Rogério vencer?

Dos seis resultados possíveis para o lançamento de César, quatro são favoráveis a Rogério: 1, 2, 3 e 4.

A chance, ou a probabilidade, de Rogério vencer é de 4 em 6, ou seja, $\frac{4}{6}$ ou $\frac{2}{3}$, que, em porcentagens, corresponde a $2 : 3 = 0{,}6666\ldots \cong 66{,}7\%$.

No entanto, no final da história, César lançou o dado, obteve 6 e foi o primeiro a usar a bicicleta!

O fato de a probabilidade de Rogério vencer ser maior do que a de César vencer não garante que Rogério vencerá.

Vamos entender:

Quando lançamos um dado "honesto", a probabilidade de ocorrer 5 é de 1 em 6, ou $\frac{1}{6}$.

Isso não significa que, se lançarmos o dado seis vezes, em uma delas obteremos 5. Pode ser que em seis lançamentos não ocorra o 5 ou ocorra 5 em três deles, por exemplo.

A probabilidade $\frac{1}{6}$ nesse caso indica que, se lançarmos um dado um número muito grande de vezes, ocorrerá 5 em aproximadamente $\frac{1}{6}$ dos lançamentos.

Por exemplo: se lançarmos um dado 6 000 vezes, em aproximadamente 1 000 lançamentos $\left(\frac{1}{6} \text{ de } 6\,000\right)$ ocorrerá o 5.

O cálculo de probabilidades não nos dá a certeza de um resultado, mas permite prever as chances de um acontecimento.

Tomemos o lançamento de uma moeda.

Temos dois resultados possíveis: cara ou coroa.

Se a moeda for "honesta", a probabilidade de ocorrer cara deve ser $\frac{1}{2}$, ou 50%. Em 500 lançamentos, por exemplo, devemos obter um número de caras perto de 250.

Forme um grupo com mais quatro colegas e registrem no caderno.

1. Cada um de vocês deve ter uma moeda de R$ 0,50 e, copiada no caderno, uma tabela como esta:

	Contagem do número de caras	Total
Cara	⊠ | etc.	

Individualmente vocês completarão a tabela colocando o número de caras obtidas em 100 lançamentos da moeda.

Feito isso, construam uma nova tabela com o número de caras obtidas nos 500 lançamentos executados pelos elementos do grupo: basta somar o total de caras obtidas individualmente.

De acordo com nossas previsões, o número de caras deve estar próximo de 250. Isso ocorreu?

Agora juntem os resultados de todos os grupos. O total de caras obtidas se aproximou mais de $\frac{1}{2}$ do total de lançamentos?

É possível que em 100 lançamentos ocorram 100 caras?

2. No lançamento de um dado comum de 6 faces, qual a probabilidade de obter:

a) o número 1?
b) um número ímpar?
c) um número maior que 6?
d) um número maior que 2?
e) um divisor de 4?
f) um número menor que 10?

Vamos trabalhar mais um pouco probabilidade com a moeda.
Se lançarmos uma moeda 4 vezes, qual é a probabilidade de obter cara nos quatro lançamentos?
Podemos construir um diagrama de árvore para determinar todos os resultados possíveis:

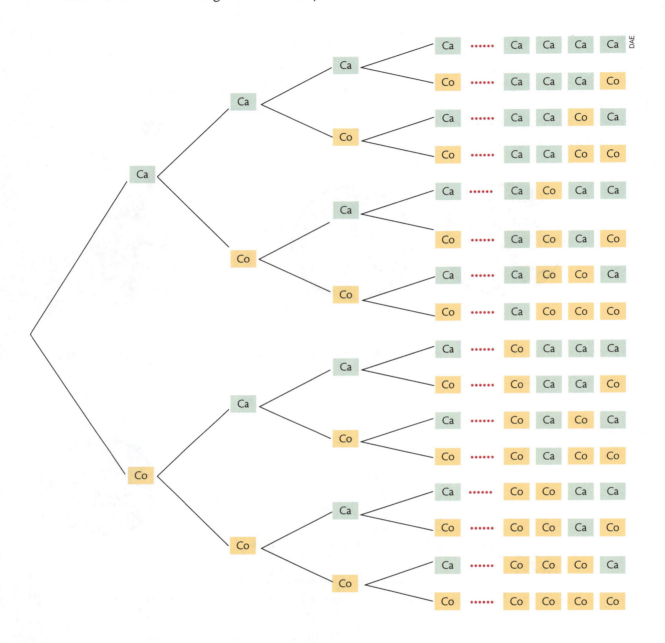

São 16 resultados possíveis.
Se você lembrar do princípio multiplicativo, economizará tempo:
Para cada lançamento há duas possibilidades: 2 · 2 · 2 · 2 = 16 possibilidades no total.

Então, a probabilidade de obter cara nos 4 lançamentos é $\frac{1}{16}$ ou 0,0625, ou, ainda, 6,25%.

> Use o exemplo acima para calcular a probabilidade de obter 5 caras em 5 lançamentos da moeda.

> Na atividade em grupo que fizemos, perguntamos se seria possível ocorrer cara em todos os 100 lançamentos. A probabilidade de isso ocorrer é de $\frac{1}{2^{100}}$; 2^{100} é um número muito grande, por isso essa probabilidade é muitíssimo pequena, mas ela existe.

Agora vamos falar de um sorteio.

Numa urna há bolinhas numeradas de 1 a 50. Uma bolinha será sorteada ao acaso.

- Qual é a probabilidade de o número dessa bolinha ser múltiplo de seis?

Os múltiplos de 6, de 1 a 50, são: 6, 12, 18, 24, 30, 36, 42 e 48.

Temos 8 resultados favoráveis num total de 50 resultados possíveis.

Então, a probabilidade de a bolinha sorteada ter um número múltiplo de 6 é:

$\frac{8}{50}$ ou 16% •······ $\frac{8}{50} = \frac{16}{100} = 16\%$

- A probabilidade de o número da bolinha sorteada ser um número primo é maior ou menor do que a probabilidade de ele ser múltiplo de seis?

Há 15 números primos de 1 a 50: 2, 3, 5, 7, 11, 13, 17, 19, 23, 29, 31, 37, 41, 43 e 47.

A probabilidade de o número da bolinha sorteada ser primo é de $\frac{15}{50}$, ou seja, 30%.

Há maior probabilidade de o número da bolinha sorteada ser primo.

Dos dados, moedas e urnas para a maravilhosa poesia...
Você gosta de poesia?
Leia a estrofe de um poema de Fernando Pessoa:

> Há sem dúvida quem ame o infinito,
> Há sem dúvida quem deseje o impossível,
> Há sem dúvida quem não queira nada –
> Três tipos de idealistas, e eu nenhum deles:
> Porque eu amo infinitamente o finito,
> Porque eu desejo impossivelmente o possível,
> Porque quero tudo, ou um pouco mais, se puder ser,
> Ou até se não puder ser...
>
> Fernando Pessoa. *Álvaro de Campos – Poesia.*
> São Paulo: Cia. das Letras, 2002, p. 475.

CONECTANDO SABERES

José de Almada Negreiros. *Retrato de Fernando Pessoa*, 1935.

NOÇÕES DE PROBABILIDADE

Nessa estrofe, a repetição de palavras e as ideias contrárias foram usadas com muita sensibilidade.

A professora de Língua Portuguesa recortou em cartolina cada uma das 57 palavras desse trecho de poema, inclusive as repetidas.

Os alunos sortearam as palavras, uma a uma, para montar o texto completo no quadro. A probabilidade de a primeira palavra sorteada ter sido "dúvida" é de $\frac{3}{57}$, ou $\frac{1}{19}$.

> Há outras palavras que têm essa mesma probabilidade de serem sorteadas na primeira vez. Descubra com seus colegas quais são elas.

A primeira palavra sorteada foi "impossível". A segunda e a terceira foram respectivamente "porque" e "nada". Restaram 54 palavras. Agora a probabilidade de a quarta palavra sorteada ser "dúvida" passa a ser de $\frac{3}{54}$, ou $\frac{1}{18}$.

> Calcule, com ajuda dos colegas, a probabilidade de a primeira palavra sorteada ser um verbo.

VALE A PENA LER

Matemática, poesia e música popular brasileira

Trabalhamos com um poema do grande poeta português Fernando Pessoa (1888-1935).

Vocês acham que Matemática não combina com poesia? Pois então leiam o poema matemático que apresentamos a seguir. A letra é de uma canção composta em parceria por Antônio Carlos Jobim e Marino Pinto, importantes compositores da música popular brasileira.

Aula de Matemática

Pra que dividir sem raciocinar
Na vida é sempre bom multiplicar
E por A mais B
Eu quero demonstrar
Que gosto imensamente de você
Por uma fração infinitesimal
Você criou um caso de cálculo integral
E para resolver este problema
Eu tenho um teorema banal
Quando dois meios se encontram
desaparece a fração

E se achamos a unidade
Está resolvida a questão
Para finalizar vamos recordar
Que menos por menos dá mais, amor
Se vão as paralelas
Ao infinito se encontrar-integrar
Se desesperadamente,
incomensuravelmente
Eu estou perdidamente apaixonado
por você

Aula de Matemática. Antônio Carlos Jobim / Marino Pinto. COPYRIGHT BY, 100% Editora Musical Carlos Gomes Ltda. (Fermata do Brasil).

142

EXERCÍCIOS

1. Observe o disco de uma roleta que está dividido em 8 partes iguais e responda.

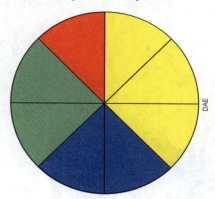

a) Qual é a cor que tem mais probabilidade de sair? E a que tem menos probabilidade de sair?
b) Quais são as cores que têm a mesma probabilidade de sair?
c) Dê um exemplo de um acontecimento possível e de outro impossível.

2. Numa caixa estão os seguintes cartões:

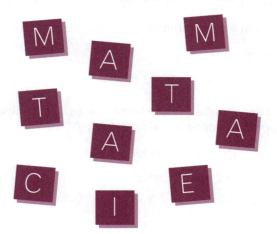

Retirou-se um cartão da caixa, sem olhar.

a) Qual é a letra com maior probabilidade de sair? Qual é essa probabilidade?
b) Qual é a probabilidade de sair a letra I?
c) Qual é a probabilidade de sair uma vogal?
d) Quais são as letras que têm a mesma probabilidade de sair?
e) A probabilidade de sair M é maior ou menor que a de sair E?

3. Num avião viajam 20 brasileiros, 10 japoneses, 8 italianos e 3 espanhóis.

Escolhendo ao acaso um passageiro, determine a probabilidade de ele:

a) ser espanhol;
b) não ser espanhol;
c) ser japonês ou italiano;
d) ser norte-americano.

4. No lançamento de um dado, cujas faces são numeradas de 1 a 6, qual é a probabilidade de:

a) sair o número 4?
b) sair um número ímpar?
c) sair um número primo?
d) sair uma letra?
e) sair um múltiplo de 3?
f) sair um número menor ou igual a 4?

5. Um presente foi sorteado entre 4 meninas e 3 meninos. Qual é a probabilidade de uma menina ganhar o presente?

NOÇÕES DE PROBABILIDADE **143**

6. Dois dados de cores diferentes são lançados, e é observada a soma dos pontos das faces superiores.

Sugestão: elabore uma tabela como a seguinte.

a) Qual é a soma de pontos que tem mais probabilidade de acontecer?

b) Qual é a soma de pontos que tem menos probabilidade de acontecer?

c) Determine a probabilidade de obter a soma de pontos igual a 5.

d) Determine a probabilidade de obter números iguais nas duas faces.

7. Um casal planeja ter dois filhos.

Qual é a probabilidade de nascerem:

a) duas meninas?

b) um menino e uma menina?

8. Uma moeda é lançada três vezes. Determine a probabilidade de se obter(em):

a) pelo menos uma cara;

b) duas coroas e uma cara;

c) nenhuma cara;

d) no máximo uma coroa.

9. Numa urna há 9 bolas: três vermelhas, quatro amarelas e duas azuis. Retira-se uma primeira bola, que não é amarela. Ao retirar uma segunda bola ao acaso, qual é a probabilidade de ela ser amarela?

10. Numa turma do 9º ano, de 28 alunos, a probabilidade de, numa escolha ao acaso, se obter uma menina é $\dfrac{4}{7}$. Quantos rapazes tem a turma?

2. As probabilidades e a estatística

Os planos de saúde, de maneira geral, costumam cobrar mais caro para oferecer cobertura a pessoas com mais de 60 anos. Por quê? Porque, estatisticamente, a probabilidade de uma pessoa a partir dessa idade precisar de assistência médica é maior do que os mais jovens.

De forma semelhante, um seguro contra roubo de motocicleta custa proporcionalmente mais do que um seguro contra roubo de automóvel, porque estatisticamente as motos têm maior probabilidade de serem roubadas.

Essas probabilidades, tão importantes para as empresas, são calculadas a partir de dados estatísticos.

Veja um exemplo:

Em 2008, no Brasil, a probabilidade de morrer num acidente de trânsito era de, aproximadamente, 3%. Isso quer dizer que, a cada 100 mortes, 3 ocorreram nesse tipo de acidente.

Como esse número foi obtido? A partir dos dados estatísticos se calculou a razão:

$$\frac{\text{número de mortes por acidentes de trânsito}}{\text{número total de mortes}}$$

De acordo com dados da Associação Brasileira de Medicina de Tráfego, em 2014, o DPVAT pagou 430 300 indenizações por invalidez permanente. Por dia, 1 576 pessoas sofrem ferimentos em acidentes em acidentes de trânsito.

A Organização das Nações Unidas (ONU) definiu o período de 2011 a 2020 como a década de ações para segurança viária no mundo, recomendando que cada país planeje e execute ações para reduzir o número e vítimas do trânsito.

DPVAT: Danos pessoais causados por veículos automotores
Trata-se de um seguro obrigatório que o proprietário faz juntamente com o licenciamento do veículo.

Você sabe que muitas pessoas fazem seguro: de vida, do automóvel, da casa etc. Analise a situação abaixo.

Usando o que vimos sobre probabilidade, estime qual dos seguros será mais caro:

- Seguro de dois automóveis do mesmo ano e modelo. O motorista de um deles tem 18 anos e o carro não fica em garagem. O motorista do outro tem 35 anos e o carro permanece em garagem.

NOÇÕES DE PROBABILIDADE 145

VALE A PENA LER

Os seguros

O surgimento dos seguros ocorreu há mais de 5 000 anos entre comerciantes marítimos mesopotâmicos e fenícios, aplicados à perda de carga de navios (naufrágio ou roubo). A prática foi continuada por gregos e romanos e acabou chegando no mundo cristão medieval através de comerciantes marítimos italianos. Muito pouco chegou até nós acerca das técnicas empregadas pelos seguradores daqueles tempos, mas é garantido afirmar que se baseavam em estimativas empíricas das probabilidades de acidentes para estipular as taxas e prêmios correspondentes.

O início da matematização dos seguros

Com o término da idade Média, o crescimento dos centros urbanos levou à popularização de um novo tipo de seguro: o seguro de vida. É em torno destes que surgiriam os primeiros estudos matemáticos sobre seguros, nos 1 500 anos. Não deixa de ser curioso observar que, nessa época, houve um enorme aumento nos negócios de seguros marítimos (associados aos preciosos carregamentos trazidos das Américas e das Índias), mas os seguradores continuaram a usar as milenares técnicas empíricas.

A mais antiga tentativa de um estudo matemático dos seguros de vida é devida a Cardano, em 1570 (em seu *De proportionibus Libri V*). Seu trabalho, contudo, quase não teve repercussão, provavelmente por ter pouca praticidade.

Gravura de Porto de Lisboa de Theodore de Bry.

O amadurecimento da matemática dos seguros

O primeiro trabalho prático na área dos seguros de vida é devido a Halley (o mesmo do cometa) em 1693 (*Degrees of Mortality of Mankind*). Nesse trabalho, Halley mostrou como calcular o valor da anuidade do seguro em termos da expectativa de vida da pessoa e da *probabilidade* de que ela sobreviva por um ou mais anos.

Com Daniel Bernoulli, cerca de 1730, a matemática dos seguros atinge um estado bastante maduro. Ele retoma o clássico problema de, a partir de um dado número de recém-nascidos, calcular o número esperado de sobreviventes após n anos. Ele também dá os primeiros passos em direção a novos tipos de seguros calculando, por exemplo, a mortalidade causada pela varíola em pessoas de determinada faixa de idade. Ao mesmo tempo, começaram a aparecer as primeiras grandes companhias de seguros, as quais tiveram, assim, condições de se estabelecer com um embasamento científico.

De lá para cá, os negócios de seguros ampliaram-se e sofisticaram-se cada vez mais, a ponto de, em alguns países europeus, tornarem-se um mercado de trabalho que absorve quase um quarto dos egressos de cursos de Matemática.

Disponível em: <www.mat.ufrgs.br/~portosil/histo2c.html>. Acesso em: mar. 2015.

EXERCÍCIOS

11. Copie e complete a tabela que mostra alguns dados de uma pesquisa feita entre 100 pessoas que estavam em um supermercado.

	Homens	Mulheres	Total
Solteiros	14		31
Casados		33	69
Total	50	50	100

Escolhendo uma pessoa dentre essas, calcule a probabilidade de que ela seja:

a) homem;

b) mulher solteira;

c) pessoa casada;

d) homem casado.

Responda com uma porcentagem.

12. Foi feita uma pesquisa entre os 50 alunos de uma classe para saber quantos gostavam ou não de Música Popular Brasileira (MPB). Parte do resultado da pesquisa encontra-se anotado na tabela abaixo.

	Rapazes	Garotas	Total
Gostam de MPB		17	
Não gostam de MPB			12
Total	28		50

a) Copie e complete a tabela.

b) Escolhido um estudante ao acaso, qual é a probabilidade de:
  ◆ ser garota?
  ◆ gostar de MPB?

13. Dados estatísticos mostram que em uma cidade houve 42 000 nascimentos nos últimos cinco anos, dos quais 21 420 eram de meninas. Nessa cidade, qual é, porcentualmente, a chance estatística de nascer uma menina?

14. (Saresp) A polícia rodoviária fez um levantamento estatístico para medir a velocidade de automóveis, ônibus e caminhões em certo trecho da estrada.

Velocidade	Automóveis	Ônibus	Caminhões
Abaixo de 100 km/h	72,3%	92,6%	90,8%
Entre 100 e 120 km/h	22,4%	7,1%	3,7%
Acima de 120 km/h	5,3%	0,3%	5,5%

Uma vez que nesse trecho a velocidade limite é de 120 km/h, o próximo caminhão a passar por ali com probabilidade de estar com a velocidade permitida é:

a) 5,5%   b) 50%   c) 94,5%   d) 99,7%

15. (Saresp) Todos os dias, um dos inspetores de qualidade de uma empresa retira 10 peças fabricadas por uma máquina e verifica quantas estão defeituosas. Na tabela abaixo, tem-se parte do relatório dessa atividade.

Número acumulado de dias	Número total de peças defeituosas
1	3
10	28
100	302
200	599
300	901

Analisando essa tabela, pode-se avaliar que a probabilidade de encontrar uma peça defeituosa na produção dessa máquina é de:

a) $\frac{1}{2}$ b) $\frac{2}{5}$ c) $\frac{1}{5}$ d) $\frac{3}{10}$

3. População e amostra

Existem empresas especializadas em pesquisas estatísticas. Elas são contratadas para testar a aceitação de um novo produto no mercado, a qualidade do serviço prestado por um órgão público, um banco, uma rede de restaurantes, fazer previsões sobre as chances de um candidato numa eleição, entre outras coisas.

As pesquisas de intenção de voto aparecem com frequência nos meios de comunicação. Será que a empresa encarregada da pesquisa entrevista todos os eleitores?

Não, isso seria muito trabalhoso e levaria muito tempo!

Digamos que as eleições sejam para prefeito.

Todos os eleitores da cidade formam a **população** do fenômeno que será observado (tendência de voto). Uma parcela da população responde à pesquisa. Essa parcela é chamada de **amostra**. Se a amostra for bem escolhida, ela representará o que ocorre com o total da população, e as chances apontadas pela pesquisa podem ser generalizadas para o todo.

A escolha da amostra, então, é importantíssima.

Por exemplo, se forem entrevistadas somente mulheres acima de 40 anos, teremos uma amostra *viciada* e, por consequência, a pesquisa ficará comprometida.

As pessoas que dirigem essas pesquisas têm métodos para determinar o número de elementos da amostra e que características ela deve ter.

Mas população e amostra não são exclusivas de pesquisas eleitorais. Veja mais uma situação em que esses conceitos são aplicados.

Você já viu, em alimentos como carne, leite, queijo, iogurte e outros, o carimbo do SIF – Sistema de Inspeção Federal? Esse órgão tem a função de verificar se esses produtos estão adequados para o consumo humano.

Claro que numa inspeção a um laticínio, por exemplo, não se verifica toda a produção. Os funcionários recolhem determinado número de produtos, e estes são analisados.

Pela qualidade dos produtos analisados, estima-se a qualidade do restante da produção.

Nesse exemplo, temos:

- população – produção total do laticínio;
- amostra – produtos recolhidos para análise.

Registre no caderno.

1. Que atributos você consideraria para escolher uma amostra adequada da população de eleitores da sua cidade? Sexo? Idade? O que mais?

2. Você sabe o que é o censo? Pesquise e troque informações com a turma, descobrindo quando o censo acontece, como é feito e qual órgão governamental é responsável por ele.

3. Feita a pesquisa acima, responda: Os dados do censo se baseiam em uma amostra?

148

SEÇÃO LIVRE

PNAD – Um retrato do Brasil

Reúna-se com um colega para ler o texto a seguir e realizar as atividades propostas.

Imagine tirar uma "fotografia" do Brasil que permita analisar as condições de vida do nosso povo: situação de moradia, saúde, educação e trabalho, por exemplo. A partir desse retrato, os governantes podem planejar investimentos e ações mais eficazes, buscando resolver problemas. Pois bem, a Pesquisa Nacional por Amostra de Domicílio (PNAD) tem esse objetivo. Todo ano pesquisadores visitam cerca de 154 mil domicílios em todo o Brasil, entrevistando aproximadamente 400 000 pessoas e coletando, por meio de um questionário, as informações necessárias para montar o panorama econômico e social brasileiro. A pesquisa é feita e analisada pelo Instituto Brasileiro de Geografia e Estatística (IBGE).

A PNAD é uma **pesquisa estatística**. Seus resultados são obtidos a partir de uma **amostra** de domicílios. No entanto, os resultados são absolutamente confiáveis, com margem de erro variando entre 3% e 5%.

1. Respondam no caderno.

   a) Em número de habitantes, qual é o tamanho da amostra utilizada na PNAD?

   b) Se a população do Brasil em 2015 era de aproximadamente 200 milhões de habitantes, a amostra representou que porcentagem dessa população?

	2009	2012	2013
Rede de água	84,4	83,6	85,3
Rede de esgoto	59,1	63,3	64,3
Coleta de lixo	88,6	88,8	89.8

Fonte: <www.ibge.gov.br>. Dados em porcentagem de domicílios atendidos.

Os resultados da PNAD são divulgados pela imprensa. As tabelas e os gráficos estatísticos permitem que o leitor visualize e analise mais facilmente os dados.

2. A tabela acima traz dados da PNAD relativos ao saneamento básico. Esse é um aspecto importante para a análise da qualidade de vida de um povo.

Que tipo de gráfico, entre os sugeridos abaixo, vocês consideram mais adequado para representar esses dados, por exemplo, num jornal?

   a) Gráfico de setores (circular).
   c) Pictograma.
   b) Três gráficos de barras (um para cada ano).
   d) Gráfico de barras triplas (2009/2012/2013).

Construam o tipo de gráfico escolhido no caderno e justifiquem a escolha.

Escrevam em seguida um parágrafo analisando e comentando os dados sobre saneamento básico, como se vocês fossem os jornalistas responsáveis pela reportagem.

Progressos na alfabetização

3. Os dados da PNAD em relação à taxa de analfabetismo apresentam-se animadores. O Brasil tem investido muito para diminuir o número de analfabetos e aos poucos estamos conseguindo. Veja na tabela a seguir as taxas no período de 2007 a 2013.

Taxa de analfabetismo – pessoas de 15 anos ou mais							
Ano	2007	2008	2009	2010	2011	2012	2013
% de analfabetos	10,1	10	9,7	9,5	8,4	8,7	8,5

Fonte: IBGE

a) Em 2010 a população brasileira era de aproximadamente 190 milhões de habitantes. Quantos eram os analfabetos?

b) De 2009 para 2010, a taxa de analfabetismo recuou em 0,2%. Entre quais dois anos consecutivos houve o maior recuo dessa taxa?

c) Um jornalista sugeriu representar os dados dessa tabela num gráfico de setores. Seu colega o corrigiu, dizendo que esse tipo de gráfico não seria adequado, sugerindo que usassem um gráfico de segmentos. Converse com seus colegas: você concorda com qual dos dois jornalistas?

Queda na taxa de desemprego

4. Outro indicador importante pesquisado pela PNAD é a taxa de desemprego. O gráfico abaixo mostra a variação dessa taxa nos últimos anos.

a) Analisem e comentem os dados do gráfico no caderno, apontando o ano em que o país enfrentou a maior taxa de desemprego no período considerado.

b) Em qual ano, no período considerado, a taxa atingiu o percentual mínimo?

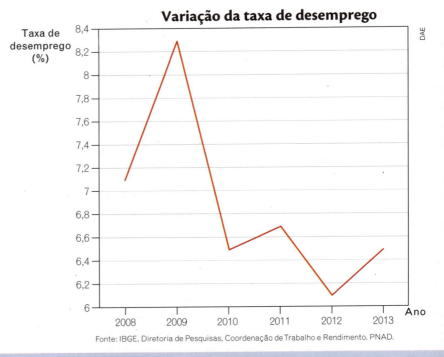

Fonte: IBGE, Diretoria de Pesquisas, Coordenação de Trabalho e Rendimento. PNAD.

5. Apresentamos na tabela ao lado mais informações coletadas pela PNAD.
Leiam o título da tabela e examinem os dados. Em seguida, usando a criatividade, elaborem no caderno questões interessantes envolvendo os dados e a análise deles.
Feitas as questões, proponham que outra dupla as resolva ou discuta.

O que o brasileiro tem em casa (% de domicílios)		
	2009	2013
Fogão	98,4	98,8
Geladeira	93,4	97,3
TV	95,7	97,2
Filtro de água	51,4	53,5
Telefone	92,8	92,7
Computador	34,7	49,5

Fonte: IBGE – PNAD

Os oito objetivos de desenvolvimento do milênio – você os conhece?

Falamos sobre saneamento, educação, trabalho, aquisição de bens. A humanidade está sempre em busca de melhores condições de vida. Em 2000, a Organização das Nações Unidas (ONU), ao analisar os maiores problemas mundiais, estabeleceu os chamados oito objetivos de desenvolvimento do milênio, listados a seguir.

1. Erradicar a extrema pobreza e a fome.
2. Alcançar a educação básica universal.
3. Promover a igualdade entre os sexos e a autonomia das mulheres.
4. Reduzir a mortalidade infantil.
5. Melhorar a saúde das gestantes.
6. Combater a aids, a malária e outras doenças.
7. Assegurar a sustentabilidade ambiental.
8. Criar parcerias pelo desenvolvimento mundial.

Os países-membros da ONU, incluindo o Brasil, comprometeram-se a cumprir metas estabelecidas para cada objetivo. A ideia era alcançar os objetivos até 2015, mas uma nova agenda foi elaborada, visando prosseguir até 2030.

Avanços significativos para alcançar os objetivos foram registrados nos últimos anos. Por exemplo:

- o indicador de pessoas vivendo abaixo da linha da pobreza caiu de 47% para 22% no mundo e, no Brasil, 3,5% da população vive nessas condições;
- a meta de reduzir em 50% o número de pessoas sem acesso à água potável deve ser cumprida dentro do prazo;
- o Brasil já garantiu a meta dentro dos objetivos 4 e 7.

Fonte: <www.nospodemos.org.br>. Acesso em: abr. 2015.

É importante perceber que todos nós devemos contribuir para atingir essas metas. A tarefa não é só dos governantes, é da humanidade como um todo. Cada ação cidadã, por menor que seja, ajuda a melhorar nossa comunidade, a cidade em que vivemos, o país.

Mão na massa!

Que tal elaborar e aplicar uma pesquisa estatística?

1. Forme grupo com mais dois ou três colegas.

   O tema da pesquisa vocês escolhem. Aqui vão algumas sugestões:
   - Meio de transporte mais usado pelos alunos para ir à escola.
   - Hábito de leitura, número de livros lidos num ano, gênero preferido.
   - Alimentação – saudável ou não?
   - Prática de exercícios físicos.

2. Elaborem três ou quatro questões objetivas sobre o tema. Cada questão deve ter quatro alternativas de resposta. Como exemplo, no tema "Alimentação", uma das perguntas poderia ser esta: Você consome verduras nas refeições?
   a) Diariamente, no almoço e no jantar.
   b) Nunca.
   c) Raramente, pois não gosto de verduras.
   d) Duas a três vezes por semana.

3. Escolham uma amostra adequada. Peçam ajuda ao professor para essa tarefa.

4. Façam as entrevistas, anotando as respostas de cada pessoa.

5. Juntos, montem uma tabela para cada pergunta e organizem os dados obtidos.
   Veja um modelo ao lado.
   - Representem os dados das tabelas por meio de gráficos de barras ou de setores. Isso permitirá analisar melhor os resultados da pesquisa.

	Pergunta 1	
	Frequência	Porcentagem
a)		
b)		
c)		
d)		

   - Partam então para a análise da pesquisa. Discutam os resultados, escrevam suas conclusões e, se o tema permitir, sugiram ações, medidas, reflexões. Por exemplo, ainda no tema "Alimentação", se a pesquisa apontar hábitos pouco saudáveis entre os alunos da escola, o grupo pode coordenar uma campanha de educação alimentar, buscando minimizar o problema.

REFLETINDO

O gráfico ao lado representa os resultados de uma pesquisa que perguntou a adolescentes: "Quantas vezes por semana você pratica alguma atividade física?". Um prêmio será sorteado entre esses jovens. Qual a probabilidade de o premiado estar entre os que se exercitam:

a) 2 dias por semana?

b) 2 ou 3 dias por semana?

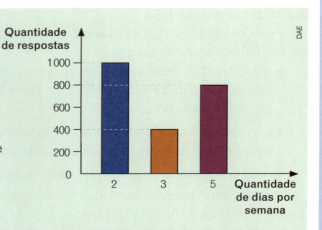

152

REVISANDO

16. Classifique os acontecimentos utilizando as palavras:

POUCO PROVÁVEL

IMPOSSÍVEL

PROVÁVEL

CERTO

a) Lançar uma moeda e sair cara.
b) Sair uma bola azul de um saco de bolas brancas.
c) Lançar um dado e sair um número natural de 1 a 6.
d) Sair 10 vezes coroa em 10 lançamentos de uma moeda.

17. Um grande prêmio de corrida automobilística vai ser disputado por 24 pilotos, dos quais apenas três são brasileiros. Considerando que todos os pilotos têm igual chance de vencer a prova, qual é a probabilidade de um brasileiro vencer a corrida?

18. Lançamos um dado que tem uma face branca, duas faces verdes e três faces azuis.

a) Que cor é mais provável sair?
b) O que é mais provável: "sair azul" ou "não sair azul"?
c) O que é mais provável: "sair verde" ou "não sair verde"?

19. O gráfico de barras representa os números obtidos no lançamento de um dado.

Números obtidos no lançamento de um dado

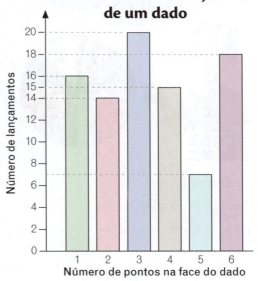

a) Quantas vezes o dado foi lançado?
b) Quantos lançamentos originaram:
  ◆ o número 5?
  ◆ um número menor que 4?
  ◆ um número par?
  ◆ um número primo?

NOÇÕES DE PROBABILIDADE 153

20. Ao sortear uma destas bolas, qual é a probabilidade de:

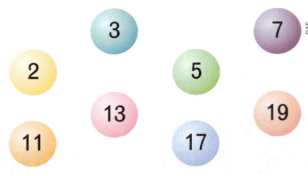

a) se obter um número ímpar?
b) se obter um número primo?
c) se obter um número menor que 10?
d) se obter um número ímpar entre 10 e 20?
e) se obter um número par entre 10 e 20?

21. Se você girasse o ponteiro, qual seria a probabilidade de ele:

São oito setores circulares de mesma medida.

a) parar no π?
b) parar num número ímpar?
c) parar num número par?
d) parar num número irracional?

22. Quando se tira ao acaso uma carta de um baralho de 52 cartas, qual é a probabilidade de sair:

a) uma carta vermelha?
b) um rei?
c) um ás preto?
d) um valete de copas?

23. Uma empresa realizou uma pesquisa sobre seus produtos com mil pessoas, das quais 60% são homens. Copie a tabela e complete-a.

	Produto A	Produto B	Não responderam
Homens	225	240	
Mulheres	120		80
Total			

a) Quantos homens não responderam à pesquisa?
b) Quantas mulheres preferem o produto B?
c) Se uma pessoa é escolhida ao acaso, qual é a probabilidade de que essa pessoa prefira o produto A?
d) Qual é a probabilidade de que uma pessoa prefira o produto B?

24. Um ciclo completo de um semáforo demora 120 segundos. Em cada ciclo, o semáforo está no verde durante 50 segundos; no amarelo durante 10 segundos; e no vermelho durante 60 segundos. Se o semáforo for visto ao acaso, qual é a probabilidade de que não esteja no verde?

50 segundos

10 segundos

60 segundos

25. Leandro tem 8 peixes machos no seu aquário.

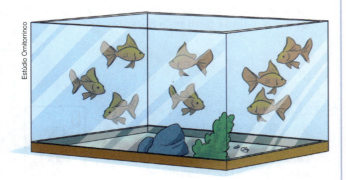

Quantas fêmeas ele deve colocar nesse aquário para que a probabilidade de se tirar ao acaso um peixe macho seja:

a) 1?   b) $\dfrac{2}{3}$

26. (Saresp) Para uma pesquisa com o objetivo de verificar a intenção de voto numa futura eleição municipal com três concorrentes, e depois, com os resultados, prever o provável ganhador, precisamos estabelecer a população e uma amostra significativa. Em qual das alternativas esses elementos estão mais bem definidos?

	População / Amostra
A	Todos os moradores da cidade.
	Todos os moradores de determinado bairro.
B	Todos os moradores da cidade.
	Vinte eleitores de determinado bairro da cidade.
C	Todos os eleitores da cidade.
	Todos os eleitores do sexo feminino.
D	Todos os eleitores da cidade.
	Dez eleitores de cada bairro da cidade.

27. Lançando-se simultaneamente dois dados, cujas faces são numeradas de 1 a 6, qual é a probabilidade de:

a) serem obtidos números cujo produto seja ímpar?

b) serem obtidos números cujo produto seja par?

28. Observe o cardápio abaixo:

Entrada
- Sopa
- Canja

Prato
- Frango
- Picanha
- Peixe

Sobremesa
- Mamão
- Pudim

a) Indique todas as refeições que podemos escolher tendo cada uma delas uma entrada, um prato e uma sobremesa.

b) Fernanda escolheu uma refeição (entrada, prato e sobremesa). Qual é a probabilidade de ela:
- não ter comido peixe?
- ter comido picanha e pudim?

DESAFIOS NO CADERNO

29. As 28 pedras de um dominó estão viradas para baixo, e você tira uma ao acaso.

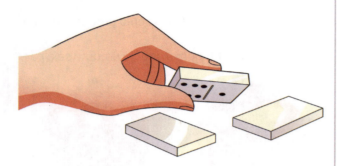

Qual é a probabilidade de:

a) a pedra ter 3?

b) a pedra não ter nenhum 3?

c) a pedra não ter nem 4 nem 5?

d) o total de pintas da pedra ser 7?

30. (UEL-PR) Uma senhora tem quatro filhos: Carlos, que tem 6 filhos; André, que tem 5; Norma, que tem 4; e José, que tem 5. Essa senhora quer dar um determinado objeto a um de seus netos e resolveu fazê-lo por sorteio. Atribuiu um número distinto a cada neto; escreveu cada número em um pedaço de papel; colocou os papéis num saquinho e retirou um deles ao acaso. Qual a probabilidade de que o neto sorteado seja filho de Carlos?

Responda com uma porcentagem.

31. Em uma urna há cinco bolas brancas, três bolas verdes e duas azuis. Quantas bolas precisam ser retiradas para que se possa garantir que duas delas tenham a mesma cor?

a) 3

b) 4

c) 5

d) 6

32. Uma pessoa retirou uma dama de um baralho de 52 cartas e a seguir retirou uma segunda carta. Qual é a probabilidade de que essa segunda carta também seja uma dama?

33. (Unicamp-SP) Ao se tentar abrir uma porta, com um chaveiro contendo várias chaves parecidas, das quais apenas uma destranca a referida porta, muitas pessoas acreditam que é mínima a chance de se encontrar a chave certa na 1ª tentativa, e chegam mesmo a dizer que essa chave só vai aparecer na última tentativa.

Para esclarecer essa questão, calcule, no caso de um chaveiro contendo 5 chaves:

a) a probabilidade de se acertar na primeira tentativa;

b) a probabilidade de se encontrar a chave certa depois da primeira tentativa.

AUTOAVALIAÇÃO

NO CADERNO

Anote no caderno o número do exercício e a letra correspondente à resposta correta.

34. (Ufscar-SP) Uma urna tem 10 bolas idênticas, numeradas de 1 a 10. Se retirarmos uma bola da urna, a probabilidade de não obtermos a bola número 7 é igual a:

a) $\frac{1}{10}$ b) $\frac{2}{9}$ c) $\frac{9}{10}$ d) $\frac{9}{11}$

35. (Saresp) João guardou em uma sacola 20 bolas das seguintes cores: 6 vermelhas, 5 azuis, 4 amarelas e 5 verdes. Se ele pegar uma delas ao acaso, qual a probabilidade de ser amarela?

a) $\frac{1}{5}$ b) $\frac{2}{5}$ c) $\frac{3}{5}$ d) $\frac{4}{5}$

36. Jogando-se um dado comum, a probabilidade de ocorrer um número menor do que 5 é:

a) $\frac{1}{2}$ b) $\frac{3}{5}$ c) $\frac{4}{5}$ d) $\frac{2}{3}$

37. (Saresp) As pessoas presentes à convenção anual de uma editora distribuem-se assim:

	Homens	Mulheres
Solteiros	31	28
Casados	19	22

Ao final, será sorteado um prêmio para um dos participantes. A probabilidade de que ganhe uma pessoa solteira é de:

a) 31%   b) 50%   c) 55%   d) 59%

38. O número da placa de um carro é ímpar. A probabilidade de o último algarismo ser 7 é:

a) $\frac{1}{10}$ b) $\frac{1}{5}$ c) $\frac{1}{2}$ d) $\frac{3}{5}$

39. Uma urna contém 6 bolas brancas e 24 vermelhas. A probabilidade de sortearmos uma bola branca é de:

a) 20%   b) 25%   c) 40%   d) 80%

40. Qual das roletas abaixo oferece a maior chance de acertar a cor laranja?

a) 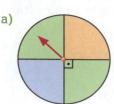   c)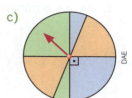

b) 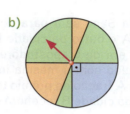   d)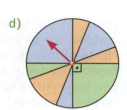

41. (Prominp)

ZOE & ZEZE JERRY SCOTT & RICK KIRKMAN

Se o menino da historinha lançar os dois dados ao mesmo tempo, a probabilidade de que a soma dos pontos obtidos seja igual a 6 será:

a) $\frac{5}{36}$ b) $\frac{1}{18}$ c) $\frac{5}{12}$ d) $\frac{1}{6}$

42. Uma urna contém 100 bolinhas numeradas de 1 a 100. Uma bolinha é sorteada. A probabilidade de que o número sorteado seja múltiplo de 7 é:

a) $\dfrac{1}{10}$ c) $\dfrac{7}{50}$

b) $\dfrac{6}{50}$ d) $\dfrac{4}{25}$

43. (Vunesp) Um prêmio da Sena saiu para dois cartões, um da cidade A e outro da cidade B. Nesta última, o cartão era de 6 apostadores, tendo cada um contribuído com a mesma importância para a aposta. A fração do prêmio total que cada apostador da cidade B receberá é:

a) $\dfrac{1}{6}$ c) $\dfrac{1}{9}$

b) $\dfrac{1}{8}$ d) $\dfrac{1}{12}$

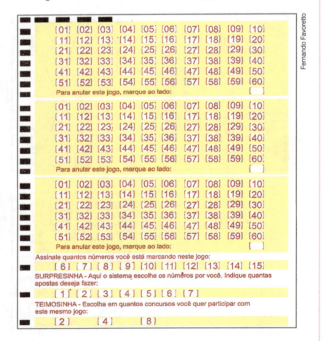

44. (UERJ) Os números de 1 a 10 foram escritos, um a um, sem repetição, em dez bolas de pingue-pongue. Se duas delas forem escolhidas ao acaso, o valor mais provável da soma dos números sorteados é igual a:

a) 9   b) 10   c) 11   d) 12

45. (Vunesp) João lança um dado sem que Antonio veja. João diz que o número mostrado pelo dado é par. A probabilidade agora de Antonio acertar é:

a) $\dfrac{1}{2}$ c) $\dfrac{1}{3}$

b) $\dfrac{1}{6}$ d) $\dfrac{2}{3}$

46. A roleta apresentada está dividida em 6 partes iguais. Gira-se o ponteiro e anota-se o número que ele aponta ao parar; repete-se a operação. Qual é a probabilidade de que a soma dos dois números seja 4? (Veja a figura.)

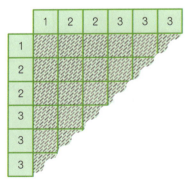

Construa uma tabela como essa em seu caderno e preencha-a.

a) $\dfrac{4}{36}$ c) $\dfrac{10}{36}$

b) $\dfrac{9}{36}$ d) $\dfrac{12}{36}$

UNIDADE 6

Teorema de Tales e semelhança de triângulos

1. Razões, proporções e segmentos proporcionais

Um dos conceitos mais importantes da Matemática é o de **razão**.

> A **razão** entre uma quantidade e outra é o quociente da divisão da primeira pela segunda.

Veja um exemplo:

Em certa receita de bolo, para cada 2 xícaras de farinha são utilizados 3 ovos. A razão entre a quantidade de farinha e a de ovos é 2 : 3. Podemos escrever $\frac{2}{3}$ ou 2 : 3 e lemos 2 para 3.

Para 4 xícaras de farinha, precisamos colocar 6 ovos para que as quantidades fiquem proporcionais.

> Uma igualdade entre duas razões é uma **proporção**.

$\frac{2}{3} = \frac{4}{6}$ é um exemplo de proporção

As proporções têm uma propriedade:

> Quando multiplicamos seus termos em cruz, obtemos produtos iguais.

Veja:

$\frac{2}{3} \times \frac{4}{6}$ $2 \cdot 6 = 12$ e $3 \cdot 4 = 12$ Isso vale para toda proporção.

Aplicamos essa propriedade para descobrir valores desconhecidos numa proporção:

$\frac{4}{5} = \frac{6}{x}$, pela propriedade, $4x = 30 \rightarrow x = \frac{30}{4} \rightarrow x = 7{,}5$

No caderno, descubra o valor de x nas proporções a seguir:

a) $\frac{1}{8} = \frac{3{,}5}{x}$

b) $\frac{x+1}{5} = \frac{8}{10}$

TEOREMA DE TALES E SEMELHANÇA DE TRIÂNGULOS   159

Segmentos proporcionais

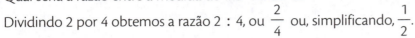

Observe as medidas dos segmentos AB e CD.
Qual seria a razão entre a medida de $\overline{AB}$ e a de $\overline{CD}$?
Dividindo 2 por 4 obtemos a razão 2 : 4, ou $\frac{2}{4}$ ou, simplificando, $\frac{1}{2}$.

O comprimento de $\overline{CD}$ é o dobro do comprimento de $\overline{AB}$.

Os comprimentos estão na razão 1 para 2.

Meça com régua o comprimento de $\overline{EF}$ e de $\overline{GH}$.

Calcule a razão $\frac{EF}{GH}$.

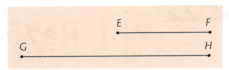

Observe que $\overline{AB}$ e $\overline{EF}$ têm medidas diferentes. $\overline{CD}$ e $\overline{GH}$ também.

No entanto, $\frac{AB}{CD} = \frac{EF}{GH} = \frac{1}{2}$.

As razões são iguais.

REFLETINDO

Uma igualdade entre razões forma uma proporção:
$\frac{1}{2} = \frac{2,5}{5}$ é um exemplo de proporção

Registre no caderno.

1. Multiplique os termos da proporção "em cruz", como indicado . O que você observou?

2. Determine mentalmente o valor de x em cada item de modo a obter proporções.

   a) $\frac{x}{5} = \frac{6}{15}$ b) $\frac{8}{x} = \frac{2}{7}$ c) $\frac{3}{8} = \frac{x+1}{16}$

Diremos que $\overline{AB}$ e $\overline{CD}$ são proporcionais a $\overline{EF}$ e $\overline{GH}$.

De forma geral, os segmentos AB e CD são proporcionais aos segmentos EF e GH se seus comprimentos determinam, nessa ordem, uma proporção: $\frac{AB}{CD} = \frac{EF}{GH}$.

Meça os segmentos traçados com uma régua e responda no caderno às questões a seguir.

1. Quais segmentos têm medidas na razão:

   a) 1 para 3?   b) $\frac{2}{3}$

2. Os segmentos AB e GH são proporcionais a quais segmentos? Escreva a proporção.

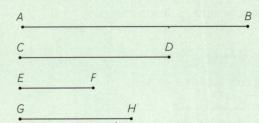

Confira suas respostas com seus colegas e o professor.

2. Teorema de Tales

Na ilustração ao lado, percebemos que as avenidas das Rosas, das Margaridas e dos Lírios são paralelas.

As ruas dos Pinheiros e dos Eucaliptos são transversais a essas avenidas.

Será que podemos, com as informações desta ilustração, determinar a distância entre Marcos e Débora?

A resposta é sim.

Vamos descobrir como?

1ª propriedade

> Chamamos de **feixe de paralelas** o conjunto de três ou mais retas paralelas em um plano.

Uma reta do mesmo plano que corta essas paralelas é uma transversal ao feixe, e o feixe determina segmentos sobre a transversal.

Desenhamos a seguir um feixe de paralelas cortado pela transversal t e pela transversal r.

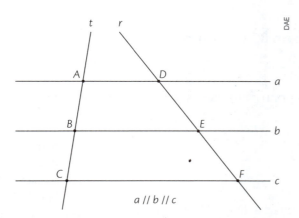

Na Matemática é assim: construímos novos conhecimentos a partir de conhecimentos anteriores.

Ficaram determinados $\overline{AB}$ e $\overline{BC}$ sobre t e $\overline{DE}$ e $\overline{EF}$ sobre r.

Vamos mostrar que se $AB = BC$, então $DE = EF$.

Para isso, utilizaremos conhecimentos sobre congruência de triângulos e propriedades dos paralelogramos.

Traçamos $\overline{DG} \parallel t$ e $\overline{EH} \parallel t$, obtendo os paralelogramos ABGD e BCHE.

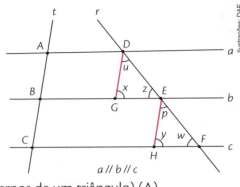

Os lados opostos de um paralelogramo são congruentes, então:
$$AB = DG \text{ e } BC = EH$$
Como $AB = BC$, vem que $DG = EH$.
Agora observe os triângulos DGE e EHF:
- $DG = EH$ (mostramos acima) (L)
- $u = p$ (ângulos correspondentes) (A)
- $z = w$ (ângulos correspondentes)
- $x = y$ (pela soma das medidas dos ângulos internos de um triângulo) (A)

Pelo caso ALA, os triângulos são congruentes. Então, $DE = EF$, como queríamos mostrar.
Podemos enunciar a propriedade:

> Se um feixe de paralelas determina segmentos congruentes sobre uma transversal, então determina segmentos congruentes sobre qualquer outra transversal.

2ª propriedade: teorema de Tales

Na figura ao lado, o feixe de paralelas determinou segmentos sobre as transversais, mas $AB \neq BC$.

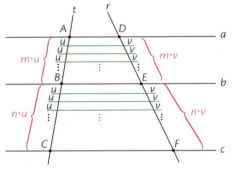

Será que há uma relação entre os segmentos determinados nas duas transversais? Acompanhe:

Suponhamos que exista um segmento de medida u que caiba um número inteiro de vezes em $\overline{AB}$ e um número inteiro de vezes em $\overline{BC}$. Como assim? Veja os exemplos:

- Se em uma mesma unidade de medida (que não importa qual é), temos $AB = 18$, $BC = 34$ e $u = 2$, então o segmento de medida u caberá 9 vezes em $\overline{AB}$ e 17 vezes em $\overline{BC}$.
- Se $AB = 18,3$, $BC = 34,7$ e $u = 0,1$ (na mesma unidade de medida), então o segmento de medida u caberá 183 vezes em $\overline{AB}$ e 347 vezes em $\overline{BC}$.

Na figura, u cabe m vezes em $\overline{AB}$ e n vezes em $\overline{BC}$ (m e n números inteiros).

Temos: $\dfrac{AB}{BC} = \dfrac{m \cdot u}{n \cdot u} = \dfrac{m}{n}$ (I)

Traçamos as retas paralelas à reta a pelos pontos em que os segmentos ficaram divididos. Observe que:

$\dfrac{DE}{EF} = \dfrac{m \cdot v}{n \cdot v} = \dfrac{m}{n}$ (II)

Portanto, de I e II, $\dfrac{AB}{BC} = \dfrac{DE}{EF}$.

Concluímos que $\overline{AB}$ e $\overline{BC}$ são proporcionais a $\overline{DE}$ e $\overline{EF}$ e podemos enunciar o famoso teorema de Tales:

> Um feixe de paralelas determina, sobre transversais, segmentos que são proporcionais.

Na demonstração que fizemos, consideramos que a medida u cabe um número inteiro de vezes em $\overline{AB}$ e $\overline{BC}$. Quando isso não acontecer, a demonstração ficará muito complicada para você, por enquanto, mas fique certo de que o teorema de Tales vale também nesses casos.

A partir do teorema, podemos escrever outras proporções, como:

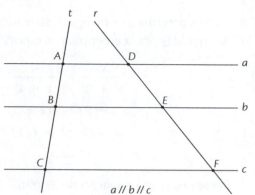

$$\frac{AC}{AB} = \frac{DF}{DE}$$

$$\frac{AC}{BC} = \frac{DF}{EF}$$

$$\frac{AB}{DE} = \frac{BC}{EF}$$

a // b // c

Você deve estar pensando: e a distância entre Débora e Marcos?

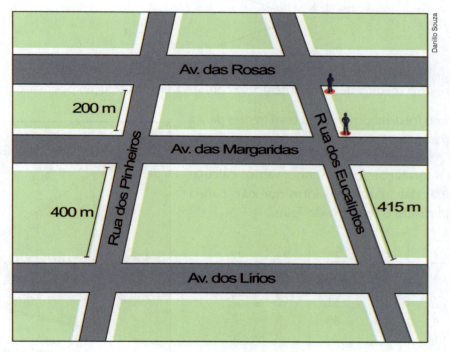

Vamos voltar ao problema.

Traçamos um modelo matemático para a situação.

Como as avenidas são paralelas, e as ruas, transversais a elas, aplicaremos o teorema de Tales:

$$\frac{200}{400} = \frac{x}{415}$$

ou, simplificando:

$$\frac{1}{2} = \frac{x}{415}$$

$$2x = 415$$

$$x = 207,5$$

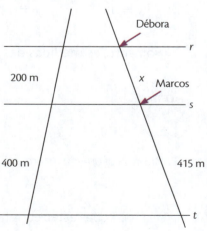

Marcos dista 207,5 m de Débora se seguirmos pela Rua dos Eucaliptos.

TEOREMA DE TALES E SEMELHANÇA DE TRIÂNGULOS **163**

Acompanhe mais dois exemplos de aplicação do teorema de Tales.

1. Vamos determinar x na figura, sabendo que $a // b // c$.

As medidas dos segmentos correspondentes determinados nas transversais são proporcionais.

$$\frac{x}{x+3} = \frac{4}{x+8}$$
$$x(x+8) = 4(x+3)$$
$$x^2 + 8x = 4x + 12$$
$$x^2 + 4x - 12 = 0$$

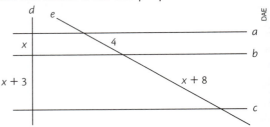

Recaímos numa equação do 2º grau. Vamos resolvê-la.

$$\Delta = 16 + 48 = 64$$

$$x = \frac{-4 \pm 8}{2}$$

$$x_1 = \frac{-4+8}{2} = 2$$

$$x_2 = \frac{-4-8}{2} = -6$$

Como x é uma medida de comprimento, só consideraremos a solução positiva, ou seja, $x = 2$.

2. Um terreno foi dividido em lotes com frentes para a Rua 1 e para a Rua 2, como você vê na representação a seguir. As laterais dos terrenos são paralelas.
Com as informações do desenho, vamos calcular as medidas das frentes dos lotes que dão para a Rua 2 aplicando o teorema de Tales.

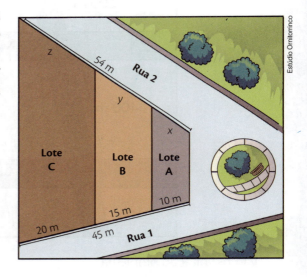

$\frac{45}{10} = \frac{54}{x}$ $\quad\Big|\quad$ $\frac{45}{15} = \frac{54}{y}$ $\quad\Big|\quad$ $\frac{45}{20} = \frac{54}{z}$

$\frac{9}{2} = \frac{54}{x}$ $\quad\Big|\quad$ $\frac{3}{1} = \frac{54}{y}$ $\quad\Big|\quad$ $\frac{9}{4} = \frac{54}{z}$

$9x = 108$ $\quad\Big|\quad$ $3y = 54$ $\quad\Big|\quad$ $9z = 216$

$x = 12$ $\quad\Big|\quad$ $y = 18$ $\quad\Big|\quad$ $z = 24$

Portanto, as medidas das frentes para a Rua 2 são: lote A: 12 m; lote B: 18 m; lote C: 24 m.

REFLETINDO

1. Mariana escreveu as proporções necessárias para resolver o problema do exemplo 2 assim:

$$\frac{45}{54} = \frac{10}{x}; \quad \frac{45}{54} = \frac{15}{y}; \quad \frac{45}{54} = \frac{20}{z}$$

As proporções estão corretas? Ela encontrará os mesmos valores para x, y e z encontrados acima?

2. Para determinar x no problema do exemplo 2, Paulo fez: $\frac{x}{45} = \frac{54}{10}$. Ele acertou?

EXERCÍCIOS

1. Calcule x, sabendo que a ∥ b ∥ c.

a)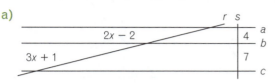

b)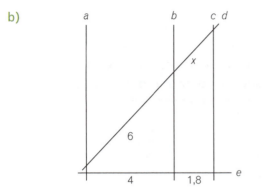

2. A planta abaixo mostra as medidas de três lotes que têm frente para a Rua A e para a Rua B. As divisas laterais são perpendiculares à Rua A. Quais são as medidas de x e y indicadas na figura?

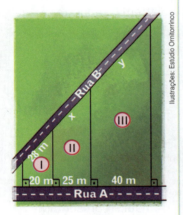

3. Na figura está representada uma mesa de bilhar com cinco bolas: A, B, C, D e E.

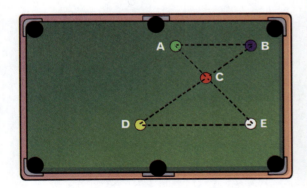

BC = 50 cm   CD = 75 cm
CE = 60 cm $\overline{AB} \parallel \overline{DE}$

Qual é a distância entre as bolas A e C?

4. Calcule x, sabendo que a ∥ b ∥ c.

a)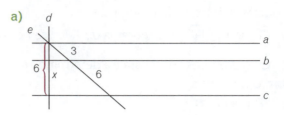

b)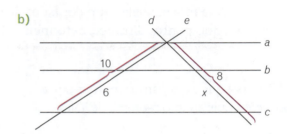

5. Esta planta mostra dois terrenos. As divisas laterais são perpendiculares à rua. Quais são as medidas das frentes dos terrenos que dão para a avenida, sabendo-se que a frente total para essa avenida é de 90 metros?

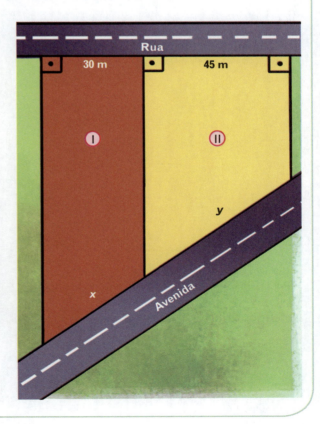

3. Teorema de Tales nos triângulos

Vemos ao lado um triângulo ABC qualquer. Traçamos uma reta r paralela a um dos lados do triângulo, determinando os pontos P e Q sobre os outros dois lados do triângulo.

Como r // $\overline{BC}$, pelo teorema de Tales, temos que $\frac{AP}{PB} = \frac{AQ}{QC}$.

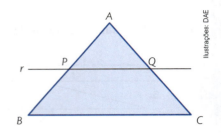

Os segmentos que a paralela determinou sobre os lados do triângulo são proporcionais.

Propriedade:

> Uma reta paralela a um dos lados de um triângulo, que corta os outros dois lados em dois pontos distintos, determina sobre esses lados segmentos proporcionais.

Observe que poderíamos montar outras proporções utilizando o teorema de Tales:

$\frac{AP}{AB} = \frac{AQ}{AC}$ e $\frac{PB}{AB} = \frac{QC}{AC}$, por exemplo.

No triângulo abaixo, $\overline{BC} // \overline{PQ}$. Vamos usar a propriedade vista para determinar o valor de x.

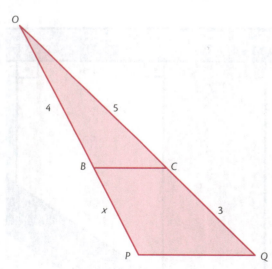

Pela propriedade, $\frac{4}{x} = \frac{5}{3}$, multiplicando os termos da proporção em cruz:

$5x = 12$

$x = \frac{12}{5}$

$x = 2,4$

É fácil!

INTERAGINDO

Registrem no caderno.

1. Pela figura, podemos escrever a proporção $\frac{AD}{DB} = \frac{AE}{EC}$? Que informação faltou?

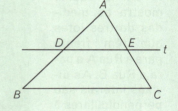

2. Relembrem: O que é triângulo isósceles? Verifiquem se o triângulo representado é isósceles, determinando PQ e PR.

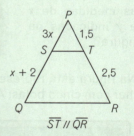

$\overline{ST} // \overline{QR}$

3. No triângulo abaixo, $\overline{AB} // \overline{QR}$. Determinem o valor de x e em seguida determinem AQ e BR.

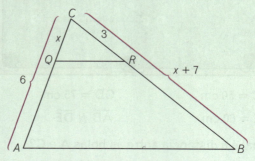

SEÇÃO LIVRE

O número de ouro

Se tomarmos um segmento AB, temos inúmeras formas de dividi-lo em duas partes.

No entanto, uma delas é particularmente interessante. O matemático grego Euclides (325 a.C.-265 a.C., aproximadamente) propôs uma divisão que tem uma propriedade especial:

O ponto C que divide $\overline{AB}$ é marcado de forma que: $\dfrac{AB}{AC} = \dfrac{AC}{CB}$

A razão entre o todo e a maior parte é igual à razão entre a maior parte e a menor parte. Dizemos em matemática que o segmento foi dividido na **razão áurea**.

O **número de ouro** é justamente o valor encontrado para as razões $\dfrac{AB}{AC}$ e $\dfrac{AC}{CB}$.

Seu valor exato é $\dfrac{1 + \sqrt{5}}{2}$.

Para representá-lo, escolheu-se a letra grega ϕ (fi).

Como o número de ouro é irracional, temos ϕ = 1,618033989...

Geralmente utilizamos uma aproximação para ϕ: ϕ = 1,618.

Podemos encontrar ϕ usando a álgebra. Acompanhe:

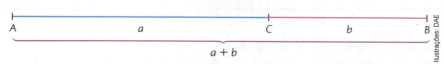

Substituindo a, b e a + b na proporção $\dfrac{AB}{AC} = \dfrac{AC}{CB}$, temos: $\dfrac{a + b}{a} = \dfrac{a}{b}$

Chamando a razão $\dfrac{a}{b}$ de x, temos $\dfrac{a}{b} = x$ ou $a = bx$.

Agora, substituiremos a por bx na proporção, obtendo:

$$\dfrac{a + b}{a} = \dfrac{a}{b}$$

$$\dfrac{bx + b}{bx} = \dfrac{bx}{b}$$ Colocando b em evidência.

$$\dfrac{b(x + 1)}{bx} = \dfrac{bx}{b} \rightarrow \dfrac{x + 1}{x} = x$$

Multiplicando os termos da proporção em cruz, obtemos $x^2 = x + 1$ ou $x^2 - x - 1 = 0$.

> **Agora é com vocês!**
> Observe que o x da equação é ϕ, pois fizemos $x = \dfrac{a}{b}$.
> Junte-se a um colega e resolvam, no caderno, essa equação do 2º grau verificando se a solução confere com o valor exato do número de ouro.

TEOREMA DE TALES E SEMELHANÇA DE TRIÂNGULOS

4. Semelhança

Usando papel quadriculado, Luciano ampliou o distintivo do seu time de futebol.

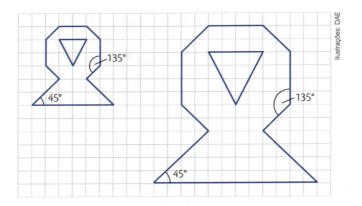

A ampliação ficou perfeita porque ele dobrou as medidas dos segmentos e conservou as medidas dos ângulos. Observe! A figura manteve exatamente a mesma forma, só aumentou de tamanho.

Ao conservar as medidas dos ângulos conservamos a forma da figura, e a multiplicação de todos os comprimentos por um mesmo número garante a proporcionalidade entre os comprimentos.

As figuras desenhadas por Luciano são **figuras semelhantes**.

> Duas figuras são semelhantes quando todos os comprimentos de uma delas são iguais aos da outra, multiplicados por um número constante. Se há ângulos, os ângulos correspondentes de duas figuras semelhantes devem ser congruentes.

As figuras R e R' ilustradas abaixo são semelhantes.
Há uma correspondência entre os pontos de R e de R' de tal modo que se:
- X e Y são pontos de R;
- X' e Y' são os pontos correspondentes a X e Y na figura R'.

Temos que a razão $\dfrac{X'Y'}{XY}$ é uma constante chamada **razão de semelhança**.

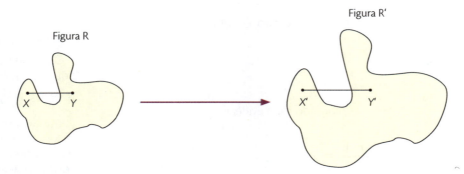

Figura R

Figura R'

De maneira recíproca, a correspondência existe se tomarmos pontos de R' e os correspondentes em R. Nesse caso, a razão constante será $\dfrac{XY}{X'Y'}$.

Semelhança de polígonos

> Dois polígonos são semelhantes se existe uma correspondência entre os vértices de maneira que os ângulos correspondentes sejam congruentes e os lados correspondentes sejam proporcionais.

Observe os pentágonos I e II.
Podemos estabelecer uma correspondência entre os vértices, pois:

• os ângulos correspondentes são congruentes;

$$\hat{A} \equiv \hat{F}$$
$$\hat{B} \equiv \hat{G}$$
$$\hat{C} \equiv \hat{H}$$
$$\hat{D} \equiv \hat{I}$$
$$\hat{E} \equiv \hat{J}$$

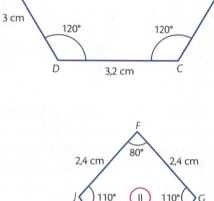

• os lados correspondentes são proporcionais.

$$\frac{AB}{FG} = \frac{BC}{GH} = \frac{CD}{HI} = \frac{DE}{IJ} = \frac{EA}{JF}$$

$$\frac{AB}{FG} = \frac{4,8}{2,4} = 2$$

$$\frac{BC}{GH} = \frac{3}{1,5} = 2$$

$$\frac{CD}{HI} = \frac{3,2}{1,6} = 2$$

$$\frac{DE}{IJ} = \frac{3}{1,5} = 2$$

$$\frac{EA}{JF} = \frac{4,8}{2,4} = 2$$

As razões são todas iguais a 2.

Portanto, os pentágonos I e II são semelhantes. A razão constante é a **razão de semelhança**. Nesse caso, a razão de semelhança é 2. O pentágono foi reduzido na razão de 2 para 1.

> A definição de polígonos semelhantes é compatível com a definição de figuras semelhantes. Observe que os ângulos são mantidos e os comprimentos são todos multiplicados por um mesmo número constante. Nesse exemplo, todos os comprimentos foram divididos por 2, o que equivale a multiplicar por 0,5.

TEOREMA DE TALES E SEMELHANÇA DE TRIÂNGULOS **169**

Símbolo de semelhança

Há um símbolo para indicar semelhança: ~

No caso dos pentágonos I e II, escrevemos ABCDE ~ FGHIJ (o pentágono ABCDE é semelhante ao pentágono FGHIJ).

Veja mais um exemplo:

Os triângulos ABC e DEF são semelhantes, ou seja, △ABC ~ △DEF, pois os ângulos correspondentes são congruentes:

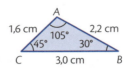
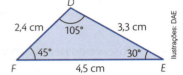

$\hat{A} \equiv \hat{D}$ $\hat{B} \equiv \hat{E}$ $\hat{C} \equiv \hat{F}$

e as medidas dos lados correspondentes são proporcionais.

$$\frac{AB}{DE} = \frac{2,2}{3,3} = \frac{2}{3}$$

$$\frac{BC}{EF} = \frac{3}{4,5} = \frac{2}{3}$$

$$\frac{CA}{FD} = \frac{1,6}{2,4} = \frac{2}{3}$$

A razão entre as medidas dos lados correspondentes é constante.

A razão de semelhança é $\frac{2}{3}$.

Isso significa que o triângulo ABC foi ampliado na razão 2 para 3.

É preciso verificar as duas condições para a semelhança.

Veja os retângulos que traçamos: os ângulos correspondentes são congruentes, mas as medidas dos lados não são proporcionais. Logo, os retângulos não são semelhantes.

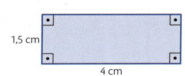
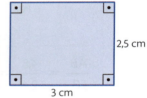

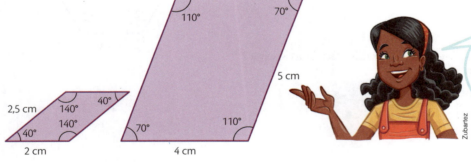

Olhe os paralelogramos que eu tracei. Dobrei as medidas dos lados, mas mudei os ângulos. Os polígonos não são semelhantes!

REFLETINDO

1. Se uma figura A' for uma redução de uma figura A, então A e A' são semelhantes?
2. Duas figuras congruentes são semelhantes?
3. Qual seria a razão de semelhança entre duas figuras congruentes?
4. Dois triângulos são sempre semelhantes?
5. Todos os retângulos são semelhantes?

EXERCÍCIOS

6. Utilize papel quadriculado para ampliar ao dobro a figura dada.

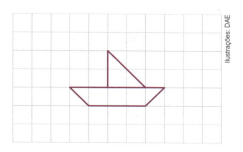

7. Qual é a ampliação da figura A?

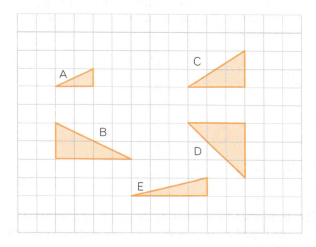

8. Observe os polígonos representados abaixo.

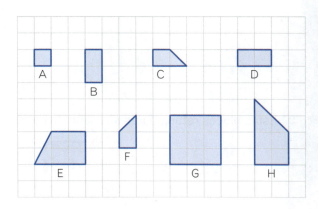

Quais são os pares de figuras com a mesma forma?

9. Leia o texto da lousa.

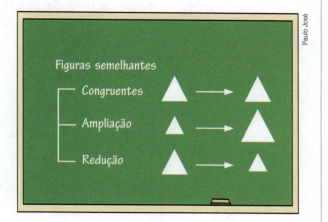

Qual dos seguintes processos não permite construir uma figura semelhante a outra?

a) A fotocópia.

b) A fotocópia ampliada.

c) A fotocópia reduzida.

d) Os espelhos planos.

e) Os espelhos esféricos.

f) Ampliação ou redução de uma figura por contagem de quadradinhos.

10. Sílvia ampliou uma fotografia de seus dois filhos para colocar num porta-retratos.

A fotografia original era um retângulo com 14 cm × 8 cm e Sílvia pediu uma ampliação de 50%. Quais são as dimensões da foto ampliada?

TEOREMA DE TALES E SEMELHANÇA DE TRIÂNGULOS

11. Os polígonos seguintes são semelhantes. Calcule os comprimentos indicados (a unidade usada é o cm).

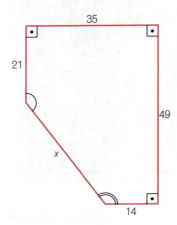
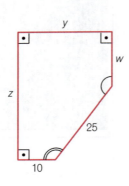

12. Dois polígonos são semelhantes, sendo que os lados do polígono maior medem o dobro dos lados do polígono menor. Nesse caso, os ângulos do polígono maior:

a) são congruentes aos ângulos do polígono menor.

b) medem a metade dos ângulos do polígono menor.

c) medem o dobro dos ângulos do polígono menor.

d) medem o quádruplo dos ângulos do polígono menor.

13. Quais devem ser as medidas dos lados e dos ângulos:

a) do paralelogramo menor para que ele seja semelhante ao maior?

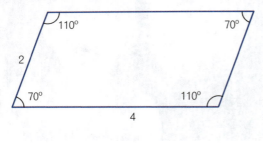

b) de um paralelogramo semelhante ao maior de modo que a razão de semelhança seja 3?

14. Observe as figuras.

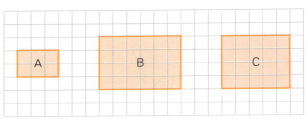

a) Os retângulos A e B são semelhantes? Explique.

b) Os retângulos A e C são semelhantes? Explique.

15. Vimos que dois retângulos nem sempre são semelhantes. Dois quadrados são sempre semelhantes?

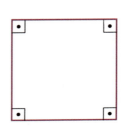
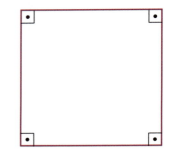

16. Estendendo o conceito de polígonos semelhantes para formas espaciais, troque ideias com os colegas e responda.

a) Dois cubos sempre são semelhantes?

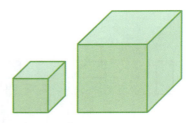

b) Estes blocos retangulares são semelhantes?

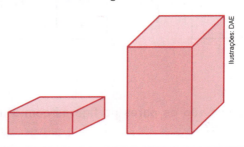

5. Semelhança de triângulos

Triângulos são polígonos; portanto, para que dois triângulos sejam semelhantes é preciso ter os ângulos correspondentes congruentes e os lados correspondentes proporcionais.

No entanto, para os triângulos, dois pares de ângulos correspondentes congruentes já garantem as outras condições.

Vamos mostrar que isso é verdade.

Nos triângulos ABC e DEF abaixo, temos $\hat{B} \equiv \hat{E}$ e $\hat{C} \equiv \hat{F}$. Como a soma das medidas dos ângulos internos de um triângulo é 180°, temos que obrigatoriamente $\hat{A} \equiv \hat{D}$.

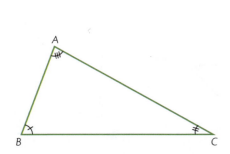
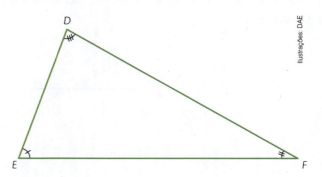

Resta mostrar que os lados são proporcionais. Para isso, marcamos um ponto M em $\overline{EF}$ de modo que EM = BC e traçamos por M uma paralela a $\overline{DF}$, determinando o ponto P.

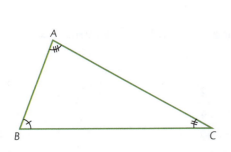
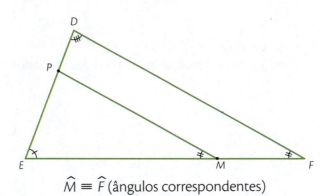

$\hat{M} \equiv \hat{F}$ (ângulos correspondentes)

Observe que $\triangle ABC \equiv \triangle PEM$ pelo caso ALA.

Pelo teorema de Tales, no triângulo DEF temos: $\dfrac{ME}{FE} = \dfrac{PE}{DE}$

Da congruência entre os triângulos temos que AB = PE e BC = EM. Substituímos na proporção obtendo: $\dfrac{BC}{EF} = \dfrac{AB}{DE}$

De modo análogo, pode-se mostrar que $\dfrac{AB}{DE} = \dfrac{AC}{DF}$ e concluir que:

> **Dois triângulos que apresentam dois pares de ângulos correspondentes congruentes são semelhantes.**

Construa, em seu caderno, pares de triângulos que tenham lados com medidas respectivamente proporcionais. Por exemplo, um triângulo com lados de medidas 4 cm, 3 cm e 2 cm e outro com lados de medidas 8 cm, 6 cm e 4 cm.

Responda:

1. Os ângulos correspondentes são congruentes?
2. Você construiu pares de triângulos semelhantes?
3. Dois triângulos que apresentam lados correspondentes proporcionais são semelhantes?

Observe na figura uma notação bastante comum para indicar a congruência dos ângulos correspondentes.

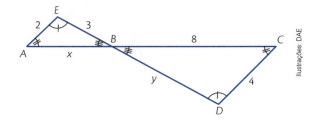

$\hat{A} \equiv \hat{C}$
$\hat{B} \equiv \hat{B}$
$\hat{E} \equiv \hat{D}$

Lembre-se da importância da ordem dos vértices!

Temos que: $\triangle ABE \sim \triangle CBD$

Usando a proporcionalidade das medidas dos lados correspondentes, podemos determinar x e y.

$$\frac{x}{8} = \frac{2}{4}$$
$$4x = 16$$
$$x = 4$$

$$\frac{3}{y} = \frac{2}{4}$$
$$2y = 12$$
$$y = 6$$

Construí um triângulo ABC, sendo AB = 4 cm; $\hat{A} = 50°$ e $\hat{B} = 30°$. Construa, em seu caderno, um triângulo semelhante a este.

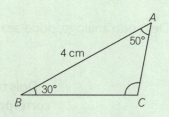

Neste exemplo, vamos descobrir a medida de $\overline{AD}$.

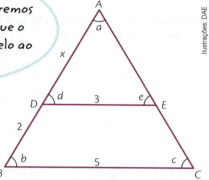

Vamos examinar os ângulos dos triângulos ABC e ADE.
Como $\overline{DE}$ e $\overline{BC}$ são paralelos, temos que:

- os ângulos de medidas d e b são congruentes, pois são correspondentes;
- os ângulos de medidas e e c são congruentes, pois são correspondentes.

Ainda podemos acrescentar que o ângulo de medida a é comum aos dois triângulos.

Os triângulos ABC e ADE são semelhantes. Consequentemente, os lados correspondentes têm medidas proporcionais.

$$\frac{AB}{AD} = \frac{BC}{DE}$$

Representando AD por x e substituindo as medidas conhecidas na proporção acima, temos:

$\frac{x+2}{x} = \frac{5}{3}$

$5x = 3(x+2)$
$5x = 3x + 6$
$2x = 6$
$x = 3$

Quando traçamos um segmento paralelo a um dos lados de um triângulo, obtemos um triângulo semelhante ao primeiro.

Essa propriedade vale para qualquer triângulo.

Respondam no caderno.

1. Daniel desenhou um hexágono ABCDEF com $\overline{AB} \parallel \overline{DE}$ como na figura ao lado e traçou $\overline{GH}$ paralelo a $\overline{ED}$. Observou que ficou determinado outro hexágono: ABCHGF. Os dois hexágonos são semelhantes? Justifique.

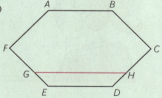

2. Dois círculos são sempre semelhantes? Qual a razão entre o diâmetro e o raio de qualquer círculo?

3. Duas esferas são sempre semelhantes?

4. Considere um quadrado qualquer. Juntando a ele, quadrados congruentes ao primeiro, quantos desses, no mínimo, são necessários para formar um novo quadrado?

5. Quantos triângulos equiláteros congruentes, no mínimo, é preciso juntar para obter um novo triângulo equilátero?

6. Uma fotografia retangular de 3 cm × 4 cm pode ser ampliada sem distorções para:
   a) 7,5 cm × 10 cm?
   b) 15 cm × 21 cm?

TEOREMA DE TALES E SEMELHANÇA DE TRIÂNGULOS **175**

EXERCÍCIOS

17. Determine x e y, sabendo que os triângulos são semelhantes.

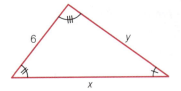

18. O esquadro que a professora usa no quadro é uma ampliação do esquadro da Vera na razão 3.

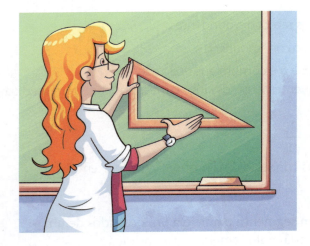

Observação: as figuras não respeitam as medidas utilizadas.

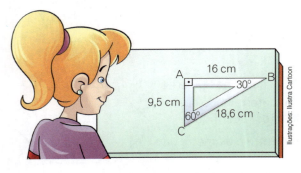

a) Determine a medida dos três ângulos do esquadro da professora.

b) Determine a medida dos três lados do esquadro da professora.

c) Determine a medida dos três lados de um esquadro semelhante ao da Vera em que a razão seja $\frac{3}{2}$.

19. Determine x e y, sabendo que os triângulos são semelhantes.

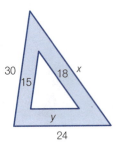

20. Se os ângulos com "marcas iguais" são congruentes, determine x.

a)
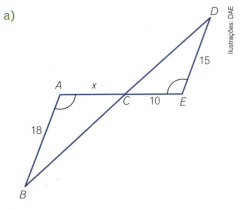

b)
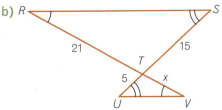

21. Na figura, temos $\overline{DE} \parallel \overline{BC}$.

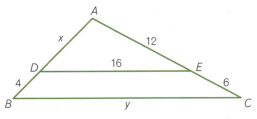

a) Qual é o valor de x?

b) Qual é o valor de y?

c) Qual é o perímetro do △ABC?

d) Qual é o perímetro do △ADE?

e) Qual é o perímetro do trapézio DBCE?

6. Aplicando a semelhança de triângulos

1. O professor Jorge fixou um bastão de madeira com 1 metro de comprimento ao lado do mastro da Bandeira Nacional que fica no pátio da escola. Veja a ilustração:

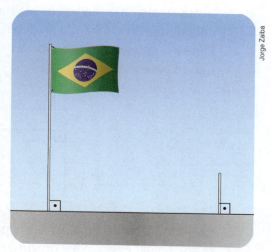

Em seguida, o professor pediu aos alunos que medissem o comprimento da sombra do mastro e da sombra do bastão.

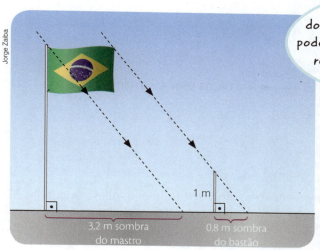
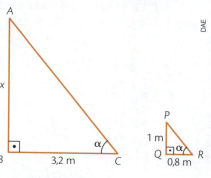

Esses triângulos são semelhantes, pois:

$\hat{B} \equiv \hat{Q} \equiv 90°$ (o poste e o bastão são perpendiculares ao solo);
$\hat{C} \equiv \hat{R}$ (os raios do Sol são paralelos).

Agora é só usar a proporcionalidade entre as medidas dos lados correspondentes dos dois triângulos:

$$\frac{x}{1} = \frac{3,2}{0,8}$$
$$0,8x = 3,2$$
$$x = \frac{3,2}{0,8}$$
$$x = 4$$

2. Num terreno em declive foi construída uma rampa plana, e uma plataforma é sustentada por duas colunas paralelas, como você vê na ilustração ao lado. Aplicando a semelhança de triângulos, é possível calcular a medida h da altura da coluna, que ficou faltando no desenho. Primeiro, apresentamos o modelo matemático para a situação:

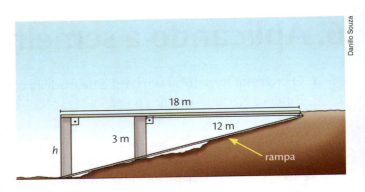

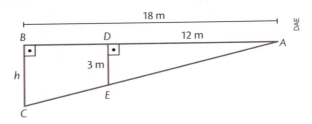

Quando traçamos uma paralela a um dos lados de um triângulo, obtemos um triângulo semelhante ao original. É isso o que ocorre nessa situação: as colunas são paralelas, ou seja, $\overline{BC}$ é paralelo a $\overline{DE}$. Temos então $\triangle ABC \sim \triangle ADE$.

Se os triângulos são semelhantes, as medidas dos lados correspondentes são proporcionais:

$$\frac{18}{12} = \frac{h}{3}$$
$$12h = 54$$
$$h = \frac{54}{12} = \frac{9}{2} = 4,5 \longrightarrow \text{A coluna tem 4,5 m de altura.}$$

Em um dia ensolarado, Mariana manteve-se bem ereta em um piso totalmente plano, enquanto Júlia media o comprimento de sua sombra no chão. Vejam a ilustração e registrem no caderno.

1. Júlia tem 1,48 m de altura. Ela pode calcular o comprimento de sua sombra neste mesmo local à mesma hora usando os dados da figura. Mostrem como fazê-lo.
2. Por que Mariana escolheu um lugar bem plano e ficou ereta?
3. Se as garotas verificarem as medidas em outro horário, o comprimento das sombras mudará?
4. Procurem um lugar adequado e meçam suas sombras como Mariana e Júlia fizeram.

EXERCÍCIOS

22. Os comprimentos dos lados de um triângulo são 3 cm, 4 cm e 5 cm. Calcule os comprimentos dos lados de um triângulo semelhante cujo perímetro é 18 cm.

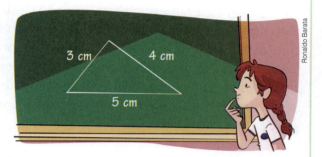

23. Qual é a altura da árvore, de acordo com a figura?

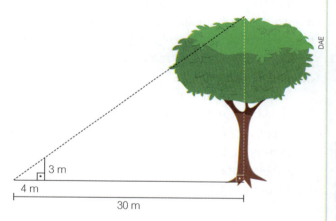

24. Um edifício projeta uma sombra de 8 m ao mesmo tempo que um poste de 12 m projeta uma sombra de 4 m. Qual é a altura do edifício, sabendo que o edifício e o poste são perpendiculares ao solo?

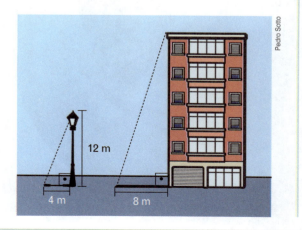

25. Certa noite, uma moça de 1,50 m de altura estava a 2 m de distância de um poste vertical de 4 m de altura com uma luz no topo. Qual é o comprimento da sombra da moça no chão?

26. (Cefet-RS) Dois topógrafos, ao medirem a largura de um rio, obtiveram as medidas mostradas no desenho abaixo.

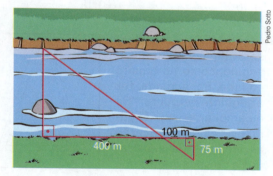

Qual é a medida da largura do rio?

27. Qual é a altura de uma estátua que projeta uma sombra de 6 m, sabendo-se que seu pedestal de 1,5 m projeta uma sombra de 2 m?

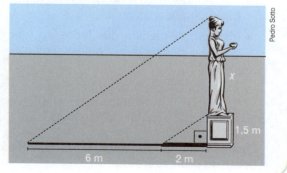

TEOREMA DE TALES E SEMELHANÇA DE TRIÂNGULOS 179

SEÇÃO LIVRE

28. (Vunesp) Na figura, você vê um triângulo *ABC* construído com pedaços de canudinho de plástico, todos de mesmo tamanho.

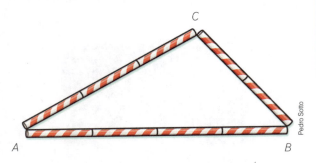

Usando outros pedaços de canudinho de mesmo tamanho, construiu-se outro triângulo *DEF* com os lados *DE*, *EF* e *DF* respectivamente paralelos aos lados *AB*, *BC* e *CA* do triângulo *ABC*, sendo que no lado *DE* gastaram-se oito pedaços de canudinhos. O perímetro do triângulo *DEF* contém um total de pedaços de canudinhos igual a:

a) 15
b) 16
c) 17
d) 18

29. (Saeb-MEC) A professora desenhou um triângulo, como no quadro ao lado. Em seguida, fez a seguinte pergunta: "Se eu ampliar esse triângulo 3 vezes, como ficarão as medidas de seus lados e de seus ângulos?".

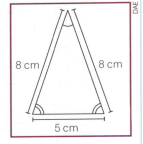

Alguns alunos responderam:

- Fernando: "Os lados terão 3 cm a mais cada um. Já os ângulos serão os mesmos".
- Gisele: "Os lados e ângulos terão suas medidas multiplicadas por 3".
- Marina: "A medida dos lados eu multiplico por 3 e a medida dos ângulos eu mantenho as mesmas".
- Roberto: "A medida da base será a mesma (5 cm), os outros lados eu multiplico por 3 e mantenho a medida dos ângulos".

Qual dos alunos respondeu corretamente à pergunta da professora?

Tales de Mileto

Era grego, nasceu por volta de 624 a.C. na Jônia, em uma localidade que hoje pertence à Turquia.

Se Tales escreveu alguma obra, esta não resistiu ao tempo. No entanto, informações sobre sua história passaram de geração em geração e ele é considerado um grande matemático e filósofo. Muitas das realizações atribuídas a ele ficaram conhecidas posteriormente nas obras escritas por historiadores gregos, como Heródoto.

Consta que foi um bem-sucedido comerciante e que, por conta disso, viajou muito. Aprendeu Geometria com os egípcios e relata-se que calculou a altura da pirâmide de Quéops a partir do comprimento da sombra dela e da sombra de um bastão fixado verticalmente no solo (num procedimento parecido com o que utilizamos para calcular a altura do mastro da bandeira).

Atribui-se a ele uma inteligência rara e a descoberta de fatos importantes da Matemática.

Tales, Anaximandro e Anaxímenes são considerados os principais pensadores da cidade de Mileto, cujas ideias foram importantes para a ciência e a filosofia ocidentais.

Retrato de Tales de Mileto, de Ambrose Tardieu, ca. 1808-1841.

REVISANDO

30. Calcule mentalmente o valor de *x*.

a) $\dfrac{3}{15} = \dfrac{x}{5}$

b) $\dfrac{8}{x} = \dfrac{12}{3}$

c) $\dfrac{x+1}{5} = \dfrac{8}{10}$

d) $\dfrac{x-2}{7} = \dfrac{3}{7}$

31. Na Bandeira Nacional, se dividirmos o comprimento pela altura, o resultado será sempre $\dfrac{10}{7}$. Qual deve ser a altura de uma bandeira de 6 m de comprimento?

32. Este armário de cozinha está desenhado na razão de 1 para 18.

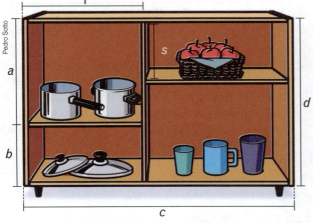

Meça cada comprimento indicado e calcule o comprimento real correspondente.

33. As duas pipas são semelhantes, sendo 1,5 a razão de semelhança. Qual é o comprimento das diagonais da pipa maior?

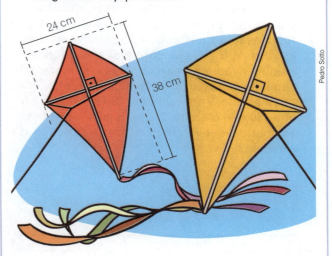

34. Qual das afirmações está incorreta?

a) Dois triângulos são sempre semelhantes.

b) Todos os quadrados são semelhantes.

c) Dois triângulos equiláteros são sempre semelhantes.

d) Para que dois triângulos sejam semelhantes, basta que tenham dois ângulos correspondentes congruentes.

35. O mapa abaixo mostra quatro estradas paralelas que são cortadas por três vias transversais. Calcule as distâncias entre os cruzamentos dessas vias, supondo as medidas em km.

Observação: as medidas dessa figura não são proporcionais aos valores indicados.

36. (Comperj) Na figura abaixo estão representadas cinco ruas do bairro onde moram João, Marcos, Pedro, Vitor e Samuel. A localização da casa de cada menino é identificada pela inicial de seu nome. Na esquina das ruas A e D fica a escola onde todos estudam. Sabe-se que as ruas A, B e C são paralelas e que todos os meninos vão a pé para a escola, sempre pelo caminho mais curto. Se Samuel caminha 100 m até a escola, Vitor caminha 260 m, João caminha 180 m e Marcos, 270 m, qual é a distância, em metros, que Pedro percorre de sua casa até a escola?

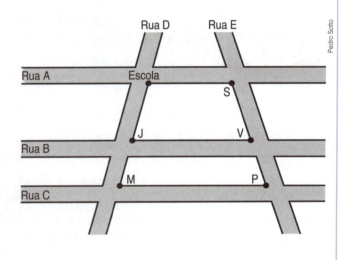

a) 280 m
b) 300 m
c) 340 m
d) 460 m

37. A altura da Raquel é 1,50 m. Qual é a altura da árvore?

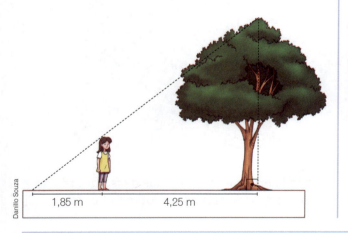

38. (Saresp) Observe os losangos abaixo.

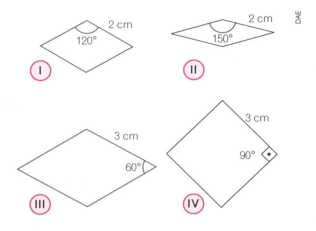

Quais desses losangos são semelhantes entre si?

39. Considere uma praça em que as calçadas que medem 50 m e 60 m são paralelas. A que distância do ponto do ônibus se encontra o passageiro?

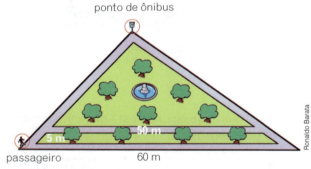

40. (Unisinos-RS) O ponto mais alto de uma rampa, em relação ao solo, fica a 6 m. Ela é sustentada por 6 pilares distantes um do outro 5 m e distribuídos conforme a figura. Desprezando a largura dos pilares, qual é a altura do 3º pilar, em metros?

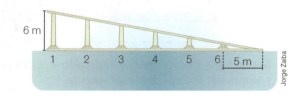

41. (Saresp) No desenho abaixo estão representados os terrenos I, II, III.

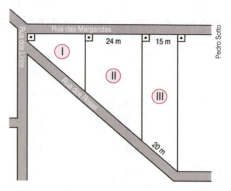

Quantos metros de comprimento deverá ter o muro que o proprietário do terreno II construirá para fechar o lado que faz frente com a Rua das Rosas?

42. Qual é a largura desta rodovia?

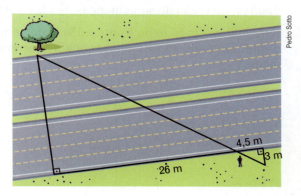

43. Calcule o valor de x.

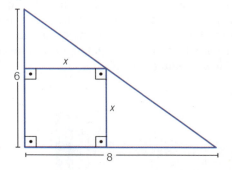

44. Um azulejo quadrado pesa 80 gramas. Quanto pesará outro azulejo, do mesmo material e com a mesma espessura, cujos lados sejam três vezes maiores?

DESAFIOS NO CADERNO

45. (SEE-RJ) Encontrei um pedaço da planta de um loteamento.

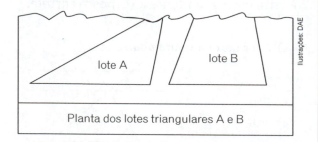

Medindo os ângulos encontrei: 30° e 80° em um lote e 80° e 70° em outro. Pude, então, concluir que:

a) os dois lotes são iguais.

b) os lotes são diferentes, mas têm o mesmo perímetro.

c) os lotes têm a mesma área.

d) a área de um lote é o dobro da área do outro.

e) os lotes têm os lados com medidas proporcionais.

46. (Unicamp-SP) Uma rampa de inclinação constante, como a que dá acesso ao Palácio do Planalto, em Brasília, tem 4 metros de altura na sua parte mais alta. Uma pessoa, tendo começado a subi-la, nota que após ter caminhado 12,3 metros sobre a rampa, está a 1,5 metro de altura em relação ao solo. Calcule quantos metros a pessoa ainda deve caminhar para atingir o ponto mais alto da rampa.

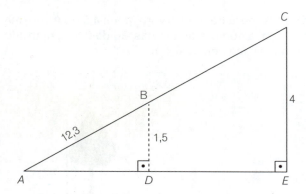

Observação: as medidas dessa figura não são proporcionais aos valores indicados.

TEOREMA DE TALES E SEMELHANÇA DE TRIÂNGULOS 183

AUTOAVALIAÇÃO

NO CADERNO

Anote no caderno o número do exercício e a letra correspondente à resposta correta.

47. O valor de x na figura abaixo é:

a) 28
b) 29,5
c) 33,8
d) 36,5

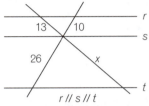

48. (ETF-SP) Dois lotes estão representados na figura abaixo. Calcular as medidas de frente para a rua R de cada um dos terrenos, respectivamente.

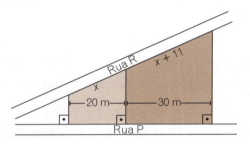

a) 15 m e 26 m
b) 21 m e 32 m
c) 22 m e 33 m
d) 23 m e 34 m

Observação: nas atividades 49 e 50, as medidas não são proporcionais aos valores indicados.

49. A sombra de uma árvore mede 4,5 m. À mesma hora, a sombra de um bastão de 0,6 m, mantido na vertical, mede 0,4 m.

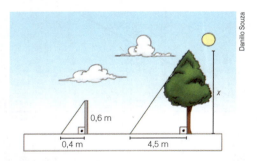

A altura da árvore é:

a) 3 m
b) 5 m
c) 4,8 m
d) 6,75 m

50. (Fuvest-SP) A sombra de um poste vertical, projetada pelo Sol sobre um chão plano, mede 12 m. Nesse mesmo instante, a sombra de um bastão vertical de 1 m de altura mede 0,6 m.

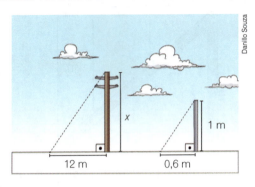

A altura do poste é:

a) 12 m
b) 20 m
c) 72 m
d) 7,2 m

51. (Saresp) Dois terrenos retangulares são semelhantes, e a razão de semelhança é $\frac{2}{5}$. Se o terreno maior tem 50 m de frente e 150 m de comprimento, quais são as dimensões do terreno menor?

a) 25 m e 75 m
b) 20 m e 60 m
c) 25 m e 30 m
d) 5 m e 15 m

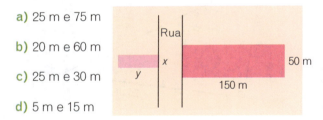

52. (Saresp) Três terrenos têm frentes para a rua A e fundos para a rua B, como na figura. As divisas laterais são perpendiculares à rua A. Sabendo-se que a soma das medidas dos fundos desses terrenos é 180 m, qual a medida do fundo de cada terreno?

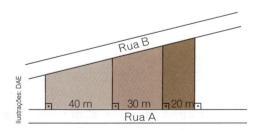

a) 60 m, 90 m, 30 m
b) 65 m, 65 m, 50 m
c) 70 m, 50 m, 60 m
d) 80 m, 60 m, 40 m

UNIDADE 7
Relações métricas nos triângulos retângulos

1. O teorema de Pitágoras

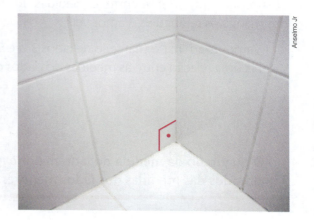

Observe o espaço ao seu redor. Identifique ângulos retos nos objetos e construções.
Os ângulos retos têm importância fundamental, não é?
Desde muito cedo em sua história, a humanidade utiliza ângulos retos para demarcar terras, construir casas, templos etc.
Hoje construímos ângulos retos de várias formas:

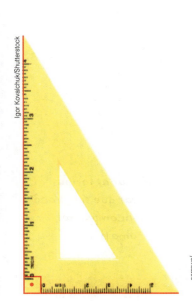
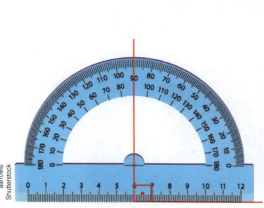

Os antigos egípcios usavam um triângulo com lados de medidas 3, 4 e 5 unidades para determinar um ângulo reto. Veja:

Numa corda faziam 13 nós igualmente espaçados.
O primeiro nó era fixado no solo com uma estaca.
Com estacas no quarto e no oitavo nós, formava-se o triângulo, como você vê ao lado.

Os egípcios sabiam que, nessa situação, o ângulo assinalado era reto. Eles sabiam que um triângulo com lados de medidas 3, 4 e 5 era retângulo.

Os chineses também conheciam e usavam esse triângulo. Os babilônios foram além: descobriram uma relação importante entre as medidas dos lados dos triângulos retângulos. Vamos ver?

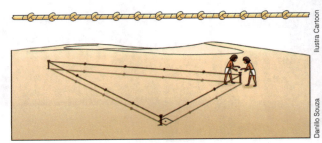

> Trace em seu caderno um triângulo cujos lados meçam 3 cm, 4 cm e 5 cm. Meça seus ângulos internos. O triângulo é retângulo?

Vamos examinar o triângulo de lados 3, 4 e 5.
Há uma relação entre as medidas dos lados desse triângulo:

$$5^2 = 4^2 + 3^2$$
$$25 = 16 + 9$$

O quadrado da medida do lado maior é igual à soma dos quadrados das medidas dos lados menores.

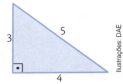

Observe os quadrados que construímos sobre cada lado do triângulo de lados 3, 4 e 5.

> Qual é a área do quadrado de maior lado?

Some as áreas dos quadrados construídos sobre os outros dois lados. Você deve ter observado que:

$$16 + 9 = 25$$

A área do quadrado construído sobre o maior lado é igual à soma das áreas dos outros dois quadrados.

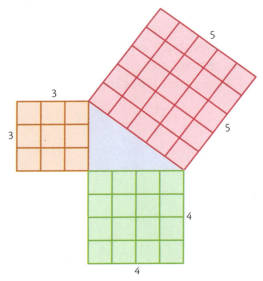

> Observamos a relação entre as medidas dos lados de um triângulo retângulo específico, de lados 3, 4 e 5. Há como provarmos que essa relação vale para qualquer triângulo retângulo?

> Há muitas formas de provar que sim. Você vai acompanhar uma delas!

Num triângulo retângulo, chamamos os lados que formam o ângulo reto de **catetos**. O lado oposto ao ângulo reto (lado de maior medida) chama-se **hipotenusa**.

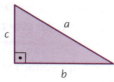

a: medida da hipotenusa
b: medida de um cateto
c: medida de outro cateto

Vamos mostrar que, num triângulo retângulo qualquer, temos que: $a^2 = b^2 + c^2$

Construímos um quadrado de lado $(b + c)$. Unindo os pontos PQRS determinamos quatro triângulos retângulos congruentes de catetos *b* e *c* e hipotenusa *a*.

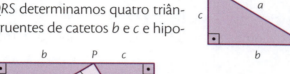

O quadrilátero PQRS é um quadrado pois:
- tem quatro lados com medida igual à hipotenusa dos triângulos congruentes;
- tem quatro ângulos retos, pois nos triângulos retângulos $x + y + 90° = 180°$, ou seja, $x + y = 90°$. Por outro lado, vemos no detalhe a seguir que $x + y + z = 180°$ (ângulo raso). Conclusão: $z = 90°$.

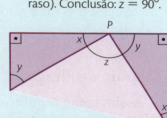

O quadrilátero PQRS é também um quadrado. (Veja por que no quadro ao lado).

A área do quadrado de lado $(b + c)$ é igual a soma das áreas dos quatro triângulos retângulos com a área do quadrado PQRS. Isto é:

$(b + c)^2 = 4 \cdot A_\triangle + a^2$

$b^2 + 2bc + c^2 = 4 \cdot \dfrac{b \cdot c}{2} + a^2$

Subtraindo $2bc$ de ambos os membros da igualdade:

$b^2 + 2bc + c^2 = 2bc + a^2$

$b^2 + c^2 = a^2$ ou $a^2 = b^2 + c^2$

Em palavras, provamos que:

Em todo triângulo retângulo, o quadrado da medida da hipotenusa é igual à soma dos quadrados das medidas dos catetos.

Essa relação é conhecida como **teorema de Pitágoras**, que foi um filósofo e matemático grego.

Grego? Não foram os babilônios que descobriram essa relação?

De fato, os babilônios conheciam e usavam essa relação para resolver problemas muito antes da época de Pitágoras.

No entanto, a prova de que ela vale para todo triângulo retângulo foi apresentada pela primeira vez por Pitágoras e seus seguidores.

RELAÇÕES MÉTRICAS NOS TRIÂNGULOS RETÂNGULOS 187

A recíproca do teorema de Pitágoras também é verdadeira:

> Posso descobrir, sem desenhar, se o triângulo de lados 17 cm, 15 cm e 8 cm é um triângulo retângulo?

Se em um triângulo, o quadrado da medida do maior lado é igual à soma dos quadrados das medidas dos outros dois lados, então este triângulo é retângulo.

Sim, basta averiguar se as medidas verificam o teorema de Pitágoras:
Medida do maior lado: 17 cm
É só verificar se $17^2 = 15^2 + 8^2$:

$$17^2 = 289$$
$$15^2 = 225 \text{ e } 8^2 = 64$$

Como $289 = 225 + 64$, concluímos que o triângulo é retângulo.

REFLETINDO

1. Investigue o que acontece com o triângulo quando:
   a) $a^2 > b^2 + c^2$?
   b) $a^2 < b^2 + c^2$?

2. Verifique se é retângulo o triângulo:
   a) de lados medindo 5 cm, 12 cm e 13 cm;
   b) cujos ângulos agudos medem 40° e 60°;
   c) de lados medindo 2 cm, 3 cm e $\sqrt{5}$ cm.

a é a medida do maior lado. b e c são as medidas dos outros dois lados.

Falando de Pitágoras

Assim como acontece com Tales, as informações sobre a vida de Pitágoras misturam lenda e realidade. Estima-se que Pitágoras nasceu na Grécia entre 590 e 570 a.C. Durante sua juventude, viajou e aprendeu muito.

Sem dúvida, foi um homem brilhante, pois a escola fundada por ele em Cretona, colônia grega localizada no sul da Itália, teve papel importantíssimo no desenvolvimento da Matemática. Os pitagóricos, como eram chamados, dedicaram-se também à música, à filosofia e à astronomia.

Rafael. *Escola de Atenas*, 1510. Afresco, 500 cm × 700 cm.

Curiosidade!

Como dissemos, há muitas maneiras de demonstrar o teorema de Pitágoras. Você viu uma delas. Um professor de Matemática norte-americano, Elisha Scott Loomis, colecionou durante 20 anos diferentes demonstrações do teorema de Pitágoras. Ele organizou e publicou essas demonstrações em 1927, no livro *The Pythagorean Proposition* (A Proposição de Pitágoras). Na sua primeira edição, o livro continha nada mais nada menos do que 230 demonstrações desse teorema. Em 1940, quando publicado em segunda edição, esse número aumentou para 370.

Fonte de pesquisa: *RPM – Revista do Professor de Matemática*.

O teorema de Pitágoras é importantíssimo, tem muitas aplicações e aparece em diversos tipos de exercícios. Vamos ver alguns exemplos?

1. A peça que sustenta essa prateleira tem a forma de um triângulo retângulo e é conhecida por mão-francesa.

Fizemos um modelo com as medidas conhecidas da peça.

Utilizando o teorema de Pitágoras, podemos determinar a medida que falta no desenho.

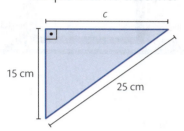

$\begin{cases} a = 25 \text{ cm} \\ b = 15 \text{ cm} \\ c = ? \end{cases}$

$a^2 = b^2 + c^2$
$625 = 225 + c^2$
$c^2 = 625 - 225$
$c^2 = 400$
$c = \sqrt{400}$
$c = 20 \text{ cm}$

Lembre-se: a hipotenusa é o lado oposto ao ângulo reto. É o lado de maior medida.

2.

Vamos usar o teorema de Pitágoras para descobrir as medidas dos lados desse triângulo. As medidas estão em centímetros.

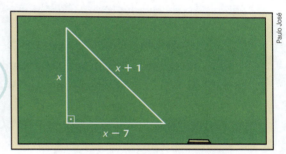

$\begin{cases} \text{Hipotenusa: } a = x + 1 \\ \text{Catetos: } b = x \text{ e } c = x - 7 \end{cases}$

Por Pitágoras:

$(x + 1)^2 = x^2 + (x - 7)^2$

$x^2 + 2x + 1 = x^2 + x^2 - 14x + 49$

$2x + 1 = x^2 - 14x + 49$

$x^2 - 16x + 48 = 0$

$\Delta = 256 - 192 = 64$

$x = \dfrac{16 \pm 8}{2}$ → $x_1 = 12$
 → $x_2 = 4$

Vamos desenvolver os produtos notáveis!

$x = 4$ não serve, pois teríamos $x - 7 = -3$, e não existe medida de comprimento negativa.
Descobrimos que os lados do triângulo medem 12 cm, 13 cm e 5 cm.

RELAÇÕES MÉTRICAS NOS TRIÂNGULOS RETÂNGULOS

3. Uma porteira de fazenda terá a forma de retângulo. Para dar rigidez à estrutura, uma barra de madeira será colocada na diagonal do retângulo, como você vê no projeto do carpinteiro.
Com as medidas dadas, podemos calcular o comprimento da barra usando o teorema de Pitágoras:

$\begin{cases} a = ? \\ b = 2 \text{ m} \\ c = 1,5 \text{ m} \end{cases}$

$a^2 = 2^2 + 1,5^2$
$a^2 = 4 + 2,25 = 6,25$
$a = \sqrt{6,25}$
$a = 2,5 \text{ m}$

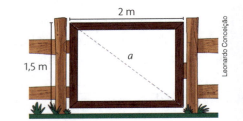

A barra deve ter 2,5 m de comprimento.

4. Você sabe que $\sqrt{2}$ é um número irracional: tem infinitas casas decimais e não apresenta período. Diante disso, como construir um segmento de reta de medida $\sqrt{2}$ cm?
O teorema de Pitágoras nos ajuda nessa tarefa:
Traçamos um triângulo retângulo em que ambos os catetos medem 1 cm.
A hipotenusa desse triângulo mede $\sqrt{2}$ cm.

Na reta numérica...

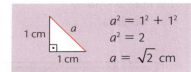

... aplicando essa ideia, localizamos, com auxílio do compasso, o ponto que representa o número irracional $\sqrt{2}$.

$a^2 = 1^2 + 1^2$
$a^2 = 2$
$a = \sqrt{2}$ cm

Para traçar um segmento de medida $\sqrt{3}$ cm, transportamos com compasso o segmento de medida $\sqrt{2}$ cm, construímos o triângulo retângulo cujos catetos medem $\sqrt{2}$ cm e 1 cm. A hipotenusa desse triângulo mede $\sqrt{3}$ cm.

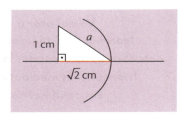

$a^2 = 1^2 + (\sqrt{2})^2$
$a^2 = 3$
$a = \sqrt{3}$ cm

INTERAGINDO

Registrem no caderno.

1. Com base nos exemplos acima, determinem um segmento de medida $\sqrt{5}$ cm.
2. Verifiquem se o triângulo ABC é retângulo. Justifiquem.
3. Os lados de um triângulo retângulo medem $(x - r)$, x e $(x + r)$, com $r > 0$. Utilizem o teorema de Pitágoras para determinar as medidas dos lados em função de r.

   Atribuam valores positivos para r (por exemplo, $r = 10$, $r = 2$, $r = 5,5$ etc.) e verifiquem que teremos sempre lados de triângulos retângulos semelhantes ao triângulo de lados 3, 4 e 5.

4. Na figura, quadradinhos de lado igual a 1 cm formam quadrados sobre os lados de um triângulo retângulo. Releiam a página 186 e respondam:
   a) Qual a área do quadrado A?
   b) Qual a medida:
      • do cateto menor?
      • do cateto maior?
      • da hipotenusa?

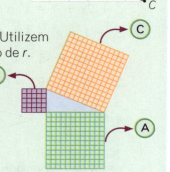

EXERCÍCIOS

1. Calcule o valor de x nos triângulos retângulos.

a)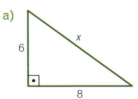

b)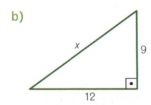

c)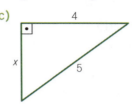

d)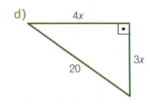

2. A figura mostra um edifício que tem 15 m de altura. Qual é o comprimento da escada que está encostada na parte superior do prédio?

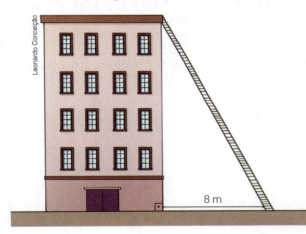

3. Calcule o valor de x nos triângulos retângulos.

a)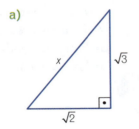

b)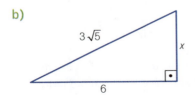

4. Calcule o valor de x nos triângulos retângulos.

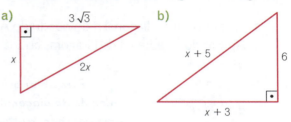

5. Uma pessoa percorre a trajetória de A até C, passando por B. Qual foi a distância percorrida?

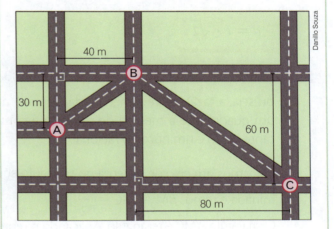

6. A figura mostra uma antena retransmissora de rádio de 72 m de altura. Ela é sustentada por 3 cabos de aço que ligam o topo da antena ao solo, em pontos que estão a 30 m do pé da antena. Qual é a quantidade aproximada de cabo, em metros, que será gasta para sustentar a antena?

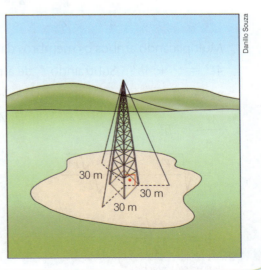

2. Teorema de Pitágoras, quadrados e triângulos

1. Traçamos uma diagonal d do quadrado $ABCD$ de lado ℓ.
Aplicando o teorema de Pitágoras ao triângulo retângulo ADC:

$d^2 = \ell^2 + \ell^2$

$d^2 = 2\ell^2$

$d = \sqrt{2\ell^2}$

$d = \sqrt{2} \cdot \sqrt{\ell^2}$

$d = \sqrt{2} \cdot \ell$ ou

Para obter a medida da diagonal de um quadrado, multiplico a medida do lado do quadrado por $\sqrt{2}$.

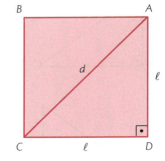

$$d = \ell \cdot \sqrt{2}$$

Se $d = \ell \cdot \sqrt{2}$, então $\dfrac{d}{\ell} = \sqrt{2} = 1{,}414213...$, ou seja, a razão entre a medida da diagonal de um quadrado e a medida de seu lado é constante e não é um número racional.

Os seguidores de Pitágoras não usavam a notação de raiz, nem a notação decimal, mas, por mais que tentassem, não conseguiram expressar essa relação por meio do quociente entre dois números naturais. Isso os intrigou muito!

2. Traçamos um eixo de simetria no triângulo equilátero ABC, cujo lado mede ℓ. A altura h ficou determinada e temos $BM = MC = \dfrac{\ell}{2}$.

O triângulo AMC é retângulo. Aplicando o teorema de Pitágoras, temos:

$$\ell^2 = \left(\dfrac{\ell}{2}\right)^2 + h^2$$

$$\ell^2 = \dfrac{\ell^2}{4} + h^2$$

Usando frações equivalentes, podemos escrever:

$$\dfrac{4\ell^2}{4} = \dfrac{\ell^2}{4} + \dfrac{4h^2}{4}$$

Multiplicando ambos os membros da igualdade por 4:

$4\ell^2 = \ell^2 + 4h^2$ Subtraindo ℓ^2 de ambos os membros da igualdade:

$3\ell^2 = 4h^2$

$\dfrac{3\ell^2}{4} = h^2$

$h = \sqrt{\dfrac{3\ell^2}{4}} = \dfrac{\sqrt{3} \cdot \sqrt{\ell^2}}{\sqrt{4}}$

Vou ter de saber de cor essas fórmulas?

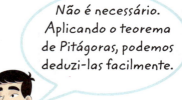

Não é necessário. Aplicando o teorema de Pitágoras, podemos deduzi-las facilmente.

$$h = \dfrac{\ell \cdot \sqrt{3}}{2}$$

Para obter a medida da altura de um triângulo equilátero, multiplicamos a medida do lado por $\sqrt{3}$ e dividimos por 2.

3. Observe o desenho: nessa praça circular, de raio 20 m, o quadrado central vai ser gramado.

Quantos metros quadrados de grama serão necessários?
No modelo matemático para essa situação, temos um quadrado de lado ℓ inscrito numa circunferência de raio 20 m.
Precisamos determinar a área do quadrado, ou seja, precisamos determinar $A = \ell^2$.

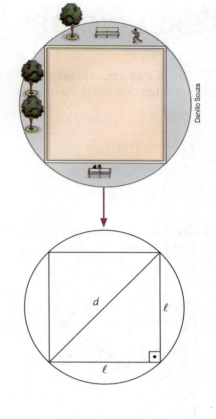

O diâmetro dessa circunferência é de 40 m, certo?
E o diâmetro dessa circunferência corresponde à diagonal d do quadrado.
Como descobrimos que $d = \ell \cdot \sqrt{2}$, temos $40 = \ell \cdot \sqrt{2}$ ou, ainda, elevando ambos os membros da igualdade ao quadrado:

$$1600 = (\ell \cdot \sqrt{2})^2$$
$$1600 = \ell^2 \cdot (\sqrt{2})^2$$
$$1600 = \ell^2 \cdot 2$$
$$\ell^2 = 800$$

Como ℓ^2 é a área do quadrado que será gramado, serão necessários 800 m² de grama.

4. O tampo de uma mesa tem a forma de um hexágono regular de lado 60 cm.

Vamos ajudar o marceneiro a calcular quantos metros quadrados de fórmica ele precisa comprar para revestir a face superior do tampo.
Podemos decompor o hexágono em seis triângulos equiláteros congruentes, de lado 60 cm.

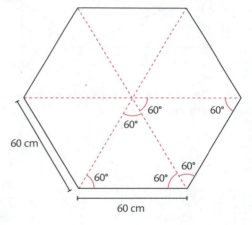

Descobrimos que a altura do triângulo equilátero pode ser calculada fazendo

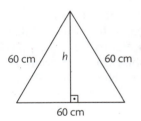

$h = \dfrac{\ell \cdot \sqrt{3}}{2}$. Como $\ell = 60$ cm, temos:

$$h = \dfrac{60 \cdot \sqrt{3}}{2} = 30\sqrt{3} \text{ cm}$$

A área de cada triângulo será 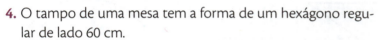 $A = \dfrac{b \cdot h}{2} = \dfrac{60 \cdot 30\sqrt{3}}{2} = 900\sqrt{3}$ cm².

Faça na calculadora: 3 √ e arredonde para duas casas decimais.

A área do tampo hexagonal é igual a seis vezes a área do triângulo.

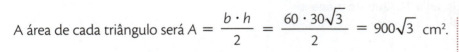
$A_{hexágono} = 6 \cdot 900\sqrt{3} = 5400\sqrt{3}$. Fazendo $\sqrt{3} \cong 1{,}73$, obtemos $A \cong 9342$ cm².
Como 1 m² = 10 000 cm², convertemos a área para metros quadrados: 9 342 cm² = 0,9342 m².
Concluímos que, com aproximadamente 0,94 m² de fórmica, o marceneiro fará o serviço.

RELAÇÕES MÉTRICAS NOS TRIÂNGULOS RETÂNGULOS

EXERCÍCIOS

7. Quais das sequências de valores a seguir são medidas dos lados de um triângulo retângulo?

   a) 7 cm, 9 cm, 12 cm
   b) 12 cm, 16 cm, 20 cm
   c) 12 cm, 5 cm, 13 cm
   d) 21 cm, 28 cm, 30 cm

8. Determine a medida dos segmentos indicados nas figuras.

   a)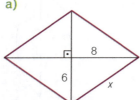

   c)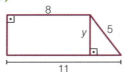

   b)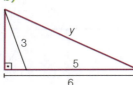

   d)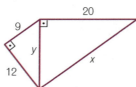

9. Determine a medida da altura de cada um dos triângulos.

   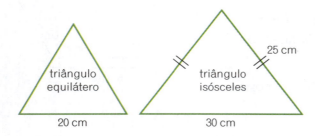

10. A soma dos quadrados dos três lados de um triângulo retângulo é igual a 32. Quanto mede a hipotenusa do triângulo?

    a) 3
    b) 4
    c) 5
    d) 6

11. (Fuvest-SP) Um trapézio retângulo tem bases 5 cm e 2 cm e altura 4 cm. O perímetro desse trapézio é:

    a) 14 cm
    b) 15 cm
    c) 16 cm
    d) 17 cm

12. Um quadrado e um triângulo equilátero têm perímetros iguais. Se a diagonal do quadrado mede $9\sqrt{2}$ cm, então a altura do triângulo, em cm, é:

    a) $2\sqrt{3}$
    b) $4\sqrt{3}$
    c) $6\sqrt{3}$
    d) $\dfrac{\sqrt{3}}{2}$

13. (Saresp) Considere o triângulo retângulo ABC inscrito em uma circunferência de centro O. Sabendo que AB = 36 cm e AC = 15 cm, o valor de AO é:

    a) 18 cm
    b) 39 cm
    c) $\dfrac{21}{2}$ cm
    d) $\dfrac{39}{2}$ cm

    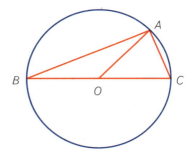

14. (SEE-SP) Para ir do ponto central O até o ponto B, localizados numa praça de formato circular, de diâmetro igual a 40 m, Pedro foi até o ponto A, e dali seguiu em linha reta até o ponto B, conforme indicado na figura. Nesse caso, Pedro caminhou:

    a) 15 m
    b) 25 m
    c) 35 m
    d) 40 m

    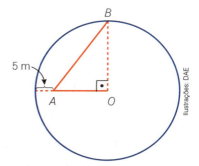

15. (Vunesp) Uma criança resolveu confeccionar um envelope utilizando para isso dois retângulos e um triângulo retângulo. As figuras 1 e 2 mostram, respectivamente, esse envelope fechado e totalmente aberto. Todas as dimensões estão em cm.

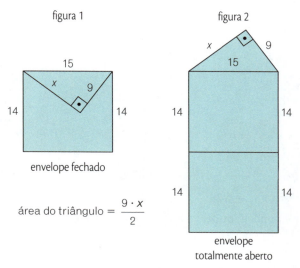

De acordo com as figuras, pode-se dizer que a quantidade mínima de papel utilizada em um envelope, em cm², será de:

a) 416
b) 474
c) 512
d) 546

16. Qual é o perímetro do terreno?

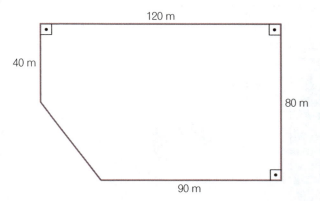

17. (Saresp) Tenho um pedaço de papel de seda de forma circular cujo raio mede 20 cm. Quero fazer uma pipa quadrada, do maior tamanho possível, com esse papel de seda. Quanto medirá o lado desse quadrado? (Use $\sqrt{2} = 1,4$.)

18. Qual é a área do quadrado colorido? (unidade: cm)

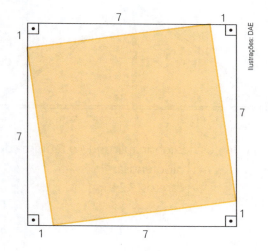

19. (Ceeteps-SP) Seis estações espaciais estão localizadas num mesmo plano, uma em cada vértice de um hexágono regular de lado 200 km. Uma das estações informa a existência de um objeto não identificado que se encontra estacionado na posição M entre as estações A e B, conforme mostra a figura. Para destruí-lo, um míssil é lançado, em linha reta, do centro desse hexágono. Qual a distância percorrida pelo míssil?

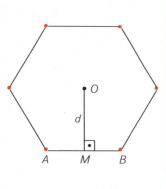

20. Uma parede da cozinha da D. Sílvia foi azulejada conforme mostra a figura ao lado. Veja que foram colocados 13 azulejos inteiros, enfileirados. Qual é a altura aproximada dessa parede, sabendo-se que cada azulejo é um quadrado de 15 cm de lado?

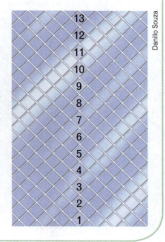

3. Relações métricas nos triângulos retângulos

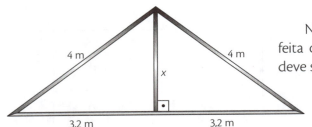
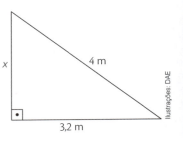

Nessa estrutura de telhado feita com barras de ferro, qual deve ser a medida x?

Podemos descobrir aplicando o teorema de Pitágoras.

$$\begin{cases} \text{hipotenusa: } 4 \\ \text{catetos: } 3{,}2 \text{ e } x \end{cases}$$

$4^2 = x^2 + 3{,}2^2$

$16 = x^2 + 10{,}24$

$x^2 = 5{,}76$

$x = \sqrt{5{,}76}$

$x = 2{,}4$

$2^2 = 4$ e $3^2 = 9$

$\sqrt{5{,}76}$ está entre 2 e 3

Como o último algarismo de 5,76 é 6, experimentamos 2,4.
De fato, $2{,}4^2 = 5{,}76$.
Você também pode usar calculadora: digite 5,76

A barra mede 2,4 m.

Barras de reforço serão colocadas na estrutura. Qual deve ser a medida dessas barras?

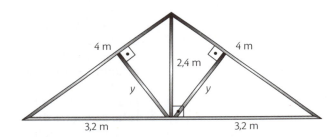

— Não dá para calcular pelo teorema de Pitágoras!

— Há outras relações entre medidas nos triângulos retângulos.

— Vamos descobri-las e depois voltaremos ao problema!

Traçamos a altura $\overline{AH}$ relativa à hipotenusa do triângulo retângulo ABC. Sua medida é h. Repare que $\overline{AH}$ determina dois segmentos sobre a hipotenusa. Eles recebem nomes especiais:

$\overline{CH}$: projeção do cateto $\overline{AC}$ sobre a hipotenusa.
Medida: m

$\overline{BH}$: projeção do cateto $\overline{AB}$ sobre a hipotenusa.
Medida: n

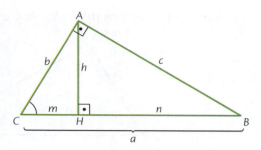

Visualize os três triângulos que aparecem nesta figura:

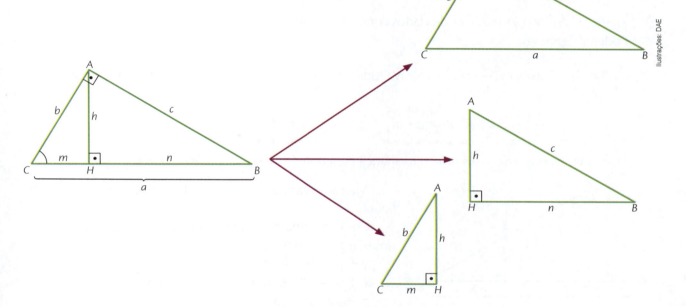

Vamos comparar os triângulos ABC e HBA. Para facilitar, colocamos o ângulo reto na mesma posição:

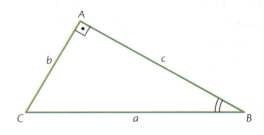
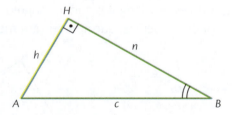

$\widehat{A} \equiv \widehat{H}$ (ambos são ângulos retos)
$\widehat{B}$ é ângulo comum aos dois triângulos.

Os triângulos apresentam dois ângulos correspondentes congruentes. O terceiro, consequentemente, também será. Os triângulos são semelhantes, ou seja, as medidas dos lados correspondentes são proporcionais.

Podemos escrever:

$$\frac{a}{c} = \frac{c}{n}$$ Multiplicando os termos da proporção em cruz: $c^2 = a \cdot n$

RELAÇÕES MÉTRICAS NOS TRIÂNGULOS RETÂNGULOS **197**

Vamos comparar os triângulos ABC e HAC, colocando os ângulos retos na mesma posição:

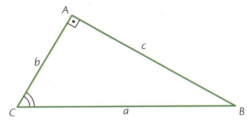
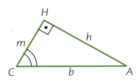

$\widehat{A} \equiv \widehat{H}$ (são retos)
$\widehat{C}$ é ângulo comum aos dois triângulos.
} Dois ângulos correspondentes congruentes.

$\triangle ABC \sim \triangle HAC$ (As medidas dos lados correspondentes são proporcionais.)
Podemos escrever:

$\dfrac{a}{b} = \dfrac{b}{m}$ e também: $\dfrac{a}{b} = \dfrac{c}{h}$ Multiplicando os termos das proporções em cruz, obtemos:

$$b^2 = a \cdot m \qquad \text{e} \qquad a \cdot h = b \cdot c$$

Precisaremos examinar mais uma semelhança para obter a próxima relação. Observe:

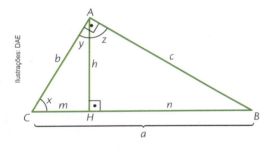

Marcamos as medidas x, y e z de ângulos que aparecem na figura.
Como a soma das medidas dos ângulos internos de um triângulo é 180°, temos que no triângulo HAC,
$x + y + 90° = 180°$, ou seja,
$x + y = 90°$. Também temos que, no triângulo ABC,
$z + y = 90°$. Daí, $x = z$.

Concluímos que os triângulos HBA e HAC têm dois ângulos correspondentes congruentes: $x = z$ e $90° = 90°$ (ambos têm um ângulo reto). O terceiro ângulo será congruente, e temos $\triangle HBA \sim \triangle HAC$.
Traçando esses triângulos com os ângulos correspondentes na mesma posição, fica mais fácil encontrar os lados correspondentes, que apresentam medidas proporcionais, e obter mais uma fórmula:

$\dfrac{h}{m} = \dfrac{n}{h}$

$$h^2 = m \cdot n$$

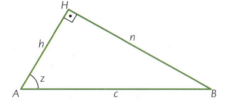
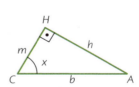

As fórmulas que encontramos são chamadas de **relações métricas no triângulo retângulo**:

$\left.\begin{array}{l} c^2 = a \cdot n \\ b^2 = a \cdot m \end{array}\right\}$ ⟶ Relacionam cateto, sua projeção sobre a hipotenusa e a hipotenusa.

$a \cdot h = b \cdot c$ ⟶ Relaciona hipotenusa, altura relativa à hipotenusa e catetos.

$h^2 = m \cdot n$ ⟶ Relaciona a altura relativa à hipotenusa com as projeções dos catetos sobre a hipotenusa.

Lembra-se de que demonstramos o teorema de Pitágoras usando equivalência entre áreas?
Pois também podemos chegar a esse teorema a partir das relações que acabamos de descobrir.

Vamos somar membro a membro as igualdades:
Colocando o fator comum a em evidência:
No entanto, $(m + n) = a$. A igualdade fica:

$$c^2 = a \cdot n$$
$$b^2 = a \cdot m$$
$$\overline{c^2 + b^2 = a \cdot n + a \cdot m}$$
$$c^2 + b^2 = a(m + n)$$
$$c^2 + b^2 = a \cdot a$$

$c^2 + b^2 = a^2$, que é o teorema de Pitágoras.

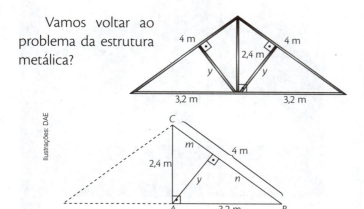

Vamos voltar ao problema da estrutura metálica?

y é a medida da altura relativa à hipotenusa do triângulo retângulo ABC abaixo.
Vimos que: $a \cdot h = b \cdot c$
Nesse problema: $a \cdot y = b \cdot c$

$\begin{cases} a = 4 \\ b = 2,4 \\ c = 3,2 \end{cases}$
$4 \cdot y = 2,4 \cdot 3,2$
$4 \cdot y = 7,68$
$y = \dfrac{7,68}{4}$ ⟶ $y = 1,92$

As barras de reforço devem ter 1,92 m de comprimento.

Ainda podemos determinar a que distância do ponto C a barra de reforço deve ser fixada. Essa distância é a projeção m do cateto b sobre a hipotenusa.

$\begin{cases} b = 2,4 \\ a = 4 \end{cases}$

Usando a relação:

$b^2 = a \cdot m$
$2,4^2 = 4 \cdot m$
$5,76 = 4 \cdot m$
$m = \dfrac{5,76}{4}$ ⟶ $m = 1,44$

O ponto de fixação da barra de reforço deve estar a 1,44 m do ponto C.

 INTERAGINDO

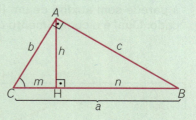

1. Conversem: Por que usamos o nome "projeção dos catetos" para $\overline{CH}$ e $\overline{HB}$?

2. Luciana disse que conhecendo as medidas h e m presentes na figura ao lado, podemos determinar todas as outras. Isso é verdade?

3. Se conhecermos a e h será possível determinar as outras medidas?

4. Vocês sabiam que o tamanho da tela dos televisores é dado pela medida da diagonal da tela retangular? Registrem no caderno.

    a) Considerando 1 polegada ≅ 2,5 cm, qual a medida em centímetros de uma tela de 32 polegadas?

    b) Sabendo-se que comprimento e largura desta tela são proporcionais a 4 e 3, determinem as medidas da tela em centímetros.

5. Um quadrado de lado $2\sqrt{2}$ cm pode ser inscrito em uma circunferência:

    a) de raio 4 cm?
    b) de diâmetro 4 cm?

RELAÇÕES MÉTRICAS NOS TRIÂNGULOS RETÂNGULOS **199**

EXERCÍCIOS

21. Calcule o valor de *x* nos triângulos retângulos.

a)
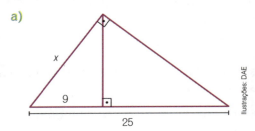

b)
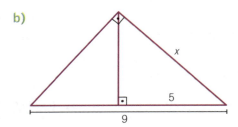

c)
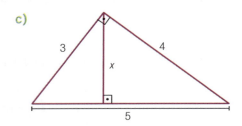

d)
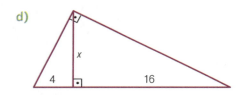

22. (Saresp) O cartaz retangular da figura foi preso à parede com auxílio de um fio, conforme indicado. Qual é o comprimento do fio?

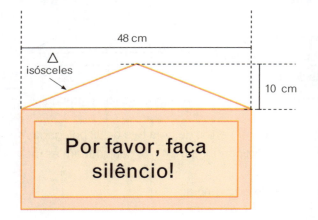

23. (Saresp) Uma praça tem a forma de um triângulo retângulo, com uma via de passagem pelo gramado, que vai de um vértice do ângulo reto até a calçada maior, como ilustrado pela figura abaixo.

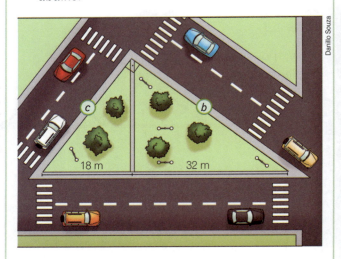

Sabendo que esta via divide o contorno maior do gramado em dois pedaços, um de 32 m e outro de 18 m, quanto mede, em metros, o contorno *b*?

24. Na figura abaixo, a distância da casa à estrada é 1,2 km.

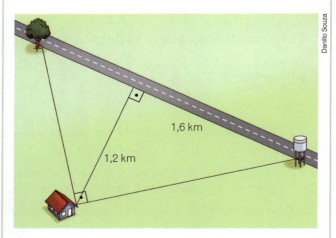

a) Qual é a menor distância da árvore à caixa-d'água?

b) Qual é a menor distância da casa à árvore?

c) Qual é a menor distância da casa à caixa-d'água?

200

REVISANDO

25. Um fazendeiro quer colocar uma tábua em diagonal na sua porteira. Qual é o comprimento dessa tábua, se a folha da porteira mede 1,2 m por 1,6 m?

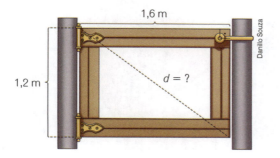

26. Qual é o perímetro da figura?

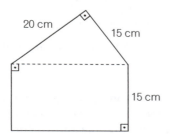

27. Qual é a altura do funil representado pela figura?

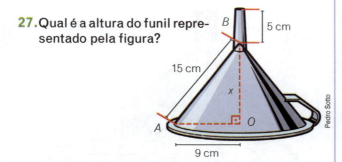

28. Calcule o comprimento x nesta estrutura de telhado, que tem a forma de triângulo isósceles.

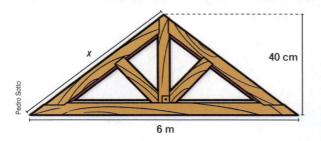

Observação: as medidas não são proporcionais aos valores indicados.

29. Determine o valor dos elementos desconhecidos.

a)

b)

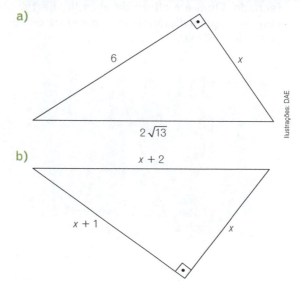

30. Observe a figura abaixo.

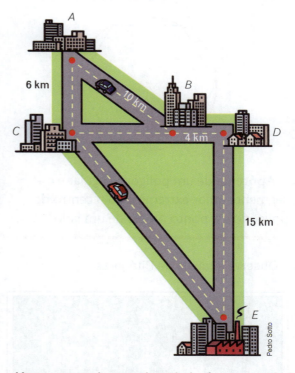

Um carro azul parte da cidade A para a cidade C, passando por B. Um carro vermelho parte da cidade E igualmente para a cidade C, mas com o trajeto direto. Considere que os carros se deslocam à mesma velocidade. Qual dos carros chegará primeiro à cidade C?

RELAÇÕES MÉTRICAS NOS TRIÂNGULOS RETÂNGULOS

31. Uma escada tem 3,20 m de altura quando está fechada. Qual é a altura da escada aberta, sabendo-se que a distância máxima entre os seus pés é de 2,40 m?

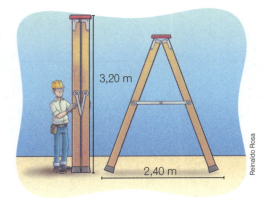

32. Determine a medida do apótema e a medida do lado de um hexágono regular inscrito numa circunferência de raio igual $4\sqrt{3}$ cm.

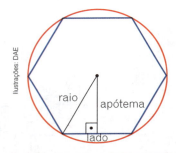

Apótema de um polígono regular é o segmento cujos extremos são o centro do polígono e o ponto médio de um lado.

33. Observe a tabela de Pitágoras.

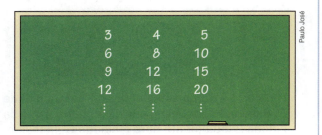

Qual é a soma de todos os números da vigésima linha?

34. (Saresp) Na figura abaixo têm-se os quadrados Q_1 e Q_2.

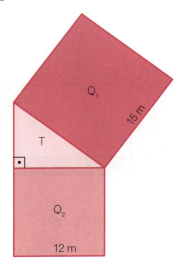

Qual é a área do triângulo T, em metros quadrados?

35. A chácara de Ângela tem a forma de um triângulo retângulo e as dimensões indicadas na figura. Qual é a distância entre o portão e o poço?

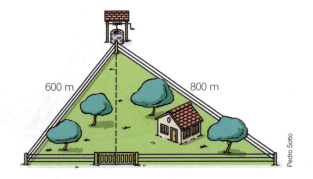

36. Observe o papagaio de papel e calcule x e y. (unidade: cm)

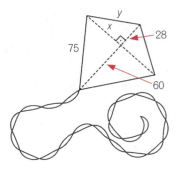

37. A prateleira da secretária está perpendicular ao móvel? Justifique a resposta.

38. Dada a tabela, localize no plano cartesiano, em função de x e y, os pontos dados (A, B, C e D).

Unindo os pontos encontrados, obtém-se uma figura geométrica. Qual é o perímetro dessa figura?

	x	y
A	2	0
B	0	2
C	−2	0
D	0	−2

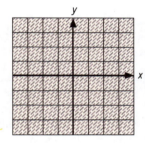

39. Observe a figura e responda:

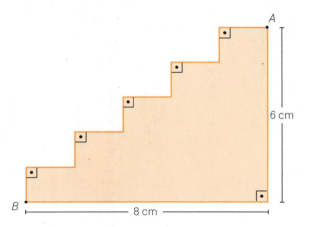

a) Qual é o perímetro da figura?
b) Qual é a distância em linha reta do ponto A ao ponto B?

40. Considere a figura abaixo, onde ABCD e ECGF são quadrados.

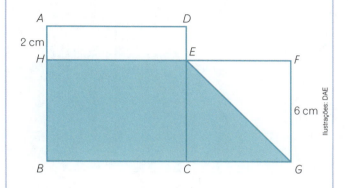

a) Quanto mede o segmento EG?
b) Qual é a área do triângulo ECG?
c) Qual é a área do quadrilátero HBGE?
d) Como se chama o quadrilátero HBGE?

41. (Cefet-SP) Numa embalagem cúbica de 50 cm de aresta, foi encaixada uma placa plana de papelão para separar seu interior em duas partes iguais, como mostra a figura.

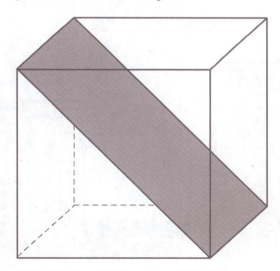

Para tanto, gastou-se, em papelão, aproximadamente:

a) $0,20\ m^2$
b) $0,25\ m^2$
c) $0,30\ m^2$
d) $0,35\ m^2$

42. Qual é o valor de x?

a)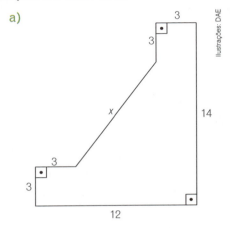

b)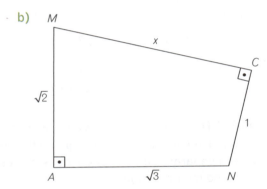

43. Observe a figura abaixo.

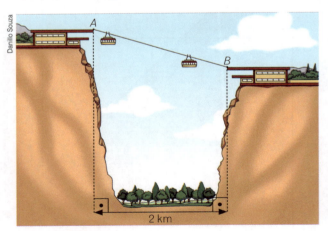

- Altura da montanha A: 2 800 m
- Altura da montanha B: 2 200 m
- Distância entre as montanhas: 2 km

Qual é o comprimento do cabo de aço do teleférico?

DESAFIOS NO CADERNO

44. Os lados do quadrado ABCD medem $3\sqrt{2}$ cm. Cada um dos lados foi dividido em quatro partes congruentes, conforme a figura. Qual é a soma das medidas dos segmentos coloridos?

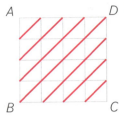

45. Imagine que a figura abaixo seja uma caixa de papelão em forma de bloco retangular. O segmento azul representa a vareta mais longa que pode caber dentro da caixa. Quanto mede a vareta?

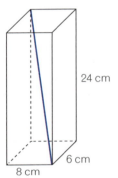

46. (Fuvest-SP) Uma escada de 25 dm de comprimento se apoia num muro do qual seu pé dista 7 dm. Se o pé da escada se afastar mais 8 dm do muro, qual o deslocamento verificado pela extremidade superior da escada?

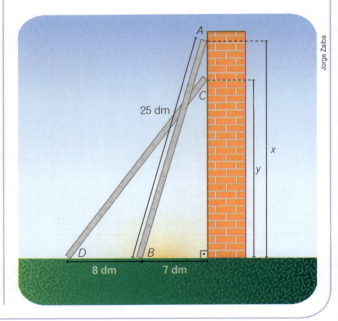

AUTOAVALIAÇÃO

Anote no caderno o número do exercício e a letra correspondente à resposta correta.

47. Qual é o valor de h?

a) 1,8 m
b) 2,0 cm
c) 2,4 m
d) 2,8 m

48. Um bambu partiu-se a uma altura de 4 m do chão, e a parte de cima, ao cair, tocou o chão, a uma distância de 3 m da base do bambu. Qual era a altura do bambu antes de partir-se?

a) 7 m
b) 5 m
c) 8 m
d) 9 m

49. (Furb-SC) Uma pessoa está caminhando em volta de uma praça retangular de medidas 60 m × 40 m. Após 20 voltas completadas, ela para no mesmo ponto em que havia iniciado (Banca de Revista). Resolve, então, tomar um sorvete, atravessando a praça em sua diagonal.

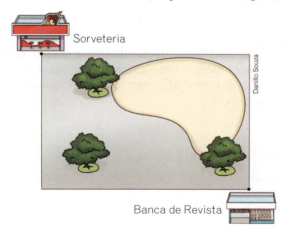

Dessa forma, o número total de metros que ela caminhou foi:

a) 2400 m
b) 3560 m
c) 4072 m
d) 6054 m

50. Qual é o diâmetro da circunferência?

a) 10 cm
b) 20 m
c) 14 cm
d) 28 cm

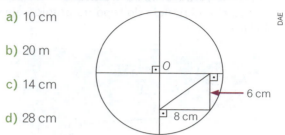

51. (Ceetesp-SP) A medida da diagonal da tela de uma televisão determina as polegadas da TV. Uma televisão cuja tela mede 30 cm por 40 cm possui:

Lembrete!
1 polegada ≅ 2,5 cm

a) 16 polegadas
b) 18 polegadas
c) 20 polegadas
d) 29 polegadas

52. (Univali-SC) Dois pedreiros, João e Luís, estavam discutindo sobre as medidas dos lados de um triângulo (esquadro) mais adequadas para utilizar em uma obra. João disse que as medidas deveriam ser 4,5 m; 2,7 m e 3,6 m. Luís afirmava que as medidas deveriam ser 9 m, 5,4 m e 7,2 m. Um engenheiro foi chamado para resolver o impasse, concluindo, corretamente, que:

a) só o triângulo do João é retângulo.
b) só o triângulo do Luís é retângulo.
c) nenhum dos dois triângulos é retângulo.
d) os dois triângulos são retângulos.

53. (Ufla-MG) Qual deve ser a altitude do balão para que sua distância do topo do prédio seja de 10 km?

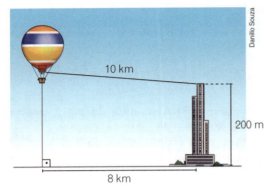

Observação: a figura não respeita as medidas indicadas.

a) 6 km
b) 6 200 m
c) 5 km
d) 11 200 m

54. Na figura abaixo está representada uma parte de um mapa geográfico de uma região plana. A e B são pontos dessa região. Qual das seguintes medidas mais se aproxima do valor da distância entre os pontos A e B?

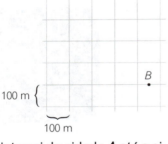

a) 300 m
b) 500 m
c) 400 m
d) 600 m

55. (Saresp) Um motorista vai da cidade A até a cidade E, passando pela cidade B, conforme mostra a figura.

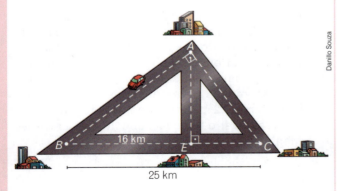

Ele percorreu:

a) 41 km   b) 15 km   c) 9 km   d) 36 km

56. (UFRGS-RS) O lampião representado na figura está suspenso por duas cordas perpendiculares presas ao teto. Sabendo-se que essas cordas medem $\frac{1}{2}$ e $\frac{6}{5}$, a distância do lampião ao teto é:

a) 1,69
b) 1,3
c) $\frac{1}{2}$
d) $\frac{6}{13}$

57. (Puccamp-SP) Para fazer o encanamento de uma residência, deve-se ligar por um cano os pontos A e B, distantes 6 m entre si. Como há uma construção no meio desse percurso, resolveu-se ligar A a C e C a B, como mostra a figura ao lado. A quantidade mínima de metros de cano necessária para fazer esse encanamento é:

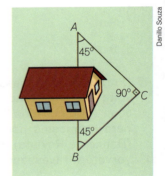

a) $3\sqrt{2}$
b) 6
c) $6\sqrt{2}$
d) $18\sqrt{2}$

58. (UC-BA) Na situação do mapa abaixo, deseja-se construir uma estrada que ligue a cidade A à estrada BC, com o menor comprimento possível.

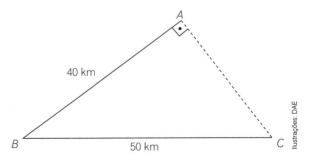

Essa estrada medirá, em quilômetros:

a) 24   b) 28   c) 30   d) 32

UNIDADE 8

Trigonometria no triângulo retângulo

1. As razões trigonométricas

Na Unidade 6, determinamos a altura do mastro de uma bandeira sem medi-la diretamente. Lembram-se?

Nesta unidade, vamos também calcular a altura do prédio da escola sem medi-lo diretamente.

Veja, na ilustração a seguir, o procedimento e as medidas que o professor Jorge anotou. Na sala de aula, ele desenhou este triângulo:

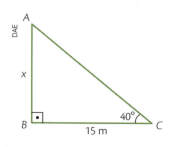

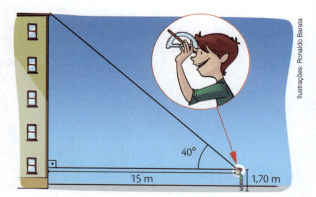

O cateto $\overline{BC}$ é um dos lados do ângulo de 40°.

$\overline{BC}$ é o **cateto adjacente** ao ângulo de 40°.

O cateto $\overline{AB}$ é o **cateto oposto** ao ângulo de 40°.

Esse triângulo é retângulo, mas só temos a medida de um ângulo e de um cateto. Não é possível aplicar as relações métricas que conhecemos.

No entanto, há outras relações que poderão ser utilizadas. Prossiga na leitura do texto. Depois voltaremos à altura do prédio.

TRIGONOMETRIA NO TRIÂNGULO RETÂNGULO **207**

Traçamos dois triângulos retângulos semelhantes: △ABC ~ △DEF, pois têm um ângulo de medida α e um ângulo reto. Identificamos em cada triângulo o cateto oposto e o cateto adjacente ao ângulo marcado.

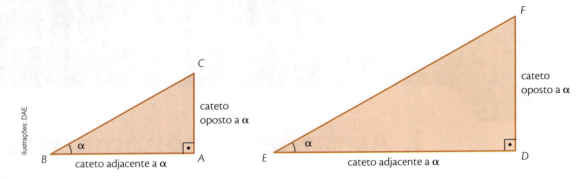

Os lados correspondentes são proporcionais, certo?

$$\frac{AC}{DF} = \frac{AB}{DE}$$

Multiplicamos os termos da proporção em cruz:

$$AC \cdot DE = DF \cdot AB$$

E escrevemos outra proporção:

$$\frac{AC}{AB} = \frac{DF}{DE} = \frac{\text{medida do cateto oposto a } \alpha}{\text{medida do cateto adjacente a } \alpha}$$

Atenção!

Para simplificar a escrita, quando escrevemos "α" estaremos nos referindo ao ângulo cuja medida é igual a α.

Qualquer triângulo retângulo que tenha um ângulo de medida α será semelhante aos que desenhamos acima. A razão entre a medida do cateto oposto a α e a do cateto adjacente a α será a mesma em todos eles.

Essa razão recebe o nome de **tangente de α**. Abreviadamente escrevemos **tg α**.

Para cada medida de ângulo, maior que zero e menor que 90 graus, no triângulo retângulo, há um valor constante para a tangente. Veja na página 213 uma tabela com valores aproximados de tangentes.

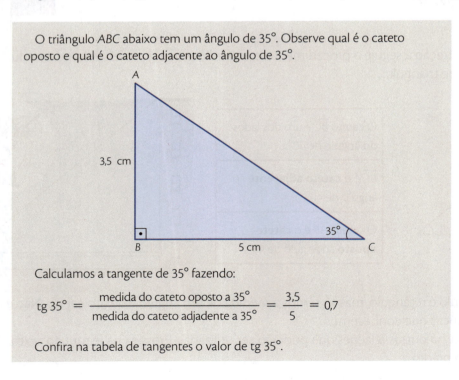

O triângulo ABC abaixo tem um ângulo de 35°. Observe qual é o cateto oposto e qual é o cateto adjacente ao ângulo de 35°.

Calculamos a tangente de 35° fazendo:

$$\text{tg } 35° = \frac{\text{medida do cateto oposto a } 35°}{\text{medida do cateto adjacente a } 35°} = \frac{3{,}5}{5} = 0{,}7$$

Confira na tabela de tangentes o valor de tg 35°.

Agora podemos resolver o problema da altura do prédio da escola...

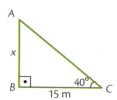
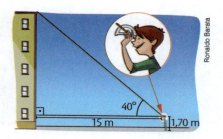

O triângulo ABC tem um ângulo de 40°.

$$\text{tg } 40° = \frac{\text{medida do cateto oposto a } 40°}{\text{medida do cateto adjacente a } 40°}$$

Verificamos na tabela que tg 40° ≅ 0,84.

$$0,84 = \frac{x}{15}$$

$$x = 0,84 \cdot 15$$

$$x = 12,6 \text{ m}$$

Somando a essa medida 1,70 m, que é a distância do transferidor ao solo, obtemos a altura aproximada h do prédio:

$$h = 12,6 + 1,7 = 14,3 \text{ m}$$

REFLETINDO

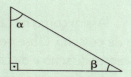

Se α é a medida de um dos ângulos agudos de um triângulo retângulo e tg α = 2, qual das afirmações é correta?

a) O cateto oposto a α mede o dobro do cateto adjacente a α.

b) O cateto adjacente a α mede o dobro do cateto oposto a α.

Você percebeu que a tangente nos ajudará a resolver vários problemas, não é?

Ainda há mais duas relações para descobrirmos. Veja abaixo os triângulos que nos levaram à tangente do ângulo α.

Podemos escrever outras duas proporções a partir dos lados correspondentes:

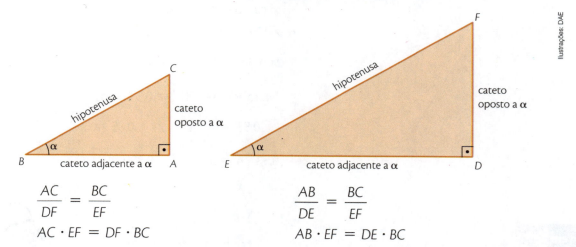

$$\frac{AC}{DF} = \frac{BC}{EF}$$

$$AC \cdot EF = DF \cdot BC$$

$$\frac{AB}{DE} = \frac{BC}{EF}$$

$$AB \cdot EF = DE \cdot BC$$

Assim, chegamos a uma nova proporção em cada caso:

$$\frac{AC}{BC} = \frac{DF}{EF} = \frac{\text{medida do cateto oposto a } \alpha}{\text{medida da hipotenusa}}$$

$$\frac{AB}{BC} = \frac{DE}{EF} = \frac{\text{medida do cateto adjacente a } \alpha}{\text{medida da hipotenusa}}$$

Encontramos razões que serão constantes em todo triângulo retângulo que tenha um ângulo com medida α.

Essas razões também recebem nomes especiais.

Chamaremos de **seno de α** e denotaremos por **sen α** a razão:

$$\text{sen } \alpha = \frac{\text{medida do cateto oposto a } \alpha}{\text{medida da hipotenusa}}$$

Chamaremos de **cosseno de α** e denotaremos por **cos α** a razão:

$$\cos \alpha = \frac{\text{medida do cateto adjacente a } \alpha}{\text{medida da hipotenusa}}$$

Assim como na tangente, para cada ângulo α maior que 0° e menor que 90° há um valor único de seno e de cosseno. Observe que na tabela que você usou para achar o valor da tangente de 35° também há os valores de seno e de cosseno para os ângulos apresentados.

Tabelas como essa foram usadas por muito tempo. Hoje, as calculadoras científicas determinam os valores de seno, cosseno e tangente dos ângulos.

Se você tem acesso a uma calculadora científica...
- verifique se no visor aparece DEG: isso indica que os ângulos serão indicados em graus;
- digite, por exemplo, 24 e a tecla do seno, que em geral aparece como **sin**;
- no visor você obterá 0,406736643... ≅ 0,4067, que é o valor aproximado de sen 24°.

Confira na tabela!

Observe um exemplo no qual seno e cosseno de um ângulo dado nos permitirão encontrar medidas desconhecidas:

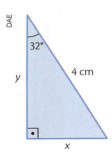

x: cateto oposto ao ângulo de 32°
y: cateto adjacente ao ângulo de 32°

$\text{sen } 32° = \dfrac{x}{4}$ e $\cos 32° = \dfrac{y}{4}$

Na tabela, sen 32° ≅ 0,53 e cos 32° ≅ 0,85.

$0,53 = \dfrac{x}{4}$ $\qquad$ $0,85 = \dfrac{y}{4}$

$0,53 \cdot 4 = x$ $\qquad$ $0,85 \cdot 4 = y$

$x = 2,12$ cm $\qquad$ $y = 3,4$ cm

Atenção!

A hipotenusa é sempre o lado de maior medida no triângulo retângulo. Por isso, o quociente entre a medida de um cateto e a medida da hipotenusa é sempre um número menor que 1. Se α é a medida de um ângulo agudo do triângulo retângulo, temos que sen α < 1 e cos α < 1.

Estamos arredondando os valores da tabela para duas casas decimais.

> As razões tangente, seno e cosseno de um ângulo são chamadas **razões trigonométricas**.

A palavra "trigonometria" vem do grego: *trigono*: três ângulos
metria: medida

Isso não quer dizer que os gregos descobriram essas relações. Como quase tudo em Matemática, a trigonometria não teve um "inventor". Além dos gregos, outros povos, como egípcios, babilônios, hindus e árabes, durante séculos investigaram e aplicaram essas razões para resolver problemas.

Falando em problemas, aplicaremos a trigonometria para resolver dois deles.

1. Uma madeireira doará pranchas para construir uma rampa com plataforma que será usada numa apresentação de manobras com bicicleta no clube do bairro.
A partir do esboço ao lado, podemos calcular o comprimento das rampas.

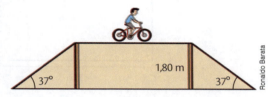

No triângulo retângulo destacado abaixo, 1,80 m é a medida do cateto oposto ao ângulo de 37°, e o comprimento x da rampa corresponde à hipotenusa.

$$\text{sen } 37° = \frac{\text{medida do cateto oposto ao ângulo de } 37°}{\text{medida da hipotenusa}}$$

Consultando a tabela de razões trigonométricas, encontramos:

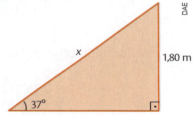

sen 37° ≅ 0,6018 ≅ 0,6

$0,6 = \dfrac{1,8}{x}$

$0,6x = 1,8$

$x = \dfrac{1,8}{0,6} = 3$

Portanto, cada rampa deve ter 3 metros de comprimento.

 REFLETINDO

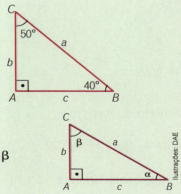

1. Procure na tabela da página 213:
   a) sen 50°   c) sen 40°
   b) cos 50°   d) cos 40°
   O que você observou?

2. Mostre, no caderno, que cos α = sen β e sen α = cos β usando as relações trigonométricas.

TRIGONOMETRIA NO TRIÂNGULO RETÂNGULO **211**

2. Marcelo possui um terreno em forma de trapézio, que pretende cercar com tela de arame.

A partir das medidas anotadas no desenho, é possível calcular x e y e descobrir o perímetro do terreno.

Traçando o segmento AH perpendicular às bases (lados paralelos) do trapézio, obtemos o triângulo retângulo AHB.

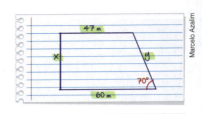

Veja na representação a seguir.

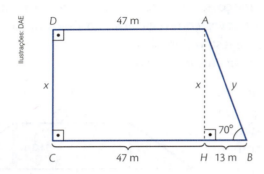

$$\text{tg } 70° = \frac{\text{medida do cateto oposto a } 70°}{\text{medida do cateto adjacente a } 70°} = \frac{x}{13}$$

Consultando a tabela, temos tg $70° \cong 2{,}7475 \cong 2{,}75$.

$$2{,}75 = \frac{x}{13}$$

$$x = 2{,}75 \cdot 13 = 35{,}75 \text{ m}$$

$$\cos 70° = \frac{\text{medida do cateto adjacente ao ângulo de } 70°}{\text{medida da hipotenusa}}$$

$$\cos 70° = \frac{13}{y}$$

Na tabela, cos $70° \cong 0{,}3420 \cong 0{,}34$.

$$0{,}34 = \frac{13}{y}$$

$$0{,}34y = 13$$

$$y = \frac{13}{0{,}34} = 38{,}24 \text{ m}$$

Agora é só encontrar o perímetro do terreno.

Perímetro = $60 + 38{,}24 + 47 + 35{,}75 = 180{,}99$

Logo, Marcelo precisará de, aproximadamente, 181 m de tela para cercar o terreno.

INTERAGINDO

Registrem no caderno.

1. Para que ângulo α de um triângulo retângulo temos sen α = cos α?

2. Mostrem que tg $\alpha = \dfrac{\text{sen } \alpha}{\cos \alpha}$ a partir da figura.

3. Se tg $\alpha = \dfrac{\text{sen } \alpha}{\cos \alpha}$, existe α tal que tg $\alpha = 1$? Quando isto ocorre?

4. Observem a tabela da página 213. Quando o ângulo aumenta:

  a) o seno aumenta?
  b) o cosseno aumenta?
  c) a tangente aumenta?

5. Calculem, com auxílio da calculadora, tg 48° usando a seguinte relação:
$$\text{tg } 48° = \frac{\text{sen de } 48°}{\cos \text{ de } 48°}$$

6. Copiem e completem corretamente.

  a) sen 20° = cos ▨
  b) cos 65° = sen ▨
  c) sen 1° = cos ▨
  d) sen α = cos (90° − ▨)

7. Descubram qual é aproximadamente a medida do ângulo cuja tangente é igual a 2.

8. Utilizem a calculadora e a tabela trigonométrica para determinar a medida aproximada do menor ângulo de um triângulo retângulo cuja hipotenusa mede 28 e um dos catetos mede 17.

Tabela das razões trigonométricas de 1° a 89° (arredondamentos para quatro casas decimais)

Ângulo	Seno	Cosseno	Tangente	Ângulo	Seno	Cosseno	Tangente
1°	0,0175	0,9998	0,0175	46°	0,7193	0,6947	1,0355
2°	0,0349	0,9994	0,0349	47°	0,7314	0,6820	1,0724
3°	0,0523	0,9986	0,0524	48°	0,7431	0,6691	1,1106
4°	0,0698	0,9976	0,0699	49°	0,7547	0,6561	1,1504
5°	0,0872	0,9962	0,0875	50°	0,7660	0,6428	1,1918
6°	0,1045	0,9945	0,1051	51°	0,7771	0,6293	1,2349
7°	0,1219	0,9925	0,1228	52°	0,7880	0,6157	1,2799
8°	0,1392	0,9903	0,1405	53°	0,7986	0,6018	1,3270
9°	0,1564	0,9877	0,1584	54°	0,8090	0,5878	1,3764
10°	0,1736	0,9848	0,1763	55°	0,8192	0,5736	1,4281
11°	0,1908	0,9816	0,1944	56°	0,8290	0,5592	1,4826
12°	0,2097	0,9781	0,2126	57°	0,8387	0,5446	1,5399
13°	0,2250	0,9744	0,2309	58°	0,8480	0,5299	1,6003
14°	0,2419	0,9703	0,2493	59°	0,8572	0,5150	1,6643
15°	0,2588	0,9659	0,2679	60°	0,8660	0,5000	1,7321
16°	0,2756	0,9613	0,2867	61°	0,8746	0,4848	1,8040
17°	0,2924	0,9563	0,3057	62°	0,8829	0,4695	1,8807
18°	0,3090	0,9511	0,3249	63°	0,8910	0,4540	1,9626
19°	0,3256	0,9455	0,3443	64°	0,8988	0,4384	2,0503
20°	0,3420	0,9397	0,3640	65°	0,9063	0,4226	2,1445
21°	0,3584	0,9336	0,3839	66°	0,9135	0,4067	2,2460
22°	0,3746	0,9272	0,4040	67°	0,9205	0,3907	2,3559
23°	0,3907	0,9205	0,4245	68°	0,9272	0,3746	2,4751
24°	0,4067	0,9135	0,4452	69°	0,9336	0,3584	2,6051
25°	0,4226	0,9063	0,4663	70°	0,9397	0,3420	2,7475
26°	0,4384	0,8988	0,4877	71°	0,9455	0,3256	2,9042
27°	0,4540	0,8910	0,5095	72°	0,9511	0,3090	3,0777
28°	0,4695	0,8829	0,5317	73°	0,9563	0,2924	3,2709
29°	0,4848	0,8746	0,5543	74°	0,9613	0,2756	3,4874
30°	0,5000	0,8660	0,5774	75°	0,9659	0,2588	3,7321
31°	0,5150	0,8572	0,6009	76°	0,9703	0,2419	4,0108
32°	0,5299	0,8480	0,6249	77°	0,9744	0,2250	4,3315
33°	0,5446	0,8387	0,6494	78°	0,9781	0,2079	4,7046
34°	0,5592	0,8290	0,6745	79°	0,9816	0,1908	5,1446
35°	0,5736	0,8192	0,7002	80°	0,9848	0,1736	5,6713
36°	0,5878	0,8090	0,7265	81°	0,9877	0,1564	6,3188
37°	0,6018	0,7986	0,7536	82°	0,9903	0,1392	7,1154
38°	0,6157	0,7880	0,7813	83°	0,9925	0,1219	8,1443
39°	0,6293	0,7771	0,8098	84°	0,9945	0,1045	9,5144
40°	0,6428	0,7660	0,8391	85°	0,9962	0,0872	11,4301
41°	0,6561	0,7547	0,8693	86°	0,9976	0,0698	14,3007
42°	0,6691	0,7431	0,9004	87°	0,9986	0,0523	19,0811
43°	0,6820	0,7314	0,9325	88°	0,9994	0,0349	28,6363
44°	0,6947	0,7193	0,9657	89°	0,9998	0,0175	57,2900
45°	0,7071	0,7071	1,0000				

EXERCÍCIOS

1. Considere o triângulo abaixo.

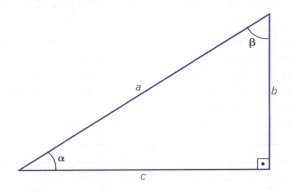

a) Qual é a hipotenusa?
b) Qual é o cateto oposto a α?
c) Qual é o cateto adjacente a α?
d) Qual é o cateto oposto a β?
e) Qual é o cateto adjacente a β?

2. No triângulo retângulo representado, calcule os valores de:

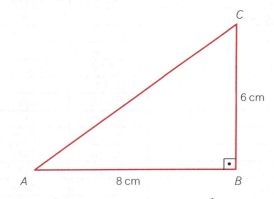

a) sen $\hat{A}$
b) cos $\hat{A}$
c) tg $\hat{A}$
d) sen $\hat{C}$
e) cos $\hat{C}$
f) tg $\hat{C}$

3. Copie e complete o quadro consultando a tabela trigonométrica.

ângulo	25°			
seno		0,6157		
cosseno			0,2756	
tangente				1,4826

4. Calcule x em cada um dos triângulos retângulos.

a)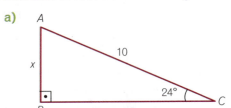

b)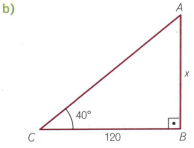

c)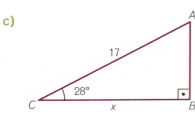

d)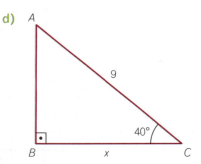

5. Veja a figura abaixo. Pode-se tombar a árvore em direção à casa, sem atingir a construção?

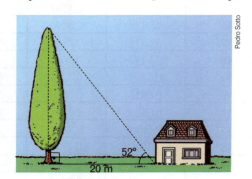

214

6. Uma escada medindo 3 m precisa fazer um ângulo de 40° com a parede para que não escorregue. A que distância o pé da escada precisa ficar da parede?

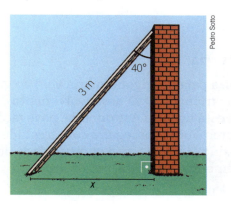

7. A torre Eiffel, a maior antes da era da televisão, foi concluída em 31 de março de 1889. Veja a figura e determine a altura dessa torre.

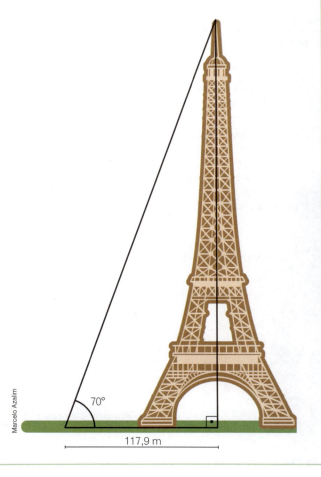

8. Use a calculadora. Sugerimos a você que calcule o valor do seno e do cosseno de alguns ângulos e compare-os com os da tabela apresentada na página 213 do livro.

9. Observe a figura e calcule a medida do ângulo que a escada faz com o solo.

10. Veja a figura abaixo. A lâmpada está a 3 m do chão e lança um cone de luz de "abertura" igual a 50°. Qual é a medida do raio do círculo de luz no chão?

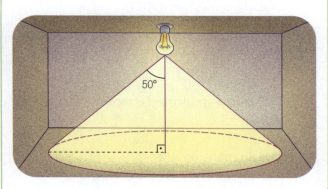

11. Um dos ângulos de um triângulo retângulo é α. Se tg α = 2,4, as medidas dos lados desse triângulo são proporcionais a:

a) 12, 35, 37
b) 30, 40, 50
c) 50, 120, 130
d) 80, 150, 170

2. As razões trigonométricas e os ângulos de 30°, 45° e 60°

A diagonal *d* é eixo de simetria do quadrado de lado ℓ: divide o ângulo reto em dois ângulos de 45°.

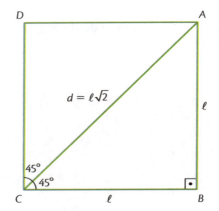

Sobre a Trigonometria

Como já dissemos, a palavra **trigonometria** vem do grego e significa "medida de triângulos". O desenvolvimento deste ramo da Matemática está ligado a Astronomia, navegação, cartografia, entre outros. Você prosseguirá com o estudo da Trigonometria no Ensino Médio e terá a oportunidade de aplicar estes conhecimentos na Física, por exemplo.

Já descobrimos, pelo teorema de Pitágoras, que $d = \ell\sqrt{2}$.
O triângulo *ABC* é retângulo. Vamos calcular:

- sen 45° = $\dfrac{\text{medida do cateto oposto ao ângulo de 45°}}{\text{medida da hipotenusa}}$

$$\text{sen } 45° = \dfrac{\ell}{\ell\sqrt{2}} = \dfrac{1}{\sqrt{2}} \quad \text{ou} \quad \dfrac{1 \cdot \sqrt{2}}{\sqrt{2} \cdot \sqrt{2}} = \dfrac{\sqrt{2}}{2}$$

racionalizando o denominador

Na tabela, sen 45° = 0,7071.

Numa calculadora, digitando [2] [√] [÷] [2] para calcular $\dfrac{\sqrt{2}}{2}$, obtemos 0,7071067...

0,7071 é uma aproximação racional para sen 45° e $\dfrac{\sqrt{2}}{2}$ é o valor exato de sen 45°

Ainda no triângulo *ABC*:

- cos 45° = $\dfrac{\text{medida do cateto adjacente ao ângulo de 45°}}{\text{medida da hipotenusa}} = \dfrac{\ell}{\ell\sqrt{2}} = \dfrac{1}{\sqrt{2}} = \dfrac{\sqrt{2}}{2}$.

Valor exato de cos 45°.

- tg 45° = $\dfrac{\text{medida do cateto oposto a 45°}}{\text{medida do cateto adjacente a 45°}} = \dfrac{\ell}{\ell} = 1$

Há situações em que é melhor trabalhar com valores exatos de seno e de cosseno de 45°.

Podemos obter também, a partir do triângulo equilátero, os valores exatos das razões trigonométricas para os ângulos de 30° e de 60°.

Acompanhe:

Um triângulo equilátero tem três ângulos de 60°. Traçamos a altura $\overline{AH}$ que está num dos eixos de simetria do triângulo equilátero de lado ℓ, obtendo o triângulo retângulo AHB.

Lembrando que a altura de um triângulo equilátero de lado ℓ é $h = \dfrac{\ell\sqrt{3}}{2}$, temos:

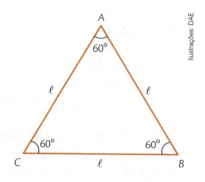

- sen 60° = $\dfrac{\text{medida do cateto oposto ao ângulo de 60°}}{\text{medida da hipotenusa}}$

sen 60° = $\dfrac{\frac{\ell\sqrt{3}}{2}}{\ell} = \dfrac{\ell\sqrt{3}}{2} \cdot \dfrac{1}{\ell} = \dfrac{\sqrt{3}}{2}$

- cos 60° = $\dfrac{\text{medida do cateto adjacente ao ângulo de 60°}}{\text{medida da hipotenusa}}$

cos 60° = $\dfrac{\frac{\ell}{2}}{\ell} = \dfrac{\ell}{2} \cdot \dfrac{1}{\ell} = \dfrac{1}{2}$

- tg 60° = $\dfrac{\text{medida do cateto oposto a 60°}}{\text{medida do cateto adjacente a 60°}}$

tg 60° = $\dfrac{\frac{\ell\sqrt{3}}{2}}{\frac{\ell}{2}} = \dfrac{\ell\sqrt{3}}{2} \cdot \dfrac{2}{\ell} = \sqrt{3}$

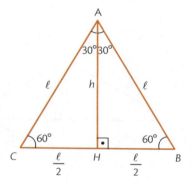

Faça dupla com um colega. Determinem, a partir do triângulo AHB, os valores exatos de sen 30°, cos 30° e tg 30°. Copiem e completem a tabela abaixo no caderno. Lembrem-se da racionalização!

ângulo	sen	cos	tg
30°			
45°	$\dfrac{\sqrt{2}}{2}$	$\dfrac{\sqrt{2}}{2}$	1
60°	$\dfrac{\sqrt{3}}{2}$	$\dfrac{1}{2}$	$\sqrt{3}$

TRIGONOMETRIA NO TRIÂNGULO RETÂNGULO **217**

Vamos usar o valor exato de sen 60° para estabelecer uma relação matemática. Com régua, compasso e transferidor, faça junto.

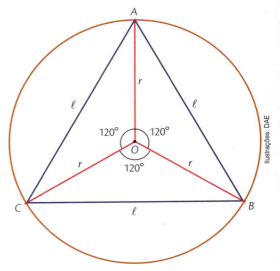

- Traçamos uma circunferência de centro O e raio r qualquer.

- Como 360° : 3 = 120°, construindo três ângulos de 120° com vértice em O, dividimos a circunferência em três partes iguais e traçamos o triângulo equilátero ABC.

Esse triângulo está **inscrito** na circunferência: seus vértices são pontos da circunferência. Vamos descobrir qual é a relação entre o raio r da circunferência e a medida do lado do triângulo.

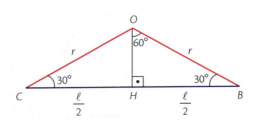

OB = OC = r

O triângulo OBC é isósceles de base $\overline{BC}$.

Traçamos a altura $\overline{OH}$ relativa à base. $\overline{OH}$ está no eixo de simetria do triângulo OBC.

Obtivemos o triângulo OHB retângulo.

$H\hat{O}B$ mede 60° (metade de 120°).

$$\text{sen } 60° = \frac{\text{medida do cateto oposto ao ângulo de 60°}}{\text{medida da hipotenusa}} \rightarrow \frac{\sqrt{3}}{2} = \frac{\frac{\ell}{2}}{r}$$

$$\cancel{2} \cdot \frac{\ell}{\cancel{2}} = r \cdot \sqrt{3}$$

$$\ell = r\sqrt{3}$$

Por exemplo, se a circunferência tiver raio de 5 cm, o lado do triângulo equilátero inscrito nessa circunferência medirá $5\sqrt{3}$ cm.

1. Um triângulo equilátero de lado $4\sqrt{3}$ cm está inscrito numa circunferência de raio r. Descubra, usando cálculo mental, qual é a medida r.

2. Qual a medida do raio da circunferência onde está inscrito um triângulo equilátero de lado 3 cm?

3. No caderno, mostre que tg 45° = 1 usando a relação $\text{tg } \alpha = \frac{\text{sen } \alpha}{\cos \alpha}$.

4. Vimos que cos α = sen (90° − α), α é ângulo agudo. Complete mentalmente.

   a) cos 30° = sen ▨
   b) sen 60° = cos ▨
   c) cos 45° = sen ▨

EXERCÍCIOS

12. Calcule o valor de x em cada um dos triângulos retângulos.

a)
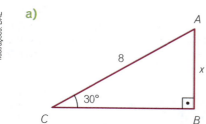

b)
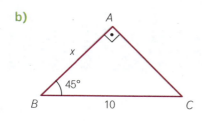

13. Qual é a altura do prédio?

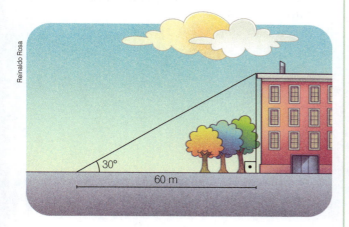

14. Um avião levanta voo sob um ângulo de 30° em relação à pista. Qual será a altura do avião quando este percorrer 4 000 m em linha reta?

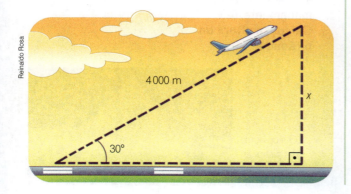

15. Uma escada de 8 m é encostada em uma parede, formando com ela um ângulo de 60°. A que altura da parede a escada se apoia?

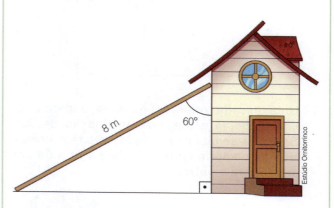

16. Para permitir o acesso a um monumento que está em um pedestal de 1,5 m de altura, será construída uma rampa com inclinação de 30° com o solo, conforme a ilustração.

Qual será o comprimento da rampa?

17. Calcule o perímetro da figura, considerando $\sqrt{3} = 1,7$.

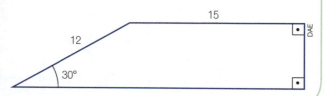

TRIGONOMETRIA NO TRIÂNGULO RETÂNGULO **219**

REVISANDO

18. Calcule x e y.

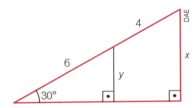

19. Uma escada rolante liga dois andares de um *shopping* e tem uma inclinação de 30°. Sabendo-se que a escada rolante tem 12 metros de comprimento, calcule a altura de um andar para o outro.

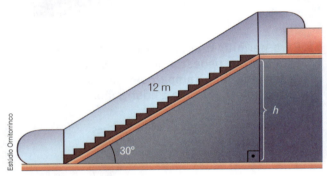

20. Calcule a altura do balão de gás, considerando $\sqrt{3} = 1,7$.

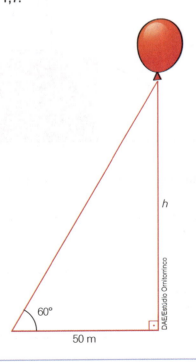

21. (Unama-PA) A figura abaixo representa um barco atravessando um rio, partindo de A em direção ao ponto B. A forte correnteza arrasta o barco em direção ao ponto C, segundo um ângulo de 60°. Sendo a largura do rio de 120 m, qual é a distância percorrida pelo barco até o ponto C?

22. Duas rodovias, A e B, encontram-se em O, formando um ângulo de 30°. Na rodovia A existe um posto de gasolina que dista 5 km de O. A que distância o posto se encontra da outra rodovia?

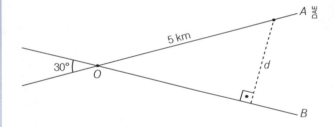

23. A pirâmide de Quéops, uma das Sete Maravilhas do Mundo, é uma pirâmide quadrangular regular cuja aresta da base mede 230 m. O ângulo que o apótema de uma face lateral forma com a base é de, aproximadamente, 52°. Calcule a altura da pirâmide.

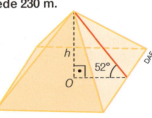

Quéops, uma das pirâmides de Gizé, no Egito.

24. Uma pessoa tem um terreno com o seguinte declive:

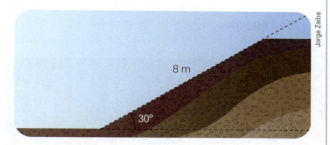

Ela quer construir um muro para nivelar o terreno. Que altura deverá ter o muro?

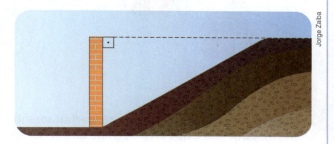

25. Calcule o perímetro do retângulo, considerando $\sqrt{3} = 1,7$.

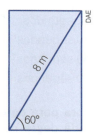

26. Determine a que altura se encontra o papagaio do solo, sabendo-se que a mão do garoto dista do solo 1,2 m.

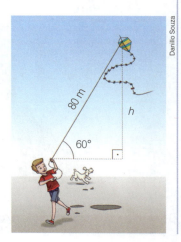

27. Um copo tem 12 cm de altura e dentro dele há um canudinho. Qual é o comprimento aproximado desse canudinho sabendo-se que 6 cm dele estão fora do copo?

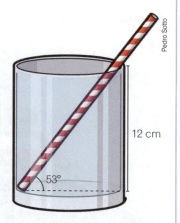

28. O sinal que se encontra representado na figura significa que em cada 100 m medidos na horizontal a estrada desce 10 m, o que representa um perigo considerável.

Qual é a medida do ângulo α?

29. Uma escada apoiada em uma parede de um prédio, num ponto que dista 8 m do solo, forma com essa parede um ângulo de 21°.

a) A que distância do prédio está o pé da escada?
b) Qual é o comprimento da escada?

TRIGONOMETRIA NO TRIÂNGULO RETÂNGULO **221**

DESAFIOS

30. Observe a figura:

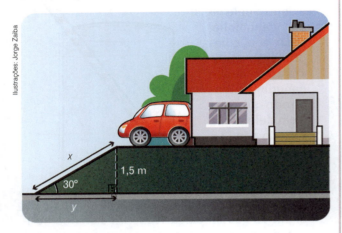

a) Qual é o comprimento da rampa?
b) Qual é a distância do início da rampa ao barranco?

31. (Saresp) O prisma reto triangular da figura abaixo tem altura de 10 dm.

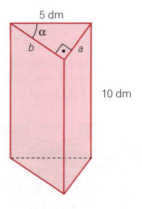

Sua base é um triângulo retângulo, conforme o desenho apresentado abaixo.

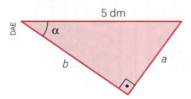

Considerando-se sen α = 0,6 e cos α = 0,8, a área lateral do prisma é, aproximadamente:

a) 130 dm²
b) 110 dm²
c) 120 dm²
d) 80 dm²

32. (Vunesp) A figura representa um teleférico que será construído para transportar pessoas do ponto P até uma altura de 100 metros em relação ao solo.

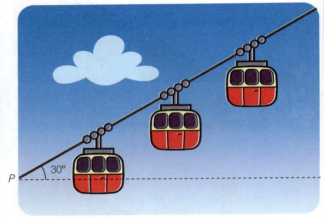

Sabendo-se que o cabo ficará perfeitamente reto e esticado e que a velocidade das cadeiras ao longo do cabo será constante e igual a 1 metro por segundo, o tempo de deslocamento do ponto P até o ponto mais alto será, aproximadamente, igual a:

a) 1 minuto e 40 segundos
b) 2 minutos e 10 segundos
c) 2 minutos e 50 segundos
d) 3 minutos e 20 segundos

33. Use a calculadora para determinar qual era a altura aproximada deste pinheiro. (Considere $\sqrt{3}$ = 1,73.)

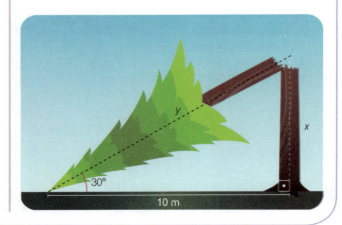

AUTOAVALIAÇÃO

NO CADERNO

Anote no caderno o número do exercício e a letra correspondente à resposta correta.

34. (Saresp) Um avião levanta voo sob um ângulo de 30° em relação ao solo.

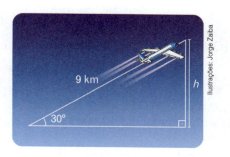

Após percorrer 9 km em linha reta, sua altura h em relação ao solo será de:

a) 1 530 m
b) 4 500 m
c) 7 200 m
d) 8 700 m

35. Um prédio projeta uma sombra de 40 m quando os raios solares formam um ângulo de 45° com o solo.

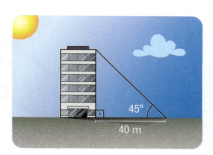

A altura desse prédio é:

a) 40 m
b) 80 m
c) 56 m
d) 28 m

36. (FCC-SP) Uma escada apoiada em uma parede, num ponto que dista 4 m do solo, forma, com essa parede, um ângulo de 60°. O comprimento da escada, em metros, é:

a) 2
b) 4
c) 8
d) 16

37. (Ceeteps-SP) Numa pousada isolada, instalada na floresta, um lampião está suspenso na parede conforme a figura a seguir:

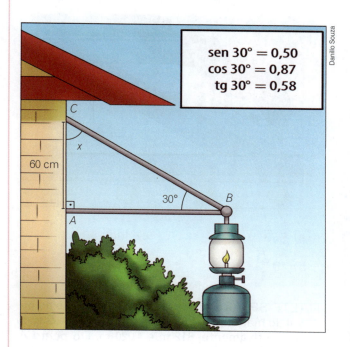

A hipotenusa do triângulo ABC formado e o ângulo x medem, respectivamente:

a) 87 cm e 30°
b) 87 cm e 60°
c) 120 cm e 30°
d) 120 cm e 60°

38. Observe a figura abaixo e determine a altura h do edifício, sabendo-se que a distância entre os pontos A e B mede 25 m e sen θ = 0,6.

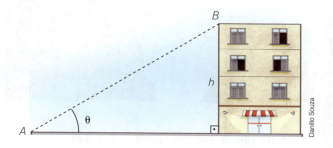

a) h = 15 m
b) h = 20 m
c) h = 12,5 m
d) h = 18,5 m

223

39. (UMC-SP) A medida da frente para a rua A, do lote de terreno sombreado na planta da quadra triangular da figura abaixo, em metros, é igual a:

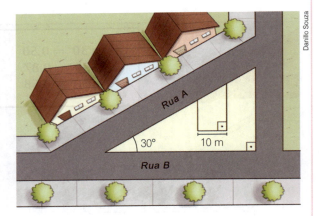

a) $5\sqrt{3}$
b) $10\dfrac{\sqrt{3}}{3}$
c) $10\sqrt{3}$
d) $20\dfrac{\sqrt{3}}{3}$

40. (ETF-SP) As altitudes (altura em relação ao nível do mar) em que estão dois pontos A e B são, respectivamente, 812 m e 1020 m. Do ponto A vê-se o ponto B sob um ângulo de 30° com o plano horizontal (conforme figura).

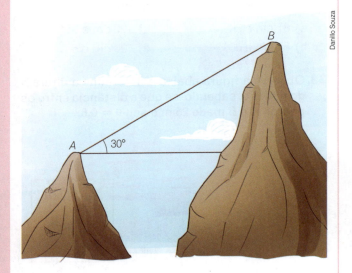

A distância entre os pontos A e B é:

a) 400 m
b) 416 m
c) $208\sqrt{3}$ m
d) $\dfrac{416\sqrt{3}}{3}$ m

41. (Cefet-PR) Durante uma tempestade, um poste de 9 m de altura quebra-se e, ao cair, forma com o solo um triângulo retângulo. A parte quebrada forma com o solo um ângulo de 30°. O comprimento da parte que ficou fixa ao solo é, em m:

a) 3
b) 4
c) 5
d) 6

42. (Ceeteps-SP) A informação pode evitar doenças:

> "Para evitar a contaminação da água pela fossa, deve-se construí-la distante, no mínimo, 20 m do poço de água."

Observando o esquema abaixo, podemos concluir que a construção da fossa e do poço está:

a) correta, pois a distância do poço à fossa é de 20 m.
b) incorreta, pois a distância do poço à fossa é de 15 m.
c) correta, pois a distância do poço à fossa é de 22 m.
d) correta, pois a distância do poço à fossa é de 25 m.

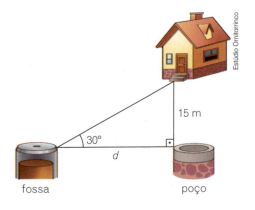

Considere:
sen 30° = 0,5
cos 30° = 0,8
tg 30° = 0,6
d = distância do poço à fossa

UNIDADE 9

Círculo e cilindro

1. Área do círculo

Rodas, bordas de xícaras e copos, engrenagens...
As formas circulares aparecem com frequência nas construções e nos objetos presentes em nosso mundo.

A Matemática fornece conhecimentos para que possamos utilizar melhor essas formas em nosso dia a dia.
Você já sabe que a **circunferência** é uma linha formada por todos os pontos do plano que estão a uma mesma distância de um ponto fixo, que é o centro da circunferência.

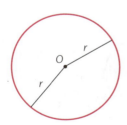

Ponto O: centro da circunferência
r: raio da circunferência

Todos os pontos da circunferência distam r de O.
Você também sabe que o comprimento C de uma circunferência de raio r pode ser calculado pela relação $C = 2 \cdot \pi \cdot r$.

Juntando à circunferência os pontos do seu interior, obtemos um **círculo**.
O círculo ocupa uma superfície. A medida dessa superfície é a área do círculo.

Em muitas situações é preciso calcular a área do círculo.
Para calcular a área de um jardim circular de 6 m de diâmetro, Sérgio fez a representação abaixo.

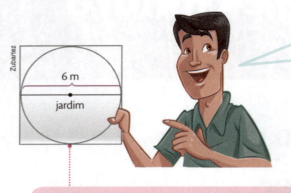

O quadrado tem 36 m² de área. A área do círculo é menor do que a do quadrado...

Sérgio desenhou um círculo inscrito num quadrado. O lado do quadrado é igual ao diâmetro do círculo.

REFLETINDO

Faça uma estimativa para a área ocupada pelos três jardins circulares representados a seguir. Todos têm raio de 4 m.

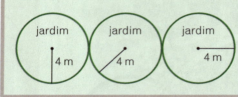

Ele estimou a área do círculo em $\frac{3}{4}$ da área do quadrado.

Em seguida calculou: $\frac{3}{4}$ de 36 = 27 e concluiu que a área aproximada do círculo é de 27 m².

Dependendo da situação, uma aproximação como essa pode ser suficiente. No entanto, em algumas situações é necessário obter um valor mais preciso para a área do círculo. O ideal é encontrar uma **fórmula** que permita calcular a área do círculo.

Podemos obter essa fórmula partindo da ideia de Sérgio: aproximação por áreas já conhecidas. A área do retângulo, por exemplo. Acompanhe:

- Recorte em papel sulfite um círculo de 5 cm de raio.
- Divida-o em 12 partes iguais, como você vê na figura abaixo.
- Recorte e cole cada uma dessas doze partes sobre uma outra folha de papel, obtendo a forma demonstrada.
- Uma das partes deve ser cortada ao meio e encaixada nas extremidades.

A superfície do círculo que você traçou foi reorganizada, mas conservada. Repare que a área do círculo se aproxima da área de um retângulo.

Se dividíssemos o círculo em 24 partes iguais e fizéssemos a mesma montagem, as áreas ficariam mais próximas. Com 48 partes iguais, ficariam mais próximas ainda. Continuando esse processo indefinidamente, chegaríamos a áreas praticamente iguais.

A área do círculo seria igual à área de um retângulo com comprimento $\frac{C}{2}$ (metade do comprimento da circunferência do círculo) e largura r (raio do círculo).

A área do retângulo é obtida multiplicando a medida do comprimento pela medida da largura.

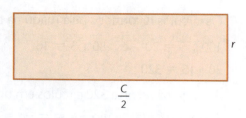

Nesse retângulo:

$A = \frac{C}{2} \cdot r$

Como $C = 2 \cdot \pi \cdot r$, temos:

$A = \pi \cdot r^2$

REFLETINDO

Quando dobramos a medida do diâmetro de uma circunferência, seu comprimento dobra? E se triplicarmos a medida do diâmetro? Diâmetro e comprimento da circunferência são grandezas diretamente proporcionais?

Obtivemos a fórmula da área do círculo de raio r.

$A = \pi \cdot r^2$

A área do círculo é igual a π vezes a medida do quadrado de seu raio.

Voltemos ao Sérgio e seu jardim.

O raio do jardim circular é de 3 m.

Aplicando a fórmula $A = \pi \cdot r^2$, temos: $A = \pi \cdot 9 = 9\pi$ m²

Adotando $\pi = 3{,}14$:

$A = 9 \cdot 3{,}14 = 28{,}26$ m²

Usando a criatividade, Sérgio conseguiu uma boa aproximação para a área do jardim!

Vamos trabalhar com situações que envolvem a área de círculos?

1. Uma máquina recorta, de placas retangulares de papel de 100 cm por 80 cm, círculos com 5 cm de diâmetro para fazer forminhas de doce (veja o esquema ao lado).

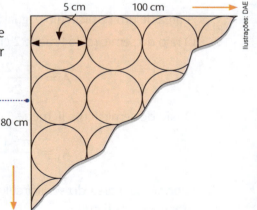

Esquema representativo dos cortes circulares.

Observe que sobra espaço entre os círculos, ou seja, uma parte da placa não é aproveitada para as forminhas, mas a empresa não perde esse papel; ela o recicla!

Podemos calcular quantos centímetros quadrados serão reciclados por placa.

CÍRCULO E CILINDRO **227**

Os círculos recortados pela máquina têm 5 cm de diâmetro.

100 : 5 = 20   e   80 : 5 = 16

20 · 16 = 320

A máquina recorta 320 círculos em uma placa.

A área de cada círculo é $A = \pi \cdot r^2 = 3{,}14 \cdot 2{,}5^2$.

$A = 19{,}625$ cm² ·········· Confira com uma calculadora!

A área de 320 círculos é $A = 320 \cdot 19{,}625 = 6280$ cm².

A área da placa é $A_p = 100 \cdot 80 = 8000$ cm².

Subtraindo da área da placa a área dos 320 círculos, obtemos a área de material não utilizado:

$$8000 - 6280 = 1720 \text{ cm}^2$$

Então, os retalhos que sobram em cada placa somam uma área de 1 720 cm².

É bastante! Em cinco placas, sobram 8 600 cm² de papel. Isso corresponde a uma área maior do que a de uma placa! Ainda bem que o papel pode ser totalmente reciclado!

2. Marina adora decorar seu caderno com figuras que ela mesma inventa.

Observe abaixo uma de suas criações. Com as dicas do desenho você pode reproduzir a figura em seu caderno, usando régua e compasso.

Vamos calcular a área dessa figura?

Para obter a figura, Marina traçou os semicírculos I e II.

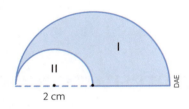

2 cm

A área de um semicírculo é igual à metade da área do círculo que o originou.

O raio do semicírculo I mede 2 cm. Então:

$$A_I = \frac{\pi \cdot 2^2}{2} = 2\pi \text{ cm}^2$$

O raio do semicírculo II mede 1 cm. Então:

$$A_{II} = \frac{\pi \cdot 1^2}{2} = \frac{\pi}{2} \text{ cm}^2$$

Podemos deixar para substituir π por 3,14 no final!

Subtraindo a área do semicírculo II da área do semicírculo I, obtemos a área da figura:

$$A_{figura} = 2\pi - \frac{\pi}{2} = \frac{3\pi}{2} \text{ cm}^2$$

Fazendo $\pi = 3{,}14$ e efetuando os cálculos: $A_{figura} = 4{,}71$ cm².

3. Quando traçamos duas circunferências de mesmo centro e raios diferentes, determinamos uma região plana, chamada **coroa circular** (como você vê na área colorida da ilustração).

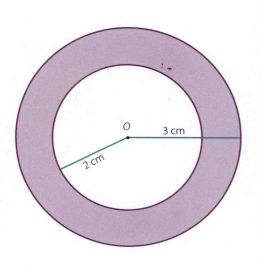

Registrem no caderno.

1. Descubram como calcular a área da coroa circular.

2. Citem objetos cuja forma lembre uma coroa circular?

3. Quando dobramos a medida do diâmetro de um círculo, o que acontece com sua área?

4. Como obter um círculo que tenha a terça parte da área de um círculo dado?

5. Na página 227 vimos uma maneira de obter a fórmula da área do círculo. Pesquisem outra estratégia para obtê-la.

4. Já conhecemos os **setores circulares**, que são regiões do círculo.
- Um setor circular ocupa uma superfície: apresenta área.
- A cada setor circular corresponde um ângulo central.

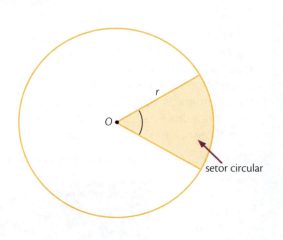

- Dobrando a medida do ângulo central, a área do setor circular correspondente a ele também dobra.
- Triplicando a medida do ângulo central, a área do setor circular correspondente a ele também triplica, e assim por diante.

Há proporcionalidade direta entre a medida do ângulo central do setor circular e a área desse setor.

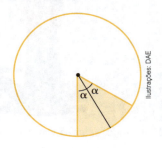

CÍRCULO E CILINDRO   **229**

Aplicaremos a proporcionalidade entre a área do círculo e a área do setor circular para calcular a área do setor circular destacado na figura.

- Área do setor circular: x
- Área do círculo onde está o setor: $\pi \cdot r^2 = 16\pi$ cm²
- Ângulo central correspondente ao setor circular: 45°
- Ângulo central correspondente ao círculo: 360°

$$\frac{x}{16\pi} = \frac{45°}{360°}$$

$$\frac{x}{16\pi} = \frac{1}{8}$$

$$8x = 16\pi$$

$$x = \frac{16\pi}{8}$$

$$x = 2\pi \text{ ou } x \cong 6{,}28$$

Área do setor circular: 6,28 cm²

Veja na fotografia abaixo as formas circulares presentes em uma obra de arte.

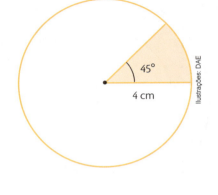

1. Desmonte um chapeuzinho de festa como este da fotografia. Tome cuidado para não rasgá-lo. Você obterá a planificação da superfície lateral de um cone, que tem a forma de um setor circular.

2. Meça o raio do círculo a que pertence o setor e o ângulo central α. Usando a proporcionalidade, calcule quantos centímetros quadrados de papel são necessários para confeccionar o chapeuzinho.

3. Use a calculadora para resolver o problema a seguir.
O leque da fotografia ao lado tem a forma de um setor circular de ângulo central 120°. A área do leque é de 235,5 cm². Qual o raio deste setor? (Use $\pi = 3{,}14$.)

Joan Miró. *A carícia de um pássaro*, 1967.

EXERCÍCIOS

1. Utilizando a unidade destacada no canto superior, indique um valor aproximado para a área de cada figura colorida.

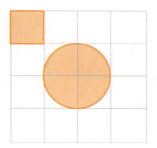 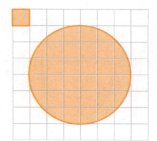

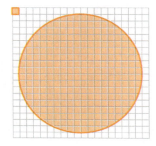

2. Um CD tem 12 cm de diâmetro. Calcule sua área.

3. Utilizando as imagens, faça as medições necessárias das moedas e complete a tabela.

Moeda	Diâmetro	Raio	Perímetro	Área
R$ 0,25				
R$ 0,50				

4. Calcule a área do tampo de madeira da mesa representado.

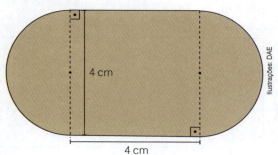

5. Os dois azulejos representados são quadrados com 20 cm de lado. Calcule a área da parte colorida em cada um deles.

a)
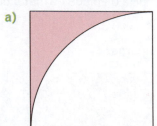

b)
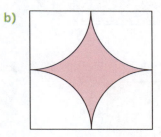

6. Qual é a área da parte colorida da figura?

a)
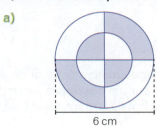

b)
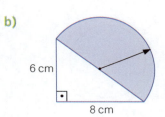

CÍRCULO E CILINDRO 231

7. Numa placa de metal retangular vão ser recortados discos de 50 cm de raio. A placa tem 2 m por 5 m.

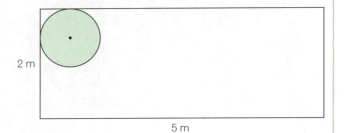

a) Qual é o número máximo de discos que podem ser recortados?

b) Qual é a área da parte da placa de metal desperdiçada?

8. Calcule a área das figuras.

a)

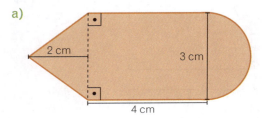

b)

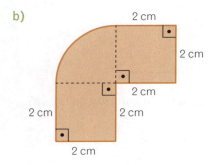

9. (FCMSC-SP) Um lago circular de 20 m de diâmetro é circundado por um passeio, a partir das margens do lago, de 2 m de largura. Qual é a área do passeio?

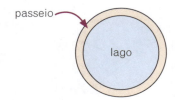

10. Calcule a área da parte colorida da figura, sabendo que o raio mede 2 cm.

a)

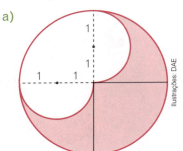

b)

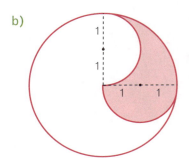

11. Uma *pizza* de formato circular foi dividida em 8 pedaços iguais. Se a *pizza* tem 30 cm de diâmetro, qual é a área do setor circular correspondente à superfície de cada uma das fatias?

12. Calcule a área de cada setor, sabendo que o raio do gráfico circular é de 7 cm.

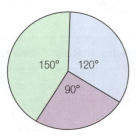

2. Área da superfície e volume de um cilindro

Cite, juntamente com seus colegas, exemplos de objetos e construções onde encontramos a forma do cilindro.

Características do cilindro circular:
- É um sólido geométrico.
- Suas bases são dois círculos paralelos congruentes.
- Apresenta superfície lateral curva.
- A altura do cilindro é a distância entre suas bases.

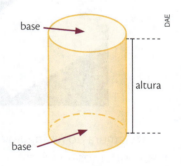

Podemos seccionar um cilindro.
Seccionar em Matemática significa cortar por um plano.
Que figuras planas encontramos quando seccionamos um cilindro?

1. Que figura plana observamos quando seccionamos um cilindro paralelamente às bases?
2. Que figura plana observamos quando seccionamos um cilindro perpendicularmente às bases?

CÍRCULO E CILINDRO 233

Área da superfície do cilindro

Já sabemos várias coisas sobre os cilindros, porém há mais a descobrir.

Esta lata de molho de tomate tem a forma de um cilindro. Quanto material foi gasto para confeccioná-la?

Para descobrir, precisamos calcular a área da superfície dessa lata.

Você pode conseguir uma lata semelhante a essa e também fazer os cálculos.

Observe que as bases são círculos.

Com a régua, encontramos a medida do diâmetro das bases: $d = 7{,}0$ cm.

Como $d = 2r$, o raio do círculo é $r = 3{,}5$ cm.

$$A_{círculo} = \pi \cdot r^2 \cong 3{,}14 \cdot 3{,}5^2 \cong 38{,}5 \text{ cm}^2$$

Você pode usar uma calculadora! Arredonde o valor para uma casa decimal.

Como as duas bases são congruentes, $A_{bases} = 2 \cdot 38{,}5 = 77$ cm².

E a superfície lateral?

A planificação da superfície lateral do cilindro é um retângulo.

A largura do retângulo é a altura h do cilindro. Medimos com régua e encontramos $h = 9$ cm.

E o comprimento? O comprimento tem a medida do comprimento C da circunferência do círculo que é a base da lata.

9 cm

$C = 2 \cdot \pi \cdot r$

$$C \cong 2 \cdot 3{,}14 \cdot 3{,}5 \cong 22 \text{ cm}$$

Arredondamos o resultado.

$A_{lateral}$ = comprimento · largura = $22 \cdot 9 = 198$ cm²

Agora podemos calcular a área total da superfície do cilindro.

$A = A_{bases} + A_{lateral} = 77 + 198 = 275$ cm²

São necessários 275 cm² de material para confeccionar essa lata de molho de tomate.

Volume do cilindro

O cilindro é um sólido geométrico, portanto tem volume. Sabemos calcular o volume de blocos retangulares.

Vamos recordar.

Quantos cubinhos de 1 cm de aresta formam o bloco retangular ilustrado?

São $10 \cdot 8 \cdot 4{,}5 = 360$ cubinhos, cujo volume é 1 cm³.
Então:
$V_{\text{bloco retangular}} = c \cdot \ell \cdot h = 360$ cm³
$V_{\text{bloco retangular}} =$ comprimento $\cdot$ largura $\cdot$ altura

Repare que a base do bloco retangular é um retângulo cuja área é $c \cdot \ell$. Podemos escrever:

$$V_{\text{bloco retangular}} = A_{\text{base}} \cdot h$$

Partiremos dessa ideia para descobrir de forma intuitiva como calcular o volume de um cilindro.

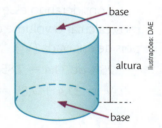

Usando como unidade de medida de área quadrados de lado 1 unidade (1 u), temos que a base do cilindro tem área igual a $(\pi \cdot r^2)$ unidades quadradas.

A base do círculo ocupa uma superfície equivalente a $(\pi \cdot r^2)$ quadradinhos de lado 1 unidade.

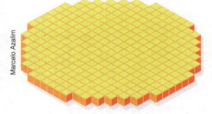

Agora imagine que preenchemos a base com cubinhos idênticos cuja aresta mede 1 u. Temos um cilindro de altura $h = 1$ u formado por $(\pi \cdot r^2)$ cubinhos, ou seja, o volume do cilindro é $V = (\pi \cdot r^2)$ unidades cúbicas.

As partes dos cubinhos que excedem o círculo "compensam" as regiões que ficaram descobertas.

Colocando mais uma camada completa de cubinhos, teremos um cilindro de altura $h = 2$ u. Seu volume será $V = (\pi \cdot r^2) \cdot 2$ unidades cúbicas.

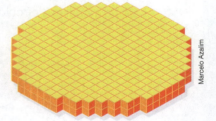

Se colocarmos 3 camadas de cubinhos de aresta 1 u, teremos um cilindro de altura $h = 3$ u com volume de $V = (\pi \cdot r^2) \cdot 3$ unidades cúbicas. A altura do cilindro não precisa ser um número natural. Podemos ter $h = 4{,}5$ u, por exemplo. Mas para calcular o volume do cilindro continuaremos fazendo $V = (\pi \cdot r^2) \cdot 4{,}5$ u.

Escrevendo de forma geral, o volume V de um cilindro de altura h é calculado pela fórmula:

$$V = \pi \cdot r^2 \cdot h$$

CÍRCULO E CILINDRO **235**

Uma situação prática

Para construir uma piscina, foi cavado um buraco cilíndrico de 4 m de diâmetro por 2,5 m de profundidade. Vamos calcular o volume de terra retirado do buraco.

Como o buraco tem a forma de cilindro, temos que: $V = \pi \cdot r^2 \cdot h$

Se o diâmetro (d) é de 4 m, o raio (r) mede 2 m, pois $d = 2 \cdot r$.

$h = 2,5$ m (profundidade do buraco)

Então:

$V = \pi \cdot 2^2 \cdot 2,5$

$V \cong 3,14 \cdot 4 \cdot 2,5 \cong 31,4$ m³

Foram retirados do buraco 31,4 m³ de terra.

No solo, a terra está compactada. Quando escavada, se solta, passando a ocupar um volume aproximadamente 25% maior do que o ocupado quando compactada.

Considerando esse fato, podemos calcular o volume da terra depois de escavada (V_e):

25% de 31,4 = 7,85

$V_e = 31,4 + 7,85 = 39,25$ m³

1. Que figuras geométricas compõem a planificação do cilindro?

2. O retângulo abaixo faz parte da planificação de um cilindro. Descubram, fazendo medições e cálculos, qual dos círculos faz parte desta mesma planificação.

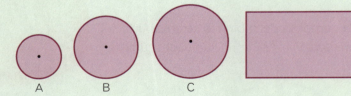

3. Vocês devem criar uma embalagem cilíndrica para um produto. Apresentem a embalagem já decorada, argumentando de maneira a convencer o "cliente" de sua funcionalidade.

O cliente fez as seguintes exigências:
- a embalagem deve consumir de 300 cm² a 700 cm² de material;
- sua capacidade deve estar entre 900 mL e 1 200 mL.

A embalagem deve ser construída em cartolina, a partir da planificação, e devem ser apresentados os cálculos que mostrem que a embalagem atende às especificações do cliente.

EXERCÍCIOS

13. A maioria dos óleos de cozinha tinha embalagens com a forma de um cilindro. Quantos cm² de lata tem a embalagem representada?

"Desmontando" a embalagem.

É feita com dois círculos e um retângulo.

14. Calcule a área total de uma lata de suco com 13 cm de altura e 6 cm de diâmetro.

15. Qual é a quantidade de água necessária para encher completamente o reservatório cujas medidas interiores estão indicadas na figura?

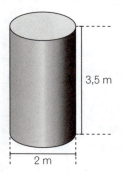

16. Paulo poderá guardar meio litro de leite num recipiente cilíndrico com 4 cm de raio e 10 cm de altura? Apresente os cálculos.

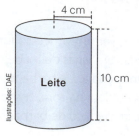

17. Um túnel circular vai ser cavado em uma montanha. Ele deve medir 800 metros de comprimento e 3 metros de raio.

Considere o volume da terra compactada e responda:

a) Quantos metros cúbicos de terra serão retirados?

b) Um caminhão leva 6 m³ de terra por viagem. Quantas viagens serão necessárias para levar toda a terra?

18. As seis latas cilíndricas da figura têm, cada uma, 15 cm de altura e 10 cm de diâmetro. Foram embaladas como mostra a figura.

a) Qual é o volume das seis latas?
b) Qual é o volume da embalagem de papelão?
c) Qual é o volume "perdido"?

VALE A PENA LER

Calculando o volume de uma tora de madeira

Vamos descrever um processo interessante usado em serrarias para calcular o volume de toras que serão transformadas em vigas de madeira.

Corta-se um pedaço de barbante com comprimento igual ao de uma volta completa na tora, como vemos na figura ao lado.

Divide-se este pedaço de barbante em 4 partes iguais.

Multiplica-se então o comprimento deste $\frac{1}{4}$ do barbante por ele mesmo.

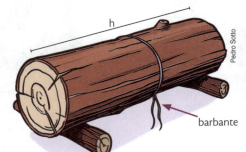

O produto obtido é multiplicado pelo comprimento da tora (veja a figura).

O trabalho está feito. O número obtido é considerado como a medida do volume da tora de madeira. Será que o processo dá mesmo certo? Vejamos:

Se considerarmos a tora com forma aproximadamente cilíndrica, o volume é dado por $V = \pi \cdot r^2 \cdot h$, em que r é o raio e h é o comprimento da tora.

Ao dar a volta completa na tora, o pedaço de barbante obtido mede $2 \cdot \pi \cdot r$.

Dividido em 4 partes iguais, cada uma medirá $\frac{2 \cdot \pi \cdot r}{4} = \frac{\pi \cdot r}{2}$.

Multiplicando esse valor por si mesmo e depois por h, obtemos:

$$\frac{\pi \cdot r}{2} \cdot \frac{\pi \cdot r}{2} \cdot h = \frac{\pi^2 \cdot r^2}{4} \cdot h$$

O que há de diferente entre o volume obtido e o esperado?

Podemos escrever $\frac{\pi^2 \cdot r^2}{4} \cdot h$ da seguinte maneira para enxergar melhor:

$$\frac{\pi^2 \cdot r^2}{4} \cdot h = \frac{\pi}{4} \cdot \pi \cdot r^2 \cdot h$$

Ou seja, o volume obtido é uma fração do esperado. Que fração?

Como $\pi \cong 3$, podemos considerar $\frac{\pi}{4} \cong \frac{3}{4}$.

O volume obtido na serraria é cerca de $\frac{3}{4}$ do volume do cilindro de raio r e comprimento h.

As pessoas que usam esse tipo de cálculo nas serrarias sabem disso e não consideram a diferença um problema, pois uma parte do volume de madeira será perdida quando forem aparadas as partes arredondadas e irregulares da tora. O cálculo que fazem fornece, aproximadamente, o volume final.

REVISANDO

19. Observe as figuras.

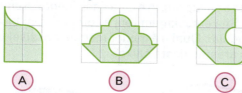

a) Sabendo que ▢ tem 1 cm² de área, indique a área colorida de cada uma das figuras.

b) O que você pode afirmar sobre as figuras B e C?

20. Calcule a área das partes coloridas, supondo as medidas em cm.

a)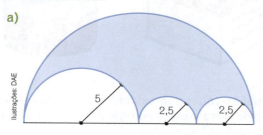

b)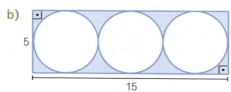

c)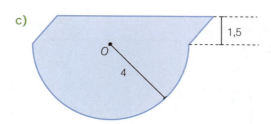

d)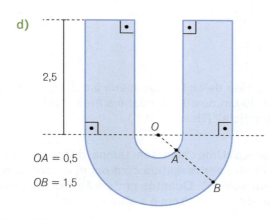

21. A área do círculo representado a seguir é 20 cm². Se $A\hat{O}B$ mede 60° e $C\hat{O}D$ mede 30°, quanto mede a área da região do círculo que está colorida?

Só vale cálculo mental.

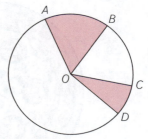

22. Veja a representação da cortina confeccionada por Érica. Ela usou pedaços de tecido de duas cores, e alguns deles têm forma circular e correspondem a quartos de círculo de raio 2 m. Quantos m² de tecido vermelho usou, se a cortina tem 4 m de largura?

Só vale cálculo mental.

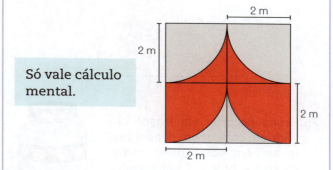

23. Uma bandeira brasileira foi confeccionada nas dimensões indicadas abaixo.

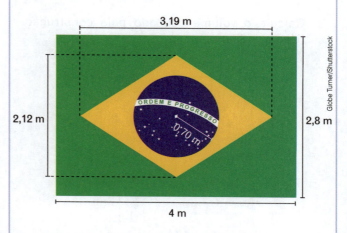

a) Qual é a área da região amarela?

b) Qual é a área da região verde?

CÍRCULO E CILINDRO **239**

24. Uma *pizza* de queijo tem diâmetro igual a 30 cm e está dividida em 6 fatias. Qual é a área de cada fatia?

25. Calcule a área do setor circular.

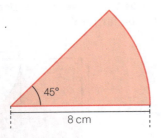

26. Bruna decorou um frasco cilíndrico colocando duas fitas iguais em volta dele, como mostra a figura. Qual quantidade de fita ela usou?

27. Calcule o volume ocupado pela construção. (Use $\pi = 3{,}1$.)

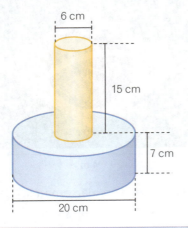

28. Este frasco de remédio tem a forma de um cilindro de 8 cm de altura e cuja base mede 2,5 cm de raio. Sua embalagem tem a forma de um bloco retangular. Qual é a menor medida possível para as arestas desta caixa?

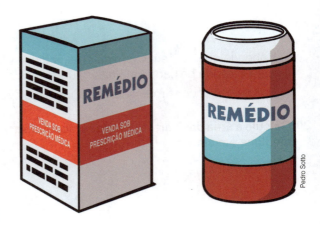

29. Qual é o volume aproximado de uma lata de molho de tomate ou de refrigerante? Meça a altura e o raio da base.

30. (Saresp) Cortando-se um cilindro na linha pontilhada da figura, obtém-se sua planificação. Veja:

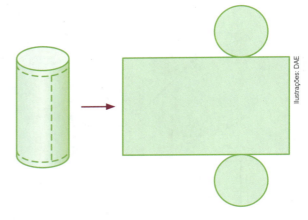

Se o raio de cada base mede 5 cm e o cilindro tem 10 cm de altura, qual é a área total de sua superfície? (Use $\pi = 3{,}1$.)

31. (Saresp) Uma caixa, sem tampa, de forma cilíndrica, vai ser revestida com papel de presente (sem sobras). Quantos cm² serão gastos, se o raio da base é 10 cm e a altura é 5 cm?

32. Observe na figura a piscina que Leandro ganhou no dia de seu aniversário.

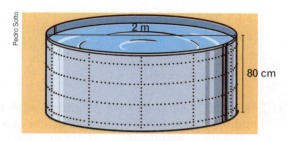

a) Qual é o volume da piscina, em litros?

b) Para não derramar água para fora, a sua mãe costuma encher a piscina até $\frac{3}{4}$ de sua capacidade. Quantos litros de água são necessários?

33. (Cesgranrio-RJ) Um salame tem a forma de um cilindro reto com 40 cm de altura e pesa 1 kg. Tentando servir um freguês que queria meio quilo de salame, João cortou um pedaço, obliquamente, de modo que a altura do pedaço variava entre 22 cm e 26 cm. O peso do pedaço é de:

a) 600 g
b) 620 g
c) 630 g
d) 640 g

34. Comprei um boxe para colocar no meu banheiro.

A base é um quarto de círculo.

a) Qual é a área do chão ocupada pelo boxe?

b) Qual é o seu volume, em litros?

DESAFIOS NO CADERNO

35. (Unicamp-SP) Em um restaurante, uma família pede uma *pizza* grande, de 43 cm de diâmetro, e outra família pede duas médias, de 30 cm de diâmetro. Qual família come mais *pizza*?

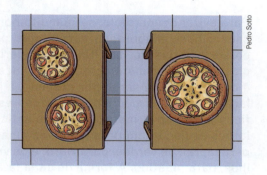

36. Um cão, preso por uma corda de 1,5 m, desloca-se ao longo de um trilho de 5 m de comprimento. Qual é a área protegida pelo cão?

37. No jardim da minha casa há duas mangueiras de cor diferente.

Mangueira azul
Tubo de 16 mm de diâmetro
15 m de comprimento

Mangueira vermelha
Tubo de 8 mm de diâmetro
50 m de comprimento

Quando estão cheias, qual delas contém mais água?

38. Que volume ocupa o baú onde a dona Joaquina guarda suas bijuterias?

Nota

A tampa tem a forma de um semicilindro.

CÍRCULO E CILINDRO **241**

SEÇÃO LIVRE

(SEE-RJ) Leia o texto para responder às questões 39 e 40.

CONECTANDO SABERES

Para evitar desperdício, seria muito bom que cada cidade elaborasse estratégias para a coleta seletiva do lixo. Tal fato poderia, inclusive, gerar mais empregos. Um incentivo à coleta seletiva seria, por exemplo, a instalação, em locais públicos, de latões específicos para papel, metal, vidro e plástico. Os latões azuis seriam para papel; os amarelos, para metal; os verdes, para vidro; e os vermelhos, para plástico. A forma de cada latão é a de um cilindro de 12 dm de altura com o raio da base medindo 30 dm.

39. Considerando-se π = 3,14, você pode afirmar que a área da base desse cilindro é, em decímetros quadrados, igual a:

a) 942
b) 1884
c) 2512
d) 2826

40. O volume desse latão pode ser expresso, em metros cúbicos, por:

a) 1200π
b) 3600π
c) 7200π
d) 10800π

41. Dobrando-se o diâmetro de um círculo, sua área fica:

a) dobrada.
b) inalterada.
c) quadruplicada.
d) multiplicada por 8.

42. (Enem-MEC) Uma garrafa cilíndrica está fechada, contendo um líquido que ocupa quase completamente seu corpo, conforme mostra a figura. Suponha que, para fazer medições, você disponha apenas de uma régua milimetrada.

Para calcular o volume do líquido contido na garrafa, o número mínimo de medições a serem realizadas é:

a) 1
b) 2
c) 3
d) 4
e) 5

43. Se no tambor abaixo colocarmos cem litros de óleo, o óleo:

a) transborda.
b) ultrapassa o meio do tambor.
c) não chega ao meio do tambor.
d) atinge exatamente o meio do tambor.

Dado: 1 dm³ = 1 litro.

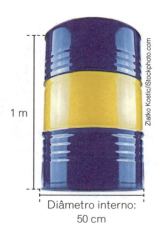

1 m

Diâmetro interno: 50 cm

242

AUTOAVALIAÇÃO

NO CADERNO

Anote no caderno o número do exercício e a letra correspondente à resposta correta.

44. (PUC-RJ) Uma tela de computador de dimensões 25 cm × 37 cm pode exibir por inteiro um círculo cuja área tenha no máximo (valor aproximado):

a) 470 cm²
b) 480 cm²
c) 490 cm²
d) 500 cm²

45. (Saresp) Observe as figuras abaixo, em que A é um cilindro e B, um prisma de base quadrada.

Sabendo-se que as duas embalagens têm a mesma altura e que o diâmetro da embalagem A e o lado da embalagem B são congruentes, podemos afirmar que o volume de A é:

a) menor que o volume de B.
b) maior que o volume de B.
c) igual ao volume de B.
d) metade do volume de B.

46. Um jardineiro, trabalhando sempre no mesmo ritmo, demora 3 horas para carpir um canteiro circular de 3 m de raio. Se o raio fosse igual a 6 m, quanto tempo ele demoraria?

a) 6 horas
b) 8 horas
c) 9 horas
d) 12 horas

47. (Saresp) Juliana colocou um copo molhado sobre a mesa, e nela ficou a marca da base circular do copo. A área da marca é de 16π cm². O diâmetro da base do copo é:

a) 4 cm
b) 8 cm
c) 16 cm
d) aproximadamente 5,7 cm

48. (Encceja-MEC) Um jardineiro cultiva suas plantas em um canteiro que tem a forma da figura abaixo, em que uma parte é uma semicircunferência. Para cobrir todo o canteiro, ele calculou que precisaria comprar uma lona de 170 m² de área.

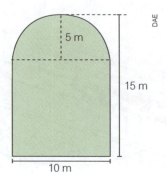

Quanto ao cálculo do jardineiro, é correto afirmar que a área da lona:

a) é suficiente, pois a área total do canteiro é igual a 170 m².
b) não é suficiente para cobrir o canteiro, pois a área total dele é maior que 170 m².
c) é suficiente, pois a área total do canteiro é menor que 170 m².
d) não é suficiente para cobrir o canteiro, pois a forma da lona é diferente da forma do canteiro.

49. (Fuvest-SP) Um comício político lotou uma praça semicircular de 130 m de raio. Admitindo uma ocupação média de 4 pessoas por m², qual é a melhor estimativa do número de pessoas presentes?

a) Dez mil.
b) Cem mil.
c) Um milhão.
d) Meio milhão.

50. (Ceeteps-SP) Na figura do *compact disc* (CD), a área hachurada que se destina à gravação mede:

a) 32,15π cm²
b) 36,12π cm²
c) 34,50π cm²
d) 33,75π cm²

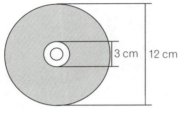

51. (Unirio-RJ) No futebol de salão, a área de meta é delimitada por dois segmentos de reta (de comprimentos 11 m e 3 m) e dois quadrantes de círculos (de raio 4 m), conforme a figura. A superfície da área de meta mede, aproximadamente:

a) 25 m²
b) 34 m²
c) 37 m²
d) 41 m²

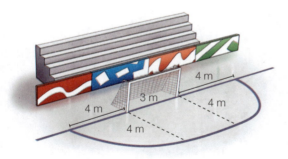

52. (Uniube-MG) Por uma questão de respeito ao consumidor, um supermercado determina que suas *pizzas* sejam vendidas a um preço proporcional à quantidade de ingredientes utilizados. Dessa forma, se o preço de uma *pizza* pequena de 10 cm de diâmetro é R$ 1,10, o preço de uma *pizza* média com 20 cm de diâmetro deve ser:

a) R$ 2,20
b) R$ 3,30
c) R$ 4,40
d) R$ 5,50

53. (Ufal) Na figura abaixo têm-se 4 semicírculos, dois a dois tangentes entre si e inscritos em um retângulo. Se o raio de cada semicírculo é 4 cm, a área da região sombreada, em centímetros quadrados, é: (Use π = 3,1.)

a) 28,8
b) 24,8
c) 25,4
d) 32,4

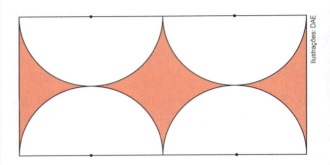

54. (UFR-RJ) Um caminhão-pipa carrega 9,42 mil litros de água. Para encher uma cisterna cilíndrica com 2 metros de diâmetro e 3 metros de altura é (são) necessário(s), no mínimo:

a) 1 caminhão.
b) 2 caminhões.
c) 4 caminhões.
d) 10 caminhões.

55. (UFU-MG) Um tanque de gasolina tem forma cilíndrica. O raio da circunferência da base é 3 m e o comprimento do tanque é 6 m. Colocando-se líquido até os $\frac{8}{9}$ de sua capacidade, pode-se afirmar que nesse tanque há:

a) 15 072 L
b) 15 024 L
c) 50 240 L
d) 150 720 L

56. (UF-GO) Um pedaço de cano de 30 cm de comprimento e 10 cm de diâmetro interno encontra-se na posição vertical e possui a parte inferior vedada. Colocando-se 2 litros de água em seu interior, a água:

a) transborda.
b) ultrapassa o meio do cano.
c) enche o cano até a borda.
d) não chega ao meio do cano.

UNIDADE 10

Porcentagem e juro

1. Revendo porcentagens, descontos e acréscimos

Você sabe: os cálculos com porcentagens estão presentes em inúmeras situações do cotidiano. Vamos trabalhar com algumas delas?

1. Qual das lojas oferece o melhor preço à vista para este produto?

Na loja A, o desconto é de 8%. Isso significa que o comprador pagará 92% de R$ 250,00, pois:

$$100\% - 8\% = 92\%$$
$$92\% = \frac{92}{100} = 0{,}92$$
$$92\% \text{ de } 250 = 0{,}92 \cdot 250 = 230$$

O preço à vista do produto na loja A é R$ 230,00.

Calculamos diretamente o preço da mercadoria, já com o desconto.
Também poderíamos fazer:

$$1\% \text{ de } 250 = 2{,}5$$

Para calcular 1% de uma quantia, basta dividi-la por 100.

$$8\% \text{ de } 250 = 8 \cdot 2{,}5 = 20$$

O desconto será de R$ 20,00.
Preço à vista: $250 - 20 = 230$.

PORCENTAGEM E JURO 245

Na loja B, o desconto é de 15%. O comprador pagará 85% de R$ 280,00, pois:

$$100\% - 15\% = 85\%$$
$$85\% = 0{,}85$$
$$85\% \text{ de } 280 = 0{,}85 \cdot 280 = 238$$

O preço à vista na loja B é R$ 238,00.

Na calculadora...
Para determinar 85% de 280 na calculadora, basta digitar:
280 [×] 85 [%]
Aparece no visor 238.

Mesmo oferecendo uma porcentagem maior de desconto, o produto sairá mais caro na loja B.

REFLETINDO

Digitamos 280 [×] 85 e aí [%].
O que a tecla [%] faz com o produto?
a) Multiplica por 100.
b) Divide por 100.
c) Soma 100.

Concluímos que o melhor preço à vista para esse aparelho de som é o da loja A.

A loja C não informou no anúncio qual é a porcentagem de desconto oferecida, mas podemos calculá-la:

Como 275 − 242 = 33, o desconto é de R$ 33,00.

♦ R$ 33,00 corresponde a que porcentagem do preço original do produto, que é R$ 275,00?

Para descobrir, basta comparar esses valores por meio de uma razão:

$$\frac{33}{275} = 0{,}12 = \frac{12}{100} = 12\%$$

Confira o valor do quociente com a calculadora!

A loja oferece um desconto de 12% no preço do produto para pagamento à vista.

O que você achou da solução proposta pela Ana?

Eu pensei diferente!

Desconto: $x\% = \dfrac{x}{100}$

$x\%$ de $275 = 33$, pois o desconto é de R$ 33,00

$$\dfrac{x}{100} \cdot 275 = 33$$

$$2{,}75 \cdot x = 33$$

$$x = \dfrac{33}{2{,}75}$$

$$x = 12$$

A porcentagem de desconto é de 12%.

2. No mercadinho, os preços de três artigos de perfumaria sofrerão um aumento de 12%. Vamos ajudar o Carlos, que é funcionário do mercadinho, a calcular os novos preços?

Artigo	Preço antigo (R$)	Preço com aumento (R$)
sabonete	1,85	
creme dental	3,50	
desodorante	8,40	

Como o aumento será de 12%, devemos somar ao preço antigo 12% do seu valor.

Preço antigo ⟶ 100%
Preço com aumento ⟶ 100% + 12% = 112%

Podemos obter diretamente o preço com aumento calculando 112% do preço antigo:

$$112\% = \frac{112}{100} = 1,12$$

Sabonete: 112% de 1,85 = 1,12 · 1,85 = 2,072 ⟶ R$ 2,07
Creme dental: 112% de 3,50 = 1,12 · 3,5 = 3,92 ⟶ R$ 3,92
Desodorante: 112% de 8,40 = 1,12 · 8,40 = 9,408 ⟶ R$ 9,41

Arredondamos para centavos.

O aluguel da casa do senhor Lima será reajustado este mês. A imobiliária que administra o imóvel informou a ele que, para obter o valor do novo aluguel, deverá multiplicar o valor do aluguel atual por 1,07.
Pense, troque informações com os colegas e responda no caderno.

1. Multiplicar por 1,07 equivale a calcular o valor do aluguel com um aumento de quantos por cento?
2. O valor do aluguel da casa do senhor Lima é de R$ 1 800,00. Quanto será com o aumento?

---

3. O gerente de uma loja de automóveis reajustou os preços de todos os veículos em 20%. Em seguida, publicou um anúncio oferecendo desconto de 30% em todo o estoque.
   Como o gerente subiu os preços antes da promoção, o desconto sobre o preço inicial dos automóveis não será de 30%. Vamos calcular o porcentual real de desconto?

Cuidado! Se você acha que é de 10%, se enganou!

PORCENTAGEM E JURO **247**

Vamos representar o preço inicial de um automóvel por x.
O preço desse automóvel com aumento de 20% será $1{,}2 \cdot x$.
Sobre esse valor será dado um desconto de 30%.
O cliente pagará 70% de $1{,}2 \cdot x$, ou seja:
Preço final com desconto: $0{,}7 \cdot 1{,}2 \cdot x$
Fazendo $0{,}7 \cdot 1{,}2 = 0{,}84$, temos:
Preço final com desconto: $0{,}84 \cdot x$, o que corresponde a 84% do preço inicial x do veículo.
Quem paga 84% de um valor, tem um desconto de 16%, pois $100\% - 16\% = 84\%$.
Na verdade, o gerente está oferecendo um desconto de 16% sobre o preço original de cada automóvel.

4. Um fabricante de embalagens precisava reajustar os preços de seus produtos em 30%. Fez o seguinte: 20% de aumento em janeiro e 10% de aumento em fevereiro. Ao proceder assim, ele reajustou os preços em 32%. Veja por quê:
Preço inicial do produto: x
Preço em janeiro com aumento de 20%: $1{,}2 \cdot x$
Preço em fevereiro com aumento de 10% sobre o preço de janeiro: $1{,}1 \cdot 1{,}2 \cdot x = 1{,}32 \cdot x$
O preço inicial x do produto teve um aumento de 32%, e não de 30% como ele pretendia.

Registrem no caderno.

1. Uma loja anuncia um desconto sobre o valor total x das compras de cada cliente, de acordo com a tabela.

    Um cliente compra um ventilador por R$ 180,00 e uma calculadora por R$ 20,00. O vendedor, muito gentilmente, se oferece para reduzir o preço da calculadora para R$ 15,00, e o cliente aceita a oferta.

    No caixa são aplicadas as regras do desconto promocional.
    Nessas condições, pode-se dizer que o cliente:

    a) teve um lucro de R$ 5,00.
    b) teve um prejuízo de R$ 7,00.
    c) teve um prejuízo de R$ 5,50.
    d) não teve nem lucro nem prejuízo.

2. Se soubermos qual o valor de 10% de um número, expliquem como determinamos:

    a) este número.
    b) 0,1% deste número.
    c) 200% deste número.
    d) 70% deste número.

3. Classifiquem as afirmações em verdadeiras ou falsas, justificando.

    a) 80% de um número é igual a 40% do dobro deste número.
    b) $30\% = \dfrac{1}{3}$
    c) $20\% \cdot 5\% = 100\%$

4. Há situação em que não faz sentido falar em porcentagens maiores que 100%. Identifiquem as que não fazem sentido. Calculem o valor resultante nas demais.

    a) 150% dos 30 alunos da minha turma gostam de futebol.
    b) A população de certa cidade é de 2 milhões de habitantes. Estima-se que este número será 120% maior em dez anos.
    c) Na fruteira havia 4 maçãs. Comi 130% delas.
    d) Um imóvel de R$ 80.000,00 subiu 115% nos últimos 3 anos.

248

EXERCÍCIOS

1. Calcule mentalmente.

   a) 10% de 259
   b) 5% de 7 000
   c) 50% de 128,6
   d) 25% de 848
   e) 50% de R$ 6.000,00
   f) 10% de R$ 6.000,00
   g) 5% de R$ 6.000,00
   h) 0,5% de R$ 6.000,00

2. Calcule o preço, em liquidação, de cada uma das peças de roupa.

   a)

   R$ 45,00
   18% DE DESCONTO

   b)

   R$ 34,00
   15% DE DESCONTO

   c)

   R$ 16,00
   8% DE DESCONTO

3. Uma caixa tem 60 bombons.

   a) Comeram 30% dos bombons. Quantos bombons ainda há na caixa?
   b) Se comeram 27 bombons, qual foi a porcentagem de bombons consumidos?
   c) Cada caixa de bombons custa R$ 48,00. Vai ser vendida na promoção com desconto de 5%. Quanto vai custar cada um dos 60 bombons da caixa?

4. Qual é maior:

   80% de 20
   ou
   20% de 80?

5. Uma máquina que fabrica lâmpadas produz 2% de objetos defeituosos. Hoje encontraram 71 lâmpadas com defeito. Quantas lâmpadas produziu a máquina?

PORCENTAGEM E JURO   249

6. Das 240 laranjas de uma caixa, 84 foram vendidas. Qual é a porcentagem das laranjas vendidas?

7. Numa cidade, o preço da passagem de ônibus subiu de R$ 2,40 para R$ 2,70. Qual foi a porcentagem de aumento?

8. Descubra o preço de uma geladeira, sabendo que um aumento de R$ 360,00 representa 18% do seu preço.

9. Um senhor ganha R$ 1.680,00 por mês. Ele gasta seu salário do seguinte modo: 37% com alimentação, 21% com aluguel e 39% com outras despesas. Qual é o valor mensal que lhe resta?

10. Um vendedor disse, inicialmente, que dava 15% de desconto sobre uma mercadoria, mas, no fim, deu mais 10% de desconto sobre o primeiro desconto. Qual foi o desconto único equivalente que ele deu no fim?

11. Depois de um aumento de 12%, um televisor passou a custar R$ 728,00. Qual era o preço do televisor antes do aumento?

12. (CPII-RJ) Abaixo estão dois gráficos relacionados ao consumo de energia elétrica na casa do senhor Alexandre, nos meses de julho a setembro de 2010. A partir dos gráficos, responda às perguntas.

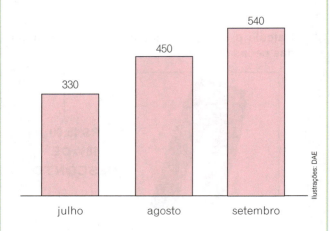

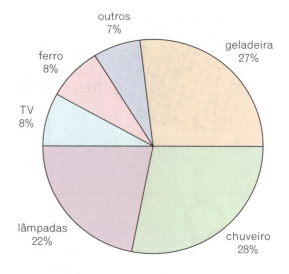

a) Qual a diferença entre o consumo da TV em setembro e em julho, em kWh?

b) Qual foi a energia consumida, em média, a cada hora de setembro de 2010?

250

2. Juro

Você sabe o que é **juro**?

Uma pessoa que faz um empréstimo – num banco, por exemplo –, compromete-se a pagar a quantia emprestada mais um valor correspondente ao juro. O juro é a compensação, o lucro que o banco terá na transação de empréstimo.

Se, ao contrário, a pessoa faz uma aplicação financeira, como a caderneta de poupança, é o banco que lhe paga juro. Ela terá direito aos lucros dessa operação.

Quando compromissos como contas, prestações ou impostos não são pagos em dia, em geral cobra-se uma multa mais juro pelo atraso. É uma forma de compensar quem deveria receber e não recebeu.

O valor pago pelo juro depende:
- da quantia (devida, aplicada etc.), que será chamada de **capital** (C);
- do **tempo** de duração da transação (empréstimo, aplicação financeira etc.) (t);
- da **taxa de juro** cobrada (i), que é porcentual.

Há dois tipos de juro: **juro simples** e **juro composto**.

Juro simples

O **juro simples** é comumente usado nas cobranças de contas ou prestações em atraso. Veja exemplos:

1. Esta prestação foi paga com 10 dias de atraso. Quanto se pagou de juro?

0,5% de 240 = 0,005 · 240 = 1,2

Paga-se R$ 1,20 por dia de atraso.

Como foram 10 dias, temos: 10 · 1,2 = 12
O total de juro pago foi de R$ 12,00.
Repare que, para obter o valor do juro, fizemos:
240 · 0,005 · 10 (capital · taxa · tempo)
Podemos escrever que, no cálculo de juro simples:

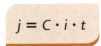

$$j = C \cdot i \cdot t$$

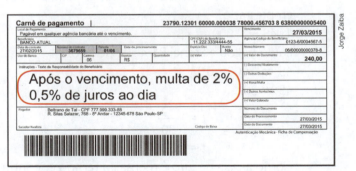

Calcule mentalmente o valor da multa:

2% de 240 =

Procure contas de consumo (água, telefone, gás) e anote a taxa de juro cobrada em caso de atraso. Compartilhe com os colegas!

PORCENTAGEM E JURO **251**

2. Júlio atrasou em 15 dias o pagamento de uma prestação de R$ 180,00. Não havia multa, mas ele pagou R$ 10,80 de juro. Qual é a taxa de juro cobrada ao dia?

$$\begin{cases} j = 10{,}80 \\ C = 180 \\ i = \\ t = 15 \end{cases}$$

Como $j = C \cdot i \cdot t$, temos:
$10{,}80 = 180 \cdot i \cdot 15$
$10{,}80 = 2\,700 \cdot i$
$i = \dfrac{10{,}80}{2\,700}$
$i = 0{,}004$

$0{,}004 = \dfrac{4}{1000} = \dfrac{0{,}4}{100}$, ou seja, 0,4%

A taxa de juro por atraso foi de 0,4% ao dia.

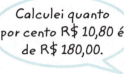

Calculei quanto por cento R$ 10,80 é de R$ 180,00.

Dividindo 0,06 por 15, obtenho a taxa de juro cobrada ao dia: 0,4%.

$\dfrac{10{,}8}{180} = 0{,}06$ ou 6%

$0{,}06 : 15 = 0{,}004$ ou 4%

3. Sidnei emprestou R$ 1.000,00 ao seu amigo Paulo, no regime de juro simples. Combinaram uma taxa de 3% ao mês. No final do empréstimo, Paulo pagou a Sidnei R$ 1.045,00. Por quantos dias o dinheiro ficou emprestado?

$1045 - 1000 = 45$
Paulo pagou a Sidnei R$ 45,00 de juro.
$45 = 1000 \cdot 0{,}03 \cdot t$
$45 = 30t$
$t = \dfrac{45}{30}$
$t = 1{,}5$

Como a taxa de juro é mensal, o tempo encontrado está em meses.
Então, o dinheiro ficou emprestado por 1,5 mês = 1 mês e meio = 45 dias.

Para um empréstimo de R$ 1.000,00 ao regime de juro simples, qual é a taxa mais vantajosa se pretendo pagar em 1 ano e meio?

a) 0,5% ao mês.   b) 7% ao ano.

Justifiquem no caderno.

Juro composto

Na maioria das operações envolvendo juro, é utilizado o **juro composto**. O cálculo do juro composto é mais complicado do que o do juro simples. Há fórmulas que auxiliam nessas situações, e você vai conhecê-las mais tarde. No entanto, por meio dos exemplos que daremos, você compreenderá as características fundamentais desse tipo de juro.

Acompanhe.

1. Uma pessoa fez uma dívida de R$ 500,00, que será paga no regime de juro composto a uma taxa de 12% ao mês.

   Ao valor da dívida será acrescentado o juro.

   Lembrando que 100% + 12% = 112% e 112% = $\frac{112}{100}$ = 1,12, podemos calcular diretamente o valor da dívida depois de um mês, fazendo:

   $$1,12 \cdot 500 = 560$$

   No final de um mês, a pessoa deverá R$ 560,00. Pagando essa quantia ela quita sua dívida.

   Mas veja o que ocorre se ela deixar para pagar nos meses seguintes:

   Para o segundo mês, o cálculo do juro não será feito sobre o capital inicial de R$ 500,00, mas sobre R$ 560,00. O juro é somado ao capital inicial.

   $$1,12 \cdot 560 = 627,20$$

   No terceiro mês o juro será calculado sobre R$ 627,20:

   $$1,12 \cdot 627,2 = 702,46$$

   Ao final do terceiro mês, a dívida inicial de R$ 500,00 estará em R$ 702,46.

   > É o que comumente se chama de **juro sobre juro**. Ao final de cada período, o juro é incorporado ao capital.

Registre no caderno.

Calcule quanto pagaria de juro uma pessoa que pegasse emprestados os mesmos R$ 500,00 a 12% ao mês durante três meses, no regime de juro simples. Use calculadora, se preferir.

Quanto a mais de juro a pessoa paga nesse período no regime de juro composto?

---

2. Nos meses de janeiro, fevereiro e março de certo ano, o rendimento médio pago pela caderneta de poupança foi de 0,7% ao mês. Uma pessoa abriu sua caderneta de poupança em 2 de janeiro, com R$ 1.000,00 e não fez depósitos nem retiradas nos três meses citados. Que quantia ela tinha nessa caderneta de poupança em 2 de abril do mesmo ano?

CONECTANDO SABERES

A caderneta de poupança é um tipo de investimento muito procurado no Brasil. O dinheiro aplicado pelos brasileiros na poupança é investido pelo governo no setor de habitação.

PORCENTAGEM E JURO

Ao capital, serão acrescentados 0,7% de rendimentos.
Primeiro lembre-se de que 100% + 0,7% = 100,7% e

$$100,7\% = \frac{100,7}{100} = 1,007$$

Em 2 de fevereiro foram creditados os rendimentos de janeiro:

$$1,007 \cdot 1\,000 = 1007$$

Saldo: R$ 1.007,00

Em 2 de março foram creditados os rendimentos de fevereiro:

$$1,007 \cdot 1\,007 = 1014,05$$

Saldo: R$ 1.014,05

Em 2 de abril foram creditados os rendimentos de março:

$$1,007 \cdot 1014,05 = 1021,15$$

Saldo: R$ 1.021,15

Em 2 de abril, a pessoa tinha na caderneta de poupança R$ 1.021,15, obtendo, portanto, um total de R$ 21,15 de rendimentos para essa aplicação, nesse período.

Observe que os rendimentos de janeiro foram incorporados ao capital para o cálculo dos rendimentos de fevereiro.

Com rendimentos creditados, queremos dizer que o valor dos rendimentos é depositado automaticamente na conta de poupança dessa pessoa.

Compra à vista ou a prazo?

Um dos problemas matemáticos mais comuns no dia a dia é a decisão entre comprar uma mercadoria ou um serviço à vista ou a prazo.

Acompanhe a resolução deste problema:

(UFMG) Um fogão estava anunciado por R$ 500,00 para pagamento à vista ou em três prestações mensais de R$ 185,00 cada, a primeira delas a ser paga um mês após a compra. Paulo, em vez de pagar à vista, resolveu depositar, no dia da compra, os R$ 500,00 numa aplicação que lhe renderia 2% ao mês, a juros compostos, nos próximos três meses. Desse modo, ele esperava liquidar a dívida fazendo retiradas de R$ 185,00 daquela aplicação nas datas de vencimento de cada prestação.

Vamos mostrar que a opção de Paulo não foi boa. Para isso, calcularemos quanto a mais ele teve de desembolsar para pagar a última prestação.

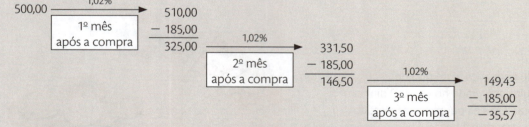

Mesmo Paulo tendo aplicado os R$ 500,00 com rendimento de 2% ao mês, ele pagou R$ 35,57 a mais do que pagaria se tivesse comprado o fogão à vista. Para escolher a opção mais vantajosa, é necessário conhecer as taxas de juros da compra e da aplicação.

SEÇÃO LIVRE

Um pouco sobre a história dos juros

O juro, entendido como uma compensação para quem empresta dinheiro ou bens, é mais antigo que a moeda, o dinheiro. Há registros de que os sumérios, por volta de 3000 a.C., tinham um sistema de empréstimo envolvendo grãos (cereais) e também prata.

Hamurabi, rei da Babilônia de 1792 a.C. a 1750 a.C., escreveu o mais antigo código de leis de que se tem notícia. Artigos desse código tratam de juros.

A Lei das XII Tábuas, de 390 a.C., considerada a primeira constituição romana, prevê o empréstimo de dinheiro a juros.

O imperador Justiniano, do império Romano do Oriente, limitou os juros a 33% ao ano em 531 d.C. Na Inglaterra, em 1546, Henrique VIII proibiu taxa superior a 10% ao ano.

Apesar de a cobrança de juros ser tão antiga, ao longo da história foi constante a reprovação da usura.

Chama-se *usura* a cobrança de juros muito altos, abusivos. Essa prática é considerada crime por diversas legislações. Veja no quadro abaixo um dos artigos de Hamurabi, que pune a pessoa que empresta e quer receber como pagamento mais do que o que seria justo.

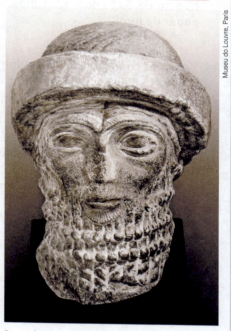

Busto do rei Hamurabi, séc. XVIII a.C.

> Art. P. Se um mercador emprestou a juros grão ou prata e quando emprestou a juros ele deu a prata em peso pequeno ou grão em medida pequena e quando o recebeu ele quis receber a prata em peso grande ou grão em medida grande, esse mercador perderá tudo quanto houver emprestado.

Registrem no caderno.

1. Para um mesmo período de tempo, em um empréstimo, paga-se mais juros no regime simples ou no composto?
2. Uma aplicação que renda 1% ao mês, terá que taxa de rendimento em 1 trimestre?
3. Quem aplicar R$ 5.000,00 no investimento acima, terá que quantia ao final de um trimestre? (Usem calculadora).
4. Periodicamente o Banco Central do Brasil revê a taxa básica de juros da economia brasileira. A taxa é alterada para mais, para menos ou é mantida até uma próxima reunião, de acordo com as perspectivas econômicas. Combine com seus colegas uma pesquisa sobre este assunto: qual a importância desta taxa, como ela influencia a vida dos cidadãos e empresas, o que é Copom, taxa Selic, enfim.

EXERCÍCIOS

13. O juro do cheque especial do Banco MAT está em 12% ao mês. Se Paulo ficar com saldo negativo de R$ 56,00 durante 1 mês, quanto terá de pagar de juro?

14. Você vai comprar um eletrodoméstico no valor de R$ 520,00, sendo o valor financiado em 2 anos.

Tabela de financiamento
No banco: juro simples de 15% ao mês
Na loja: juro simples de 160% ao ano

a) Qual é o juro do banco, em reais?
b) Qual é o juro da loja?
c) Qual financiamento você escolheria?

15. Qual é a taxa de juro do anúncio do jornal?

> Aplique R$ 700,00 e receba
> R$ 717,50 ao final de um mês

16. Eliana devia, em seu cartão de crédito, R$ 1.000,00. Como não conseguiu pagar, em dois meses essa dívida aumentou para R$ 1.440,00. Nesse caso, qual foi a taxa de juro simples cobrada mensalmente pelo cartão de crédito?

17. Em quanto tempo um capital de R$ 34.000,00, empregado a uma taxa de 10% ao ano, rendeu R$ 13.600,00 de juro simples?

18. Um carro é vendido em 12 prestações de R$ 1.500,00. Se o preço desse carro à vista é de R$ 15.000,00, qual é a taxa de juro simples cobrada?

19. Uma mercadoria cujo preço à vista é R$ 100,00 foi vendida em duas parcelas: a primeira no ato da compra, no valor de R$ 50,00; a segunda com vencimento em 30 dias, no valor de R$ 69,00. Qual é a taxa real de juro, expressa em porcentagem, cobrada do consumidor?

20. O cálculo do juro da caderneta de poupança não é feito com juro simples. Vamos supor uma aplicação por 3 meses, cada mês com uma taxa diferente.

- primeiro mês: 1,6%
- segundo mês: 1%
- terceiro mês: 1,2%

Se há três meses depositei R$ 10.000,00, quanto tenho agora?

REVISANDO

21. Uma pessoa pesa 95 kg, mas o médico aconselhou-a a emagrecer, diminuindo o seu peso atual em 20%. Qual é o peso recomendado pelo doutor?

22. Um pacote tem 40 bolachas.

a) Carlos comeu 15% das bolachas. Quantas bolachas comeu?
b) Se comeram 22 bolachas, qual é a porcentagem de bolachas consumidas?
c) Se um pacote custa R$ 4,00 e é vendido com 10% de desconto, quanto custam 8 bolachas?

23. Foi feita uma pesquisa, em quatro indústrias, sobre o gosto pelo futebol. Copie e complete a tabela em que estão organizados os resultados da pesquisa.

Total de pessoas por indústria		Pessoas que gostam de futebol		
A	5600	metade	50%	2800
B		um quinto		1250
C	1200		75%	
D	1473	todos		

24. Veja a distribuição de uma "caixinha" entre os garçons de um restaurante, em seguida, copie e complete a tabela.

	Porcentagem	Reais
Marcos	37%	
Saulo	35%	
Frederico		196

25. A conta de um cliente em um restaurante foi de R$ 52,80, incluindo a taxa de serviço de 10% para o pagamento do garçom. Que valor será destinado ao garçom?

26. Uma bicicleta é oferecida por R$ 600,00. Esse preço sofre um desconto de 8%, seguido de outro de 2%. Qual é o novo preço de venda?

27. O quilo de feijão custava R$ 3,20 e passou a custar R$ 3,36, enquanto o quilo de macarrão custava R$ 4,80 e passou a custar R$ 6,00.

a) Quais foram os aumentos porcentuais desses dois produtos?
b) Qual deles aumentou mais?

PORCENTAGEM E JURO

28. A quantidade de sangue no corpo de um homem é $\frac{1}{11}$ do peso de seu corpo.
Se o sangue contém 80% de água, quantos litros de água existem no sangue de um homem que pesa 55 kg?

29. (Fuvest-SP) O salário de Antônio é igual a 90% do de Pedro. A diferença entre os salários é de R$ 50,00. Qual é o salário de Antônio?

30. Num lote de 1000 peças, 65% são do tipo A e 35% são do tipo B. Sabendo-se que 8% do tipo A e 4% do tipo B são defeituosas, quantas peças defeituosas deve haver no lote?

31. Com uma lata de tinta é possível pintar 50 m² de parede. Para pintar uma parede de 72 m², gasta-se uma lata e mais uma parte de uma segunda lata. Qual porcentagem de tinta resta na segunda lata?

32. Você fez um empréstimo de R$ 240,00 a juro simples de 6,5% ao mês. Que quantia você devolveu após 5 meses?

33. Na compra de um computador, cujo valor à vista é R$ 6.000,00, foi dada uma entrada de 20% e os 80% restantes foram financiados em 6 meses. Qual é o valor de cada prestação, sabendo que a taxa de juro simples foi de 18% ao mês?

34. Um comerciante tomou emprestado de um banco R$ 4.000,00. O banco emprestou o dinheiro a uma taxa de juro de 38% ao ano. O comerciante teve de pagar R$ 3.040,00 de juro simples. Por quantos anos o dinheiro esteve emprestado?

35. Uma pessoa deposita R$ 100.000,00 em caderneta de poupança, que rende 1% a cada mês. Se não fez nenhuma retirada, que quantia terá após 3 meses?

36. Um sapato custa R$ 250,00 à vista, mas pode também ser pago em duas vezes: R$ 150,00 de entrada e R$ 150,00 ao fim de 30 dias. Qual é o juro mensal que a loja está cobrando do cliente que paga em duas vezes?

37. O preço de um artigo triplicou. Portanto ele teve um aumento de:

a) 3% b) 30% c) 200% d) 300%

38. Os preços de um litro dos vinhos A, B e C são, respectivamente, R$ 16,00, R$ 20,00 e R$ 27,00. Faz-se uma mistura com 45% de A, 30% de B e 25% de C. Quanto deverá custar um litro dessa mistura?

39. Rafael dispunha de R$ 5.400,00 para uma viagem ao exterior, em maio de 2015. Ele resolveu trocar 40% do que possuía em dólares e o restante em euros. No dia da troca, a cotação dessas moedas estava de acordo com o quadro:

Dólar	R$ 3,20
Euro	R$ 3,75

Depois da troca, Rafael ficou com quantos dólares?
E com quantos euros?

40. (UFJF-MG) Uma loja de eletrodomésticos anuncia a seguinte promoção:

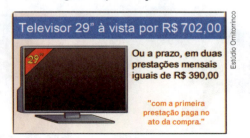

Televisor 29" à vista por R$ 702,00
Ou a prazo, em duas prestações mensais iguais de R$ 390,00
"com a primeira prestação paga no ato da compra."

Qual a taxa mensal de juros embutida na venda a prazo?

41. O salário de Gustavo passou para R$ 1.600,00, após um reajuste de 25%. Qual era o salário de Gustavo antes do aumento?

DESAFIOS NO CADERNO

42. (Fuvest-SP) $(10\%)^2$ é igual a:

a) 1% b) 10% c) 20% d) 100%

43. (UGF-RJ) Em uma escola com 7 salas, para a merenda de 246 alunos paga-se diariamente R$ 738,00 ao concessionário do restaurante. No segundo semestre, o concessionário resolveu conceder um desconto de 50% aos 4 melhores alunos de cada sala. Quanto passou a receber?

44. (Unirio-RJ) Carlos contraiu uma dívida que foi paga com uma taxa de juro ao mês, constante. Porém, o recibo do mês de fevereiro extraviou-se, e Carlos necessita deste valor para o cálculo do imposto de renda. Os valores conhecidos são:

janeiro ⟶ R$ 1.000,00

março ⟶ R$ 1.210,00

abril ⟶ R$ 1.331,00

Com base nos dados acima, que quantia Carlos pagou em fevereiro?

45. (UFRGS-RS) Numa competição esportiva, uma delegação de atletas obteve 37 medalhas. Sendo o número de medalhas de prata 20% superior ao das de ouro, e o das de bronze 25% superior ao das de prata, qual o número de medalhas de bronze obtido por essa delegação?

PORCENTAGEM E JURO 259

AUTOAVALIAÇÃO

NO CADERNO

Anote no caderno o número do exercício e a letra correspondente à resposta correta.

46. Se um acertador da loteria esportiva ficou apenas com 2,5% do prêmio total, podemos afirmar que o número de acertadores foi:

a) 20
b) 40
c) 50
d) entre 40 e 50

47. (UFMG) Um vendedor multiplica o preço à vista de um televisor por 2,24, para informar a um cliente o preço total a ser pago em 24 prestações fixas de mesmo valor.

Nessa situação, o acréscimo porcentual em relação ao preço à vista é de:

a) 24%
b) 224%
c) 124%
d) 22,4%

48. Para a venda de um computador, o cartaz anuncia:

COMPUTADOR
24 de R$ 153,00
ou R$ 2.700,00
à vista

Quem comprar a prazo pagará a mais:

a) 27%
b) 36%
c) 45%
d) 54%

49. (Fuvest-SP) Uma certa mercadoria, que custava R$ 12,50, teve um aumento, passando a custar R$ 13,50.
A majoração sobre o preço antigo é de:

a) 1%
b) 8%
c) 10,8%
d) 12,5%

50. (SEE-SP) O dono de um carrinho de lanches levou 90 sanduíches naturais para vender na praia. Iniciou o dia vendendo cada um por R$ 6,00 e, como até o final da manhã ele havia vendido apenas 30% do total, reduziu em 25% o preço desses sanduíches e assim vendeu todas as unidades restantes. O total arrecadado com a venda dos sanduíches naturais nesse dia foi:

a) R$ 283,50
b) R$ 405,00
c) R$ 445,50
d) R$ 465,00

51. (UFV-MG) Numa loja, o preço de um par de sapatos era de R$ 140,00. Para iludir os consumidores, o dono aumentou o preço de todos os artigos em 50% e, em seguida, anunciou um desconto de 20%. Esse par de sapatos ficou aumentado de:

a) R$ 26,00
b) R$ 28,00
c) R$ 31,00
d) R$ 34,00

52. (Vunesp-SP) Para um certo concurso, inscreveram-se 27 200 candidatos. No dia da prova faltaram 15% do total de inscritos. Se o número de aprovados foi 1 156, o porcentual de aprovação em relação ao número de comparecimentos foi de:

a) 5%
b) 6%
c) 12%
d) 15%

53. Um pintor pintou 30% de uma parede e outro pintou 60% do que sobrou. A porcentagem do muro que falta pintar é:

a) 15%

b) 23%

c) 28%

d) 33%

54. (Vunesp) As promoções do tipo "leve 3 e pague 2", comuns no comércio, acenam com um desconto, sobre cada unidade vendida, de:

a) 20%

b) 30%

c) $\dfrac{50}{3}$ %

d) $\dfrac{100}{3}$ %

55. Na tabela abaixo, relativa à variação de preços em um supermercado de julho de 2014 a março de 2015, estão faltando alguns valores:

	Julho/14 (R$)	Março/15 (R$)	Variação (%)
massa (500 g)	4,80	3,60	x
batata (kg)	2,40	y	25
cebola (kg)	z	3,64	30

Os valores x, y e z são, respectivamente:

a) −75%; R$ 3,00; R$ 2,40

b) 25%; R$ 3,00; R$ 2,80

c) 33%; R$ 3,60; R$ 3,04

d) −25%; R$ 3,00; R$ 2,80

56. (Vunesp) Num balancete de uma empresa consta que um certo capital foi aplicado a uma taxa de 30% ao ano, durante 8 meses, rendendo juro simples no valor de R$ 192,00. O capital aplicado foi de:

a) R$ 960,00

b) R$ 288,00

c) R$ 880,00

d) R$ 2.880,00

57. (PUC-MG) Um comprador pagou certo eletrodoméstico em três parcelas: a primeira, no ato da compra; a segunda, trinta dias depois, acrescida de 5% de juros; a terceira, sessenta dias depois, acrescida de 12% de juros. Se o preço à vista era R$ 630,00, pode-se estimar que o valor pago na segunda parcela, em reais, foi:

a) R$ 253,50

b) R$ 210,00

c) R$ 235,20

d) R$ 220,50

58. (UFRGS-RS) Uma loja instrui seus vendedores para calcular o preço de uma mercadoria nas compras com cartão de crédito dividindo o preço à vista por 0,80.

Dessa forma, pode-se concluir que o valor da compra com cartão de crédito em relação ao preço à vista, apresenta:

a) um desconto de 20%.

b) um aumento de 20%.

c) um desconto de 25%.

d) um aumento de 25%.

261

59. (Unirio-RJ) Para comprar um tênis de R$ 70,00, Renato deu um cheque pré-datado de 30 dias no valor de R$ 74,20. A taxa de juros cobrada foi de:

a) 4,2% ao mês

b) 6% ao mês

c) 42% ao mês

d) 60% ao mês

60. (Ceeteps-SP) Na cidade de São Paulo as entidades assistenciais de saúde emitem documentos para pagamento bancário com as seguintes condições:

Pagamento até o vencimento: x
Pagamento após a data de vencimento: x + juros + multa

Considere um conveniado idoso que deverá pagar R$ 599,00 até o dia do vencimento. O atraso acarretará uma multa de 10% e juros de R$ 0,40 por dia.

Como pagou um acréscimo de R$ 67,90, o número de dias de atraso é:

a) 15

b) 20

c) 25

d) 30

61. (PUC-MG) Do salário de Paulo são descontados:

Convênio médico..	4%
INSS...	8%
IR...	15%

Após esses descontos, Paulo recebe o salário líquido de R$ 2.190,00. O salário bruto de Paulo é:

a) R$ 2.500,00

b) R$ 3.000,00

c) R$ 3.500,00

d) R$ 4.000,00

62. O gráfico abaixo mostra o IPCA, que é um dos índices utilizados para reajustar o preço de vários produtos.

Fonte: IBGE e Fundação Getulio Vargas

Nessas condições, o mês de maior aumento percentual do IPCA, em relação ao mês anterior, foi:

a) outubro/2013.

b) março/2014.

c) janeiro/2014.

d) dezembro/2013.

63. (SEE-SP) O gráfico abaixo foi obtido em uma pesquisa realizada em creche, em relação ao sabor de sorvete preferido pelas crianças.

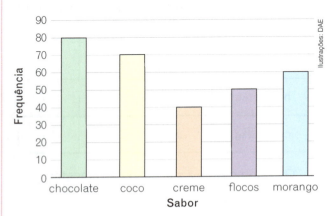

A porcentagem de crianças que preferem os sabores de creme ou flocos é:

a) 30%

b) 40%

c) 45%

d) 50%

SUGESTÕES DE LIVROS E *SITES*

Para ler...

Coleção Investigação Matemática. Marion Smoothey. São Paulo, Scipione, 1997.

Em livros de leitura fácil e rápida, temas da Matemática são apresentados de forma descontraída.

Todos os livros têm atividades como jogos e quebra-cabeças. Para você, aluno do 9º ano, sugerimos os títulos:

- ◆ Áreas e Volumes; ◆ Gráficos; ◆ Escalas.

Dando corda na Trigonometria. Oscar Guelli. São Paulo: Ática, 2002.

Com texto interessante e bem ilustrado, o livro conta um pouco da história da Trigonometria. Arquimedes, Tales e Pitágoras fazem parte dessa emocionante viagem ao passado. Jogos e problemas desafiam o leitor.

Descobrindo o teorema de Pitágoras. Luiz Márcio Imenes e Marcelo Lellis. São Paulo: Scipione, 2008.

Numa interessante viagem ao passado, você conhecerá Pitágoras e será convidado a redescobrir e demonstrar o famoso teorema que leva seu nome. Vale a pena fazer todas as atividades propostas!

Lógica? É lógico. Nílson Machado. São Paulo: Scipione, 2010.

Você já ouviu falar de Lógica? Pois saiba que ela está presente no seu dia a dia, nas ciências, nos mecanismos do pensamento humano. Esse livro é uma excelente oportunidade para aprender as ideias e conceitos básicos desse tema. A linguagem é fácil e simples.

O homem que calculava. Malba Tahan. Rio de Janeiro: Record, 2001.

Conta as histórias de Beremiz Samir e outros personagens "das arábias". Beremiz, brilhante nos cálculos e nos raciocínios, resolve problemas envolventes e desafiadores. É um clássico da literatura lúdica da Matemática.

Semelhança. Coleção Pra que serve a Matemática. Imenes, Jakubo e Lellis. São Paulo: Atual, 1992.

Em pequenos textos, o livro enriquece os conhecimentos sobre semelhança e suas aplicações. As atividades e curiosidades apresentadas são interessantes.

Para navegar...

<http://www.ibge.gov.br>

Selecione canais e clique em IBGE *teen*.

- ◆ **Mão na roda**: para encontrar informações gerais sobre o Brasil, em números, gráficos e mapas.
- ◆ **Calendário**: relaciona e comenta datas comemorativas do Brasil e do mundo.
- ◆ **Censo 2007 e Censo 2010**: como o nome já diz, contém dados dos censos, como população, escolaridade, condições de vida do povo brasileiro, produção agrícola e pecuária.
- ◆ **Mapas**: para uso escolar, disponíveis para visualização e *download*.
- ◆ **Biblioteca**: conteúdo para pesquisa, principalmente em História e Geografia.
- ◆ **Notícias**: para ler o que há de novo em dados sobre o Brasil e outros temas.

<http://cienciahoje.uol.com.br>

Clicando em "CH das crianças", você encontra um menu que permite acessar não só as páginas sobre Matemática, mas também sobre outros ramos da Ciência.

<http://somatematica.com.br>

Cadastrando-se gratuitamente é possível acessar listas de exercícios, artigos, biografias de grandes matemáticos, jogos e também fóruns de discussão.

<http://www.obm.org.br>

Site das Olimpíadas Brasileiras de Matemática, contendo provas e gabaritos, com *download* disponível.

Bom para testar seus conhecimentos. Há *links* para *sites* sobre a História da Matemática e sobre constantes famosas como o número π (pi).

<http://www.obmep.org.br>

Site das Olimpíadas Brasileiras de Matemática das Escolas Públicas. Traz provas de anos anteriores e um grande banco de questões.

<http://www.escolakids.com/matematica>

Site interessante com temas da Matemática e de outras ciências.

<http://www2.tvcultura.com.br/aloescola>

Além de assuntos ligados à Matemática, o *site* aborda temas importantes, como a água, de forma leve e atraente.

<https://pt.khanacademy.org>

Plataforma gratuita com videoaulas sobre vários assuntos. Permite ao usuário cadastrar-se para receber um acompanhamento de suas atividades.

<http://www.numaboa.com/escolinha/matematica>

Site para consulta sobre vários temas.

<http://www.klickeducacao.com.br>

O *site* permite acesso gratuito a algumas páginas. Clique em "Matemática" no menu "Biblioteca Viva" para pesquisar temas em vários campos da Matemática.

<http://tube.geogebra.org>

Neste canal é possível fazer o *download* do *software* GeoGebra, que é gratuito, além de acessar várias atividades interativas principalmente de Geometria.

<http://escolovar.org/mat.htm>

Este *site* é muito interessante para professores e alunos. Há uma variedade enorme de atividades disponíveis: jogos, animações, simuladores, brincadeiras envolvendo números e formas.

<http://www.wisc-online.com/ListObjects.aspx>

Clicando em Learning Objects, General Education, General Math ou Technical Math, há um grande número de objetos educacionais disponíveis, incluindo apresentações em Power Point sobre vários conteúdos como equações, frações algébricas e áreas de polígonos. Não é preciso cadastro. Os textos estão em inglês, mas são simples.

<http://www.matinterativa.com.br/layout.swf>

Contém aulas digitais, *games*, laboratório de matemática, projetos, artigos e variedades.

<http://www.mais.mat.br/wiki/Página_principal>

Repositório que reúne mais de 150 recursos educacionais em diversas mídias (áudios, vídeos, *softwares*, textos e experimentos práticos), voltados para os Ensinos Fundamental e Médio.

<http://www.ime.usp.br/~matemateca/>

Mostra objetos matemáticos expostos anualmente na Matemateca, no Instituto de Matemática e Estatística da Universidade de São Paulo (IME – USP). Eles são confeccionados com o intuito de despertar curiosidade, servir de incentivo ao aprendizado e divulgar de maneira interessante e divertida temas da Matemática.

<http://matematica.com.br/site/>

O *site* reúne as questões de Matemática de grandes vestibulares. Também apresenta um material didático (artigos, vídeos, provas, desafios, curiosidades etc.) sobre a disciplina para os Ensinos Fundamental e Médio, bem como conteúdo sobre a aplicação da Matemática no dia a dia.

<http://www.projetos.unijui.edu.br/matematica/fabrica_virtual/>

Contém objetos de aprendizagem do Laboratório Virtual de Matemática da Universidade Regional do Noroeste do Estado do Rio Grande do Sul (Unijuí) e da Rede Internacional Virtual de Educação (Rived).

<http://www.peda.com/poly>

Em inglês, programa para exploração e construção de poliedros.

<http://www.planetaeducacao.com.br>

Portal educacional que tem como objetivo disseminar as novas tecnologias da informação e da comunicação. Apresenta artigos sobre números inteiros e números decimais para o 6º ano.

<http://alea-estp.ine.pt> e **<http://alea.ine.pt/html/probabil/html/probabilidades.html>**

Ação Local de Estatística Aplicada é um *site* de Portugal que traz textos com noções de Estatística e Probabilidades, textos históricos, problemas, desafios, jogos, curiosidades etc.

<http://www.fc.up.pt/atractor/mat/Polied/poliedros.html>

Página do *site* da Faculdade de Ciências da Universidade do Porto, Portugal, apresenta animações de poliedros em 3D.

<http://nautilus.fis.uc.pt/mn/pitagoras/pitflash1.html>

Contém diversos jogos abordando temas da Matemática, dentre eles sobre o teorema de Pitágoras.

<http://matematica.no.sapo.pt/nconcreto.htm>

Apresenta texto sobre o surgimento do número.

(Estes *sites* foram indicados com base em conteúdos acessados em março de 2015).

REFERÊNCIAS

BORIN, Júlia. *Jogos e resolução de problemas*: uma estratégia para as aulas de Matemática. São Paulo: IME; USP, 1995.

BOYER, Carl B. *História da Matemática*. São Paulo: Edgard Blücher, 1996.

BRASIL. MINISTÉRIO DA EDUCAÇÃO. Secretaria de Educação Fundamental. *Parâmetros Curriculares Nacionais de Matemática*. Brasília: SEF; MEC, 1998.

CARDOSO, Virgínia Cardia. *Materiais didáticos para as quatro operações*. São Paulo: IME; USP, 1992.

CENTURION, Marília. *Conteúdo e metodologia da Matemática, números e operações*. São Paulo: Scipione, 1994.

D'AMBRÓSIO, Ubiratan. *Da realidade à ação – reflexões sobre educação e Matemática*. São Paulo: Summus, 1995.

_____. *Educação matemática*: da teoria à prática. Campinas: Papirus, 1996.

DINIZ, Maria Ignez de Souza Vieira; SMOLE, Kátia Cristina Stocco. *O conceito de ângulo e o ensino de geometria*. São Paulo: IME; USP, 1992.

GUELLI, Oscar. *A invenção dos números*. São Paulo: Ática, 1998. v. 1. (Coleção Contando a História da Matemática).

IFRAH, Georges. *Números*: a história de uma grande invenção. Rio de Janeiro: Globo, 1992.

KAMII, Constance. *Aritmética*: novas perspectivas. Implicações da teoria de Piaget. Campinas: Papirus, 1992.

KRULIK, Stephen; REYS, Robert E. (Org.). *A resolução de problemas na matemática escolar*. São Paulo: Atual, 1997.

LIMA, Elon Lages. *Áreas e volumes*. Rio de Janeiro: Ao Livro Técnico, 1975. (Coleção Fundamentos da Matemática Elementar).

MACHADO, Nílson José. *Coleção Matemática por Assunto*. São Paulo: Scipione, 1988. v. 1.

MOISE, E; DOWNS, F. L. *Geometria moderna*. São Paulo: Edgard Blücher, 1971.

NETO, Ernesto Rosa. *Didática da Matemática*. São Paulo: Ática, 1987.

POLYA, George. *A arte de resolver problemas*. Rio de Janeiro: Interciência, 1978.

RUBINSTEIN, Cléa et al. *Matemática para o curso de formação de professores*. São Paulo: Moderna, 1977.

SANTOS, Vânia Maria Pereira (Coord.). *Avaliação de aprendizagem e raciocínio em Matemática*: métodos alternativos. Rio de Janeiro: IM-UFRJ; Projeto Fundão; Spec/PADCT/Capes, 1997.

STRUIK, Dirk J. *História concisa das Matemáticas*. Lisboa: Gradiva, 1997.

TROTA, Fernando; IMENES, Luiz Márcio; JAKUBOVIC, José. *Matemática aplicada*. São Paulo: Moderna, 1980.

WALLE, John A. van de. *Matemática no Ensino Fundamental*: formação de professores e aplicação em sala de aula. Porto Alegre: Artmed, 2009.

ZABALLA, Antoni (Org.). *A prática educativa*: como ensinar. Porto Alegre: Artmed, 1998.

MALHA

Malha quadriculada

CONSERVE SEU LIVRO
Tire cópias da malha.

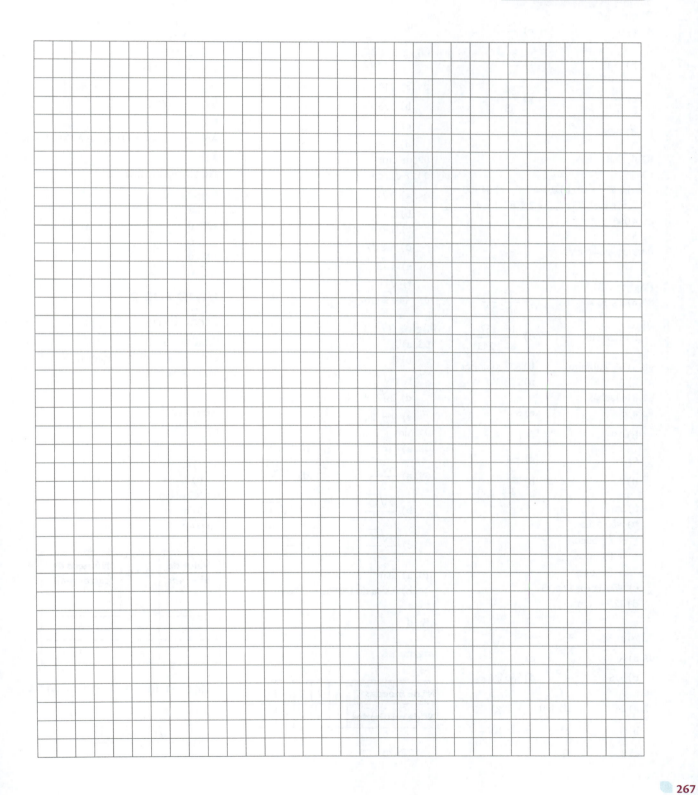

RESPOSTAS DOS EXERCÍCIOS

UNIDADE 1

Revisando

Página 34

81.a) 0

e) $\dfrac{82}{9}$

b) -37

f) $\dfrac{7}{4}$

c) $\dfrac{19}{27}$

g) $\dfrac{35}{48}$

d) -26

82. C, D, B, E, F, A

83. 3^{-2}

84.a) 8,41   **b)** 0,084 1   **c)** 84 100

85. A e 3, B e 1, C e 5, D e 2, E e 6, F e 4.

86. 4 096

87. a

88. 9 possibilidades

Página 35

89.a) 25, 36

c) $\dfrac{1}{16}$, $\dfrac{1}{32}$

b) 125, 216

d) $\dfrac{16}{81}$, $\dfrac{32}{243}$

90.a) 65 "cubinhos"   **b)** 52 "cubinhos"

91.a) $2^{-4} \cdot 5^7$ **b)** $2^7 \cdot 3^2 \cdot 5^4$

92. 81 crachás

93.a) 3   **e)** 6

b) 0,9   **f)** 1

c) 5   **g)** -1

d) 2   **h)** $\dfrac{2}{3}$

94.a) Sim.

b) Não existe.
- É pouco.
- É pouco.
- É muito.

c) Não. Entre 12 e 13.

d) 12,247 cm

Página 36

95.a) $\sqrt{40}$ **c)** 7,1

b) $\sqrt{5}$ **d)** São iguais.

96. 6

97.a) 24   **d)** 120   **g)** 45

b) 3   **e)** π **h)** $\dfrac{11}{12}$

c) 8   **f)** 3

98.a) $3\sqrt{11}$ **c)** $20\sqrt{2}$

b) $15\sqrt{2}$ **d)** $12\sqrt{3}$

99. $\dfrac{3}{16}$

100. $3 < \dfrac{5\sqrt{8}}{3\sqrt{2}} < 4$

101.a) $\sqrt{10}$ **e)** 20

b) $3\sqrt{5}$ **f)** 30

c) 14   **g)** 2

d) 3   **h)** 2

102. 18 cm²

103. $8\sqrt{2}$ cm

104.a) $9\sqrt{2}$

b) $5\sqrt{5}$

c) Não é possível.

d) $-8\sqrt{7}$

e) $4\sqrt{3}$

f) $\sqrt{11}$

105. $14\sqrt{3}$ cm

Página 37

106.a) 2

b) 7

c) $4\sqrt{7}$

d) $2\sqrt{2} + 2\sqrt{7}$

e) $9 + 2\sqrt{14}$

107. Sim.

108.a) 4 m   **b)** 1 m

109.a) $\dfrac{3\sqrt{2}}{2}$ **d)** $\dfrac{15\sqrt[3]{7}}{7}$

b) $\dfrac{2\sqrt{10}}{5}$ **e)** $3\sqrt[4]{216}$

c) $\dfrac{4\sqrt{14}}{5}$ **f)** $\dfrac{\sqrt[3]{4}}{8}$

110.a) 30 m²

b) A sala do Dr. Paulo, 24 m.

111. a

112. d

Página 38

113.

Nº de moedas	1	2	3	4	5	6
Nº de resultados	2	4	8	16	32	64

2^n

114. 2,25 m

Desafios

115. 2^{21}

116. $\sqrt{5\sqrt{2}}$

117.a) 31, 33, 35, 37, 39, 41

b) 216

c) 1 000

118. 31 partidas

Seção livre

Página 39

Aproximadamente 10 milhões e 700 mil reais.

Autoavaliação

Página 40

119. a   **123.** d

120. d   **124.** a

121. c   **125.** b

122. d

UNIDADE 2

Seção livre

Página 75

O sistema não tem solução em $\mathbb{R}$.

Maior área: 900 m²

Revisando

Página 76

66. c

67.a) 6; -6 **c)** 4; -4

b) 3; -3 **d)** 2; -2

68. Não. Não.

69. 5 cm

70. 0 e 1

71.

Valor de $b^2 - 4ac$	Δ ? 0	Número de raízes reais
25	$>$	2
-44	$<$	0
0	$=$	1

72.a) 0; -1 **b)** 0; $-\dfrac{7}{3}$ **c)** 0; $\dfrac{1}{5}$ **d)** 0; 5

73.a) 3; 4

b) $\dfrac{5 + \sqrt{17}}{4}$; $\dfrac{5 - \sqrt{17}}{4}$

268

c) $-\dfrac{3}{2}$; $\dfrac{7}{4}$

d) 0; 7

e) -1; -3

f) 0; $-\dfrac{1}{2}$

74. 2 ou 5   **75.** 5 anos   **76.** 30 cm

Página 77
77. $-2\sqrt{3}$; $\sqrt{3}$
78. 10 anos
79. 6 cm
80. a) 3
b) $\dfrac{1}{2}$; $\dfrac{1}{4}$
c) $\dfrac{3+\sqrt{17}}{4}$; $\dfrac{3-\sqrt{17}}{4}$
d) 0; $\dfrac{6}{5}$

81. 9 m e 13 m
82. 360 m
83. 20 m por 30 m

84. a) $x = 2$ ou $x = -\dfrac{1}{4}$

b)

3	17	7
13	9	5
11	1	15

Página 78
85. 8 equipes; $n(n-1)$
86. 15 apertos

Desafios
87. 6 dm
88. 45 jogos
89. 12 pessoas

Autoavaliação
Página 79
90. a   **95.** b
91. d   **96.** a
92. d   **97.** c
93. a   **98.** a
94. b   **99.** d

Página 80
100. d   **104.** a
101. b   **105.** c
102. a   **106.** c
103. d   **107.** c

UNIDADE 3
Revisando
Página 91
7. a) (E; 3)   **c)** (G; 2)   **e)** (H; 3)
b) (F; 6)   **d)** (G; 9)   **f)** (K; 5)

8. a) -7 **c)** -4; -4
b) -5 **d)** $2x$

9. a) $\neq$
b) $\neq$
c) $\neq$
d) $=$

Página 92
10.

	Coordenadas	Quadrante
borboleta	(4; 2)	1º
aranha	(-3; 1)	2º
coelho	(-7; 3)	2º
formiga	(-6; -2)	3º
rato	(-4; -3)	3º
abelha	(2; -3)	4º
passarinho	(5; -2)	4º

11. $A(2; 2)$, $B(-2; 2)$, $C(-2; -2)$, $D(2; -2)$

12. a) $x = 5$ e $y = -4$
b) $x = -2$ e $y = 6$
c) $x = -4$ e $y = 3$
d) $x = -2$ e $y = -2$

13. a)

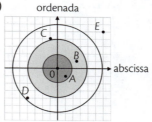

b) 1 flecha
c) 500 pontos

Autoavaliação
Página 93
14. a
15. a
16. d
17. a
18. c
19. b

Página 94
20. d   **23.** a
21. d   **24.** d
22. a

UNIDADE 4
Revisando
Página 128
45. a) 8   **b)** 0   **c)** -3 **d)** $\dfrac{2}{3}$

46. a) 70   **c)** 2; 5
b) $\dfrac{27}{4}$ **d)** -1; 8

47. 1) $a=4, b=6, c=8, d=7$
2) $a=-3, b=4, c=-3, d=-17$

48. a) R$ 750,00
b) 200 m²
c) O preço a ser cobrado é uma função da área a ser pintada.

49. 17 horas
50. a) 17 palitos   **c)** $p = 4c + 1$
b) 41 palitos

Página 129
51. 11 livros
52.

Quantidade	Preço a pagar (R$)
1	0,70
2	1,40
3	1,40
4	2,10
5	2,80
6	2,80
7	3,50
8	4,20
9	4,20
10	4,90

53. a) 400 unidades
b) Junho; 1 200 unidades.
c) Diminuiu; 200 unidades.

54. Gráfico C.
55. 5 000 unidades

Página 130
56. a)

x	2	1	0	-1	-2
y	3	1,5	0	$-1,5$	-3

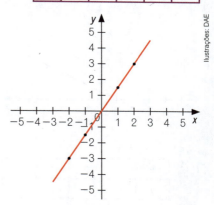

269

b)

x	2	1	0	−1	−2
y	7	3	−1	−5	−9

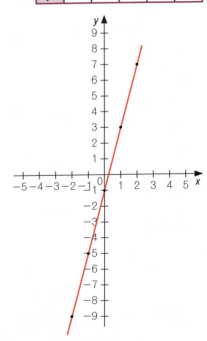

c)

x	2	1	0	−1	−2
y	−3	−2	−1	0	1

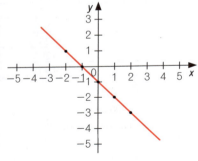

d)

x	2	1	0	−1	−2
y	$\frac{3}{2}$	1	$\frac{1}{2}$	0	$-\frac{1}{2}$

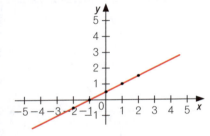

57. a) $y = 2x + 5$

b)

x	3	2	1	0
y	11	9	7	5

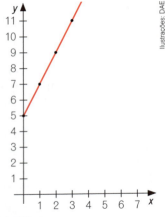

c) 4 refrigerantes

58.

x	0	1	2	3	4	5	6
y	0	5	8	9	8	5	0

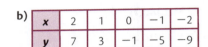

59. a) (1; 0) e (5; 0)
b) (0; 5)
c)

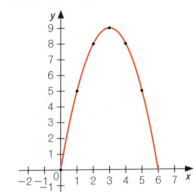

60. a) $C = 20 + 12t$
b) R$ 50,00
c) 1 hora e 15 minutos

61. a

Página 131
62. a) $P = 8x$
b) $A = 3x^2$
c) $d = 5x$
d) 12 cm
63. a) 13 palitos
b) 16 palitos
c) 31 palitos
d) $(3n + 1)$ palitos

64. 15 km
65. a) E; **b)** C; **c)** E; **d)** E; **e)** C

Página 132
66. a) 93 milhões de habitantes
b) $\frac{2}{3}$
67. Gráfico B.

Desafios
68. Gráfico A.
69. 19

Autoavaliação
Página 133
70. a
71. d
72. c
73. d
74. c

Página 134
75. b
76. a
77. b
78. b

Página 135
79. c
80. b
81. a
82. b
83. Figura B.
84. b

Página 136
85. d
86. d
87. Gráfico C.
88. a

UNIDADE 5
Seção livre
Página 149
1. a) 400 000 habitantes
b) Aproximadamente 0,2%.
2. b ou **d** seriam as respostas mais adequadas. Respostas pessoais.
3. a) 18,05 milhões
b) 2010 para 2011, recuo de 1,1%
c) Resposta pessoal.
4. a) 2009 – taxa de 8,3%
b) 2012
5. Respostas pessoais.

Revisando
Página 153
16. a) P
b) I
c) C
d) PP

17. $\dfrac{1}{8}$

18.a) Azul.
  b) São igualmente prováveis.
  c) Não sair verde.

19.a) 90 vezes
  b) 7 lançamentos;
    50 lançamentos;
    47 lançamentos;
    41 lançamentos

Página 154

20.a) $\dfrac{7}{8}$ **d)** $\dfrac{1}{2}$
  b) 1   **e)** 0
  c) $\dfrac{1}{2}$

21.a) $\dfrac{1}{8}$ **c)** $\dfrac{3}{8}$
  b) $\dfrac{3}{8}$ **d)** $\dfrac{1}{4}$

22.a) $\dfrac{1}{2}$ **c)** $\dfrac{1}{26}$
  b) $\dfrac{1}{13}$ **d)** $\dfrac{1}{52}$

23.a) 135 homens   **c)** 34,5%
  b) 200 mulheres   **d)** 44%

24. $\dfrac{7}{12}$

Página 155

25.a) 0   **b)** 4
26. d

27.a) $\dfrac{1}{4}$ **b)** $\dfrac{3}{4}$

28.a) (sopa, frango, mamão), (sopa, frango, pudim), (sopa, picanha, mamão), (sopa, picanha, pudim), (sopa, peixe, mamão), (sopa, peixe, pudim), (canja, frango, mamão), (canja, frango, pudim), (canja, picanha, mamão), (canja, picanha, pudim), (canja, peixe, mamão), (canja, peixe, pudim).

  b) $\dfrac{2}{3}$; $\dfrac{1}{6}$

Página 156

29.a) $\dfrac{1}{4}$ **c)** $\dfrac{15}{28}$
  b) $\dfrac{3}{4}$ **d)** $\dfrac{3}{28}$

30. 30%

Desafios

31. b

32. $\dfrac{1}{17}$

33.a) $\dfrac{1}{5}$ **b)** $\dfrac{4}{5}$

Autoavaliação

Página 157

34. c   **38.** b
35. a   **39.** a
36. d   **40.** c
37. d   **41.** a

Página 158

42. c   **45.** c
43. d   **46.** c
44. c

UNIDADE 6

Seção livre

Página 167
Sim.

Seção livre

Página 180
28. d
29. Marina.

Revisando

Página 181

30.a) 1   **b)** 2   **c)** 3   **d)** 5
31. 4,20 m
32. $a = 52,2$ cm; $b = 30,6$ cm; $c = 129,6$ cm; $d = 81$ cm; $r = 57,6$ cm; $s = 27$ cm
33. 36 cm; 57 cm
34. a
35. $x = 4$; $y = 1$; $z = 12$

Página 182

36. c
37. 4,95 metros (aproximadamente)
38. I e III
39. 30 m
40. 4 m

Página 183

41. 32 m
42. 17,3 m (aprox.)
43. $x = \dfrac{24}{7}$
44. 720 g

Desafios

45. e   **46.** 20,5 m

Autoavaliação

Página 184

47. c   **50.** b
48. c   **51.** b
49. d   **52.** d

UNIDADE 7

Revisando

Página 201

25. 2 m
26. 90 cm
27. 17 cm
28. 3,03 m (aprox.)
29.a) $x = 4$ **b)** $x = 3$
30. O carro azul.

Página 202

31. 2,97 m (aprox.)
32. Lado: $4\sqrt{3}$ cm e apótema: 6 cm.
33. 240
34. 54 m²
35. 480 m
36. $x = 45$ cm; $y = 53$ cm

Página 203

37. Não, porque $35^2 \neq 22^2 + 28^2$
38. $8\sqrt{2}$
39.a) 28 cm
  b) 10 cm
40.a) $6\sqrt{2}$ cm
  b) 18 cm²
  c) 66 cm²
  d) Trapézio retângulo.
41. d

Página 204

42.a) $x = 10$ **b)** $x = 2$
43. 2 088 m

Desafios

44. 24 cm   **46.** 4 dm
45. 26 cm

Autoavaliação

Página 205

47. c   **50.** b
48. d   **51.** c
49. c   **52.** d

271

Página 206

53. b	55. d	57. c
54. b	56. d	58. a

UNIDADE 8

Revisando

Página 220
18. $x = 5$ e $y = 3$
19. 6 m
20. 85 m
21. 240 m
22. 2,5 km
23. 147,18 m (aprox.)

Página 221
24. 4 m
25. 21,6 m
26. 70,48 m
27. 21 cm
28. Aproximadamente 6°.
29. **a)** 3 m (aprox.)
    b) 8,57 m (aprox.)

Página 222
30. **a)** 3 m   **b)** 2,55 m
31. c

Desafios
32. d
33. 17,3 m

Autoavaliação

Página 223
34. b	36. c	38. a
35. a	37. d	

Página 224
39. d	40. b	41. a	42. d

UNIDADE 9

Revisando

Página 239
19. **a)** A: 4 cm²; B: 5 cm²; C: 5 cm²
    b) São equivalentes.
20. **a)** 98,125 cm²   **c)** $(12 + 8\pi)$ cm²
    b) 16,13 cm²   **d)** $(5 + \pi)$ cm²
21. 5 cm²
22. 8 m²
23. **a)** 1,84 m²   **b)** 7,82 m²

Página 240
24. 117,75 cm²

25. 8π cm²
26. 62,8 cm
27. 2 588,5 cm³
28. 5 cm, 5 cm e 8 cm
29. Resposta pessoal.
30. 465 cm²
31. 628 cm²

Página 241
32. **a)** 2 512 L   **b)** 1 884 L
33. a
34. **a)** 0,785 m²   **b)** 1 491,5 L

Desafios

Página 241
35. A família que pediu a *pizza* grande.
36. 22,065 m²
37. A mangueira azul.
38. 441,3 cm³

Seção Livre

Página 242
39. d	41. c	43. b
40. d	42. b	

Autoavaliação

Página 243
44. c	46. d	48. c
45. a	47. b	

Página 244
49. b	52. c	55. d
50. d	53. a	56. b
51. c	54. a	

UNIDADE 10

Revisando

Página 257
21. 76 kg
22. **a)** 6 bolachas   **c)** R$ 0,72
    b) 55%
23.

Total de pessoas por indústria		Pessoas que gostam de futebol		
A	5 600	metade	50%	2 800
B	6 250	um quinto	20%	1 250
C	1 200	três quartos	75%	900
D	1 473	todos	100%	1 473

24.

	Porcentagem	Reais
Marcos	37%	259
Saulo	35%	245
Frederico	28%	196

25. R$ 4,80
26. R$ 540,96
27. **a)** 5% no feijão e 25% no macarrão
    b) O macarrão.

Página 258
28. 4 litros
29. R$ 450,00
30. 66 peças
31. 56%
32. R$ 318,00
33. R$ 1.664,00
34. 2 anos
35. R$ 103.030,10
36. 50%

Página 259
37. c
38. R$ 19,95
39. 675 dólares; 864 euros
40. 25%
41. R$ 1.280,00

Desafios
42. a
43. R$ 696,00
44. R$ 1.100,00
45. 15 medalhas de bronze

Autoavaliação

Página 260
46. b	50. c
47. c	51. b
48. b	52. a
49. b	

Página 261
53. c
54. d
55. d
56. a
57. d
58. d

Página 262
59. b
60. b
61. b
62. d
63. a

272

ELISEU MARTINS
WELINGTON ROCHA

CONTABILIDADE DE CUSTOS
▶▶▶ LIVRO DE EXERCÍCIOS

O GEN | Grupo Editorial Nacional – maior plataforma editorial brasileira no segmento científico, técnico e profissional – publica conteúdos nas áreas de ciências sociais aplicadas, exatas, humanas, jurídicas e da saúde, além de prover serviços direcionados à educação continuada e à preparação para concursos.

As editoras que integram o GEN, das mais respeitadas no mercado editorial, construíram catálogos inigualáveis, com obras decisivas para a formação acadêmica e o aperfeiçoamento de várias gerações de profissionais e estudantes, tendo se tornado sinônimo de qualidade e seriedade.

A missão do GEN e dos núcleos de conteúdo que o compõem é prover a melhor informação científica e distribuí-la de maneira flexível e conveniente, a preços justos, gerando benefícios e servindo a autores, docentes, livreiros, funcionários, colaboradores e acionistas.

Nosso comportamento ético incondicional e nossa responsabilidade social e ambiental são reforçados pela natureza educacional de nossa atividade e dão sustentabilidade ao crescimento contínuo e à rentabilidade do grupo.

ELISEU MARTINS
WELINGTON ROCHA

CONTABILIDADE DE CUSTOS
▶▶▶ LIVRO DE EXERCÍCIOS

11.ª EDIÇÃO

- Os autores deste livro e a editora empenharam seus melhores esforços para assegurar que as informações e os procedimentos apresentados no texto estejam em acordo com os padrões aceitos à época da publicação, *e todos os dados foram atualizados pelos autores até a data de fechamento do livro.* Entretanto, tendo em conta a evolução das ciências, as atualizações legislativas, as mudanças regulamentares governamentais e o constante fluxo de novas informações sobre os temas que constam do livro, recomendamos enfaticamente que os leitores consultem sempre outras fontes fidedignas, de modo a se certificarem de que as informações contidas no texto estão corretas e de que não houve alterações nas recomendações ou na legislação regulamentadora.

- Os autores e a editora se empenharam para citar adequadamente e dar o devido crédito a todos os detentores de direitos autorais de qualquer material utilizado neste livro, dispondo-se a possíveis acertos posteriores caso, inadvertida e involuntariamente, a identificação de algum deles tenha sido omitida.

- **Atendimento ao cliente: (11) 5080-0751 | faleconosco@grupogen.com.br**

- Direitos exclusivos para a língua portuguesa
  Copyright © 1977, 2023 (4ª impressão) by
  Editora Atlas Ltda.
  Uma editora integrante do GEN | Grupo Editorial Nacional
  Travessa do Ouvidor, 11
  Rio de Janeiro – RJ – 20040-040
  www.grupogen.com.br

- Reservados todos os direitos. É proibida a duplicação ou reprodução deste volume, no todo ou em parte, em quaisquer formas ou por quaisquer meios (eletrônico, mecânico, gravação, fotocópia, distribuição pela Internet ou outros), sem permissão, por escrito, da Editora Atlas Ltda.

- Editoração eletrônica: Formato Serviços de Editoração Ltda.

- Ficha catalográfica

Dados Internacionais de Catalogação na Publicação (CIP)
(Câmara Brasileira do Livro, SP Brasil)

Martins, Eliseu, 1945-

Contabilidade de custos: livro de exercícios / Eliseu Martins; Welington Rocha. – 11. ed. – [4. Reimpr.]. – São Paulo : Atlas, 2023.

Bibliografia.
ISBN 978-85-224-9870-3

1. Contabilidade de custos 2. Contabilidade de custos – Problemas, exercícios etc. I. Título.

90-0204   CDD-657.42
                                                                               -657.42076

Índices para catálogo sistemático:
1. Contabilidade de custos 657.42
2. Custos : Contabilidade 657.42
3. Exercícios : Contabilidade de custos 657.42076
4. Problemas : Contabilidade de custos 657.42076

Sumário

Prefácio à 11ª Edição, 7

1. A Contabilidade de Custos, a Contabilidade Financeira e a Contabilidade Gerencial, 9
2. Terminologia Contábil Básica, 13
3. Princípios Contábeis Aplicados a Custos, 17
4. Algumas Classificações e Nomenclaturas de Custos, 23
5. Esquema Básico da Contabilidade de Custos (I), 28
6. Esquema Básico da Contabilidade de Custos (II) – Departamentalização, 34
7. Critério de Rateio dos Custos Indiretos, 41
8. Custeio Baseado em Atividades (ABC) – Abordagem Inicial, 46
9. Aplicação de Custos Indiretos de Produção, 54
10. Materiais Diretos, 60
11. Mão de Obra Direta, 66
12. Problemas Especiais da Produção por Ordem, 71
13. Problemas Especiais da Produção Contínua, 77
14. Produção Conjunta e Problemas Fiscais na Avaliação de Estoques Industriais: Custos Conjuntos, 82
15. Custo Fixo, Lucro e Margem de Contribuição, 87
16. Margem de Contribuição e Limitações na Capacidade de Produção, 91
17. Custeio Variável, 96
18. Margem de Contribuição, Custos Fixos Identificados e Retorno sobre o Investimento, 102
19. Fixação do Preço de Venda e Decisão sobre Compra ou Produção, 107
20. Custos Imputados e Custos Perdidos, 113
21. Alguns Problemas Especiais: Custos de Reposição e Mão de Obra Direta como Custo Variável, 117

22 Relação Custo/Volume/Lucro – Considerações Iniciais, 122

23 Considerações Adicionais sobre Custo/Volume/Lucro, 126

24 Custeio Baseado em Atividades (ABC) – Abordagem Gerencial e Gestão Estratégica de Custos, 131

25 Controle, Custos Controláveis e Custos Estimados, 138

26 Custo-padrão, 143

27 Análise das Variações de Materiais e Mão de Obra, 147

28 Análise das Variações de Custos Indiretos, 152

29 Contabilização do Custo-padrão – o Problema da Inflação, 156

30 Implantação de Sistemas de Custos, 161

Prefácio à 11ª Edição

Esta edição do Livro de Exercícios relaciona-se à décima primeira edição do Livro-Texto, contemplando pequenas alterações de termos ou sentenças, visando proporcionar mais clareza ao enunciado dos exercícios, dois novos exercícios: o 3.6, referente a valoração de ativos biológicos, e o 10.6, sobre teste de impairment (teste de recuperabilidade) de estoques. Agradecemos ao Professor George André Willrich Sales pela colaboração no desenvolvimento desses dois exercícios.

Lembramos que as respostas-chave de todos os exercícios deste livro encontram-se no *site* do GEN (www.grupogen.com.br); no mesmo *site* continuam à disposição dos professores cadastrados as soluções completas.

Registramos novamente nosso agradecimento aos professores que colaboram enviando sugestões e, especialmente, com nossa gratidão, ao Professor Geraldo Barbieri, à Ivete Fava e à Professora Jacira Tudora Carastan (*in memoriam*).

Eliseu Martins
Welington Rocha

Este livro conta com os seguintes materiais suplementares:

- Solução dos Exercícios (exclusivo para professores);
- Respostas dos Exercícios (para todos);

O acesso ao material suplementar é gratuito. Basta que o leitor se cadastre e faça seu *login* em nosso *site* (www.grupogen.com.br), clicando em Ambiente de Aprendizagem, no *menu* superior do lado direito.

O acesso ao material suplementar online fica disponível até seis meses após a edição do livro ser retirada do mercado.

Caso haja alguma mudança no sistema ou dificuldade de acesso, entre em contato conosco (gendigital@grupogen.com.br).

1

A Contabilidade de Custos, a Contabilidade Financeira e a Contabilidade Gerencial

RESPOSTA DO EXERCÍCIO PROPOSTO

F, V, V, F e V

EXERCÍCIO Nº 1.1

A resposta deste e dos próximos exercícios encontra-se disponível no *site*: <www. grupogen.com.br>.

Assinalar a alternativa correta:

1. A respeito do período que vai até a Revolução Industrial, no século XVIII, *não* se pode afirmar que:
   a) Somente a Contabilidade Financeira (Geral) existia até então.
   b) A Contabilidade Geral foi desenvolvida na era Mercantilista.
   c) A Contabilidade Geral estruturou-se para servir ao comércio.
   d) A apuração dos valores de compra dos bens era muito difícil.
   e) Para apurar o resultado, bastava levantar os estoques físicos.

2. As funções gerenciais mais relevantes da Contabilidade de Custos são:
   a) Auxílio ao controle e apuração de Imposto de Renda.
   b) Ajuda à tomada de decisão e levantamento de Balanço.
   c) Auxílio ao controle e ao processo de tomada de decisão.
   d) Valoração dos estoques físicos e tomada de decisões.
   e) Auxílio ao controle e à valoração dos estoques físicos.

3. Quanto à função Gerencial de controle, pode-se afirmar que a Contabilidade de Custos é importante para:
   a) Apenas auxiliar na avaliação dos estoques físicos.
   b) Fornecer dados para fixar padrões de comparação.
   c) Apenas auxiliar na avaliação dos lucros globais.
   d) Auxiliar na avaliação de estoques e lucros globais.
   e) Auxiliar na preparação de demonstrações contábeis.

4. Um exemplo de informação gerada pelos Sistemas de Custos é:
   a) Lucro do período.
   b) Índice de liquidez.
   c) Custo por unidade.
   d) Lucro por ação.
   e) Dividendos a pagar.

5. A conciliação entre a Contabilidade Financeira e a de Custos é:
   a) Irrelevante.
   b) Antiquada.
   c) Fundamental.
   d) Desnecessária.
   e) Projetada.

EXERCÍCIO Nº 1.2

Assinalar a alternativa correta:

1. Não é informação gerada por um Sistema de Custos:
   a) Valor dos estoques.
   b) Custo das perdas.
   c) Custo por departamento.
   d) Duplicatas a receber.
   e) Custo por etapa do processo.

2. Como exemplo de decisão gerencial que pode ser subsidiada pelo Sistema de Custos temos:
   a) Distribuição de ações aos sócios.
   b) Constituição de reserva legal.
   c) Pagamento de multas ambientais.
   d) Administração de preços de venda.
   e) Manutenção da conta "Caixa e Bancos".

3. Como exemplos de elementos fabris de custos de uma empresa de manufatura, podem-se citar:
   a) Depreciação de equipamentos e compra de ações.
   b) Refugos, sobras e salários da alta administração.
   c) Mão de obra, matéria-prima, sobras e refugos.
   d) Energia, material de escritório e salário da contabilidade.
   e) Material de escritório, telefone e material de embalagem.

4. A falta de conciliação entre Contabilidade de Custos e Contabilidade Geral traz:
   a) Acurácia.
   b) Distorções.
   c) Oportunidades.

d) Relevância.

e) Fundamentos.

EXERCÍCIO Nº 1.3

Assinalar Falso (F) ou Verdadeiro (V):

( ) As funções do Contador tornaram-se mais simples, com o advento da indústria de manufatura.

( ) Até o século XVIII, as empresas viviam basicamente do comércio.

( ) Lucro bruto é o resultado do confronto do custo das mercadorias ou produtos vendidos ou dos serviços prestados aos clientes com a respectiva receita líquida.

( ) O uso da Contabilidade de Custos como instrumento gerencial sempre foi a principal preocupação dos Contadores, Auditores e Fiscais.

( ) Somente indústrias manufatureiras devem-se utilizar da Contabilidade de Custos.

EXERCÍCIO Nº 1.4

Assinalar Falso (F) ou Verdadeiro (V):

( ) Em empresas prestadoras de serviços, a Contabilidade de Custos pode ser utilizada para dar suporte ao processo de gestão: planejamento, execução e controle das atividades.

( ) A Contabilidade de Custos tem um escopo mais amplo que a Contabilidade Gerencial.

( ) A utilização de informações de custos passou, ao longo do tempo, do setor de serviços para o de manufatura.

( ) Sistemas de Custos são subsistemas do Sistema de Informação Gerencial (SIG).

( ) O Sistema de Custos em empresas prestadoras de serviços não tem contas de estoques e os elementos de custos são os mesmos do sistema de custos de empresas industriais de manufatura.

EXERCÍCIO Nº 1.5

Assinalar a alternativa correta:

1. *Não* é objetivo normal de um sistema de custos fornecer informação para subsidiar o processo de:

   a) Controle.

   b) Planejamento.

   c) Tomada de decisão.

   d) Avaliação de desempenhos.

   e) Distribuição de dividendos.

2. Uma entidade objeto de custeio é:
   a) Uma pessoa física ou jurídica organizacional.
   b) O montante de custos de um produto ou serviço.
   c) Uma variável aleatória importante para os gestores.
   d) Qualquer coisa cujo custo seja importante conhecer.
   e) O custo e o benefício de determinada decisão tomada.

3. *Não* é entidade objeto de custeio:
   a) Decisão.
   b) Produto.
   c) Atividade.
   d) Processo.
   e) Departamento.

4. São exemplos de decisões normalmente tomadas com base em informações de custos:
   a) Concessão de descontos sobre preços.
   b) Estabilidade e declínio do produto no mercado.
   c) Crescimento e maturidade do produto no mercado.
   d) Elaboração de Balanço e Demonstração de Resultados.
   e) Retaliação de novos concorrentes entrantes no mercado.

5. Informações de custos tendem a ser mais úteis em situações de:
   a) Cartel.
   b) Oligopólio.
   c) Monopólio.
   d) Capitalismo.
   e) Concorrência.

A resposta destes exercícios encontra-se disponível no *site*: <www.grupogen.com.br>.

Terminologia Contábil Básica

RESPOSTA DO EXERCÍCIO PROPOSTO

I
C ou D
C
C ou D
D
I
C ou D
D
D
C ou D
C
I
P
P
C
P
D
RR
D
–

EXERCÍCIO Nº 2.1

A resposta deste e dos próximos exercícios encontra-se disponível no *site*: <www.grupogen.com.br>.

Assinalar Falso (F) ou Verdadeiro (V) à luz da terminologia contábil:

( ) Ao comprar matéria-prima, há uma despesa.

( ) Gasto é o sacrifício financeiro com que uma entidade arca para a obtenção de bens e serviços.

( ) Custo é incorrido em função da vida útil ou de benefícios atribuídos a futuros períodos aos bens e aos serviços produzidos.

( ) O custo é incorrido no momento da utilização, consumo ou transformação dos fatores de produção.

( ) Perdas são bens e serviços consumidos de forma anormal e involuntária.

EXERCÍCIO Nº 2.2

Assinalar Falso (F) ou Verdadeiro (V) à luz da terminologia contábil:

( ) Cada componente do processo de produção é uma despesa que, no momento da venda, transforma-se em perda.

( ) Só existem custos em empresas industriais de manufatura; nas demais, só há perdas.

( ) Gastos com folha de salários da mão de obra, durante um período de greve prolongada, são custos de produção do período contábil em questão.

( ) Não se confunde perda com despesa, uma vez que a primeira envolve os conceitos de imprevisibilidade e involuntariedade.

( ) Perdas são itens debitados diretamente ao resultado do período contábil em que ocorrem.

EXERCÍCIO Nº 2.3

Classificar os eventos descritos a seguir, relativos a um banco comercial, em Investimento (I), Custo (C), Despesa (D) ou Perda (P), seguindo a terminologia contábil.

1. ( ) Compra de impressos e material de escritório.
2. ( ) Gastos com salários do pessoal operacional de agência.
3. ( ) Consumo de energia elétrica.
4. ( ) Gastos com transporte de numerário (carro-forte).
5. ( ) Telefone (conta mensal).
6. ( ) Aquisição e instalação de ATM.
7. ( ) Manutenção do sistema de processamento de dados.
8. ( ) Utilização de impressos para acolher depósitos.
9. ( ) Reconhecimento de crédito como não recebível.
10. ( ) Gastos com envio de talões de cheques aos clientes.
11. ( ) Depreciação de equipamentos (computadores, ATM etc.).
12. ( ) Remuneração de tempo ocioso.
13. ( ) Consumo de material de escritório na Administração.
14. ( ) Remuneração do pessoal da Contabilidade Geral.
15. ( ) Remuneração de gerentes.
16. ( ) Depreciação de prédios de agências.
17. ( ) Gastos com treinamento e desenvolvimento de funcionários.
18. ( ) Depreciação do prédio da sede administrativa do banco.

19. ( ) Desfalque de valores por fraude.

20. ( ) Desfalque de valores por assaltos.

EXERCÍCIO Nº 2.4

Classificar os eventos abaixo, relativos a uma indústria de manufatura, como Investimento (I), Custo (C), Despesa (D) ou Perda (P), seguindo a terminologia contábil:

1. ( ) Compra de matéria-prima.
2. ( ) Consumo de energia elétrica.
3. ( ) Gastos com mão de obra.
4. ( ) Consumo de combustível.
5. ( ) Gastos com pessoal do Faturamento (salário).
6. ( ) Aquisição de máquinas.
7. ( ) Depreciação de máquinas.
8. ( ) Comissões proporcionais às vendas.
9. ( ) Remuneração do pessoal da Contabilidade Geral (salários).
10. ( ) Depreciação do prédio da Empresa.
11. ( ) Consumo de matéria-prima.
12. ( ) Aquisição de embalagens.
13. ( ) Deterioração do estoque de matéria-prima por enchente.
14. ( ) Remuneração do tempo do pessoal em greve.
15. ( ) Geração de sucata no processo produtivo.
16. ( ) Estrago acidental e imprevisível de lote de material.
17. ( ) Reconhecimento de duplicata como não recebível.
18. ( ) Gastos com desenvolvimento de novos produtos e processos.
19. ( ) Gastos com seguro contra incêndio.
20. ( ) Consumo de embalagens.

EXERCÍCIO Nº 2.5

Dados os seguintes eventos ocorridos em determinada empresa no mês de abril:

1. Compra de material no valor de $ 10.000, a pagar no mês seguinte.
2. Pagamento, em cheque, dos salários relativos ao mês de março: $ 5.000.
3. Utilização de mão de obra, a pagar em maio, sendo: pessoal da produção $ 8.000, e da administração, $ 3.000.
4. Contabilização da depreciação do mês, sendo: dos equipamentos de produção $ 7.500; dos veículos de uso da diretoria, $ 2.500.
5. Consumo de parte do material adquirido no item 1, sendo: na produção, $ 3.800 e na administração, $ 1.000.
6. Perda normal de material na produção: $ 200.

7. Energia elétrica adquirida e consumida no mês, a pagar no mês seguinte, $ 8.000. Uma quarta parte desse total cabe às áreas administrativa e comercial da empresa e o restante à de produção.

8. Compra de uma máquina para a área de produção, por $ 50.000, a pagar em duas parcelas iguais, sem juros, tendo sido a primeira paga no ato da compra. Entrará em operação no mês seguinte.

9. Uma enchente inesperada destruiu parte do estoque de materiais: $ 2.000.

10. Baixa pela venda de produtos cujo custo é composto pelos recursos consumidos, utilizados ou transformados em abril no processo produtivo.

Utilizando a terminologia normalmente empregada no meio contábil, *pede-se*:

a) classificar os eventos do mês de abril; e

b) calcular o valor total dos gastos, desembolsos, investimentos, custos, despesas e perdas ocorridos em abril.

A resposta destes exercícios encontra-se disponível no *site*: <www.grupogen.com.br>.

Princípios Contábeis Aplicados a Custos

3

RESPOSTA DO EXERCÍCIO PROPOSTO

V, F, V, F, V

EXERCÍCIO Nº 3.1

A resposta deste e dos próximos exercícios encontra-se disponível no *site*: <www.grupogen.com.br>.

Assinalar a alternativa correta:

1. Segundo o Princípio da Realização, considera-se realizada a receita quando:
   a) Do pagamento por terceiros pelo bem ou serviço.
   b) Da transferência do bem ou serviço a terceiros.
   c) Há aumento do caixa em decorrência da venda.
   d) Da diminuição da conta do cliente comprador.
   e) Da apuração do resultado do período da venda.

2. O princípio envolvido para o correto reconhecimento das despesas é:
   a) Custo Histórico como Base de Valor.
   b) Competência ou Confrontação.
   c) Conservadorismo ou Prudência.
   d) Materialidade ou Relevância.
   e) Consistência ou Uniformidade.

3. A regra contábil que desobriga de um tratamento mais rigoroso aqueles itens cujo valor monetário é pequeno, dentro dos gastos totais, é conhecida como Princípio:
   a) Da Materialidade ou Relevância.
   b) Do Conservadorismo ou Prudência.
   c) Do Custo Histórico como Base do Valor.
   d) Da Consistência ou Uniformidade.
   e) Da Realização da Receita.

4. Como exemplo de despesas especificamente incorridas para consecução das principais receitas, há despesa de:
   a) Administração.
   b) Propaganda.
   c) Manutenção.
   d) Comissão de vendas.
   e) Depreciação.

5. Do ponto de vista econômico, o lucro surge durante:
   a) O pagamento por terceiros pelo bem ou serviço.
   b) A transferência do bem ou serviço a terceiros.
   c) O aumento do caixa em decorrência da venda.
   d) A apuração do resultado do período da venda.
   e) A elaboração do bem ou serviço pela empresa.

EXERCÍCIO Nº 3.2

Assinalar a alternativa correta:

1. O uso do Princípio do Custo Histórico como Base de Valor para avaliação de estoques deve ser abandonado quando há:
   a) Custo de oportunidade.
   b) Alta inflação no país.
   c) Valor de mercado menor.
   d) Devedores duvidosos.
   e) Juros sobre o capital.

2. Se uma empresa usar diferentes bases e critérios de rateio de custos indiretos ao longo do tempo, ela estará ferindo o Princípio:
   a) Do Conservadorismo.
   b) Da Materialidade.
   c) Da Consistência.
   d) Da Relevância.
   e) Da Prudência.

3. No Custeio por Absorção, apropriam-se aos produtos apenas os custos:
   a) Indiretos.
   b) Fixos.
   c) Diretos.
   d) De produção.
   e) Variáveis.

4. Para fins fiscais, os estoques são avaliados em função do custo:
   a) De mercado.
   b) De reposição.
   c) Histórico.
   d) De revenda.
   e) Embutido.

5. O Conservadorismo traz à Contabilidade uma visão mais:
   a) Precavida.
   b) Agressiva.
   c) Arrojada.
   d) Arriscada.
   e) Otimista.

EXERCÍCIO Nº 3.3

Assinalar a alternativa correta:

1. Os recursos relativos ao processo produtivo são denominados, na terminologia contábil, de:
   a) Despesas.
   b) Perdas.
   c) Investimentos.
   d) Custos.
   e) Desembolsos.

2. Os recursos relativos à administração geral, às vendas e aos financiamentos são denominados, na terminologia contábil, de:
   a) Custos.
   b) Despesas.
   c) Desembolsos.
   d) Investimentos.
   e) Perdas.

3. A Auditoria Externa deve verificar a correta utilização do Custeio:
   a) Direto.
   b) Variável.
   c) Absorção.
   d) ABC.
   e) Pleno.

4. O tratamento, do ponto de vista contábil, mais indicado para gastos com pesquisa e desenvolvimento é:
   a) Despesas.
   b) Perdas.
   c) Investimentos.
   d) Custos.
   e) Desembolsos.

5. Observar as sentenças a seguir:
   I – Juros, variações cambiais e correções monetárias decorrentes do financiamento da compra de matéria-prima devem ser considerados como parte do custo do produto elaborado com ela.

II – Ao fazer uso de seus equipamentos fabris para a construção de um cofre para uso próprio, uma empresa deve tratá-lo como despesa.

III – Quando se acumulam custos de vários períodos contábeis, o correto é transformar esses diversos custos, incorridos em períodos diferentes, em quantidade de moeda de capacidade aquisitiva constante.

IV – Valores irrelevantes dentro dos gastos totais da empresa não precisam necessariamente ser segregados em custo e despesa.

As sentenças corretas são:

a) I e IV.

b) I, II e IV.

c) I, III e IV.

d) I, II e III.

e) III e IV.

EXERCÍCIO Nº 3.4

Assinalar Falso (F) ou Verdadeiro (V):

( ) Na prática, não há problemas para segregar custos e despesas de forma clara, direta e objetiva.

( ) Recursos gastos que são relevantes, porém repetitivos a cada período, que numa eventual divisão teriam sua parte maior considerada como despesa, devem ser rateados.

( ) Valores, cujo rateio é extremamente arbitrário, devem ser evitados para apropriação de custos.

( ) A regra para separação entre custos e despesas consiste em definir o momento em que o produto está pronto para venda.

( ) Gastos com Pesquisa e Desenvolvimento de novos produtos ou processos devem ser considerados sempre como custos dos produtos, nunca despesas do período.

EXERCÍCIO Nº 3.5

Uma empresa do ramo de comunicações edita, imprime e distribui duas revistas, sendo uma mensal e uma semanal, utilizando exclusivamente papel de imprensa importado da Noruega. Os dados relativos à necessidade de sua principal matéria-prima (papel) e aos gastos da área de compras são demonstrados nas tabelas a seguir:

Tabela 1 *Tiragem normal, em número de exemplares.*

Revistas	Tiragem	Periodicidade	Nº de páginas
Moderna	10.000	Mensal	80
Weekly	15.000	Semanal	60

Tabela 2 *Quantidade de papel por exemplar.*

Materiais	Moderna	Weekly
Papel couchê (para as páginas)	160 g	120 g
Papel supercalandrado (para capas)	30 g	30 g

Tabela 3 *Gastos do Departamento de Compras em março (em $).*

Salários, encargos sociais e benefícios	8.045
Aluguel e IPTU	950
Água, luz e telefone	255
Depreciação	620
Outros	780

Por meio de análise do processo de suprimento, verificou-se que 60% do tempo das pessoas e dos demais recursos são dedicados à produção, pois referem-se às atividades de planejar, comprar e fazer *follow-up* de papel. A área administrativa absorve 30% e a de vendas, 10% das atividades.

Durante o mês de março, foi adquirida e recebida uma partida de papel, na quantidade necessária para a produção de um mês, aos seguintes preços:

Papel	Custo CIF/ton.
Couchê	800 €
Supercalandrado	780 €

Para poder liquidar a operação de câmbio, a empresa recorreu a um empréstimo bancário, arcando com juros de 3% ao mês, durante 15 dias (o câmbio foi fechado na data do desembaraço aduaneiro à taxa de $ 2,50 por euro).

Outros dados:

- no final do mês, o custo CIF do papel, considerando-se os preços no mercado internacional, era de 820€/ton. para o couchê e de 800€/ton. para o supercalandrado;
- a taxa de câmbio no último dia do mês era de $ 2,60 por euro; e
- toda a matéria-prima adquirida no mês encontrava-se no estoque no dia 31.

Pede-se calcular:

a) o valor de custo (total e unitário) da matéria-prima existente no estoque final de março, de acordo com os Princípios Contábeis, com a inclusão de gastos da área de compras; e

b) o valor do impacto e o efeito no resultado de março, caso os gastos com a área de compras não fossem incluídos no estoque.

A resposta destes exercícios encontra-se disponível no *site*: <www.grupogen. com.br>.

EXERCÍCIO Nº 3.6

Uma empresa atua no ramo de plantio de eucaliptos e fabricação de pasta de celulose, que é vendida como matéria-prima para a produção de papel. A partir do plantio das mudas, são necessários cinco anos para se obter os eucaliptos prontos para o primeiro corte, na proporção de 40%; os outros 60% serão obtidos depois de 12 anos após o plantio. Nesse contexto, considere a ocorrência dos seguintes eventos:

a) Bem no início de determinado ano, a empresa compra um lote de mudas de eucalipto por $ 6.000,00, à vista, as quais são imediatamente plantadas. Durante o primeiro ano, incorre em custos de cultivo e manutenção (mão de obra, insumos etc.) no valor total de $ 2.000,00; esses custos foram totalmente pagos dentro do próprio período. Ao final desse primeiro ano o valor de mercado dos eucaliptos cultivados até então era de $ 12.000,00.

b) Durante o segundo ano, incorre em custos de cultivo e manutenção dos mesmos eucaliptos (mão de obra, insumos etc.) no valor total de $ 2.500,00, integralmente pagos no período. No fim do segundo ano o valor de mercado dos eucaliptos até então cultivados era de $ 19.000,00.

c) Durante o terceiro ano, os custos incorridos montam a $ 3.500,00, totalmente pagos e, ao final do terceiro período, o valor de mercado dos eucaliptos até então cultivados era de $ 22.000,00.

d) No decorrer do quarto ano, o valor dos custos incorridos com cultivo e manutenção somam $ 4.000,00, todos pagos. Ao final do período, o valor de mercado era de $ 23.000,00.

e) No decorrer do quinto ano, o montante de custos de manutenção foi de $ 3.700,00, pagos também dentro do próprio período; no fim do ano, o valor de mercado dos eucaliptos era de $ 25.000,00. Nesse ponto, ocorre o corte de 40% do volume, medido em metros cúbicos; o custo da atividade de cortar as árvores (mão de obra e outros) é de $ 1.000,00.

Sabe-se que o valor justo (líquido) do produto biológico resultante desses 40% do primeiro corte é de $ 10.000,00 e o dos 60% restantes é de $ 15.000,00.

Considerando que: (i) as vendas são tributadas pelo governo em 12%; (ii) a comissão de corretagem é de 5%; (iii) o frete na venda corresponde a 3%; e (iv) o efeito da inflação é irrelevante, podendo ser desprezado, pede-se calcular:

a) O valor do ativo biológico ao final de cada um dos cinco períodos;

b) O valor do resultado (lucro ou prejuízo) de cada um dos cinco anos.

Algumas Classificações e Nomenclaturas de Custos

RESPOSTAS DO EXERCÍCIO PROPOSTO

a) $ 1.520.000.

b) $ 1.700.000.

c) $ 1.500.000.

EXERCÍCIO Nº 4.1

A resposta deste e dos próximos exercícios encontra-se disponível no *site*: <www.grupogen.com.br>.

Considere os seguintes dados da empresa industrial Sunny, relativos a determinado período:

Em $

Estoque inicial de matéria-prima	300
Estoque final de matéria-prima	420
Despesas administrativas de toda a empresa	120
Estoque inicial de produtos em processo	240
Estoque final de produtos em processo	300
Mão de obra direta utilizada na produção de bens	600
Custos indiretos de produção	480
Compras de matéria-prima	720
Estoque inicial de produtos acabados	360
Venda de 90% do total disponível de produtos acabados por	2.400
Frete pago para entregar produtos acabados vendidos	150
Juros apropriados sobre empréstimos bancários obtidos	70

Pede-se calcular:

a) O Custo dos Produtos Vendidos (CPV).

b) O Lucro Bruto (LB).

c) O Lucro (ou prejuízo) antes do Imposto de Renda (LAIR).

EXERCÍCIO Nº 4.2

A empresa Mood's Hair produz um único produto (xampu de camomila) que é vendido, em média, por $ 9,50 cada unidade (preço líquido de tributos).

Em determinado período, em que não houve estoques iniciais, produziu integralmente 14.000 unidades, e incorreu nos seguintes custos e despesas (em $):

Supervisão geral da fábrica	17.000	
Depreciação dos equipamentos de fábrica	10.000	
Aluguel do galpão industrial	2.400	
Administração geral da empresa	8.000	
Material direto	2,00	por unidade
Mão de obra direta	1,50	por unidade
Energia elétrica consumida na produção	0,40	por unidade
Comissão sobre vendas	0,75	por unidade
Frete para entregar produtos vendidos	0,15	por unidade

Considerando-se que no final do período havia 1.000 unidades do produto acabado em estoque, e que não houve perdas, pede-se calcular:

a) O Estoque Final dos produtos acabados.

b) O Lucro (ou prejuízo) do período.

EXERCÍCIO Nº 4.3

A empresa Camanducaia foi constituída em 2-1-X1 com capital inicial de $ 100.000 totalmente subscrito e integralizado em moeda corrente nacional. O objetivo da empresa é produzir artigos para festas em geral.

O preço médio de venda do produto acabado é estimado pelo pessoal da área de marketing em $ 9,50 por unidade. Impostos e comissões sobre receita bruta totalizam 20% do preço.

Durante o mês de janeiro ocorreram os seguintes custos e despesas, todos pagos dentro do próprio mês (em $):

Aluguel da fábrica	3.000
Supervisão da fábrica	9.000
Matéria-prima ($ 3,00/u)	36.000
Mão de obra direta	24.000
Despesas administrativas	8.000

No final do mês, 12.000 pacotes de confete haviam sido *integralmente* produzidos e estavam armazenados para serem vendidos no mês seguinte (não houve vendas em janeiro).

Pede-se elaborar:

a) A Demonstração de Resultados relativa ao mês de janeiro.

b) O Balanço Patrimonial do dia 31 de janeiro.

EXERCÍCIO Nº 4.4

A Empresa do GB, produtora de cadernos em Itobi, em determinado período apresentou os seguintes dados (em $):

1.	Estoque inicial de matéria-prima	5.000
2.	Compra de matéria-prima	12.000
3.	Despesas administrativas	2.000
4.	Despesas financeiras	1.500
5.	Despesas comerciais	2.500
6.	Estoque inicial de produtos em processo	4.000
7.	Mão de obra direta	10.000
8.	Estoque final de produtos em processo	5.000
9.	Custos indiretos de produção	8.000
10.	Estoque final de matéria-prima	7.000
11.	Estoque inicial de produtos acabados	6.000
12.	Venda de 80% do total disponível de produtos acabados por	40.000

Pede-se calcular:

a) O Custo Total de Produção (CPP).
b) O Custo da Produção Acabada (CPA).
c) O Estoque Final de Produtos Acabados.
d) O Custo dos Produtos Vendidos (CPV).
e) O Lucro Bruto.
f) O Lucro Antes do Imposto de Renda (LAIR).

EXERCÍCIO Nº 4.5

Assinalar a alternativa correta:

1. Custos diretos em relação aos produtos são aqueles que podem ser:
   a) Rateados em bases não arbitrárias.
   b) Vistos fisicamente incorporados aos produtos.
   c) Rastreados e alocados com base em critérios lógicos.
   d) Mensurados e apropriados aos produtos com precisão.
   e) Mensurados e apropriados aos processos com precisão.

2. Classificam-se como fixos os elementos de custos cujo valor total, dentro de determinado intervalo de tempo, em relação às oscilações no volume de produção:
   a) Acompanhe o volume.
   b) Permaneça constante.
   c) Diminua com o aumento de volume.
   d) Aumente com a diminuição de volume.
   e) Tenha correlação com o volume de produção.

3. Custos alocados aos produtos por meio de estimativas e aproximações são denominados custos:
   a) Diretos.
   b) Orçados.
   c) Indiretos.
   d) Estimados.
   e) Aproximados.

4. Para classificar os custos como fixos ou variáveis é importante conhecer:
   a) O volume de produção.
   b) O valor monetário dos custos.
   c) O horizonte temporal da análise.
   d) O intervalo relevante de nível de produção.
   e) Todas as alternativas anteriores estão corretas.

5. Suponha que uma empresa remunere seus vendedores exclusivamente por meio de um percentual incidente sobre o valor das vendas realizadas. Neste caso, a remuneração dos vendedores, para a empresa, é:
   a) Custo Fixo.
   b) Despesa Fixa.
   c) Despesa Mista.
   d) Custo Variável.
   e) Despesa Variável.

6. Normalmente são custos indiretos em relação aos produtos:
   a) Aluguel e supervisão.
   b) Aluguel e embalagens.
   c) Promoção e propaganda.
   d) Matéria-prima e supervisão.
   e) Matéria-prima e embalagens.

7. Normalmente são custos diretos em relação aos produtos:
   a) Aluguel e supervisão.
   b) Aluguel e embalagens.
   c) Promoção e propaganda.
   d) Matéria-prima e supervisão.
   e) Matéria-prima e embalagens.

8. Uma máquina tem seu valor econômico definido em função da obsolescência e esta é estimada em cinco anos. A máquina é utilizada para fabricar três produtos alternadamente: o produto P1 utiliza 0,6 hm por unidade, o P2, 1,5 hm por unidade e o P3 utiliza 3,75 hm por unidade (hm = hora-máquina). Nesta situação, a depreciação dessa máquina, em relação aos produtos, deve ser classificada como custo:
   a) Primário.
   b) Direto e fixo.

c) Direto e variável.

d) Indireto e fixo.

e) Indireto e variável.

9. Em uma indústria metalúrgica que fabrica vários produtos, verifica-se a ocorrência dos seguintes eventos em determinado período:

Eventos	$
Consumo de energia diretamente proporcional ao volume	400
Matéria-prima trasnformada em produtos acabados	500
Gastos com o Pessoal do Faturamento (salários e encargos sociais)	300
Depreciação de máquinas de produção comuns (linha reta)	200
Honorários da Administração da Produção	600
Depreciação do equipamento de processamento de dados da Contabilidade Geral	100

Pede-se calcular o valor dos custos diretos (CD), indiretos (CI), fixos (CF) e variáveis (CV) no período.

10. Em uma indústria de óleo vegetal verificou-se a ocorrência das seguintes transações, em determinado mês:

a) Moagem de cinqüenta (50) toneladas de soja ao custo de $ 500/t.

b) Depreciação do equipamento de moagem: $ 3.000.

c) Utilização de recipientes para embalagem do óleo: $ 2.500 ($ 0,25/un.).

d) Utilização de mão de obra de quatro operários cujo custo é de $ 1.000 (um mil) por mês, cada um (salário e encargos sociais).

e) Utilização de rótulos de papel para colocar nas garrafas de óleo: $ 800 ($ 0,08/un.).

f) Totalização da conta de energia elétrica, no valor de $ 4.000, sendo: $ 3.000 correspondentes à demanda mínima previamente contratada com a concessionária e $ 1.000 proporcionais ao consumo excedente.

Pede-se calcular o valor dos custos fixos e dos variáveis naquele mês.

A resposta destes exercícios encontra-se disponível no *site*: <www.grupogen. com.br>.

5

Esquema Básico da Contabilidade de Custos (I)

RESPOSTAS DO EXERCÍCIO PROPOSTO

a) Custo Total do Sabão em Pó: $ 79.600.
Custo Total do Sabão Líquido: $ 45.400.

b) Custo Unitário do Sabão em Pó: $ 3,98/cx.
Custo Unitário do Sabão Líquido: $ 2,84/frasco.

EXERCÍCIO Nº 5.1

A resposta deste e dos próximos exercícios encontra-se disponível no *site*: <www. grupogen.com.br>.

Assinalar Falso (F) ou Verdadeiro (V):

( ) Os custos dos recursos consumidos ou utilizados fora do processo de produção devem ser debitados integralmente ao resultado do período em que forem incorridos.

( ) No esquema básico da Contabilidade de Custos, os custos diretos não são apropriados diretamente aos bens ou aos serviços.

( ) No critério simples, a contabilização dos custos é feita em contas apropriadas e a transferência é direta para estoques à medida que os produtos são alocados, com registro de cada fase de rateio.

( ) O critério complexo registra cada passo de cada etapa do processo de apuração e distribuição dos custos.

( ) Havendo informatização do processo de custeio, o critério complexo geralmente é preferível em relação ao simples, por dar mais transparência, facilitando a interpretação dos custos.

EXERCÍCIO Nº 5.2

Assinalar a alternativa correta:

1. O processo básico da Contabilidade de Custos consiste nas seguintes etapas:

a) Separar os custos das despesas, apropriar os custos diretos e ratear as despesas.

b) Separar os custos indiretos, apropriá-los aos produtos e ratear os custos fixos.

c) Separar os custos das despesas, apropriar os custos diretos e ratear os indiretos.

d) Separar os custos das receitas, apropriar os custos diretos e ratear os indiretos.

e) Separar os custos das despesas, apropriar os custos fixos e ratear os indiretos.

2. Devem ser classificados como custos de produção os itens:
   a) Matéria-prima, mão de obra, honorários da diretoria.
   b) Honorários da diretoria, fretes e seguros da fábrica.
   c) Seguros da área de produção e material direto.
   d) Matéria-prima, telefone, salário da administração.
   e) Salário da administração, material direto, perdas.

3. Devem ser contabilizados como despesas os itens:
   a) Matéria-prima, mão de obra, salários da administração.
   b) Honorários da diretoria, material direto, telefone.
   c) Seguros da área de produção e material direto.
   d) Matéria-prima, seguros da fábrica e fretes.
   e) Honorários da diretoria e fretes nas vendas.

4. Ao separar os custos das despesas surgem aspectos:
   a) Objetivos.
   b) Diretos.
   c) Subjetivos.
   d) Sintéticos.
   e) Distintos.

5. A forma de contabilização dos custos, no que se refere ao grau de detalhamento das contas, pode ser:
   a) Única.
   b) Irrelevante.
   c) Variada.
   d) Aleatória.
   e) Absoluta.

6. Observar as sentenças a seguir:

   I – Os recursos que compõem o custo de produção são alocados diretamente aos produtos.

   II – A primeira etapa do processo básico da Contabilidade de Custos consiste na separação entre custos e receitas do período.

   III – Custos e despesas incorridos num período só irão integralmente para o Resultado desse mesmo período, caso toda a produção elaborada seja vendida e não haja estoques finais.

Estão corretas as afirmativas:

a) I e III.

b) II apenas.

c) III apenas.

d) II e III.

e) I, II e III.

EXERCÍCIO Nº 5.3

A Cia. Porto Eucaliptos iniciou suas atividades em 2-1-X1; em 31-12-X1, seu primeiro balancete de verificação era constituído pelas seguintes contas (em $ mil):

1	Caixa	460
2	Bancos	1.000
3	Clientes	6.060
4	Estoque de matéria-prima	5.000
5	Equipamentos de produção	2.000
6	Depreciação acumulada de equipamentos de produção	300
7	Veículos	1.000
8	Depreciação acumulada de veículos	100
9	Empréstimos de curto prazo obtidos com encargos prefixados	3.520
10	Capital social	15.000
11	Consumo de matéria-prima	7.000
12	Mão de obra direta (inclui encargos sociais) no período	6.000
13	Energia elétrica consumida na produção	790
14	Supervisão geral da produção	2.880
15	Aluguel da fábrica	600
16	Consumo de lubrificantes nos equipamentos de produção	350
17	Manutenção preventiva de máquinas comuns de produção	500
18	Supervisão do almoxarifado de matéria-prima	1.440
19	Depreciação de equipamentos de produção	300
20	Seguro dos equipamentos de fábrica	340
21	Despesas comerciais e administrativas da empresa no período	8.100
22	Despesas financeiras no período	200
23	Vendas de produtos acabados (PAC)	25.100

Outros dados relativos ao ano de X1:

1. Produção e vendas no período:

Produtos	Preço médio de venda/un.	Volume de produção (em unidades)	Volume de vendas (em unidades)
X	$ 270	50.000	40.000
Y	$ 350	30.000	18.000
Z	$ 500	20.000	16.000

2. O tempo de produção requerido por unidade de produto é o seguinte:

Produtos	Tempo de MOD	Tempo de máquina
X	1,0 hh	0,60 hm
Y	2,0 hh	1,50 hm
Z	2,5 hh	3,75 hm

3. Com relação aos custos diretos, sabe-se que:
   - A matéria-prima é a mesma para todos os produtos, e o consumo faz-se na mesma proporção: 1kg de MP para cada unidade de produto acabado.
   - As habilidades e os salários dos operários são aproximadamente iguais para todos os produtos.
   - O consumo de energia elétrica é o mesmo em termos de kwh, por isso seu custo é diretamente proporcional ao tempo de utilização das máquinas.

4. Os custos de Supervisão da Produção e Aluguel devem ser rateados com base na MOD; e Supervisão do almoxarifado, com matéria-prima.

5. Os demais custos indiretos são correlacionados ao tempo de uso de máquinas.

6. O Imposto de Renda (IR) é de 30% sobre o lucro.

Pede-se:

1. Calcular:
   a) O custo unitário de cada produto.
   b) O custo total de cada produto.
   c) O Custo dos Produtos Vendidos no período.
   d) O valor do Estoque Final de Produtos Acabados.

2. Elaborar:
   a) Um quadro demonstrando o custo direto total por produto.
   b) Um Mapa de Rateio dos Custos Indiretos de Produção (CIP) dos elementos de custos aos produtos.
   c) A Demonstração de Resultados do período, considerando 30% de Imposto de Renda sobre o lucro.
   d) O Balanço Patrimonial de 31-12-X1.

EXERCÍCIO Nº 5.4

A empresa Rubi produz dois produtos, A e B, cujo volume de produção e de vendas é de cerca de 12.000 unidades do Produto A e 4.000 unidades do B, por período, e os Custos Indiretos de Produção (CIP) totalizam $ 500.000.

Em determinado período, foram registrados os seguintes custos diretos por unidade (em $):

	A	B
Material-direto	20	25
Mão de obra direta	10	6

Pede-se calcular o valor dos Custos Indiretos de Produção (CIP) de cada produto, utilizando o custo de mão de obra direta como base de rateio.

EXERCÍCIO Nº 5.5

Uma indústria de confecções produz e vende dois tipos de roupas femininas: saias e vestidos. Ela não possui sistema de Contabilidade de Custos por departamento e as principais informações são dadas a seguir:

Tabela 1 *Preços e volumes normais de produção e vendas.*

Produtos	Preço de venda bruto (por un.)	Volume (em unidades)	Volume de vendas (em unidades)
Saias	$ 60	35.000	30.000
Vestidos	$ 80	29.000	25.000

Tabela 2 *Dados físicos de produção.*

	Saias	Vestidos
Quantidade de matéria-prima (m/un.)	3	5
Tempo de MOD (hh/un.)	2,4	4,0
Área ocupada (m²)	600	400
Consumo de energia (kwh)	12.000	13.000
Tempo de Máquina (hm)	44.880	57.120

Tabela 3 *Estrutura básica de custos e despesas.*

Matéria-prima	$ 7 por metro de tecido
Mão de obra direta (MOD): salário dos operários	$ 6 por hora
Tributos sobre a receita bruta	15%
Comissões sobre a receita líquida	8%
Aluguel do galpão industrial	$ 60.000 por período
Supervisão geral da produção	$ 40.000 por período
Energia elétrica na produção (demanda)	$ 30.000 por período
Depreciação das máquinas de produção	$ 15.000 por período
Despesas com publicidade e propaganda	$ 120.000 por período
Despesas administrativas gerais da empresa	$ 150.000 por período

Sabendo-se que não havia estoques iniciais, pede-se calcular, utilizando o Custeio por Absorção:

a) o custo total de cada produto;

b) o custo unitário de cada produto;

c) o lucro bruto de cada produto vendido e o total da empresa;

d) o lucro operacional da empresa; e

e) o valor do estoque final de produtos acabados.

Obs.: Ratear o custo de supervisão com base na mão de obra direta (MOD).

A resposta destes exercícios encontra-se disponível no *site*: <www.grupogen.com.br>.

Esquema Básico da Contabilidade de Custos (II) – Departamentalização

RESPOSTAS DO EXERCÍCIO PROPOSTO

1. a)   Custo Total do Departamento de Estamparia: $ 5.550.
   Custo Total do Departamento de Furação: $ 3.110.
   Custo Total do Departamento de Montagem: $ 2.940.
   b)   Custo Total das Fechaduras: $ 16.004.
   Custo Total das Dobradiças: $ 19.596.
   c)   Custo Unitário das Fechaduras: $ 4,00/un.
   Custo Unitário das Dobradiças: $ 1,63/un.

EXERCÍCIO Nº 6.1

A resposta deste e dos próximos exercícios encontra-se disponível no *site*: <www.grupogen.com.br>.

Assinalar a alternativa correta:

1. A unidade administrativa mínima, representada por pessoas e máquinas, em que se desenvolvem atividades homogêneas, é denominada:
   a) Departamento.
   b) Segmento.
   c) Cadeia de valor.
   d) Setorial.
   e) Centro de custo.

2. A unidade mínima de acumulação de custos é denominada:
   a) Departamento.
   b) Segmento.
   c) Cadeia de valor.
   d) Setorial.
   e) Centro de custo.

3. Os departamentos que promovem algum tipo de modificação sobre os bens e os serviços são denominados departamentos de:
   a) Receitas.
   b) Serviços.
   c) Produção.
   d) Análises.
   e) Espécies.

4. Os departamentos que não atuam diretamente sobre os bens e os serviços, mas executam atividades de apoio são denominados departamentos de:
   a) Receitas.
   b) Serviços.
   c) Produção.
   d) Análises.
   e) Espécies.

5. Observar as sentenças a seguir:

   I   – Apropriar os custos indiretos que pertencem aos departamentos, agrupando, à parte, os comuns.
   II – Escolher a seqüência de rateio dos custos acumulados nos departamentos de serviços e sua distribuição.
   III – Separar custos das despesas.
   IV – Ratear os custos indiretos comuns.
   V   – Apropriar os custos diretos aos produtos.
   VI – Atribuir os custos indiretos que estão no departamento de produção aos produtos.

   A sequência que mostra o processo básico da Contabilidade de Custos é:
   a) III, II, IV, I, V e VI.
   b) III, I, II, V, IV e VI.
   c) III, V, I, IV, II e VI.
   d) III, IV, V, II, I e VI.
   e) III, V, II, IV, I e VI.

EXERCÍCIO Nº 6.2

A Cia. Pasteurizadora Genoveva produz leite tipos C e B, conhecidos no mercado pelas marcas Genoveva e Genoveva Super, respectivamente. O ambiente de produção é composto por quatro departamentos: Pasteurização, Embalagem, Manutenção e Administração da Produção.

O volume de leite processado em determinado período foi o seguinte, em litros:

Tipo C 489.786 e Tipo B 163.262

Sua estrutura de custos, no mesmo período, foi a seguinte (em $):

1. Custos Diretos referentes aos produtos:

Genoveva	87.800
Genoveva Super	50.400

2. Custos Indiretos:

Aluguel	8.500
Material	5.200
Depreciação	4.720
Energia elétrica	7.300
Outros	6.600

Outros dados coletados no período:

	Pasteurização	Embalagem	Manutenção	Administração da produção
Área (m²)	1.100	955	170	275
Consumo energia (kWh)	17.000	14.280	1.700	1.020
Horas de MO	24.000	12.000	2.000	2.000

As bases de rateio são as seguintes:

- O Aluguel é distribuído aos departamentos de acordo com suas respectivas áreas.
- O número de horas de mão de obra utilizada em cada departamento é usado como base de rateio para: material, depreciação e outros custos indiretos.
- Os custos da Administração da Produção são distribuídos aos demais departamentos com base no *número de funcionários*:

Departamentos	Nº de funcionários
Pasteurização	12
Embalagem	12
Manutenção	6

- Conforme observado em períodos anteriores – e espera-se que se mantenha nos próximos – cabe ao departamento de Embalagem 1/5 do total dos custos de Manutenção.
- A distribuição dos custos dos departamentos de produção aos produtos é feita em função do volume de leite processado.

Considerando que as quantidades obtidas (em litros) de produtos acabados foram: Genoveva 448.160, Genoveva Super 146.935,80, pede-se:

1. Calcular:
   a) O custo total de cada produto;
   b) O custo unitário de cada produto.
   c) O custo que seria apropriado a cada produto se o rateio fosse feito à base dos respectivos custos diretos.

2. Contabilizar:
   a) A apropriação dos custos (apurados em 1.a), utilizando o critério simples.
   b) Idem, pelo complexo.

MAPA DE APROPRIAÇÃO DE CUSTOS

Custos indiretos	Pasteurização	Embalagem	Manutenção	Administração da produção	Total
Aluguel					
Material					
Energia elétrica					
Depreciação					
Outros					
Total					
Rateio da administração					–
Soma				–	
Rateio da manutenção				–	–
Total			–	–	
Genoveva			–	–	
Genoveva Super			–	–	
TOTAL			–	–	

EXERCÍCIO Nº 6.3

A empresa Postes Reis produz postes de cimento em três tamanhos: nº 0, nº 1 e nº 2.

O número 0, devido ao tamanho e ao tratamento de sua estrutura, é feito em uma máquina grande. Os números 1 e 2, por serem de menor porte, são produzidos em uma máquina pequena.

Os custos diretos unitários, em determinado período, foram os seguintes (em $):

Poste nº	Material	Mão de obra
0	350	90
1	250	81
2	175	54

Os *custos indiretos* (supervisão, depreciação e manutenção) foram de $ 200.000 no mesmo período, sendo que:

a) $ 37.500 são específicos da máquina pequena.

b) $ 75.000 são específicos da grande.

c) $ 87.500 referem-se a serviços auxiliares e da administração geral da produção (supervisão geral).

A empresa produziu 1.000 postes de cada tamanho no período e costuma ratear o valor total dos custos indiretos diretamente aos produtos (sem departamentalização), à base do custo de Mão de Obra Direta.

Considerando-se vendida toda a produção dos postes nºˢ 0 e 1 e nada do poste nº 2, e sabendo-se que não havia estoques iniciais, pede-se calcular:

a) O valor do custo dos produtos vendidos, segundo o critério usual da empresa.

b) O valor de custo do estoque remanescente.

c) O custo dos produtos vendidos e o estoque final, rateando os custos indiretos por meio da utilização de centros de custos.

EXERCÍCIO Nº 6.4

A empresa Nandaca produz dois produtos, A e B, cuja produção no último período contábil foi de 4.000 e 1.000 unidades, respectivamente. Seus custos departamentais e o número de empregados foram os seguintes:

Departamentos	Custos	Nº de empregados
Gerência Geral da Produção	$ 1.050	2
Manutenção	$ 1.110	4
Montagem	$ 9.300	8
Acabamento	$ 7.140	8

Pede-se calcular o valor do custo de cada produto considerando que:

a) Os custos da Gerência Geral da Produção devem ser os primeiros a serem distribuídos aos demais, e a base é o número de empregados.

b) Em seguida, devem ser rateados os custos do Departamento de Manutenção: 75 para a Montagem.

c) Finalmente, distribuir os custos da Montagem e do Acabamento para os produtos, proporcionalmente às quantidades produzidas.

MAPA DE APROPRIAÇÃO DE CUSTOS

Custos Indiretos	Gerência geral da produção	Manutenção	Montagem	Acabamento	Total
Rateio da administração					
Soma					
Rateio da manutenção					
Total					
Produto A					
Produto B					
Total					

EXERCÍCIO Nº 6.5

Um laboratório farmacêutico produz dois medicamentos genéricos, A1 e B2, num ambiente de produção composto por quatro departamentos: Manipulação, Embalamento, Planejamento e Controle da Produção (PCP) e Manutenção. A seguir, são apresentados os dados relativos aos custos indiretos em relação aos produtos:

Tabela 1 *Produção média mensal.*

Medicamentos	Produção (em unidades)
A1	6.000
B2	4.000

Tabela 2 *Custos diretos mensais, dos departamentos de produção e de apoio, indiretos em relação aos produtos.*

Custos diretos	Manipulação	Embalamento	PCP	Manutenção
Supervisão	$ 3.850	$ 2.200	$ 1.570	$ 1.800
Depreciação de equipamentos	–	$ 2.800	–	–

Tabela 3 *Custos indiretos mensais, referentes aos quatro departamentos.*

Custos indiretos	$
Aluguel do galpão industrial	60.000
Energia elétrica consumida na produção	9.000

Tabela 4 *Dados para rateio.*

	Manipulação	Embalamento	PCP	Manutenção
Área (m²)	500	350	100	50
Consumo de energia (kwh)	14.820	18.620	2.660	1.900

Tabela 5 *Tempo de produção requerido por ordem.*

Medicamentos	Tempo de MOD	Tempo de máquina
A1	85 hh	80 hm
B2	90 hh	100 hm

Outros dados:

- uma ordem de produção padrão corresponde ao processamento de um lote de 1.000 unidades;
- para minimizar eventuais distorções provocadas por rateios em cascata, a empresa aloca os custos dos departamentos de apoio diretamente aos produtos, sem passar pelos departamentos de produção;

- o custo dos Departamentos de Manipulação e Planejamento e Controle da Produção (PCP) é rateado aos produtos proporcionalmente ao tempo de mão de obra direta; e
- o custo dos Departamentos de Embalamento e Manutenção é rateado aos produtos proporcionalmente ao tempo de máquina.

Pede-se calcular o valor dos custos indiretos:

a) relativos a cada um dos quatro departamentos;

b) de cada produto;

c) de cada ordem de produção; e

d) unitários de cada produto.

A resposta destes exercícios encontra-se disponível no *site*: <www.grupogen. com.br>.

7

Critério de Rateio dos Custos Indiretos

RESPOSTAS DO EXERCÍCIO PROPOSTO

Custo Total do Departamento de Forjaria: $ 39.937,50.
Custo Total do Departamento Térmico: $ 18.562,50.
Custo Total do Departamento de Zincagem: $ 1.500,00.

EXERCÍCIO Nº 7.1

A resposta deste e dos próximos exercícios encontra-se disponível no *site*: <www.grupogen.com.br>.

Assinalar a alternativa correta:

1. A maior crítica ao rateio dos Custos Indiretos é que ele pode conter:
   a) Clareza e subjetividade.
   b) Arbitrariedade e clareza.
   c) Objetividade e subjetividade.
   d) Objetividade e arbitrariedade.
   e) Subjetividade e arbitrariedade.

2. Quanto às sentenças a seguir:

   I – Os Custos Indiretos devem ser rateados em função dos fatores que os provocam.

   II – A consistência no uso de várias bases e critérios de rateio é irrelevante para a valoração dos estoques.

   III – Se houver estoques, uma mudança no critério de rateio pode alterar o resultado do período.

   Estão corretas as afirmativas:
   a) I apenas.
   b) I e II.
   c) I e III.
   d) II apenas.
   e) II e III.

3. Para alocação dos Custos Indiretos é necessário:

I – Analisar bem cada um de seus componentes.
II – Verificar quais variáveis relacionam os custos aos produtos.
III – Encontrar o fator de menor influência em sua composição.
IV – Conhecer bem o sistema de produção da empresa.

Estão corretas as afirmativas:

a) I, II, III e IV.
b) II, III e IV.
c) I e III.
d) I, II e IV.
e) I, III e IV.

4. Quanto aos critérios de alocação de Custos Indiretos relevantes, a Auditoria Independente preocupa-se com:

a) Materialidade.
b) Conservadorismo.
c) Consistência.
d) Competência.
e) Relevância.

5. Os custos fixos comuns a vários departamentos devem ser rateados em função de sua:

a) Probabilidade.
b) Disponibilidade.
c) Ocorrência.
d) Situação.
e) Exposição.

EXERCÍCIO Nº 7.2

O Departamento de Informática do Banco Santamar presta serviços aos de Recursos Humanos, Contabilidade e Marketing, com a seguinte alocação de tempo:

Horas de serviço	Departamentos		
	Recursos humanos	Contabilidade	Marketing
Potencial de utilização por mês	165	200	135
Utilizadas em determinado mês	144	126	90

A estrutura de custos foi a seguinte naquele mês (em $):

- Salários e encargos sociais (CF)   20.000
- Disquetes (CV)   2.500
- Papel para impressão de relatórios (CV)   4.000
- Tinta para impressão (CV)   2.000
- Depreciação do equipamento de PD (CF)   10.000

Considerando-se que os Custos Variáveis (CV) oscilam de maneira diretamente proporcional ao tempo de utilização, pede-se para calcular os custos da informática que serão rateados para cada um dos três departamentos, preenchendo o quadro a seguir:

Custos	Departamentos			Total
	RH	Contabilidade	MKT	
Fixos				
Salários e encargos sociais				
Depreciação do equipamento				
Variáveis				
Disquetes				
Papel para impressão				
Tinta para impressão				
Total				

EXERCÍCIO Nº 7.3

A Cia. Produtora de Botões do Ceará mantém a produção, em um único departamento, de dois tipos: botões com **quatro furos** e com **dois**.

Em determinado período, seus custos diretos e o tempo de produção de cada tipo de produto foram os seguintes:

	Botões 4 furos	Botões 2 furos	Total
Mão de obra direta (MOD) (em $)	10.500	4.500	15.000
Matéria-prima (MP) (em $)	4.000	6.000	10.000
Tempo total de produção (em horas)	7.800	5.200	13.000

Sabendo-se que o valor total dos custos indiretos foi $ 30.000, pede-se para preencher os mapas de rateio e indicar o valor do Custo Indireto de Produção dos botões:

a) De 4 furos, pelo critério da proporcionalidade ao custo de MOD.

b) De 2 furos, pelo critério do custo de matéria-prima.

c) De 4 furos, pelo critério do tempo de produção.

d) De 2 furos, pelo critério do custo direto.

a)

	Produtos		Total
	Botões 4 furos	Botões 2 furos	
Mão de obra direta (em $)			
Proporção			
Custos indiretos (em $)			

b)

	Produtos		Total
	Botões 4 furos	Botões 2 furos	
Matéria-prima (em $)			
Proporção			
Custos indiretos (em $)			

c)

	Produtos		Total
	Botões 4 furos	Botões 2 furos	
Tempo de produção (em h)			
Proporção			
Custos indiretos (em $)			

d)

	Produtos		Total
	Botões 4 furos	Botões 2 furos	
Custo direto (em $)			
Proporção			
Custos indiretos (em $)			

EXERCÍCIO Nº 7.4

Assinalar Falso (F) ou Verdadeiro (V):

( ) Departamentos de serviços cujos custos são predominantemente fixos devem ser rateados à base de potencial de uso pelos demais.

( ) Departamentos de serviços cujos custos são predominantemente variáveis devem ser rateados à base do serviço efetivamente prestado.

( ) Quando se utiliza da Contabilidade de Custos para cobrança de responsabilidades, os problemas relativos aos critérios de rateio desaparecem.

( ) A adoção de diversos critérios de rateio não influencia o valor do custo final de cada bem ou serviço.

( ) Se todos os bens ou serviços forem sempre produzidos e vendidos no mesmo período, eventuais alterações nos critérios de rateio irão afetar a avaliação do resultado global da empresa.

EXERCÍCIO Nº 7.5

Uma indústria possui três departamentos de apoio: compras, administração de recursos humanos e tecnologia de informação.

Departamento de Compras: cuida do planejamento das necessidades de materiais, negocia com fornecedores e faz *follow-up*. O fator que mais influencia seus custos é a quantidade de requisições de compra processadas.

Administração de Recursos Humanos: dedica-se aos processos de admissão e demissão de empregados, prepara a Folha de Pagamento etc. A variável que melhor explica seus custos é a quantidade de funcionários.

Tecnologia de Informação: administra o sistema integrado, provê *Help Desk*, gerencia o acesso à Internet e realiza manutenção. O fator que mais influencia os custos é a quantidade de computadores.

Os principais dados relativos a certo período são os seguintes:

Tabela 1 *Custos dos departamentos de serviços (em $).*

	Compras	Adm. RH	Tec. inf.
Salários, encargos sociais e benefícios	10.822	5.678	8.045
Aluguel, IPTU e condomínio	1.050	8.184	950
Água, luz e telefone	255	1.455	155
Serviços de terceiros	173	24.515	1.350
Depreciação	18.620	32	18.720
Diversas	7.080	136	780

Tabela 2 *Dados para distribuição dos custos.*

	Compras	Adm. RH	Tecn. inform.	Prod.	Controla-doria	Vendas
Nº de requisições	2.500	6.500	7.500	30.000	1.500	2.000
Nº de funcionários	25	60	20	350	15	30

Considerando que existe um microcomputador (PC) para cada colaborador, *pede-se calcular* o valor do custo de cada departamento de serviços a ser repassado a cada um dos demais.

A resposta destes exercícios encontra-se disponível no *site*: <www.grupogen.com.br>.

Custeio Baseado em Atividades (ABC) – Abordagem Inicial

RESPOSTAS DO EXERCÍCIO PROPOSTO

a) Produto A: $ 421.200.

   Produto B: $ 78.800.

b) Produto A: $ 328.320.

   Produto B: $ 171.680.

c) Produto A: $ 155.000.

   Produto B: $ 345.000.

d1) CIP à Base no Custo de Mão de obra Direta:

   Valor do Lucro Bruto do Produto A: $ 178.800.

   Margem Bruta do Produto A: 18,63%.

   Valor do Lucro Bruto do Produto B: $ 199.804,50.

   Margem Bruta do Produto B: 46,84%.

d2) CIP à Base no Custo de Material Direto:

   Valor do Lucro Bruto do Produto A: $ 271.680.

   Margem Bruta do Produto A: 28,30%.

   Valor do Lucro Bruto do Produto B: $ 106.924,50.

   Margem Bruta do Produto B: 25,07%.

d3) CIP à Base no Custo Baseado em Atividades:

   Valor do Lucro Bruto do Produto A: $ 445.000.

   Margem Bruta do Produto A: 46,35%.

   Valor do Lucro Bruto do Produto B: ($ 66.395,50).

   Margem Bruta do Produto B: (15,57%).

EXERCÍCIO Nº 8.1

A resposta deste e dos próximos exercícios encontra-se disponível no *site*: <www.grupogen.com.br>.

Assinalar a alternativa correta:

1. Na literatura do Custeio Baseado em Atividades (ABC), os fatores utilizados para mensurar a maneira e a intensidade com que os objetos de custeio "consomem" as atividades são denominados:
   a) Critérios de rastreamento.
   b) Critérios e bases de rateio.
   c) Critérios e bases de alocação.
   d) Direcionadores de custo de recursos.
   e) Direcionadores de custos de atividades.

2. Um exemplo clássico de Custeio Baseado em Volume de produção (VBC) é aquele que rateia custos indiretos com base em:
   a) Mão de obra direta.
   b) Número de transações.
   c) Direcionadores de custos.
   d) Intensidade das transações.
   e) Direcionadores de atividades.

3. O ABC, quando aplicado exclusivamente no contexto de cada departamento, isto é, sem a visão de processos, e preocupado apenas em melhorar a acurácia do cálculo do custo dos produtos, é conhecido como:
   a) Fase avançada.
   b) Primeira geração.
   c) Segunda geração.
   d) Abordagem preliminar.
   e) Aperfeiçoamento de processos.

4. Qual é o objeto final de custeio (portador final de custos) no Custeio Baseado em Atividades de primeira geração?
   a) Produtos.
   b) Atividades.
   c) Processos.
   d) Departamentos.
   e) Centros de custo.

5. Os direcionadores de custos de recursos também são conhecidos na literatura do ABC como direcionadores:
   a) Transitórios.
   b) Secundários.
   c) De atividades.
   d) De primeiro estágio.
   e) De segundo estágio.

EXERCÍCIO Nº 8.2

O Departamento de Engenharia da Metalúrgica Guarulhense, em determinado período, incorreu nos seguintes custos (em $):

Salários e encargos sociais	204.000
Depreciação de equipamentos	34.000
Viagens e estadas	20.000
Aluguel	10.000
Outros	7.000

As atividades relevantes desempenhadas naquele departamento foram as seguintes:

- Projetar novos produtos.
- Elaborar fichas técnicas.
- Treinar funcionários.

O quadro de pessoal do departamento, respectivos salários (com encargos) e tempo disponível são os seguintes:

Cargo	Tempo disponível (em h)	Salário (em $)
1 Gerente	2.000	60.000
1 Secretária	2.000	12.000
3 Engenheiros	6.000	120.000
2 Estagiários	2.000	12.000

Por meio de entrevistas e análise de processos, verificou-se que o tempo era gasto, nas atividades mais relevantes, da seguinte maneira:

	Projetar novos produtos	Elaborar fichas técnicas	Treinar funcionários
Gerente	0,7	–	0,3
Secretária*	–	–	–
Engenheiros	0,5	0,2	0,3
Estagiários	–	1,0	–

* 75% do tempo da secretária eram utilizados para dar assistência ao gerente; o restante, aos três engenheiros.

Por meio de entrevistas, análise do razão e investigação dos registros disponíveis, conseguiram-se rastrear as seguintes proporções de consumo de recursos pelas atividades:

	Projetar novos produtos	Elaborar fichas técnicas	Treinar funcionários
Depreciação	0,3	0,2	0,5
Viagens	1,0	–	–
Aluguel	0,4	0,1	0,5

Não se conseguiram rastrear os demais custos às atividades.

Pede-se calcular o custo de cada atividade.

EXERCÍCIO Nº 8.3

A empresa Parma, produtora de laticínios da cidade de Mococa, dedica-se à produção de dois produtos: Requeijão Cremoso (unidade) e Queijo Parmesão (unidade).

Em determinado período, foram registrados os seguintes custos diretos por unidade (em $):

	Requeijão	Queijo
Matéria-prima	12	18
Mão de obra	6	3

Os Custos Indiretos de Produção (CIP) totalizaram $ 54.000 no referido período. Por meio de entrevistas, análises de dados na contabilidade etc., verificou-se que esses custos referiam-se às seguintes atividades mais relevantes:

Atividade	$
Inspecionar matéria-prima	8.000
Armazenar matéria-prima	6.000
Controlar estoques	5.000
Processar produtos (máquinas)	15.000
Controlar processos (engenharia)	20.000

Uma análise de regressão e de correlação identificou os direcionadores de custos dessas e de outras atividades e sua distribuição entre os produtos, a saber:

	Requeijão	Queijo
Nº de lotes inspecionados e armazenados	15	60
Nº de pedidos de entrega de produtos aos clientes	120	140
Nº de horas-máquina de processamento de produtos	4.000	6.000
Nº de horas de transporte	210	295
Dedicação do tempo dos engenheiros (em horas)	50	150

Os dados relativos à produção e vendas do período são:

	Requeijão	Queijo
Quantidade produzida e vendida (unidades)	6.000	3.000
Preço médio de venda unitário (líquido)	$ 30	$ 41

Pede-se calcular:

a) O valor dos Custos Indiretos de Produção (CIP) de cada produto, utilizando o custo de mão de obra direta como base de rateio.

b) Idem, rateando com base no custo de matéria-prima.

c) Idem, pelo Custeio Baseado em Atividades (ABC).

d) O valor e o percentual de lucro bruto de cada produto, em relação à receita, segundo cada uma das três abordagens.

EXERCÍCIO Nº 8.4

A empresa de telecomunicações Telefonic dedica-se à prestação de dois serviços principais:

- Chamadas locais (A): Receita líquida no período = **$ 790.715**
- Consertos em domicílio (B): Receita líquida no período = **$ 994.620**.

Em determinado período, foram constatados os seguintes custos diretos:

A	B	Depreciação
de veículos	-0-	80.000
Salários e encargos sociais do pessoal	200.000	120.000
Depreciação da planta básica	100.000	-0-
Material para reparos (fios de cobre, ferramentas etc.)	-0-	45.000
Energia elétrica	155.000	-0-

Os Custos Indiretos, comuns aos dois serviços, foram de $ 500.000 para o mesmo período.

Por meio de entrevistas, análise de dados na contabilidade etc., verificou-se que os custos indiretos referiam-se às seguintes atividades:

Atividade	$
Realizar manutenção preventiva de equipamentos	150.000
Realizar manutenção corretiva de equipamentos	180.000
Supervisionar serviços	70.000
Controlar a qualidade dos serviços	100.000
Total	**500.000**

Lista de Direcionadores de Custos (selecionar apenas os mais adequados às atividades):

	A	B
Nº de horas de manutenção preventiva	1.000	5.000
Nº de pedidos de manutenção corretiva	5	20
Tempo dedicado pelos Supervisores	25%	75%
Nº de defeitos detectados e corrigidos	10	40
Nº de pontos de inspeção de controle de qualidade	20	80
Quantidade de consertos realizados em domicílio	-0-	300
Quantidade de minutos de uso	30.000	-0-

Pede-se calcular:

a) O valor dos custos indiretos, por tipo de Serviço, segundo o rateio com base no custo direto.
b) Idem, rateando com base no custo de mão de obra direta.
c) Idem, segundo o Custeio Baseado em Atividades (ABC).
d) A margem bruta de lucro, em porcentagem da receita, por tipo de Serviço, segundo cada uma das três abordagens.

EXERCÍCIO Nº 8.5

Um laboratório farmacêutico produz dois medicamentos da linha de dermatologia: ONT1 e BUL2.

Tabela 1 *Preços e volumes normais de produção e vendas.*

Produtos	Preço de venda bruto (por un.)	Volume (em unidades)
ONT 1	$ 100	12.000
BUL 2	$ 75	9.000

Obs.: Sobre a receita bruta incidem 20% de tributos.

Tabela 2 *Custos diretos de produto (por un.).*

Produtos	Material	Mão de obra direta
ONT 1	$ 45	$ 20
BUL 2	$ 25	$ 14

Tabela 3 *Custos indiretos de produção por departamentos (em $).*

Custos	Almoxarifado	Controle de qualidade	Manutenção	Adm. produção
Consumo de água	11.500	2.000	2.000	3.500
Manutenção	16.000	10.000	6.000	15.000
Salários e encargos sociais	40.000	6.500	6.000	20.000
Energia elétrica	15.000	4.000	3.000	8.000
Depreciação	30.000	22.500	5.000	50.000
Aluguel e condomínio	12.500	5.000	3.000	3.500

Por meio de entrevistas foram identificadas as seguintes atividades e respectivos direcionadores de custos, a saber:

Tabela 4 *Departamento de almoxarifado.*

Atividades	Custos (em $)	Direcionadores de custos	Quantidade
Receber materiais	35.000	Nº de recebimentos	3.000
Movimentar materiais	40.000	Nº de caixas	1.000
Expedir produtos	50.000	Nº de expedições	2.000

Produtos	Nº recebimentos	Nº de caixas	Nº de expedições
ONT 1	1.800	700	1.100
BUL 2	1.200	300	900

Tabela 5 *Departamento de controle de qualidade.*

Atividades	Custos (em $)	Direcionadores de custos	Quantidade
Efetuar controle do processo de produção	20.000	Nº de ordens de produção	4.000
Inspecionar processo de produção	30.000	Qtd. de pontos de inspeção	5.000

Produtos	Nº de ordens de produção	Qtd. de inspeções
ONT 1	2.400	1.800
BUL 2	1.600	3.200

Tabela 6 *Departamento de manutenção.*

Atividades	Custos (em $)	Direcionadores de custos	Quantidade
Realizar manutenção preventiva de equipamentos	15.000	Nº de horas de manutenção preventiva	3.000
Realizar manutenção corretiva de equipamentos	10.000	Nº de pedidos de manutenção corretiva	2.000

Produtos	Nº de horas de manutenção preventiva	Nº de pedidos de manutenção corretiva
ONT 1	1.560	1.100
BUL 2	1.440	900

Tabela 7 *Departamento de administração de produção.*

Atividades	Custos (em $)	Direcionadores de custos	Quantidade
Efetuar fechamento de ordens de produção	50.000	Nº de ordens de produção	4.000
Programar a produção	50.000	Tempo dedicado pelos engenheiros	5.000

Produtos	Nº de ordens de produção	Nº de horas dos engenheiros
ONT 1	2.400	2.000
BUL 2	1.600	3.000

Pede-se calcular:

a) o valor dos custos indiretos de cada produto;

b) o valor do lucro bruto de cada produto; e

c) o percentual de lucro bruto de cada produto (margem bruta percentual).

A resposta destes exercícios encontra-se disponível no *site*: <www.grupogen.com.br>.

9

Aplicação de Custos Indiretos de Produção

RESPOSTAS DO EXERCÍCIO PROPOSTO

a) Taxa predeterminada de CIP: $ 2,50/t.

b) Taxa real de CIP: $ 2,69/t.

c) Variação Total de CIP: $ 595.270.

d) Variação Total de CIP: 7,6% (D).

EXERCÍCIO Nº 9.1

A resposta deste e dos próximos exercícios encontra-se disponível no *site*: <www.grupogen.com.br>.

Assinalar a alternativa correta:

1. Observar as sentenças a seguir:

I – Após o encerramento da conta de variações de CIP, os estoques estarão avaliados por seu custo-padrão.

II – A estimativa de CIP deve ser eliminada do valor dos estoques ao final dos períodos contábeis.

III – Só é aconselhável transferir o valor total da variação de CIP para o Resultado quando seu montante é irrelevante.

IV – O encerramento da conta de variações de CIP e seu lançamento integral ao resultado seguem os Princípios Contábeis.

Estão corretas as sentenças:

a) I, II e IV.

b) II e IV.

c) II e III.

d) I e III.

e) I e IV.

2. A taxa de aplicação de CIP também é denominada taxa de:

a) Normalização.

b) Reportagem.

c) Otimização.

d) Variação.

e) Confrontação.

3. A taxa de aplicação de CIP é mais recomendável para empresas que possuam:
   a) Variações sazonais.
   b) Custos variáveis.
   c) Monopólio na venda.
   d) Contabilidade geral.
   e) Produção contínua.

4. A análise das variações entre CIP aplicado e real é utilizada, principalmente, para:
   a) Balanço.
   b) Resultado.
   c) Inventário.
   d) Medição.
   e) Controle.

5. A diferença entre CIP aplicado e real deve-se às variações de:
   a) Horas e perdas.
   b) Volume e perda.
   c) Horas e receita.
   d) Custos e volume.
   e) Receita e volume.

EXERCÍCIO Nº 9.2

A empresa Ki-delícia, produtora de sorvetes, enfrenta forte sazonalidade nas vendas e produção. Em virtude do intenso verão registrado em determinado período, a empresa acabou trabalhando mais que o previsto.

A seguir os dados referentes à produção no período:

	Orçado	Real
Custos fixos (em $)	3.900.000	3.900.000
Custos variáveis (em $)	5.500.000	7.900.000
Volume de trabalho (em horas)	16.000	19.000

Pede-se calcular:

a) A taxa de aplicação de Custos Indiretos de Produção (CIP) utilizada no período.

b) A taxa que seria prevista, se já se estimassem as 19.000 horas de trabalho.

c) O valor dos Custos Indiretos de Produção Aplicados no período.

d) A variação de volume.

e) A variação de custo.

f) A variação total.

EXERCÍCIO Nº 9.3

A empresa Tudo Copia produz cópias xerográficas coloridas em equipamento alugado. Todo mês elabora o orçamento de seus custos para o mês seguinte.

As condições contratuais do aluguel são as seguintes: até 150.000 cópias por mês, $ 14.480 mensais; e para cada cópia excedente, um adicional de $ 0,75.

A empresa estima um volume mensal médio de 150.000 cópias, e a estrutura de custos para essa estimativa é a seguinte (em $) (além do aluguel do equipamento):

Custos	Fixos	Variáveis
Mão de obra	740	–
Prêmio de produção	–	0,10
Papel	–	0,40
Aluguel do imóvel	560	–
Outros	720	0,10
Total	$ 2.020/mês	$ 0,60/cópia

Em determinado mês, o número real de cópias foi 180.000 e os custos reais, em $, foram os seguintes (além do aluguel do equipamento):

Mão de obra	790
Prêmio de produção	17.100
Papel	74.700
Aluguel do imóvel	560
Outros	23.010
Total	$ 116.160

Pede-se calcular:

a) O custo médio estimado por cópia.
b) O custo por cópia que teria sido estimado para o volume de 180.000 cópias.
c) A variação de volume, indicando se foi favorável (F) ou desfavorável (D).
d) A variação devida ao comportamento dos custos, também indicando se foi favorável (F) ou desfavorável (D).
e) A variação total, favorável (F) ou desfavorável (D).

EXERCÍCIO Nº 9.4

A Empresa de Auditoria Treidy foi contratada pela Manufatureira Dover para prestar serviços de revisão em suas demonstrações contábeis. Foram estimadas 8.000 horas de trabalho, ao custo total de $ 1.032.000.

Devido à não contabilização de determinado item de estoque no balanço da Dover, os auditores precisaram fazer inspeção e contagem física na empresa, demandando mais 2.000 horas de auditoria do que as previstas. Os custos também foram superiores, totalizando $ 1.150.000.

Pede-se calcular:

a) A taxa horária de custo utilizada pela Treidy.
b) O valor dos custos aplicados ao projeto.
c) A variação total de custo, em valor absoluto, indicando se foi favorável (F) ou desfavorável (D).

EXERCÍCIO Nº 9.5

Um laboratório farmacêutico produz dois medicamentos genéricos, A1 e B2, num ambiente de produção composto por quatro departamentos: Manipulação, Embalamento, Planejamento e Controle da Produção (PCP) e Manutenção. A seguir, são apresentados os dados relativos aos custos indiretos em relação aos produtos:

Tabela 1 *Produção média mensal.*

Medicamentos	Orçada (em unidades)	Real (em unidades)
A1	5.000	6.000
B2	6.000	4.000

Tabela 2 *Custos diretos mensais, dos departamentos de produção e de apoio, indiretos em relação aos produtos.*

Custos diretos	Manipulação		Embalamento		PCP		Manutenção	
	Orçado	Real	Orçado	Real	Orçado	Real	Orçado	Real
Supervisão	$ 3.500	$ 3.850	$ 2.000	$ 2.200	$ 1.250	$ 1.570	$ 1.400	$ 1.800
Depreciação de equipamentos	–	–	$ 3.000	$ 2.800	–	–	–	–

Tabela 3 *Custos indiretos mensais, referentes aos quatro departamentos.*

Custos	Orçado	Real
Aluguel do galpão industrial	$ 60.000	$ 60.000
Energia elétrica consumida na produção	$ 10.000	$ 9.000

Tabela 4 *Dados para rateio.*

	Manipulação		Embalamento		PCP		Manutenção	
	Orçado	Real	Orçado	Real	Orçado	Real	Orçado	Real
Área (m²)	500		350		100		50	
Consumo de energia (kwh)	15.000	14.820	20.000	18.620	3.000	2.660	2.000	1.900

Tabela 5 *Tempo estimado de produção, por ordem.*

Medicamentos	Tempo de MOD	Tempo de máquina
A1	85 hh	80 hm
B2	90 hh	100 hm

Outros dados:

- uma ordem de produção padrão corresponde a 1.000 unidades;
- o tempo real de produção, por ordem, foi igual ao estimado, conforme Tabela 5;
- o custo do Departamento de Manipulação é rateado aos produtos proporcionalmente ao tempo de mão de obra direta;
- o custo dos Departamentos de Embalamento e Manutenção é rateado aos produtos proporcionalmente ao tempo de máquina; e
- o custo do Departamento de Planejamento e Controle da Produção (PCP), que é o *overhead* da produção, é analisado por atividades (ABC) e rastreado aos produtos através de direcionadores de custos. Por meio de entrevistas, análise de processos etc., foram identificados os direcionadores de custos para cada atividade relevante desempenhada no Departamento de Planejamento e Controle da Produção, a saber:

Tabela 6 *Direcionadores de custos das atividades do PCP.*

Atividades	Participação nos custos	Direcionadores	Quantidades	
			Orçadas	Reais
Preparar Ordens de Produção	25%	Nº de Ordens de Produção	11	10
Controlar a Produção	75%	Tempo dedicado pelos engenheiros (em horas)	150	140

Tabela 7 *Distribuição dos direcionadores de custos por medicamento.*

Medicamentos	Nº Ordens de Produção		Nº horas do engenheiro	
	Orçado	Real	Orçado	Real
A1	5	6	96	77
B2	6	4	54	63
Total	11	10	150	140

1. Pede-se calcular:
   a) o custo orçado de cada um dos quatro departamentos;
   b) a taxa de aplicação de Custos Indiretos de Produção (CIP) dos Departamentos de Manipulação, Embalamento e Manutenção aos produtos;
   c) a taxa de aplicação de cada uma das atividades do Departamento de Planejamento e Controle da Produção (PCP);
   d) o valor dos custos indiretos aplicados aos produtos;
   e) o custo real de cada um dos quatro departamentos;
   f) o custo e a taxa reais de cada uma das atividades do Departamento de Planejamento e Controle da Produção (PCP); e
   g) o valor real dos custos indiretos de cada produto.

2. Preparar uma tabela mostrando os Custos Indiretos de Produção (CIP), por produto e por departamento, aplicados e reais, e as respectivas variações, indicando se são favoráveis (F) ou desfavoráveis (D).

A resposta destes exercícios encontra-se disponível no *site*: <www.grupogen. com.br>.

Materiais Diretos

RESPOSTAS DO EXERCÍCIO PROPOSTO

a) Arruela grande: $ 112,50.
   Arruela pequena: $ 56,25.
b) Arruela grande: $ 75,00.
   Arruela pequena: $ 37,50.
c) Arruela grande: $ 37,50.
   Arruela pequena: $ 37,50.
d) Arruela grande: $ 2,00.
   Arruela pequena: $ 2,00.
e) Arruela grande: $ 229,00.
   Arruela pequena: $ 134,75.

EXERCÍCIO Nº 10.1

A resposta deste e dos próximos exercícios encontra-se disponível no *site*: <www.grupogen.com.br>.

Assinalar a alternativa correta:

1. Na Contabilidade Financeira, como regra geral, o custo do material direto utilizado no processo de produção deve ser apropriado aos bens e serviços, tomando-se por base:
   a) Custo de mercado.
   b) Mercado corrigido.
   c) Custo histórico.
   d) Valor de mercado.
   e) Custo de reposição.

2. Com relação aos materiais, os maiores problemas encontrados nas empresas referem-se à (ao):
   a) Avaliação e programação.
   b) Avaliação e divulgação.
   c) Controle e competência.

d) Avaliação e controle.

e) Avaliação e rateio.

3. Para fins societários e tributários, os critérios de valoração do custo de materiais, no Brasil, são:

a) Custo médio ponderado móvel e UEPS.

b) Custo médio ponderado fixo e PEPS.

c) PEPS e custo médio ponderado móvel.

d) UEPS e custo médio ponderado fixo.

e) Custo médio ponderado móvel e fixo.

4. Suponha um período de preços em ascensão. O que acontece ao substituir o critério de custo médio pelo PEPS?

a) Lucro aumenta e estoque diminui.

b) Lucro aumenta e estoque aumenta.

c) Custo aumenta e lucro aumenta.

d) Custo diminui e lucro diminui.

e) Custo diminui e estoque diminui.

5. Suponha um período de preços em ascensão. O que acontece ao substituir o critério de custo médio pelo UEPS?

a) Lucro aumenta e estoque diminui.

b) Lucro aumenta e estoque aumenta.

c) Custo aumenta e lucro diminui.

d) Custo diminui e lucro aumenta.

e) Custo diminui e estoque diminui.

EXERCÍCIO Nº 10.2

A Olaria Tamoio produz tijolos especiais de dois tipos para decoração de ambientes: com dois e com seis furos. Os principais dados relativos a sua produção são os seguintes:

- O terreno do qual retira a matéria-prima foi adquirido por $ 160.000 e seu valor residual é estimado em $ 10.000; foi prevista a extração de 30.000 kg de barro.

- Os equipamentos utilizados na produção custaram $ 180.000 e sua vida útil é estimada em 20 anos; nesse valor estão inclusos $ 42.000 relativos ao equipamento específico para produzir o tijolo de seis e $ 18.000 para o de dois furos, sendo que os demais equipamentos são comuns.

- A Mão de Obra Direta é a mesma para os dois produtos e o tempo necessário é o mesmo, por unidade.

- 5% do volume total processado normalmente se estraga durante o cozimento.

Em determinado mês foram retirados 600 kg de barro e comprados 10 caminhões de uma terra especial para a mistura, ao preço de $ 240 por caminhão.

O custo da mão de obra utilizada no referido mês foi de $ 26.400.

Com todo esse material e mão de obra direta foram moldados 4.200 tijolos de seis furos e 2.400 de dois, antes da fase de cozimento.

O barro e a terra necessários para produzir cinco tijolos de dois furos são equivalentes à produção de sete tijolos de seis furos.

Pede-se calcular:

a) O valor do custo de matéria-prima para tijolos de dois furos.

b) Idem para o de seis furos.

c) O valor do custo de mão de obra direta para tijolos de dois furos.

d) Idem para o de seis furos.

e) O valor do custo direto de depreciação dos tijolos de dois furos.

f) Idem para o de seis.

g) O valor dos Custos Indiretos de Produção (CIP) para tijolos de dois furos, rateando à base de matéria-prima.

h) Idem para o de seis furos.

i) O custo de produção de cada tipo de tijolo por milheiro.

EXERCÍCIO Nº 10.3

A Doceria Formiga utiliza, para sua produção de doces finos por encomenda, considerável quantidade de clara e gema de ovos. Em seu primeiro mês de atividades, registrou-se a seguinte movimentação desse item:

Dia 4: Compra de 90 dúzias pelo valor total de $ 99.

Dia 11: Consumo de 20 dúzias.

Dia 14: Compra de 42 dúzias a $ 1,32 a dúzia.

Dia 17: Consumo de 18 dúzias.

Dia 24: Compra de 60 dúzias por $ 76,80.

Dia 29: Consumo de 54 dúzias.

Analisando as várias alternativas para apurar o custo do material consumido, o gerente da empresa verificou que, caso utilizasse o critério Último a Entrar, Primeiro a Sair (UEPS) e registro permanente de inventário, teria apurado um lucro bruto de $ 3.950,00 na venda de seus produtos, naquele mês.

Considerando-se que os demais custos incorridos (mão de obra, açúcar e outros) totalizaram $ 4.135,12, pede-se preencher as fichas de controle de estoque e calcular o lucro bruto do mês, utilizando os critérios:

a) Primeiro a Entrar, Primeiro a Sair (PEPS).

b) Custo Médio Ponderado Móvel.

c) Custo Médio Ponderado Fixo.

PEPS

Dia	Entradas			Saídas			Saldos		
	Qtde.	Preço/un.	Total	Qtde.	Preço/un.	Total	Qtde.	Preço/un.	Total

CUSTO MÉDIO PONDERADO MÓVEL

Dia	Entradas			Saídas			Saldos		
	Qtde.	Preço/un.	Total	Qtde.	Preço/un.	Total	Qtde.	Preço/un.	Total

UEPS

Dia	Entradas			Saídas			Saldos		
	Qtde.	Preço/un.	Total	Qtde.	Preço/un.	Total	Qtde.	Preço/un.	Total

EXERCÍCIO Nº 10.4

A empresa Reggio produz metais sanitários em latão e seu processo de produção tem as seguintes características-padrão, no que se refere à matéria-prima:

- Na primeira fase do processo, que é a fundição, cerca de 5% do peso do material normalmente se evaporam; os 95% restantes seguem para a usinagem.
- Na fase de usinagem sobram pontas e rebarbas de cerca de 5% do peso do material que veio da fundição. Essas sobras têm preço firme de mercado: $ 2/kg, e são vendidas normalmente (sem incidência de tributos).

Em determinado período, a empresa adquiriu 16.000 kg de matéria-prima (latão) por $ 80.000, incluídos 18% de ICMS, recuperáveis. Esse material foi totalmente introduzido na fundição.

Pede-se calcular o valor total do custo de matéria-prima a ser considerado nos produtos desse lote.

EXERCÍCIO Nº 10.5

Uma empresa do ramo de comunicações edita e imprime duas revistas, sendo uma mensal e outra semanal.

As páginas são impressas em processo *off-set* (sistema de gravação em chapas, com alta definição) e as capas em rotogravura (sistema de gravação em cilindros); o acabamento da revista mensal é em lombada quadrada e o da semanal em lombada canoa.

Os principais dados relativos aos materiais são demonstrados nas tabelas a seguir, sendo que só o papel é importado:

Tabela 1 *Tiragem normal, em número de exemplares.*

Revistas	Tiragem	Periodicidade	Nº de páginas
Moderna	10.000	Mensal	80
Weekly	15.000	Semanal	60

Tabela 2 *Quantidade (líquida de perdas) de material, por exemplar.*

Materiais	Moderna	Weekly
Papel cuchê (para páginas)	160 g	120 g
Papel supercalandrado (para capas)	30 g	30 g
Tinta para impressão	0,30 l	0,25 l
Grampos	–	2
Cola	10 g	–

Tabela 3 *Preço FOB do papel, por tonelada.*

Papel	Preço bruto
Cuchê	US$ 800/ton.
Supercalandrado	US$ 780/ton.

Tabela 4 *Gastos relacionados à importação, por tonelada.*

Frete internacional	US$ 12/ton.
Seguro internacional	US$ 9/ton.
Taxa de anuência	$ 100
Honorários do despachante	$ 940
Taxa de emissão de Declaração de Importação (DI)	$ 40
Imposto de importação	2%

Tabela 5 *Outros gastos relativos ao custo do papel.*

Frete e seguro locais	$ 7,30/ton.
Armazenagem	$ 4,70/ton.

Tabela 6 *Dados relativos aos preços dos outros materiais.*

Material	Preço bruto
Tinta	$ 7,50/l
Grampos	$ 0,05/un.
Cola	$ 0,50/kg

Outros dados:

- do papel introduzido na máquina, 10% se perdem normalmente para ajuste da impressora; não há perda nos outros materiais;
- a matéria-prima principal (papel) é importada em partidas mensais, na quantidade necessária para um mês de consumo;
- a taxa de câmbio a ser utilizada é de $ 2,50 por dólar norte-americano;
- por ter similar nacional, a importação de papel é tributada; e o imposto de importação, não recuperável, incide sobre o preço FOB acrescido de todos os outros gastos relacionados à importação; e
- no preço do material nacional estão inclusos 20% de tributos recuperáveis.

Considerando quatro semanas por mês, pede-se calcular:

a) o custo de cada tipo de material; e

b) o custo do material contido em cada revista, por exemplar.

A resposta destes exercícios encontra-se disponível no *site*: <www.grupogen.com.br>.

EXERCÍCIO Nº 10.6

Uma empresa de manufatura possui em estoque determinada matéria-prima registrada na contabilidade pelo valor de $ 120,00, que é o custo histórico de aquisição junto ao fornecedor externo. Na hipótese de sua venda no estado em que se encontra, o valor líquido de realização é estimado em $ 90,00.

Todavia, o insumo foi comprado para ser utilizado no processo produtivo da empresa. Para gerar uma unidade de produto acabado a partir daquela matéria-prima, a empresa deverá incorrer em custos de transformação (mão de obra, energia, depreciação etc.) no valor total estimado de $ 180,00. O preço de venda esperado (líquido de tributos e de gastos incrementais para vender) para o produto acabado é de $ 280,00.

Pede-se aplicar o teste de recuperabilidade àquele estoque e responder:

a) Existe impairment de estoque?

b) Em caso negativo, explique porque não.

c) Se existe, qual é o montante a ser ajustado no valor do estoque?

Mão de Obra Direta

RESPOSTAS DO EXERCÍCIO PROPOSTO

a) Custo Total do funcionário para empresa por ano: $ 20.154,29.

b) Número médio de horas que o funcionário fica à disposição da empresa por ano: 1.971,20 h.

c) Custo médio de cada hora que o funcionário fica à disposição da empresa por ano: $ 10,22/h.

EXERCÍCIO Nº 11.1

A resposta deste e dos próximos exercícios encontra-se disponível no *site*: <www.grupogen.com.br>.

Assinalar a alternativa correta:

1. São exemplos de mão de obra direta:
   a) Torneiro e pessoal da manutenção.
   b) Carregadores de materiais e pintor.
   c) Prensista, soldador e supervisores.
   d) Torneiros, soldadores e cortadores.
   e) Ajudantes, supervisores e pintores.

2. O custo de mão de obra direta nunca pode ser ao mesmo tempo:
   a) Direto e fixo.
   b) Fixo e indireto.
   c) Variável e indireto.
   d) Direto e variável.
   e) Variável e fixo.

3. Observar as sentenças a seguir:
   I – Não se deve confundir o custo de mão de obra direta dos produtos com o valor total da Folha de Salários relativa à mão de obra direta total da empresa.

II – Custo de mão de obra direta é aquele relativo à utilizada direta e efetivamente na produção de bens ou serviços.

III – O custo relativo à folha de pagamento da própria produção é sempre variável.

IV – O custo de mão de obra direta sempre varia com o volume de produção.

Estão corretas as sentenças:

a) I, II e III.

b) II, III e IV.

c) I e III.

d) I, II e IV.

e) I, III e IV.

4. Assinalar a alternativa correta:

a) Um empregado que trabalha em um único produto de cada vez pode ser classificado como mão de obra direta.

b) A mão de obra direta requer critérios de rateio ou estimativas para alocação de seu custo aos produtos.

c) Em termos contábeis, toda e qualquer mão de obra é classificada como direta.

d) O custo de mão de obra direta sempre varia proporcionalmente ao volume de produção.

e) O custo de mão de obra direta nunca varia proporcionalmente ao volume de produção.

5. Se o pagamento de horas extras for esporádico, devido à realização de encomenda especial, este custo deverá ser classificado como:

a) Indireto.

b) Padrão.

c) Direto.

d) Perda.

e) Ideal.

EXERCÍCIO Nº 11.2

A empresa prestadora de serviços Reggio possui um funcionário horista, que trabalha em regime de semana não inglesa (isto é, trabalhando seis dias por semana).

Considere os seguintes dados relativos a esse funcionário (que não optou pelo abono pecuniário de férias):

- Salário: $ 5 por hora
- Jornada semanal: 42 horas
- Média de 3 faltas justificadas por ano
- 12 feriados no ano (não coincidentes com férias nem com repousos semanais)

Suponha que sobre a remuneração total a empresa contribui com:

20%	para o INSS
8%	para o FGTS
5%	para entidades como SESI, SENAI etc.
3%	de seguro contra acidentes do trabalho

Pede-se calcular:

a) O custo total do funcionário para a empresa, por ano.

b) O número médio de horas que o funcionário fica à disposição da empresa, por ano.

c) O custo médio de cada hora que o funcionário fica à disposição da empresa.

EXERCÍCIO Nº 11.3

A empresa São Cristóvão possui dois funcionários mensalistas.

Considere os seguintes dados relativos a esses funcionários (que optaram pelo abono pecuniário de 1/3 de férias):

Salário:

- Maria: $ 1.500
- João: $ 2.000

Suponha que sobre a remuneração total a empresa contribui com:

20%	para o INSS
8%	para o FGTS
2%	para entidades como SESI, SENAI etc.
5%	de seguro contra acidentes do trabalho

Pede-se calcular:

a) O custo total, por ano, da funcionária.

b) Idem, para o funcionário.

c) O percentual de custo dos encargos sociais, sob três perspectivas, considerando como base:

    c1) O salário;

    c2) O salário, as férias e o décimo terceiro salário; e

    c3) O salário referente ao tempo à disposição do empregador.

EXERCÍCIO Nº 11.4

Um operário é admitido em 2-1-20X1 para exercer as funções de torneiro-ferramenteiro, com salário de $ 10,00 por hora, para cumprir uma jornada de trabalho de 44 horas semanais (semana não inglesa, isto é, semana de seis dias).

Independentemente do acordo coletivo que venha a ser celebrado por meio do sindicato, a empresa planeja conceder aumentos salariais de $ 1,00 por hora em 1-4-20X1, 1-7-20X1, 1-10-20X1 e 1-1-20X2.

As férias serão concedidas em janeiro de 20X2, e o operário desde já declara que não deseja optar pelo abono pecuniário de um terço.

Considerando-se a existência de 12 feriados no ano e 36,8% de contribuições sociais, pede-se calcular o custo/hora dessa MOD para cada trimestre de 20X1.

EXERCÍCIO Nº 11.5

Uma empresa prestadora de serviços costuma trabalhar com a elaboração de projetos. Considere os seguintes dados referentes ao custo médio de remuneração dos funcionários com determinadas habilidades e qualificações:

Tabela 1 *Estrutura básica-padrão.*

Salário mensal	$ 1.200
Nº de dias de férias por ano	30
Nº de domingos no ano	48
Nº de sábados no ano	48
Jornada de trabalho semanal (horas)	40

Tabela 2 *Contribuições sociais recolhidas pela empresa.*

Contribuições	Alíquotas
Previdência Social	20,0%
FGTS + Contribuição Social	8,5%
Seguro de Acidentes de Trabalho	2,0%
Terceiros	5,5%

Tabela 3 *Benefícios oferecidos aos funcionários.*

Benefícios	Valor
Vale-transporte	$ 8/dia
Vale-refeição	$ 10/dia

Outros dados:

- ano não bissexto;
- regime de semana inglesa (cinco dias de trabalho);
- 14 dias de feriado no ano, dos quais três coincidentes com domingos, dois com sábados e nenhum com férias;
- ociosidade normal média, em função de paradas para café, descanso etc., de 10% do tempo à disposição;

- o valor do vale-transporte é descontado do beneficiário na parcela equivalente a 6% de seu salário base; o excedente é por conta da empresa;

- não há horas extras habituais; e

- nos casos, excepcionais, de trabalho além do horário normal, a remuneração adicional por horas extras é de 50%.

Em determinado mês um funcionário trabalhou todas as suas 160 horas normais no Projeto A e, após o horário normal, durante 15 dias, por duas horas, dedicou-se exclusivamente ao Projeto B.

Pede-se calcular o custo de mão de obra daquele funcionário em cada projeto.

A resposta destes exercícios encontra-se disponível no *site*: <www.grupogen. com.br>.

12

Problemas Especiais da Produção por Ordem

RESPOSTAS DO EXERCÍCIO PROPOSTO

a) Custo de Conversão no 1º Período: $ 150.000.
Custo de Conversão no 2º Período: $ 218.400.

b) Parcela da Receita apropriada no 1º Período: $ 79.200.
Parcela da Receita apropriada no 2º Período: $ 52.800.

c) Resultado Global da empresa: $ 51.600.

d) Lucro Bruto no 1º Período: $ 23.338.

e) Lucro Bruto do 2º Período: $ 28.262.

EXERCÍCIO Nº 12.1

A resposta deste e dos próximos exercícios encontra-se disponível no *site*: <www. grupogen.com.br>.

Assinalar a alternativa correta:

1. Um fator que determina as características de um sistema de custeio (por Ordem ou por Processo) é:
   a) Característica da atividade.
   b) Relevância do patrimônio.
   c) Negociação com sindicato.
   d) Determinação da empresa.
   e) Pagamento de horas extras.

2. Quando ocorre a perda de todas as unidades de uma ordem inteira, seu custo deve ser contabilizado como:
   a) Custo de produção.
   b) Despesa do período.
   c) Perda do período.
   d) Investimento total.
   e) Custo de estocagem.

3. Em encomendas de longo prazo de execução, a transferência dos custos a débito do resultado deve ser efetuada no:
   a) Momento do aumento de caixa.
   b) Reconhecimento da receita.
   c) Relatório de regime de caixa.
   d) Relatório do fluxo de caixa.
   e) Exercício anterior de caixa.

4. Um sistema de acumulação de custos por ordem de produção pode ser caracterizado por:
   a) Custos acumulados e analisados por centros de custos.
   b) Custos acumulados e analisados por períodos contábeis.
   c) Contas de custos que expressam os diferentes modelos.
   d) Produtos padronizados produzidos em grande escala.
   e) Produção de cimento e de produtos petroquímicos.

5. Observar as sentenças a seguir:

   I – Produção em série caracteriza-se pela elaboração do mesmo bem ou serviço de forma não continuada por um longo período.

   II – Produção por ordem consiste na produção de um bem ou serviço de forma contínua ao longo do tempo.

   III – Na Produção Contínua, os custos são apropriados e reportados por período de tempo.

   IV – Na Produção por Ordem, acumulam-se os custos até o término da ordem ou encomenda, mesmo passando por vários períodos.

   Estão corretas as sentenças:
   a) I e III.
   b) II e IV.
   c) III e IV.
   d) II e III.
   e) I e IV.

EXERCÍCIO Nº 12.2

A Empresa Asfáltica fechou com o Governo do Estado um contrato de pavimentação de uma rodovia, em 1-1-X0, nas seguintes condições:

Quilometragem a ser pavimentada:	2.000 km
Período previsto para execução da obra:	3 anos
Custo estimado:	$ 10.000.000
Receita prevista:	$ 15.000.000
Condição de pagamento:	40% na assinatura do contrato, 20% após um ano, 20% após dois anos e 20% na conclusão do serviço.

Em 1-1-X1, de acordo com os apontamentos efetuados pelos engenheiros, constatou-se que tinham sido completados 500 km de pavimentação.

A partir do início do segundo ano, os custos aplicados na obra tiveram um aumento imprevisto de 10% em relação ao primeiro. O contrato não permite reajuste do preço.

Em 1-1-X2, aferições técnicas constataram que 70% da obra tinham sido executados.

Ao final do terceiro ano, a empresa concluiu seus trabalhos e o recebimento final foi realizado conforme descrito no contrato.

Considerando-se que a empresa reconhece a receita proporcionalmente à execução da obra e que os custos também são incorridos naquela proporção, pede-se calcular:

a) O custo da etapa completada do primeiro ano.

b) O valor do lucro bruto do primeiro ano.

c) O custo da etapa do serviço prestado no segundo ano.

d) O valor do lucro bruto do segundo ano.

e) O custo da etapa do serviço executada no terceiro ano.

f) O valor do resultado bruto da empreitada.

EXERCÍCIO Nº 12.3

A Indústria de Móveis Pica-Pau produz móveis para escritório sob encomenda.

No início de determinado mês, recebeu, de clientes diferentes, três pedidos de orçamento para possíveis encomendas de mesas para computador: 160 grandes, 92 médias e 95 pequenas.

É normal haver perda de algumas unidades no processo de produção; por isso, a empresa pretende iniciar as ordens com as seguintes quantidades: 165, 95 e 98, respectivamente.

Sua estimativa de custos foi a seguinte, para estas quantidades:

I. Matéria-Prima:

Produtos	$
Grandes	4.950
Médias	2.375
Pequenas	1.764

II. Tempo de produção requerido por unidade de produto:

Produtos	Tempo de MOD	Tempo de máquina
Grandes	1,4 hmod	1,8 hm
Médias	1,0 hmod	1,4 hm
Pequenas	1,0 hmod	1,0 hm

III. Outros custos:

Custos	Fixo	Variável
Supervisão da produção	$ 2.250	
Depreciação dos equipamentos	$ 1.600	
Energia elétrica		$ 2/horas-máquina
Mão de obra direta		$ 10/ hora de MOD
Outros	$ 14.150	$ 8/horas-máquina

Pede-se calcular:

a) O custo da encomenda das mesas para computador grandes, rateando todos os custos indiretos à base de horas-máquina.

b) Idem para as médias.

c) Idem para as pequenas.

d) O custo da encomenda das mesas para computador grandes, rateando todos os custos indiretos à base de horas de mão de obra direta.

e) Idem para as médias.

f) Idem para as pequenas.

EXERCÍCIO Nº 12.4

A Indústria de Confecções Jeans Stop produz peças de vestuário para moda jovem e a cada estação climática lança nova coleção.

Durante o último verão, a Jeans Stop trabalhou com cinco modelos, identificados pelas Ordens de Produção de números 1.431 a 1.435 (suponha um só tamanho e cor para cada modelo).

No final do dia 31 de janeiro, o único estoque existente era o de produtos em processamento, tendo sido incorridos os seguintes custos (em $):

Ordens	Material			Mão de obra			Total
	Corte	Costura	Acaba-mento	Corte	Costura	Acaba-mento	
1.431	500	100	70	300	200	100	1.270
1.432	700	50	–	200	30	–	980
1.433	300	–	–	150	–	–	450
Totais	1.500	150	70	650	230	100	2.700

Durante o mês de fevereiro, foram trabalhadas 205 horas de mão de obra, distribuídas da seguinte forma:

Número de horas de mão de obra em fevereiro:

Ordens	Corte	Costura	Acabamento
1.431	–	–	10
1.432	–	5	20
1.433	–	12	30
1.434	30	53	15
1.435	20	10	–

O custo de mão de obra, por hora já com os encargos sociais, foi o seguinte (em $):

Corte	5,00
Costura	3,00
Acabamento	2,50

Apenas a OP nº 1.435 não foi concluída em fevereiro; as OP de números 1.431 e 1.432 foram totalmente vendidas e entregues aos clientes.

Para a produção do mês de fevereiro, a empresa incorreu nos seguintes custos de material direto (em $):

Ordens	Corte	Costura	Acabamento
1.431	–	–	50
1.432	–	70	80
1.433	–	200	120
1.434	1.000	400	200
1.435	800	250	–

Pede-se preencher as fichas de custos das ordens de produção (OP) anexas; e calcular:

a) O valor de custo dos estoques de produtos em processamento existentes no final de fevereiro.

b) O valor de custo dos estoques de produtos acabados existentes no final de fevereiro.

Ordem nº _____	Material			Mão de obra			Total
	Corte	Costura	Acaba-mento	Corte	Costura	Acaba-mento	
1-2							
Fev.							
28-2							

Ordem nº _____	Material			Mão de obra			Total
	Corte	Costura	Acaba-mento	Corte	Costura	Acaba-mento	
1-2							
Fev.							
28-2							

Ordem nº _____	Material			Mão de obra			Total
	Corte	Costura	Acaba-mento	Corte	Costura	Acaba-mento	
1-2							
Fev.							
28-2							

Ordem nº _____	Material			Mão de obra			Total
	Corte	Costura	Acaba-mento	Corte	Costura	Acaba-mento	
1-2							
Fev.							
28-2							

Ordem nº _____	Material			Mão de obra			Total
	Corte	Costura	Acaba-mento	Corte	Costura	Acaba-mento	
1-2							
Fev.							
28-2							

EXERCÍCIO Nº 12.5

Uma empresa produz e vende ventiladores de vários modelos e tamanhos, cujos *designs* são atualizados de três em três meses. Em determinado mês foi iniciada e concluída a Ordem de Produção nº 22, para um lote de 500 ventiladores do tipo "M", totalmente vendido, cuja estrutura normal de custos era a seguinte:

Quantidade de matéria-prima	3 kg por unidade
Preço da matéria-prima	$ 29 por kg
Tempo de mão de obra direta (MOD)	2,50h por unidade
Preço da embalagem	$ 5,60 por unidade
Salário dos operários	$ 6 por hora
Energia elétrica	$ 3 por unidade
Depreciação	$ 5.000

No mesmo mês, foi processada a Ordem de Produção nº 23, com um lote adicional de 60 unidades do mesmo produto, pois o pessoal da área de marketing verificou que a demanda seria superior às 500 inicialmente estimadas.

O tempo de mão de obra direta aplicado àquele novo lote foi superior ao normal em 10% e o respectivo custo teve um acréscimo de 50%, em função de horas extras.

No fim do processo de produção da OP nº 23, antes do embalamento, ocorreu um acidente que fez com que o produto ficasse parcialmente danificado; entendendo que não deveria colocar no mercado produtos com defeito, a empresa vendeu como sucata o lote defeituoso, pelo valor de $ 6.000.

Outros dados:

- sobre toda a receita bruta incidem 25% de tributos;
- no preço da matéria-prima e da embalagem estão inclusos 20% de tributos recuperáveis;
- o ônus de encargos sociais sobre a MOD é de 100%; e
- o custo de depreciação ($ 5.000) é fixo, por mês.

Sabendo que o preço normal de venda daquele modelo é de $ 250 por unidade, pede-se calcular o resultado bruto (lucro ou prejuízo) de cada OP e o total.

A resposta destes exercícios encontra-se disponível no *site*: <www.grupogen. com.br>.

13

Problemas Especiais da Produção Contínua

RESPOSTAS DO EXERCÍCIO PROPOSTO

I) Pelo PEPS
  a) Custo unitário de Janeiro: $ 2,50/un.
     Custo unitário de Fevereiro: $ 3,00/un.
  b) CPA de Janeiro: $ 1.900,00.
     CPA de Fevereiro: $ 2.570,00.
  c) Custo do Estoque Final de Produtos em Elaboração de Janeiro: $ 50,00.
     Custo do Estoque Final de Produtos em Elaboração de Fevereiro: $ 120,00.

II) Pelo Custo Médio
  a) Custo unitário de Janeiro: $ 2,50/un.
     Custo unitário de Fevereiro: $ 2,99/un.
  b) CPA de Janeiro: $ 1.900,00
     CPA de Fevereiro: $ 2.571,40.
  c) Custo do Estoque Final de Produtos em Elaboração de Janeiro: $ 50,00.
     Custo do Estoque Final de Produtos em Elaboração de Fevereiro: $ 119,60.

EXERCÍCIO Nº 13.1

A resposta deste e dos próximos exercícios encontra-se disponível no *site*: <www.grupogen.com.br>.

1. São exemplos de atividades com sistema de produção contínua:
   a) empresa de telefonia e indústria naval.
   b) escritórios de auditoria e petroleiras.
   c) construção civil e indústria química.
   d) empresas de energia e montadoras.
   e) indústrias pesadas e de saneamento.

2. Assinalar falso (F) ou verdadeiro (V):
   (   ) a) Produção em série caracteriza-se pela elaboração do mesmo bem ou serviço de forma não continuada por um longo período.

( ) b) Na Produção Contínua, os custos são apropriados e reportados por período de tempo.

( ) c) Em períodos de alta inflação, o correto é que todos os valores de custos e receitas estejam a valor presente e traduzidos para a mesma moeda.

( ) d) São exemplos de Produção Contínua as indústrias de cimento, de equipamento pesado e de produtos alimentícios.

( ) e) Na Produção Contínua as contas de custos devem ser encerradas ao final de cada período contábil.

3. Assinalar Produção por Ordem (O) ou Produção Contínua (C):

( ) a) Não há encerramento das contas de custos à medida que os bens ou os serviços são elaborados, apenas no fim do período contábil.

( ) b) A conta só deixa de receber custos quando o pedido estiver encerrado.

( ) c) Os custos são acumulados em contas representativas das diversas linhas e etapas de produção.

EXERCÍCIO Nº 13.2

A indústria Carbexa, produtora de papel jornal, iniciou suas atividades de produção no dia 2 de abril, com um lote de 10.000 kg.

A mão de obra direta e os custos indiretos de produção incidem de maneira uniforme e concomitante ao longo do processo de produção, porém a matéria-prima é inserida na máquina de uma só vez, bem no início.

Sabe-se que nesse ramo, considerando-se o atual estágio tecnológico, é normal que se percam 5% das unidades iniciadas, e isso ocorre bem no começo do processo.

Sua estrutura de custos, no mês, foi a seguinte (em $):

Matéria-prima	9.500
Mão de obra direta	7.200
Custos indiretos de produção	4.500

No final do mês havia 8.000 kg de produto acabado no armazém, 1.500 kg em processamento na fábrica, num grau de, aproximadamente, 2/3 de acabamento, e 500 kg perdidos, dentro das condições normais de produção.

Pede-se calcular:

a) O custo unitário de produção do mês.

b) O valor de custo do estoque final de Produto Acabado.

c) O valor de custo das unidades em processamento no fim do mês.

EXERCÍCIO Nº 13.3

A empresa Antártida produz seu único produto em série, continuamente, em um único departamento, em lotes de 10.000 un.

A matéria-prima é totalmente aplicada logo no início do processo produtivo; porém a mão de obra direta e os custos indiretos de produção incidem de maneira uniforme e proporcional ao longo de todo o processo.

Nos dois primeiros meses de determinado ano – em que não havia estoques iniciais – a empresa incorreu nos seguintes custos (em $):

	Janeiro	Fevereiro
Matéria-prima	100.000	110.000
Mão de obra direta	46.000	51.700
Custo indireto de produção	73.600	82.720

O volume de produção e venda foi o seguinte (em unidades):

	Janeiro	Fevereiro
Acabadas	9.000	9.000
Vendidas	9.000	6.000
Em processamento no final do mês	1.000	2.000

Considerando-se que as unidades em processamento no final do mês encontravam-se em graus de acabamento de 20% e 30% respectivamente, em janeiro e fevereiro, pede-se calcular, pelo PEPS, para cada mês:

a) O custo unitário do produto.

b) O valor de custo da produção acabada.

c) O custo dos produtos vendidos (CPV).

d) O valor de custo do estoque final de produtos acabados.

e) O valor de custo do estoque final de produtos em elaboração.

EXERCÍCIO Nº 13.4

A empresa Plasmatec produz embalagens plásticas de um único modelo, cor e tamanho. A seguir estão relacionados os dados de custos relativos aos meses de novembro e dezembro de 20X0 (em $):

	Novembro	Dezembro
Material	924.000	979.000
Mão de obra	539.000	623.000
Custos indiretos	847.000	801.000

Sabendo-se que:

a) Não havia quaisquer estoques no início de novembro de 20X0.

b) Em novembro, foram totalmente acabadas 760.000 unidades e ainda ficaram 40.000 processadas até um quarto (25%).

c) Em dezembro, iniciou-se a produção de outras 900.000 unidades.

d) Em dezembro, conseguiu-se o término de 860.000 e ainda ficaram 80.000 processadas até a metade.

79

e) Todos os custos (MAT, MOD E CIP) são incorridos uniformemente, do início ao fim do processo.

f) A empresa utiliza o critério PEPS, para avaliar estoques.

Pede-se calcular:

a) O custo unitário de novembro.

b) O custo unitário de dezembro.

c) O Custo do Estoque Final de Produtos em Processo em 30/novembro.

d) O Custo do Estoque Final de Produtos em Processo em 31/dezembro.

EXERCÍCIO Nº 13.5

Uma empresa produz cimento para a indústria de construção civil, num sistema de produção contínua composto por quatro fases: Britagem, Primeira Moagem, Aquecimento e Segunda Moagem. Sua capacidade prática de produção é de aproximadamente 800 toneladas por mês em todos os departamentos, e é este volume que vem sendo fabricado.

Tabela 1 *Custo de matéria-prima por tonelada.*

Calcário	$ 70
Argila	$ 60
Gesso	$ 80
Frete na compra das matérias-primas	$ 7,50

Tabela 2 *Custos de conversão mensais dos departamentos (em $).*

	Britagem	Primeira moagem	Aquecimento	Segunda moagem
Aluguel do galpão industrial	1.200	1.100	850	600
Supervisão geral da produção	750	900	400	350
Energia elétrica na produção	540	500	450	100
Depreciação das máquinas	580	276	500	300
Mão de obra direta	650	800	550	400

O fluxo de material ao longo do processo, para produzir o cimento, apresenta as seguintes características:

- do material introduzido na britagem (calcário), 2% se perdem normalmente;
- na primeira moagem introduzem-se, para cada tonelada de calcário recebida da britagem, 200 kg de argila;
- a perda habitual no forno é da ordem de 35%; e

- na segunda moagem introduz-se gesso, na proporção de 1/50 sobre o calcário iniciado na britagem, e nesta etapa há uma perda normal de 3% do material nela processado.

Pede-se calcular:

a) a quantidade de calcário que precisa ser introduzida no início do processo (britagem) para produzir, no final, uma tonelada de cimento;

b) o valor do custo acumulado por tonelada de cimento em cada fase do processo; e

c) o valor do custo final do cimento, por tonelada.

A resposta destes exercícios encontra-se disponível no *site*: <www.grupogen. com.br>.

Produção Conjunta e Problemas Fiscais na Avaliação de Estoques Industriais: Custos Conjuntos

RESPOSTAS DO EXERCÍCIO PROPOSTO

a) Custo de Estoque Final de Produtos Acabados: $ 7.200.
b) Custo dos Produtos Vendidos: $ 180.300.
c) Lucro Bruto de Quirera: $ 56.250.
   Lucro Bruto de Fubá: $ 38.250.
   Lucro Bruto de Germe: $ 13.680.
d) Margem Bruta de Quirera: 37,50%
   Margem Bruta de Fubá: 37,50%
   Margem Bruta de Germe: 37,50%
e) Margem Bruta de Quirera: 25%
   Margem Bruta de Fubá: 45%
   Margem Bruta de Germe: 61%

EXERCÍCIO Nº 14.1

A resposta deste e dos próximos exercícios encontra-se disponível no *site*: <www.grupogen.com.br>.

Assinalar a alternativa correta:

1. A geração de diversos produtos a partir do processamento do mesmo material caracteriza a produção:
   a) Contínua.
   b) Conjunta.
   c) Completa.
   d) Estocada.
   e) Processo.

2. O rateio de Custos Conjuntos, em relação ao rateio de Custos Indiretos, é mais:
   a) Relevante.
   b) Objetivo.
   c) Arbitrário.

d) Funcional.

e) Gerencial.

3. O principal critério de apropriação de Custos Conjuntos é:

a) Valor de mercado.

b) Igualdade do lucro.

c) Volume produzido.

d) Das ponderações.

e) Dos custos totais.

4. O custo de aquisição de materiais e quaisquer outros bens ou serviços aplicados ou consumidos na produção são custos:

a) Fixos-padrão.

b) Diretos-ideal.

c) De produção.

d) Objetivados.

e) Proporcionais.

5. Observar as sentenças a seguir:

I   – Os valores apropriados por Custos devem ser inseridos na Contabilidade Geral.

II – A apropriação é feita à base dos princípios contábeis geralmente aceitos.

III – Todos os cálculos e passos de Custos estão compatibilizados no Diário e no Razão da empresa.

IV – Os valores de custo precisam estar apoiados em registros, cálculos ou mapas.

Quanto à integração e à coordenação entre Contabilidade de Custos e Contabilidade Geral estão corretas:

a) I, II, III e IV.

b) I, III e IV.

c) II, III e IV.

d) I, II e IV.

e) I, II e III.

EXERCÍCIO Nº 14.2

A empresa Kappeto processou, em determinado período em que não havia estoques iniciais, 15 toneladas de matéria-prima, compradas a $ 5 por quilo.

Para esse mesmo processamento, a empresa utilizou mão de obra ao custo de $ 25.000 e incorreu em outros custos, também conjuntos, no valor de $ 50.000.

Desse trabalho, resultaram os seguintes coprodutos, em unidades:

	Produção (un.)	Vendas (un.)	Preço de venda ($/un.)
A	12.000	10.000	10,00
B	6.000	5.000	12,50
C	2.000	1.500	27,50

Considerando-se que:

a) A empresa distribui os custos conjuntos aos produtos pelo critério dos volumes produzidos.

b) Todas as unidades vendidas foram faturadas e entregues aos clientes.

Pede-se calcular:

a) O valor do Custo dos Produtos Vendidos (CPV).

b) O Lucro Bruto de cada produto.

EXERCÍCIO Nº 14.3

A Empresa Laticínios Alterosa processou, em determinado período, 10.000 litros de leite comprados dos produtores a $ 0,55 por litro. Para esse mesmo trabalho, incorreu também em outros custos conjuntos, no montante de $ 4.500.

Desse processamento, resultaram 3.750 kg de queijo e 5.000 kg de manteiga em estado bruto. Para serem concluídos, foram necessários recursos outros – mão de obra direta e material de embalagem – ao custo total de $ 3.000 e $ 2.000, respectivamente, para queijo e manteiga.

O preço médio de venda é de $ 5,00/kg de queijo e de $ 2,50/kg de manteiga, ambos 100% acabados; não há mercado para esses produtos semiacabados.

Pede-se calcular o valor do custo unitário de cada produto pelo critério do preço de mercado.

EXERCÍCIO Nº 14.4

Assinalar a alternativa correta:

1. Sobras de materiais que não têm preço firme de mercado ou condições normais de comercialização são denominadas:
   a) Coprodutos.
   b) Subprodutos.
   c) Sucatas.
   d) Secundários.
   e) Auxiliares.

2. Observar as sentenças a seguir:

   I   – São os próprios produtos principais.

   II   – Possui valor de venda.

   III – É decorrência normal do processo produtivo.

   IV – Possui pouca relevância dentro do faturamento global.

   São características básicas do subproduto:

   a) I, II e IV.
   b) I, III e IV.
   c) II, III e IV.

d) III e IV.

e) I e IV.

3. O método do valor de mercado distribui o resultado aos coprodutos de forma:

   a) Heterogênea.

   b) Departamental.

   c) Homogênea.

   d) Diversificada.

   e) Globalizada.

4. Os coprodutos não recebem custos:

   a) Fixos da firma.

   b) De produção.

   c) De estocagem.

   d) Negociáveis.

   e) Indiretos.

5. Observar as sentenças a seguir:

   I   – A aquisição de bens de consumo eventual, cujo valor exceda 5% do custo total dos produtos vendidos no exercício anterior.

   II – O custo do pessoal aplicado na produção.

   III – Os custos de locação, manutenção e encargos de depreciação aplicados ou não na produção.

   IV – Os encargos de amortização e de exaustão de recursos naturais relacionados à produção.

   Para efeito fiscal, podem ser considerados custos:

   a) I e IV.

   b) II e III.

   c) II e IV.

   d) I e III.

   e) III e IV.

EXERCÍCIO Nº 14.5

Um Frigorífico Avícola produz e vende quatro coprodutos: asa, peito, coxa e sobrecoxa. Em determinado período comprou um lote de 25.000 frangos de corte, vivos, pesando 64.000 kg, pelo preço de $ 1,50/kg.

Tabela 1 *Preços médios de mercado, praticados pela empresa, e volumes normais de produção e vendas.*

Produtos	Preço de venda bruto (por kg)	Volume (em kg)
Asa	$ 3,00	10.000
Peito	$ 6,00	15.000
Coxa	$ 4,00	25.000
Sobrecoxa	$ 5,00	12.000

Tabela 2 *Custos de transformação (abate, corte etc.) incorridos no período.*

Mão de obra	$ 10.000
Energia elétrica	$ 5.000
Depreciação dos equipamentos	$ 1.500

Outros dados:

- há diferimento de tributação na compra de frangos vivos; e
- sobre a receita bruta incidem 10% de tributos.

Pede-se calcular:

a) o valor do custo de cada produto, por kg, apropriando os custos conjuntos pelo critério dos volumes produzidos;

b) o valor do custo de cada produto, por kg, apropriando os custos conjuntos pelo critério do preço de mercado;

c) o valor do custo de cada produto, por kg, apropriando o custo da matéria-prima pelo volume e os custos de transformação pelo preço de mercado;

d) o valor do lucro bruto de cada produto, segundo o critério da alínea *c*; e

e) o valor do lucro bruto do conjunto, sem apropriação de custos aos produtos individuais.

A resposta destes exercícios encontra-se disponível no *site*: <www.grupogen.com.br>.

Custo Fixo, Lucro e Margem de Contribuição

RESPOSTAS DO EXERCÍCIO PROPOSTO

a) Lucro da empresa aceitando a encomenda de carrinhos de chá: $ 9.800.
   Lucro da empresa aceitando a encomenda de estantes: $ 21.250.
b) Lucro Operacional projetado da encomenda de carrinhos de chá: $ 23.600.
   Lucro Operacional projetado da encomenda de estantes: $ 21.250.
c) Margem de Contribuição unitária da encomenda de carrinhos de chá: $ 325/un.
   Margem de Contribuição unitária da encomenda de estantes: $ 695/un.
d) Margem de Contribuição Total da encomenda de carrinhos de chá: $ 65.000.
   Margem de Contribuição Total da encomenda de estantes: $ 76.450.

EXERCÍCIO Nº 15.1

A resposta deste e dos próximos exercícios encontra-se disponível no *site*: <www.grupogen.com.br>.

Assinalar Falso (F) ou Verdadeiro (V):

( ) Os custos fixos são totalmente dependentes dos produtos e volumes de produção executados no período.

( ) Margem de contribuição por unidade é o valor que cada unidade efetivamente traz à empresa de sobra entre sua receita e seu custo.

( ) Em períodos de altas taxas de inflação, deve-se trabalhar com receitas, custos e despesas a valor presente e com moeda constante.

( ) Margem de contribuição é conceituada como a diferença entre receita e a soma de custos e despesas diretas.

( ) Ao vender um produto por um preço superior aos custos e despesas variáveis, tem-se um acréscimo direto no resultado.

EXERCÍCIO Nº 15.2

A Cia. Tudolimpo produz enceradeiras e aspiradores de pó, cujos preços de venda, líquidos de tributos, são, em média, $ 190 e $ 260, respectivamente, e o volume de produção e de vendas cerca de 2.000 unidades de cada, por período.

Sua estrutura de custos é a seguinte (em $):

1. Custos Variáveis por unidade:	Enceradeiras	Aspiradores
Matéria-prima	30	40
Material de embalagem	12	18
Mão de obra direta	35	60

2. Custos indiretos (fixos) por período:

Supervisão	60.000
Depreciação	200.000
Outros	36.250

Considerando que a empresa costuma alocar os custos indiretos aos produtos pelo critério da proporcionalidade ao tempo de mão de obra direta, e que são necessárias 0,75 hora para produzir uma enceradeira e 1,225 hora para produzir um aspirador, pede-se calcular:

a) O valor do lucro bruto unitário de cada produto.

b) O valor do lucro bruto total de cada produto e da empresa.

c) O valor da Margem de Contribuição unitária (MC/un.) de cada produto.

d) O valor da Margem de Contribuição Total (MCT) de cada um.

e) Qual produto deve ter a venda incentivada?

EXERCÍCIO Nº 15.3

A Escola Immacolata oferece dois cursos técnicos profissionalizantes: mecânica de automóveis (60 horas) e eletricidade de automóveis (40 horas); para atender à demanda, oferece normalmente 25 vagas em cada curso, por período letivo.

O preço do curso para cada aluno participante é aproximadamente o mesmo das escolas concorrentes: $ 750 e $ 600, respectivamente, para os cursos mecânica e eletricidade, e a Immacolata pretende acompanhá-los; o Imposto sobre Serviços (ISS) é de 2% sobre a receita.

Os custos com material didático, impressos, xerox, lanches etc. são de $ 30 por aluno, além de $ 60 por hora-aula efetivamente ministrada pelos instrutores; já os custos fixos comuns (secretaria, laboratório, equipamento, estacionamento etc.) totalizam $ 10.000 por período letivo.

Pede-se calcular:

a) O custo de cada um dos cursos, considerando-se preenchidas todas as vagas e rateando os custos comuns proporcionalmente à remuneração dos instrutores (Custeio por Absorção).

b) O lucro por curso, pelo Custeio por Absorção, com todas as vagas preenchidas.

c) A margem de contribuição por aluno pagante.

d) A margem de contribuição por curso, considerando-se preenchidas todas as vagas e apropriando a cada um seus respectivos custos diretos (não ratear os custos fixos comuns).

EXERCÍCIO Nº 15.4

A Cia. Amazonense de Veículos tem capacidade prática instalada para produzir até 36.000 carros por ano, mas nos últimos anos vem conseguindo colocar no mercado apenas 24.000, ao preço médio unitário de $ 10.000; e ela só atua no mercado nacional.

Sua estrutura de gastos é a seguinte:

- Material direto $ 4.000/unidade
- Mão de obra direta $ 2.500/unidade
- Custos fixos $ 45.000.000/ano
- Despesas fixas de Admin. e Vendas $ 9.000.000/ano
- Comissões sobre a receita bruta   1%
- Impostos sobre a receita bruta   9%

Da Venezuela a empresa recebe uma proposta de aquisição de 12.000 carros, ao preço CIF (*Cost, Insurance and Freight*) de $ 7.500 cada.

Caso a proposta seja aceita, haverá isenção de impostos, mas o percentual de comissão sobre o preço de venda bruto dobra, e ainda haverá gastos com frete e seguro, que somam $ 250/un.

Pergunta-se: a Companhia Amazonense deve ou não aceitar a proposta? Por quê?

EXERCÍCIO Nº 15.5

Uma editora distribui mensalmente cento e vinte mil exemplares da revista *Moderna* para cem cidades do território nacional. Se lançar no mercado trinta mil exemplares mensais da revista *Arcaica*, a empresa passará a utilizar os vinte por cento (20%) de ociosidade que há no seu centro de distribuição (CD).

Os principais dados operacionais da empresa, bem como a sua estrutura básica de custos, são demonstrados nas tabelas a seguir:

Tabela 1 *Custos variáveis.*

Custos variáveis		Revista Moderna	Revista Arcaica
Produção	Papel, tinta, grampos, cola e embalagem	$ 2,26 por exemplar	$ 1,94 por exemplar
Logística	Manuseio	$ 20 por mil exemplares	$ 15 por mil exemplares
	Frete de ida	$ 0,50 por kg	$ 0,50 por kg
	Logística reversa	$ 50 por mil exemplares	$ 75 por mil exemplares

Tabela 2 *Custos fixos mensais do Centro de Distribuição (CD).*

	Valor
Aluguel	$ 80.000
Depreciação	$ 260.000
Salários e Encargos Sociais	$ 410.000

Tabela 3 *Outros dados das revistas.*

	Revista Moderna	Revista Arcaica
Preço de venda de cada exemplar	$ 7	$ 4
Receita de publicidade, por edição	$ 300.000	$ 100.000
Peso médio de cada exemplar	460 gramas	200 gramas
Percentual de encalhe	5%	2%
Proporção de vendas avulsas	100%	100%

Outros dados:

- a receita de venda de revistas (avulsas e assinaturas) goza de imunidade tributária; a receita de venda de publicidade é tributada em 10%;
- o custo de logística reversa inclui o frete de retorno e o manuseio do encalhe;
- os custos fixos, quando alocados às revistas, o são proporcionalmente à quantidade de exemplares;
- não há vendas por assinaturas; e
- todo o encalhe é sucateado e descartado sem gerar receita.

A. Com base nos dados apresentados, pede-se calcular:

1. o valor do lucro da revista *Moderna*, por edição mensal, na situação inicial em que só ela existia, com absorção total dos custos fixos;
2. o valor do lucro da revista *Moderna*, por edição mensal, na situação inicial em que só ela existia, porém com absorção parcial, isto é, considerando o custo da capacidade ociosa como perda do período;
3. a Margem de Contribuição Total (MCT), por edição, de cada revista;
4. a Margem Bruta (MB) em valor ($), por edição, de cada revista, com o lançamento da *Arcaica*; e
5. a Margem de Contribuição por exemplar (MC/un.) de cada revista.

B. Considerando exclusivamente os resultados encontrados em "A", pede-se responder:

6. No estudo de viabilidade, a empresa deveria ou não alocar parte dos custos fixos de distribuição à segunda revista para tomar a decisão?
7. Supondo que o único objetivo seja maximizar o valor do lucro mensal, a editora deve lançar a nova revista? Por quê?
8. Com o lançamento da *Arcaica*, haverá subsídio cruzado entre as duas revistas? Justifique sua resposta.

A resposta destes exercícios encontra-se disponível no *site*: <www.grupogen. com.br>.

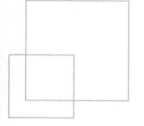

Margem de Contribuição e Limitações na Capacidade de Produção

RESPOSTAS DO EXERCÍCIO PROPOSTO

a) Margem de Contribuição unitária das enceradeiras: $ 48/un.
   Margem de Contribuição unitária dos aspiradores: $ 38/un.
b) Margem de Contribuição Total das enceradeiras: $ 4.800.
   Margem de Contribuição Total dos aspiradores: $ 3.800.
c) Enceradeiras: 50 un.
   Aspiradores: 100 un.

EXERCÍCIO Nº 16.1

A resposta deste e dos próximos exercícios encontra-se disponível no *site*: <www.grupogen.com.br>.

Assinalar a alternativa correta:

1. Quando não há limitação na capacidade produtiva, mais lucrativo é o produto que apresenta margem de contribuição por unidade:
   a) Menor.
   b) Igual.
   c) Baixa.
   d) Nula.
   e) Maior.

2. Quando há limitação na capacidade produtiva, é interessante fabricar o produto que apresenta a maior margem de contribuição por unidade:
   a) Física.
   b) Monetária.
   c) Do recurso limitado em dinheiro.
   d) Do recurso limitado em quantidade.
   e) Do total.

3. Para tomada de decisão, deve-se optar pela alternativa que maximizar a margem de contribuição:

a) Anual.

b) Unitária.

c) Total.

d) Fixa.

e) Base.

4. É exemplo de fator limitador:

a) Capacidade ociosa.

b) Funcionário qualificado.

c) Falta de concorrência.

d) Falta de material.

e) Monopólio estatal.

5. A única forma de alocação de custos fixos que não provoca distorções na tomada de decisão é aquela que se baseia no(a):

a) Fator limitador de capacidade.

b) Alocação do lucro por unidade.

c) Custo indireto fixo total aplicado.

d) Critério do lucro por produção.

e) Taxa interna de retorno ajustada.

EXERCÍCIO Nº 16.2

A empresa Camomila produz apenas dois produtos (A e B) cujos preços de venda – líquidos dos tributos – são $ 120 e $ 80, respectivamente; sobre esses preços ela paga comissões de 5% aos vendedores. Os custos e despesas fixos são de $ 4.000 por período.

Os custos variáveis são os seguintes:

	A	B
Matéria-prima	4 kg/un.	2 kg/un.
	$ 4/kg	$ 4/kg
MOD	2,5 h/un.	2 h/un.
	$ 20/h	$ 20/h

Segundo o Diretor de Marketing, o mercado consome, no máximo, 100 unidades de cada produto da empresa por período.

Pede-se calcular:

a) O valor do resultado de cada produto pela óptica do Custeio Variável (Margem de Contribuição), considerando a demanda máxima.

b) O valor do resultado operacional máximo da empresa por período.

c) O valor do resultado máximo num período em que houver apenas 360 kg de matéria-prima disponíveis para utilização.

d) A combinação ótima (melhor *mix* de produção) e o resultado ótimo se a restrição for apenas de MOD, e houver somente 400 h disponíveis.

EXERCÍCIO Nº 16.3

A Escola Immacolata oferece dois cursos técnicos profissionalizantes: mecânica de automóveis (60 horas) e eletricidade de automóveis (40 horas); para atender à demanda, oferece normalmente 25 vagas em cada curso, por período letivo.

O preço do curso para cada aluno participante é aproximadamente o mesmo das escolas concorrentes: $ 750 e $ 600, respectivamente, para os cursos mecânica e eletricidade, e a Immacolata pretende acompanhá-los; o Imposto sobre Serviços (ISS) é de 2% sobre a receita.

Os custos com material didático, impressos, xerox, lanches etc. são de $ 30 por aluno, além de $ 60 por hora-aula efetivamente ministrada pelos instrutores; já os custos comuns (secretaria, laboratório, equipamento, estacionamento etc.) totalizam $ 10.000 por período letivo.

Suponha que para determinado período a escola disponha de poucos instrutores, com disponibilidade para ministrar no máximo 80 horas de treinamento. Nessa situação, para obter o lucro máximo, que curso deve ser oferecido? (Considerar que todas as vagas serão preenchidas, não havendo limitação de mercado.)

a) Os dois.
b) Mecânica.
c) Eletricidade.
d) Nenhum dos dois.

EXERCÍCIO Nº 16.4

A indústria de calçados Corezzo fabrica dois produtos: botas e sapatos. Para atender ao mercado, a empresa produz, normalmente, 5.000 unidades do primeiro e 4.000 do segundo, por mês.

Os preços de venda são aproximadamente os das empresas concorrentes ($ 100/un. e $ 80/un., respectivamente).

Sua estrutura de custos variáveis é a seguinte:

	Botas	Sapatos
Material direto	$ 40/un.	$ 30/un.
Mão de obra direta	$ 5,5/h	$ 5,5/h
Demais custos variáveis	$ 21,5/un.	$ 21,5/un.

Os custos indiretos fixos totalizam $ 33.000 por mês, e são rateados à base de horas de MOD (2,1 h/un. para o produto botas e 1,5 h/un. para sapatos).

Pede-se calcular:

a) A Margem de Contribuição unitária (MC/un.) de cada produto.
b) A Margem de Contribuição Total (MCT) de cada produto.
c) O valor do lucro bruto unitário (LB/un.) de cada produto.
d) A Margem de Contribuição unitária (MC/un.) de cada produto, por fator limitante, se em algum mês houver restrição de mão de obra direta.

EXERCÍCIO Nº 16.5

Uma empresa produz e vende, normalmente, cerca de 30.000 unidades de seus produtos por mês. Os artigos são classificados como de luxo e destinados a populações de alta renda; a matéria-prima principal (lã) é importada, e a mão de obra direta é qualificada.

Tabela 1 *Preços médios praticados pela empresa e demanda máxima do mercado.*

Produtos	Preço de venda bruto (por un.)	Demanda (em unidades/mês)
Cobertores de casal	$ 150	15.000
Cobertores de solteiro	$ 125	10.000
Mantas de casal	$ 130	8.000
Mantas de solteiro	$ 100	5.000

Tabela 2 *Padrões físicos de Mão de obra direta (MOD) e de Matéria-Prima (MP) por unidade de produto.*

Produtos	Quantidade de lã	Tempo de MOD
Cobertores de casal	2,6 kg	2,5h
Cobertores de solteiro	1,5 kg	1,5h
Mantas de casal	2,5 kg	1,8h
Mantas de solteiro	1,2 kg	1,0h

Tabela 3 *Estrutura básica-padrão de custos e despesas.*

Matéria-prima	$ 20 por kg de lã
Mão de obra direta (MOD): salário dos operários	$ 6 por hora
Comissões sobre a receita líquida	10%
Despesas administrativas gerais da empresa (fixas)	$ 100.000 por mês
Despesas comerciais e de marketing (fixas)	$ 75.000 por mês
Custos fixos	$ 615.000 por mês

Outros dados:

- sobre a receita bruta incidem 25% de tributos;
- no preço da matéria-prima estão inclusos 20% de tributos recuperáveis; e
- o ônus de encargos sociais sobre a MOD é de 100%.

Parte I

Suponha que, devido a um problema alfandegário ocorrido em determinado mês, a empresa teve seu suprimento de matéria-prima limitado a 50.000 kg de lã naquele período.

Pede-se calcular:

a) a quantidade de cada produto que o pessoal de vendas deveria tentar vender naquele mês, de modo a maximizar o resultado (melhor *mix* de produção e vendas); e

b) o valor do resultado global mensal da empresa com o composto de produção indicado em (*a*).

Parte II

Dois meses depois de regularizado o abastecimento de lã, o sindicato da categoria dos trabalhadores aprovou uma paralisação por 30 dias, por maiores salários e melhores condições de trabalho.

Como nem todos os empregados aderiram, a empresa estimou que poderia dispor de 55.000 horas de MOD durante aquele mês.

Pede-se calcular:

c) a quantidade de cada produto que o pessoal de vendas deveria tentar vender naquele mês, de modo a maximizar o resultado (melhor *mix* de produção e vendas); e

d) o valor do resultado global mensal da empresa com o composto de produção indicado em (*c*).

A resposta destes exercícios encontra-se disponível no *site*: <www.grupogen. com.br>.

17

Custeio Variável

RESPOSTAS DO EXERCÍCIO PROPOSTO

a) Custo do Estoque Final dos Produtos em Elaboração pelo Custeio:
   por Absorção: $ 320.000.
   Variável: $ 260.000.

b) Estoque Final de Produtos Acabados pelo Custeio por Absorção: $ 480.000.
   Estoque Final de Produtos Acabados pelo Custeio Variável: $ 390.000.

c) Resultado Líquido pelo Custeio por Absorção: $ 460.000.
   Resultado Líquido pelo Custeio Variável: $ 310.000.

EXERCÍCIO Nº 17.1

A resposta deste e dos próximos exercícios encontra-se disponível no *site*: <www.grupogen.com.br>.

Assinalar a alternativa correta:

1. A valoração de estoques, pelo Custeio Variável, contempla:
   a) Todos os custos de transformação.
   b) Apenas os custos diretos de produção.
   c) Apenas os custos variáveis de produção.
   d) Todos os custos e despesas variáveis.
   e) Todos os custos e despesas identificáveis.

2. A valoração de estoques, pelo Custeio por Absorção, contempla:
   a) Apenas os custos diretos de produção.
   b) Apenas os custos fixos de produção.
   c) Custos de produção e de administração.
   d) Todos os custos de produção, e só eles.
   e) Apenas os custos com a transformação.

3. Quando há diferença no valor do resultado operacional entre o Custeio Variável e o Custeio por Absorção, ela está sempre, apenas, no tratamento dos:
   a) Custos fixos.
   b) Custos indiretos.
   c) Custos variáveis.
   d) Custos diretos.
   e) Despesas.

4. Em determinado período em que não haja estoques iniciais, o Método de Custeio Variável, em relação ao de Custeio por Absorção, apresentará resultado maior quando a empresa:
   a) Vender tudo que produzir.
   b) Produzir menos do que vender.
   c) Vender menos do que produzir.
   d) Produzir mais do que vender.
   e) Nenhuma das alternativas satisfaz à condição.

5. Em empresas com atividades sazonais, considerando-se que nos meses em que não haja demanda haja produção mas não vendas, os resultados mensais apurados vão oscilar:
   a) Mais pelo Custeio Variável.
   b) Mais pelo Custeio por Absorção.
   c) Igualmente pelo Custeio Variável e por Absorção.
   d) Igualmente, mas somente se as vendas forem superiores à produção.
   e) Mais pelo Custeio Variável, mas somente se a produção for maior que as vendas.

EXERCÍCIO Nº 17.2

A Indústria de Violões Afinados iniciou suas atividades no dia 1º de outubro. Seu único produto é vendido, em média, por $ 600, e sobre esse preço a empresa paga comissões de 5% aos vendedores. A capacidade de produção é de 16.000 unidades por mês.

O volume de produção e de vendas no último trimestre do ano foi o seguinte, em unidades físicas:

	Produção	Vendas
Outubro	8.000	7.000
Novembro	16.000	7.000
Dezembro	4.000	14.000

Os custos variáveis são a matéria-prima, o material secundário e o de embalagem, que totalizam $ 200 por unidade; já os custos e despesas fixos mensais são os seguintes (em $):

Salários e Encargos dos operários	2.000.000
Salários e Encargos do pessoal administrativo	300.000
Depreciação dos equipamentos da fábrica	200.000
Aluguel do prédio da fábrica	100.000

Custos diversos de manufatura	100.000
Promoção e Propaganda	50.000

Sabendo que não houve estoques de produtos em elaboração e desconsiderando tributos incidentes sobre a receita, pede-se elaborar a Demonstração de Resultados de cada mês, pelo Custeio por Absorção e pelo Variável, e calcular:

a) A diferença, em cada mês, entre os lucros apurados segundo os dois critérios.

b) A diferença entre os estoques finais dos produtos acabados de cada mês, segundo os dois critérios.

EXERCÍCIO Nº 17.3

A Indústria Brasileira de Malas tem capacidade prática de produção – planta, instalações, mão de obra etc. – para fabricar até 15.000 unidades por mês. Seu único produto é vendido, em média, por $ 45; sobre esse preço incidem tributos de 20% e a empresa remunera os vendedores com comissões de 15%.

O custo de material direto (matéria-prima e embalagem) é de $ 15 por unidade; e os custos e despesas fixos (CDF) mensais são os seguintes (em $):

Mão de obra direta	60.000
Mão de obra indireta	25.000
Depreciação dos equipamentos da fábrica	5.000
Despesas administrativas	30.000

Em março, foram produzidas integralmente 12.000 unidades e em abril, 15.000; e as vendas foram de 9.000 malas em cada um desses dois meses.

Considerando que não havia estoques iniciais em março e utilizando o critério PEPS, pede-se elaborar a Demonstração de Resultados de cada mês, pelo Custeio por Absorção e pelo Variável, e calcular:

a) A diferença, em cada mês, entre os lucros apurados segundo os dois critérios.

b) A diferença entre os estoques finais de cada mês, segundo os dois princípios.

EXERCÍCIO Nº 17.4

A Cia. Porto Eucaliptos iniciou suas atividades em 2-1-X1; em 31-12-X1, seu primeiro balancete de verificação era constituído pelas seguintes contas (em $ mil):

1.	Caixa	460
2.	Bancos	1.000
3.	Clientes	6.060
4.	Matéria-prima	5.000
5.	Equipamentos de produção	2.000
6.	Depreciação acumulada de equipamentos	300
7.	Veículos	1.000
8.	Depreciação acumulada de veículos	100
9.	Empréstimos de curto prazo obtidos c/ encargos prefixados	3.520
10.	Capital social	15.000
11.	Consumo de matéria-prima (MP)	7.000
12.	Mão de obra direta (inclui encargos sociais) no período	6.000
13.	Supervisão geral da fábrica	2.880
14.	Aluguel da fábrica	600
15.	Consumo de lubrificantes nos equipamentos de produção	350
16.	Manutenção preventiva de máquinas comuns de produção	500
17.	Supervisão do almoxarifado de matéria-prima	1.440
18.	Energia elétrica consumida na produção	790
19.	Depreciação de equipamentos de produção	300
20.	Seguro dos equipamentos de fábrica	340
21.	Despesas comerciais no período (fixas)	5.060
22.	Despesas administrativas gerais da empresa (fixas)	3.040
23.	Despesas financeiras no período (fixas)	200
24.	Vendas de produtos acabados (PAC) (valor líquido de tributos)	25.100

Outros dados relativos ao ano de X1:

1. Produção e vendas no período:

Produtos	Preço médio de venda/un.	Volume de produção (em unidades)	Volume de vendas (em unidades)
X	$ 270	50.000	40.000
Y	$ 350	30.000	18.000
Z	$ 500	20.000	16.000

2. O tempo de produção requerido por unidade de produto é o seguinte:

Produtos	Tempo de MOD	Tempo de Máquina
X	1,0 hh	0,60 hm
Y	2,0 hh	1,50 hm
Z	2,5 hh	3,75 hm

3. A matéria-prima é a mesma para todos os produtos e o consumo também se faz na mesma proporção: 1 kg de MP para cada unidade de PAC.

4. O consumo de energia elétrica pelos produtos é o mesmo em termos de kwh; por isso seu custo é diretamente proporcional ao tempo de utilização das máquinas.

5. As habilidades e os salários dos operários são aproximadamente iguais para os três produtos, e o custo de mão de obra direta é fixo.

6. Os custos de Supervisão da Produção e Aluguel devem ser rateados com base na MOD; e Supervisão do Almoxarifado, com matéria-prima.

7. Os demais custos indiretos são correlacionados ao tempo de uso de máquinas.

8. O Imposto de Renda (IR) é de 30% sobre o lucro.

Pede-se elaborar a Demonstração de Resultados para o ano X1, pelo Custeio por Absorção e pelo Variável, e os respectivos balanços, e calcular:

a) O valor da diferença entre os resultados segundo os dois critérios.
b) O valor da diferença entre os estoques finais segundo os dois critérios.

EXERCÍCIO Nº 17.5

Uma empresa de consultoria e assessoria em sistemas de informação dedica-se à prestação de serviços na área de informática, concebendo e desenvolvendo projetos de *software*. Todo trabalho especializado que a empresa utiliza é terceirizado, exceto a gerência de projetos.

Nos últimos dois meses, a empresa dedicou-se exclusivamente ao desenvolvimento de dois projetos: BILS, para gerenciamento de custos e INFO, para gestão de estoques. Os principais dados de custos relativos aos projetos são demonstrados nas tabelas a seguir:

Tabela 1 *Custos de material (em $).*

Material	BILS	INFO
Papel	3.500	2.200
CDs	1.100	850
Tinta para impressora	1.600	1.950
Outros	3.800	3.500

Tabela 2 *Tempo de mão de obra especializada.*

Profissionais	BILS	INFO
Analista	182 h	158 h
Consultor Júnior	332 h	238 h
Consultor Sênior	91 h	99 h

Tabela 3 *Estrutura básica de custos.*

Mão de obra terceirizada:	
Analista	$ 30 por hora
Consultor Júnior	$ 50 por hora
Consultor Sênior	$ 100 por hora
Aluguel do imóvel	$ 2.000 por mês
Energia elétrica	$ 500 por mês
Telefone	$ 1.200 por mês
Salário do gerente de projetos	$ 4.000 por mês
Encargos sociais sobre salários	85%
Depreciação dos equipamentos, móveis e utensílios	$ 6.000 por ano

Pede-se calcular o custo de cada projeto pelo Custeio Variável e pelo Custeio por Absorção, utilizando para este último os seguintes critérios de rateio:

- aluguel, energia elétrica e telefone: partes iguais entre os dois projetos;
- remuneração do gerente: proporcional ao tempo de mão de obra;
- depreciação dos equipamentos: proporcional ao tempo de mão de obra.

A resposta destes exercícios encontra-se disponível no *site*: <www.grupogen.com.br>.

18 Margem de Contribuição, Custos Fixos Identificados e Retorno sobre o Investimento

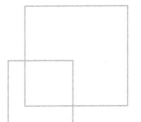

RESPOSTAS DO EXERCÍCIO PROPOSTO

a) Margem de Contribuição Total dos pneus para automóveis: $ 5.000.
   Margem de Contribuição Total dos pneus para caminhões: $ 6.700.
   Margem de Contribuição Total dos pneus para motos: $ 8.400.
b) Margem de Contribuição Total para Filial Centro: $ 6.900.
   Margem de Contribuição Total para Filial Norte: $ 5.200.
   Margem de Contribuição Total para Filial Leste: $ 8.000.
c) Margem Direta Total para Filial Centro: $ 2.775.
   Margem Direta Total para Filial Norte: ($ 890).
   Margem Direta Total para Filial Leste: $ 2.540.
d) Rentabilidade da Filial Centro: 111%.
   Rentabilidade da Filial Norte: (49%).
   Rentabilidade da Filial Leste: 212%.
e) Rentabilidade da Empresa: 30,71%.

EXERCÍCIO Nº 18.1

A resposta deste e dos próximos exercícios encontra-se disponível no *site*: <www.grupogen.com.br>.

A empresa Clarabela & Irmãos produz luvas e bolsas em couro. Sobre o valor bruto de suas vendas incidem tributos de 13% e comissões de 10%.

Outros dados:

	Bolsas	Luvas
Volume de produção e vendas	1.000 un.	1.300 un.
Preço de venda por unidade	$ 92,00	$ 70,00
Custos variáveis por unidade	$ 22,80	$ 14,00
Custos diretos fixos por período	$ 10.400	$ 20.800

Os custos fixos comuns aos dois produtos são de $ 30.000 por período e as despesas fixas de administração e vendas, $ 16.750. Os investimentos específicos na linha de produção de bolsas perfazem $ 250.000 e os específicos na de luvas, $ 150.000. O valor do investimento operacional total da empresa é de $ 550.000.

Pede-se elaborar uma Demonstração de Resultados que contemple o Custeio Variável e os custos diretos fixos, e calcular:

a) A Margem de Contribuição unitária (MC/un.) de cada produto.

b) A Margem de Contribuição total (MCT) de cada produto.

c) A Margem Direta Total (Segunda Margem de Contribuição) de cada produto.

d) A taxa de retorno sobre o investimento em cada linha de produção.

e) A taxa de retorno sobre o investimento total da empresa.

EXERCÍCIO Nº 18.2

A empresa LIG, cujo capital é de $ 5.000, produz espremedores de frutas tropicais e moedores de carne bovina. Sua estrutura de custos e despesas é a seguinte (em $):

	Espremedores	Moedores
Custos e despesas variáveis, por unidade	$ 3,50	$ 4,50
Custos e despesas fixos mensais identificados	$ 600	$ 800
Custos e despesas fixos comuns aos dois	$ 1.500 por mês	

Ao preço unitário de $ 5, líquido de tributos, o diretor de Marketing da empresa garante a venda de 1.000 espremedores por mês.

Pede-se calcular:

A quantidade de moedores de carne que a empresa precisa vender, a $ 7,00 cada um, para obter um lucro mensal de 8% do capital.

EXERCÍCIO Nº 18.3

A empresa Autopeças Magníficas preparou seu plano operacional para o próximo ano:

Produtos	Volume de Produção (un.)	Preço de Venda (PV)	Custos Variáveis (CV)
Rodas	20.000	$ 280	$ 150
Para-lamas	20.000	$ 480	$ 200
Para-choques	10.000	$ 400	$ 150
Grades	10.000	$ 500	$ 300

Sua estrutura de Custos Fixos (CF) departamentais identificados é a seguinte (em $):

Pintura	2.200.000
Niquelação	3.000.000
Estamparia	1.500.000
Usinagem	900.000
Montagem	1.600.000

Apenas as rodas e os para-lamas são pintados, e pela niquelação só passam para-choques e grades; pela Estamparia, Usinagem e Montagem passam, necessariamente, todos os produtos. As despesas fixas de administração e de vendas são orçadas em $ 800.000.

Desconsiderando despesas variáveis de vendas, impostos e comissões, pede-se:

1. Calcular:
   a) O custo fixo departamental de cada produto (rateio baseado em volume).
   b) O custo total de cada produto.
   c) A margem de contribuição de cada produto.
   d) O lucro bruto de cada produto.
   e) A margem direta (Segunda Margem de Contribuição) por família de produtos: rodas e para-lamas numa família, para-choques e grades noutra.

2. Elaborar Demonstrações de Resultados projetadas simulando as seguintes situações:
   a) Resultado de cada produto e o da empresa toda, segundo os métodos de Custeio Variável, Direto e por Absorção;
   b) Idem, porém não produzindo rodas, não produzindo grades e não produzindo rodas nem grades.
   c) Idem, porém terceirizando a fase de pintura, a de niquelação e ambas, considerando que pela primeira a empresa pagaria $ 70 por unidade e pela segunda, $ 100. Considere, também, que todos os custos fixos identificados seriam eliminados no caso de terceirização.

EXERCÍCIO Nº 18.4

O Hotel Pousada Feliz preparou o seguinte plano operacional para a próxima temporada de férias (mês de julho):

Categorias	Quantidade Disponível (un.)	Preço Líquido da Diária (PD)	Custos Variáveis (Diários) (CV)
Single Standard	30	$ 30	$ 10
Single Luxo	20	$ 45	$ 18
Double Standard	30	$ 50	$ 20
Double Luxo	20	$ 75	$ 25

Sua estrutura de Custos Fixos (CF) departamentais identificados para o mês é a seguinte (em $):

Cozinha	12.000
Limpeza	8.000
Serviço de quarto	8.000
Entretenimento (lazer)	5.000

Somente a categoria luxo tem direito a refeições (utilizam o departamento de cozinha); Limpeza, Serviço de quarto e Entretenimento servem, necessariamente, todas as categorias. As despesas fixas de administração são orçadas em $ 20.000. Estima-se que todos os apartamentos de todas as categorias serão locados nos 30 dias do mês.

Desconsiderando impostos, pede-se:

1. Calcular:

   a) O custo fixo departamental de cada categoria (rateio baseado em volume).

   b) O custo mensal total de cada categoria.

   c) A margem de contribuição de cada categoria.

   d) O lucro bruto de cada categoria.

   e) A margem direta (Segunda Margem de Contribuição) por família de categoria: luxo numa família e *standard* noutra.

2. Elaborar Demonstrações de Resultados projetadas simulando as seguintes situações:

   a) Resultado de cada categoria e o do hotel todo, segundo os critérios de Custeio Variável, Direto e por Absorção.

   b) Idem, porém considerando que os apartamentos de categorias do tipo *Double* Luxo não estariam disponíveis.

EXERCÍCIO Nº 18.5

Uma empresa produz e vende, normalmente, cerca de 4.000 unidades de seus produtos por mês. As informações mais relevantes sobre as atividades da organização são apresentadas nas tabelas a seguir.

Tabela 1 *Preços e volumes normais de produção e vendas.*

Produtos	Preço de venda bruto (por un.)	Volume (em unidades/mês)
Fogões	$ 300	1.500
Fornos de Micro-ondas	$ 400	1.250
Lavadoras de Roupa	$ 800	750
Refrigeradores	$ 1.200	500

Tabela 2 *Padrões físicos de matéria-prima (MP) e de Mão de obra direta (MOD) por unidade de produto.*

Produtos	Quantidade de MP	Tempo de MOD
Fogões	4,5 kg	6 h
Fornos de Micro-ondas	2,5 kg	5 h
Lavadoras de Roupa	12,5 kg	12 h
Refrigeradores	10,5 kg	20 h

Tabela 3 *Estrutura básica-padrão de custos e despesas.*

Matéria-prima	$ 25 por kg de MP
Mão de obra direta (MOD): salário dos operários	$ 8 por hora
Despesas administrativas gerais da empresa (fixas)	$ 20.000 por mês
Despesas comerciais e de marketing (fixas)	$ 10.000 por mês
Custos Fixos Comuns a todos os produtos	$ 45.000 por mês
Custos Fixos Diretos dos produtos:	
Fogões	$ 20.000 por mês
Forno de Microondas	$ 170.000 por mês
Lavadoras de Roupa	$ 70.000 por mês
Refrigeradores	$ 160.000 por mês

Tabela 4 *Investimentos (ativos) identificados por produto (em $).*

	Fogões	Microondas	Lavadoras	Refrigeradores	Comum
Estoque médio de matéria-prima	118.800	225.000	178.125	189.000	55.000
Imobilizado	101.200	35.000	93.875	96.000	25.000

Outros dados:

- sobre a receita bruta incidem 15% de tributos;
- sobre a receita líquida incidem 10% de comissões;
- no preço da matéria-prima estão inclusos 20% de tributos recuperáveis; e
- o ônus de encargos sociais sobre a MOD é de 100%.

Com base nas informações apresentadas, pede-se calcular:

a) a margem de contribuição de cada produto;

b) a segunda margem de contribuição de cada produto;

c) o resultado mensal global da empresa;

d) a taxa de retorno identificada de cada produto; e

e) a taxa de retorno global da empresa.

A resposta destes exercícios encontra-se disponível no *site*: <www.grupogen.com.br>.

19

Fixação do Preço de Venda e Decisão sobre Compra ou Produção

RESPOSTAS DO EXERCÍCIO PROPOSTO

a) Preço de Venda da encomenda das mesas grandes: $ 195,72/un.

b) Preço de Venda da encomenda das mesas médias: $ 153,67/un.

c) Preço de Venda da encomenda das mesas pequenas: $ 114,41/un.

d) Preço de Venda da encomenda das mesas grandes: $ 192,66/un.

e) Preço de Venda da encomenda das mesas médias: $ 145,29/un.

f) Preço de Venda da encomenda das mesas pequenas: $ 127,66/un.

EXERCÍCIO Nº 19.1

A resposta deste e dos próximos exercícios encontra-se disponível no *site*: <www.grupogen.com.br>.

Assinalar a alternativa correta:

1. Em ambientes competitivos, o preço dos bens e serviços é mais influenciado pelo(a):

   a) Custo.

   b) Produção.

   c) Mercado.

   d) Encargo.

   e) Despesa.

2. Observar as sentenças a seguir:

   I – O preço de venda é estabelecido em função da oferta e da procura.

   II – As empresas, num mercado competitivo, podem alterar sua política de preços por modificarem sua estrutura de custos.

   III – O preço ideal sempre é capaz de produzir o resultado mínimo necessário ou pelo menos cobrir os custos fixos.

   Estão corretas as sentenças:

a) I, II e III.

b) II, apenas.

c) I, apenas.

d) III, apenas.

e) II e III.

3. O custo máximo admissível para se atingir o retorno desejável é denominado custo:

a) Padrão.

b) Meta.

c) Direto.

d) Fixo.

e) Real.

4. No processo de precificação de bens e serviços, a Contabilidade deve auxiliar nas definições de:

a) Previsão da demanda e estoques.

b) Ciclo de vida e apuração de custo.

c) Estratégia financeira e orçamento.

d) Apuração de custos e livro Razão.

e) Apuração de estoques e auditoria.

5. Observar as sentenças a seguir:

I – Na fase de declínio de um produto a utilização do custo meta é mais eficaz.

II – A utilização do custeio meta deve proporcionar uma sinergia entre todas as áreas da empresa.

III – É na fase de planejamento que existem as maiores possibilidades de alteração significativa dos custos de um produto.

IV – Por ser apoiado em um conceito muito simples, o custo meta não tem características de instrumento gerencial sofisticado.

Estão corretas as sentenças:

a) I e III.

b) I e II.

c) II e IV.

d) III e IV.

e) II e III.

EXERCÍCIO Nº 19.2

A NTN-D é uma empresa de prestação de serviços de telecomunicações (telefonia fixa) que vem operando com um volume de 10.000.000 pulsos de ligações por mês. Após fazer uma pesquisa de mercado, verificou que precisaria diminuir o preço do pulso de $ 0,35 para $ 0,30, para conseguir elevar o número de pulsos para 12.000.000 mensais, atingindo assim a capacidade máxima de sua planta básica e de atendimento.

A empresa possui a seguinte estrutura de custos, em média e por mês:

- Custos variáveis (por pulso) $ 0,08
- Tributos (sobre a receita)   10%
- Depreciação dos equipamentos $ 1.150.000
- Outros custos fixos $ 600.000
- Administração geral da empresa $ 240.000

A mesma pesquisa mostrou que, caso a empresa baixasse o preço do pulso para $ 0,275, poderia operar com 15.000.000 pulsos de ligações por mês. Entretanto, neste caso, necessitaria de um investimento adicional em equipamentos no valor de $ 1.200.000, que teriam uma vida útil econômica estimada em cinco anos, e um provável valor residual de $ 60.000. Além disso, os outros custos fixos aumentariam 15%.

Pede-se calcular o lucro mensal praticando preços de:

a) $ 0,350

b) $ 0,300 e

c) $ 0,275

EXERCÍCIO Nº 19.3

Os administradores da Indústria Cofag, produtora de amortecedores para veículos pesados, têm como meta atingir um lucro de $ 2.000.000 por período. A empresa possui uma capacidade prática para produzir até 58.000 unidades por período, mas vem conseguindo colocar no mercado apenas cerca de 54.000, ao preço líquido de $ 220.

Seus custos diretos são os seguintes (em $):

Matéria-prima (por unidade)	110
Embalagem (por unidade)	28
Mão de obra direta (por período)	300.000

Seus custos Indiretos de Produção e Despesas, por período, são (em $):

Supervisão da fábrica	100.000
Depreciação de máquinas da produção	900.000
Despesas de administração-geral	200.000
Comissões sobre vendas	10%

O Departamento de Marketing fez uma pesquisa de mercado para saber qual seria o volume de vendas em diversos níveis de preço. O resultado foi:

Preço por unidade (em $)	Quantidade que seria vendida por período
200	60.000
220	54.000
240	48.000
260	42.000
280	36.000
300	30.000

Desconsiderando a incidência de tributos sobre a receita, pede-se calcular:

a) O valor do resultado que a empresa vem obtendo por período.
b) O valor máximo da Margem de Contribuição Total (MCT) que a empresa pode obter nas instalações atuais.
c) O valor da Margem de Contribuição Total (MCT) se praticar o preço de $ 300.
d) O valor de custo da ociosidade na situação (alínea *c*).
e) O valor do resultado no ponto ótimo de trabalho (lucro máximo).

EXERCÍCIO Nº 19.4

O Colégio Maria da Conceição cobra mensalidade no valor de $ 600 e conta com um total de 450 alunos matriculados. Ao fazer uma pesquisa de mercado, incluindo os próprios alunos atuais, verificou que precisaria diminuir o valor da mensalidade para $ 540 para aumentar o número de alunos ao máximo de sua capacidade, que é de 600 alunos.

O colégio verificou ainda que, caso baixasse o valor da mensalidade para $ 500, poderia matricular 700 alunos por período. Entretanto, para isso, necessitaria de um investimento em novas instalações, no valor de $ 3.000.000, que teriam uma vida útil de 20 anos, e um valor residual de $ 240.000, e ainda teria um acréscimo nos demais custos fixos de 15%.

Considerando que:

a) Os tributos incidentes sobre a receita são de 6%.
b) Os custos e despesas variáveis com material didático, impressos, xerox, lanches etc. são de $ 80 por aluno.
c) Os custos e despesas fixos, incluindo o salário dos professores, totalizam $ 150.000 por mês.

Pede-se calcular:

a) O lucro atual, por mês.
b) O lucro com mensalidade de $ 540.
c) O lucro com mensalidade de $ 500.

EXERCÍCIO Nº 19.5

Uma empresa produz e comercializa dois produtos, flautas e violões, e os custos variáveis são $ 60 e $ 220, por unidade, respectivamente. A linha de produção de flautas tem um custo fixo direto de $ 10.000 e a de violões, $ 20.000. Os custos fixos comuns aos dois produtos são de $ 45.000, por período, e as despesas fixas de administração e de vendas $ 21.000, também, por período. Os tributos incidentes sobre a receita bruta perfazem o total de 15%. A empresa costuma remunerar seus vendedores na base de 10% sobre a Receita Líquida.

Parte A

Considerando-se a formação de preços de venda com base nos custos e que:

- o Departamento de Marketing estima uma demanda de 2.000 flautas e 1.000 violões por período;
- a administração estabeleceu uma meta de lucratividade de 8% sobre a Receita Líquida para cada um dos dois produtos; e
- o rateio é feito com base no volume de produção (VBC).

Pede-se calcular o Preço de Venda Bruto (PVB) dos dois produtos.

SIMULAÇÃO DO RESULTADO (Considerando-se os volumes estimados pela área de marketing)			
	Flautas	**Violões**	**Total**
Receita Bruta			
Impostos			
Receita Líquida			
Custos Variáveis			
Despesas Variáveis			
Margem de Contribuição Total			
Custos Fixos Diretos			
2ª Margem de Contribuição Total			
Custos Fixos Comuns			
Despesas Fixas			
LUCRO OPERACIONAL			
Margem Operacional:			

SIMULAÇÃO DO RESULTADO (Considerando-se 1.500 flautas e 1.000 violões)			
	Flautas	**Violões**	**Total**
Receita Bruta			
Impostos			
Receita Líquida			
Custos Variáveis			
Despesas Variáveis			
Margem de Contribuição Total			
Custos Fixos Diretos			
2ª Margem de Contribuição Total			
Custos Fixos Comuns			
Despesas Fixas			
LUCRO OPERACIONAL			
Margem Operacional:			

Parte B

O Departamento de Marketing, por meio de pesquisas e estudos de mercado, elaborou a seguinte tabela de possíveis preços e respectivas demandas:

Flautas		Violões	
Preço ($)	**Volume (q)**	**Preço ($)**	**Volume (q)**
100	2.000	400	1.000
120	1.500	450	600

Considerando-se que o lucro operacional objetivado é de $ 40.000, por período, que os administradores da empresa pretendem estabelecer preços de venda com base no mercado, e que quaisquer outras variáveis são irrelevantes, pergunta-se:

a) Qual deve ser o preço praticado em cada produto?

b) Qual é o valor da contribuição de cada produto com os preços estabelecidos em (*a*)?

c) Qual é o valor do resultado operacional máximo da empresa, considerando-se as respostas de (*a*) e (*b*)?

d) Uma vez conhecida a resposta (*c*), devem-se validar os preços definidos em (*a*)? Por quê?

A resposta destes exercícios encontra-se disponível no *site*: <www.grupogen. com.br>.

Custos Imputados e Custos Perdidos

RESPOSTA DO EXERCÍCIO PROPOSTO

Lucro Operacional antes do Imposto de Renda: $ 28.134.

EXERCÍCIO Nº 20.1

A resposta deste e dos próximos exercícios encontra-se disponível no *site*: <www.grupogen.com.br>.

Assinalar a alternativa correta:

1. O benefício sacrificado em termos de remuneração por se aplicar recursos numa alternativa e não em outra é denominado:
    a) Custo histórico corrigido.
    b) Rendimento crescente.
    c) Custo padrão realizado.
    d) Custo de oportunidade.
    e) Taxa interna de retorno.

2. *Sunk Cost* significa:
    a) Despesa fixa.
    b) Custo indireto.
    c) Custo perdido.
    d) Despesa nula.
    e) Custo padrão.

3. O custo considerado para efeitos internos, gerenciais, mas não contabilizado por não representar transação com o ambiente externo, é denominado:
    a) Custo imputado.
    b) Despesa geral.
    c) Custo indireto.
    d) Depreciação.
    e) *Target cost*.

4. É exemplo de custo imputado:
   a) Despesas financeiras.
   b) Mão de obra indireta.
   c) Custo de oportunidade.
   d) Custo histórico corrigido.
   e) Comissão sobre vendas.

5. Observar as sentenças a seguir:

   I – O custo de oportunidade é muito usado em Contabilidade Geral.

   II – O custo de oportunidade representa o quanto se sacrifica em termos de remuneração por aplicar recursos numa outra alternativa e não em outra.

   III – Para uma análise do custo de oportunidade, o risco não deve ser considerado.

   IV – Para se fazer comparações entre alternativas de valor monetário, elas devem possuir igual valor de compra.

   Estão corretas as sentenças:
   a) II e III.
   b) I e IV.
   c) II e IV.
   d) I e III.
   e) III e IV.

EXERCÍCIO Nº 20.2

A empresa Cofag possui uma capacidade prática para produzir até 58.000 amortecedores por período, mas vem conseguindo colocar no mercado apenas cerca de 54.000, ao preço líquido de $ 220; sobre esse preço ela paga comissão de 10% aos vendedores.

Seus custos diretos são os seguintes (em $):

Matéria-prima (por unidade)	110
Embalagem (por unidade)	28
Mão de obra direta (por período) (custo fixo)	300.000

Seus custos Indiretos de Produção e Despesas, por período, totalizam $ 1.200.000.

O Departamento de Marketing fez uma pesquisa de mercado para saber qual seria o volume de vendas a diversos níveis de preço. O resultado da pesquisa foi:

Preço por unidade (em $)	Quantidade que seria vendida por período
200	60.000
220	54.000
240	48.000
260	42.000
280	36.000
300	30.000

Desconsiderando a incidência de tributos sobre a receita, pede-se calcular o custo econômico da ociosidade da empresa ao praticar o preço de:

a) $ 300.

b) $ 200.

c) $ 260.

EXERCÍCIO Nº 20.3

A empresa Grisi foi constituída em 2-1-X1 com o capital inicial de $ 100.000 totalmente subscrito e integralizado em moeda corrente nacional e o objetivo é produzir artigos para festas em geral; os proprietários esperam um retorno de 6% a.m.

O preço médio de venda do produto acabado é estimado pelo pessoal da área de marketing em $ 9,50 por unidade. Impostos e comissões sobre a receita bruta totalizam 20% do preço.

Durante o mês de janeiro, ocorreram os seguintes custos e despesas, todos pagos dentro do próprio mês (em $):

Aluguel da fábrica	3.000
Supervisão da fábrica	9.000
Matéria-prima ($ 3,00/un.)	36.000
Mão de obra direta	24.000
Despesas administrativas	8.000

No final do mês, 12.000 pacotes de confete haviam sido *integralmente* produzidos e estavam armazenados para serem vendidos no mês seguinte (não houve vendas em janeiro).

Pede-se calcular o valor do resultado do mês de janeiro, pelo Custeio por Absorção, considerando o custo de oportunidade do capital próprio.

EXERCÍCIO Nº 20.4

A Empresa Highlight foi constituída em 30 de março com o capital de $ 10.000 e os proprietários esperam um retorno de, no mínimo, 0,5% por mês. O capital inicial foi total e integralmente utilizado na mesma data para a produção de um bem com o seguinte custo:

Material	64 kg a $ 100/kg
Mão de obra	180 h a $ 20/h

O produto foi vendido em 30 de abril por $ 12.000, incidindo impostos de $ 1.440 sobre esse preço.

Considerando que a inflação de abril foi de 2,0%, pede-se calcular o lucro obtido na venda.

EXERCÍCIO Nº 20.5

Uma empresa produz um único produto que é vendido, em média, pelo preço de $ 250/un.; os principais dados encontram-se na Tabela:

Consumo da matéria-prima (MP)	3 kg por unidade
Preço da matéria-prima (MP)	$ 50 por kg
Tributos recuperáveis no preço da MP	20%
Aluguel do imóvel	$ 6.000 por período
Depreciação dos equipamentos	$ 15.000 por período
Salário com encargos sociais	$ 30.000 por período
Outros custos e despesas fixos	$ 9.000 por período
Tributos sobre a receita bruta	15%
Comissões sobre a receita bruta	5%

Em determinado período em que não houve estoques iniciais, a empresa produziu integralmente 1.000 un., das quais 950 un. foram vendidas; o restante foi descartado como refugo, sem valor algum, por apresentarem defeito de fabricação.

Pede-se calcular:

a) o valor do lucro da empresa naquele período;

b) o valor do lucro que seria obtido caso não tivesse havido falhas no processo produtivo e toda a produção fosse vendida ao preço normal; e

c) o valor máximo de custo em que a empresa poderia incorrer para melhorar o nível de qualidade, sem diminuir o lucro obtido em (*a*).

A resposta destes exercícios encontra-se disponível no *site*: <www.grupogen. com.br>.

21

Alguns Problemas Especiais: Custos de Reposição e Mão de Obra Direta como Custo Variável

RESPOSTAS DO EXERCÍCIO PROPOSTO

1. Alternativa correta: D.
2. Alternativa correta: B.
3. Alternativa correta: D.
4. V, V, F, F, V.

EXERCÍCIO Nº 21.1

A resposta deste e dos próximos exercícios encontra-se disponível no *site*: <www.grupogen.com.br>.

Assinalar a alternativa correta:

1. Para fins gerenciais, os estoques de materiais devem ser valorados em função do(a):
   a) Custo histórico.
   b) Volume produzido.
   c) Custo de reposição.
   d) Oferta e da procura.
   e) Departamentalização.

2. Para efeito de preparar oferta de preço em cotações e concorrências, a melhor base de referência é o custo:
   a) De reposição.
   b) Histórico.
   c) Padrão.
   d) Corrigido.
   e) Perdido.

3. Para tomada de decisão em condições normais de continuidade do negócio, o custo mais importante é o:
   a) Histórico.

b) Direto.

c) Corrigido.

d) De reposição.

e) Contábil.

4. Custos passados (históricos), do ponto de vista gerencial, geralmente servem apenas como base de:

a) Decisão.

b) Referência.

c) Gerência.

d) Acurácia.

e) Reposição.

5. Observar as sentenças a seguir:

I – Uma das funções muito importantes da Contabilidade de Custos, para fins decisoriais, é o fornecimento do custo histórico dos estoques.

II – A utilidade da adoção do custo de reposição está no fato de se poder analisar e decidir sobre a continuidade do empreendimento.

III – O custo de reposição pode ser usado, para fins gerenciais, no material utilizado, na mão de obra empregada e nos demais custos envolvidos nos processos.

IV – Custo de reposição é um conceito importante e muito utilizado em Contabilidade Geral.

Estão corretas as sentenças:

a) I e III.

b) II e IV.

c) II e III.

d) I, II e III.

e) I e IV.

EXERCÍCIO Nº 21.2

A Empresa Pomposa foi constituída em 30 de março com o capital de $ 10.000 e os proprietários esperam um retorno de, no mínimo, 0,5% por mês. O capital inicial foi total e integralmente utilizado naquela mesma data para a produção de um bem com o seguinte custo:

Material	64 kg a $ 100/kg
Mão de obra	180 h a $ 20/h

O produto foi vendido em 30 de abril por $ 12.000, incidindo impostos e comissões de $ 1.440 sobre esse preço.

Na data da venda, o custo de produção do bem seria de $ 10.500.

Considerando que a inflação de abril foi de 2,0%, pede-se calcular o lucro obtido na venda, computando o custo de oportunidade do capital próprio.

EXERCÍCIO Nº 21.3

A Empresa Bom Gosto foi constituída em 1º de março com o capital de $ 40.000 e os proprietários esperam um retorno de, no mínimo, 6% ao mês. O capital inicial foi totalmente subscrito e integralizado no mesmo ato, em moeda corrente.

Os executivos prepararam o seguinte plano operacional para os próximos três meses:

Volume mensal de produção e de venda	20.000 un.
Consumo mensal de matéria-prima	12.000 kg
Margem objetivada	10% sobre a receita bruta antes do IR
Imposto de Renda	30%
Estoque de segurança de matéria-prima para meio mês de produção	

Sua estrutura de custos e despesas estimados é a seguinte:

	Março	Abril	Maio
Matéria-prima	$ 1,20/kg	$ 1,30/kg	$ 1,50/kg
Mão de obra direta (custo fixo)	$ 8.000	$ 8.000	$ 9.000
Custos indiretos de produção (fixos)	$ 2.000	$ 2.336	$ 2.336
Despesas administrativas	$ 7.600	$ 7.600	$ 8.000
Tributos sobre vendas	21%	21%	21%
Comissão sobre vendas	5%	5%	5%

Considerando:

- todos os valores em moeda de capacidade aquisitiva constante,
- produção e vendas ocorrendo uniformemente ao longo do mês,
- estoque avaliado pelo critério UEPS (último a entrar primeiro a sair),
- custos e despesas pagos e receitas recebidas dentro do próprio mês,

pede-se calcular:

a) O preço de venda médio unitário objetivado para cada mês.

b) O valor ($) do resultado projetado para o mês de março.

c) Idem, para o mês de abril.

d) Idem, para o mês de maio.

EXERCÍCIO Nº 21.4

Matabem & Cia. é uma empresa de pequeno porte que fabrica desinfetantes. Para a produção de abril, foram necessários:

Matéria-prima	12.000 litros
Frascos de embalagem	20.000 un.
Mão de obra direta (custo variável)	$ 113.000
Material secundário (custo variável)	$ 6.000
Aluguel do galpão da produção (custo fixo)	$ 9.400
Outros custos indiretos de produção (custos fixos)	$ 10.000

O critério de valoração de matéria-prima utilizado pela empresa é o da Média Ponderada Fixa. No final de abril registrou a existência de 10.500 litros de matéria-prima em estoque, a $ 9,60/litro; e no primeiro dia útil de maio comprou 5.000 litros a $ 11,46/litro.

Os 1.000 frascos para envasamento do produto, existentes em estoque no fim de abril, estão valorados por um custo médio de $ 2,70/un. Se a empresa for comprar em maio só o necessário para a produção de maio, pagará por eles $ 3,10/un.

O contrato de locação do galpão onde opera a indústria encerrou-se no fim desse primeiro quadrimestre e foi renovado com um acréscimo de $ 3.500/mês; estima-se que os Custos Indiretos de Produção deverão sofrer um aumento de 12% a partir do início de maio.

Sabendo que cada frasco de desinfetante foi e continuará sendo vendido por $ 18, líquido dos tributos, pede-se calcular:

a) O lucro de abril por unidade, com base nos custos históricos.

b) O lucro bruto provável unitário em maio, se for produzida a mesma quantidade de abril, também com base nos custos históricos.

c) O lucro bruto provável unitário em maio, se for produzida a mesma quantidade de abril, com base nos custos de reposição.

d) A margem de contribuição unitária e a total de maio, a custos históricos.

e) Idem, ao custo de reposição.

EXERCÍCIO Nº 21.5

Um laboratório farmacêutico produz dois medicamentos utilizando matéria-prima importada da França; os principais dados relativos aos seus custos são demonstrados nas tabelas a seguir:

Tabela 1 *Preços, volumes mensais de produção e quantidade de Matéria-Prima (MP).*

Produtos	Preço de venda bruto (por un.)	Volume (em unidades)	Quantidade de MP (por unidade)
CEL 1	$ 25	6.000	70 g
BOL 2	$ 15	4.000	45 g

Tabela 2 *Custos diretos mensais dos departamentos de produção, indiretos em relação aos produtos (em $).*

Custos	Manipulação	Embalamento
Supervisão	6.195	5.575
Depreciação de equipamentos	–	4.450

Tabela 3 *Outros custos de produção.*

Mão de Obra Direta (MOD): salário dos operários	$ 4,50 por hora
Aluguel do galpão industrial	$ 20.000 por mês
Energia elétrica	$ 6.500 por mês

Tabela 4 *Bases para rateio de custos aos departamentos.*

	Manipulação	Embalamento
Área (m²)	600	400
Energia elétrica (kwh)	4.500	5.500

Tabela 5 *Tempo por Ordem de Produção (1 OP = 1.000 un. de produto).*

Medicamentos	Tempo de MOD	Tempo de máquina
CEL 1	96 hmod	120 hm
BOL 2	48 hmod	60 hm

Outros dados:

- sobre a receita bruta incidem 20% de tributos;
- o ônus de encargos sociais sobre a MOD é de 100%;
- o custo do Departamento de Manipulação é rateado aos produtos proporcionalmente ao tempo de mão de obra direta;
- o custo do Departamento de Embalamento é rateado aos produtos proporcionalmente ao tempo de máquina;
- os administradores estimam que, com exceção da matéria-prima, todos os outros custos devem permanecer estáveis pelos próximos meses;
- o custo atual da matéria-prima é de 30 € por kg e estima-se que deverá subir para 33 € no início do mês seguinte; e
- a atual taxa de câmbio é de $ 3,00 por euro e a projetada para o mês seguinte é de $ 3,15.

Pede-se calcular o valor do lucro bruto (Custeio por Absorção) de cada produto:

a) ao custo histórico; e

b) ao custo de reposição.

A resposta destes exercícios encontra-se disponível no *site*: <www.grupogen. com.br>.

Relação Custo/Volume/Lucro – Considerações Iniciais

RESPOSTAS DO EXERCÍCIO PROPOSTO

a) Margem de Segurança: 20%.
b) Percentual do aumento do Ponto de Equilíbrio Contábil: 20%.
c) Percentual do aumento do Ponto de Equilíbrio Contábil: 17,65%.
d) Percentual do aumento do Lucro: 50%.
e) Percentual de redução do Lucro: 50%.
f) Grau de Alavancagem Operacional: 5 vezes.
g) Percentual de aumento do volume atual: 8%.

EXERCÍCIO Nº 22.1

A resposta deste e dos próximos exercícios encontra-se disponível no *site*: <www.grupogen.com.br>.

A Empresa Paulista de Trompetes produz um único produto que é vendido, em média, por $ 200 cada unidade; nesse preço estão incluídos impostos de 15%.

Sua estrutura de custos e despesas é a seguinte:

- Matéria-prima — $ 20 por unidade
- Material de embalagem — $ 10 por unidade
- Peças, partes e componentes — $ 7 por unidade
- Salários e encargos da produção — $ 40.000 por período
- Salários e encargos da administração — $ 15.000 por período
- Depreciação dos equipamentos de fábrica — $ 10.000 por período
- Seguro dos bens da administração — $ 1.500 por período

Pede-se calcular:

a) O Ponto de Equilíbrio Contábil (PEC) em unidades físicas (q).
b) O Ponto de Equilíbrio Contábil (PEC) em valor monetário ($).
c) O Ponto de Equilíbrio Econômico (PEE) em unidades (q) e em valor ($), considerando-se um lucro-meta de 30% da Receita Bruta (RB).

EXERCÍCIO Nº 22.2

O Hotel Porta das Maravilhas possui 100 apartamentos, todos da categoria *Standard* Simples. Sua estrutura de custos, despesas e receita é a seguinte:

- Preço da diária por apartamento, líquido de tributos — $ 150
- Despesas variáveis por apto. — 10% (preço de locação)
- Custo variável por apartamento por dia — $ 90
- Custos fixos anuais — $ 480.000
- Despesas fixas anuais — $ 60.000

Pede-se calcular:

a) O Ponto de Equilíbrio Contábil (PEC) em número de diárias (q).

b) O Ponto de Equilíbrio Contábil (PEC) em valor ($).

c) O Ponto de Equilíbrio Econômico (PEE) em número de diárias (q) e em valor ($), considerando-se um lucro-meta de 20% da Receita Líquida (RL).

d) O percentual de margem de segurança, quando a taxa de ocupação é de 80%.

e) A capacidade teórica do hotel, em termos de número máximo de diárias por ano.

f) O percentual de taxa de ocupação, quando a empresa atinge o PEC.

g) Idem, quando atinge o PEE.

h) O lucro operacional do hotel, antes do Imposto de Renda (LAIR), considerando-se a taxa de ocupação de 80%.

EXERCÍCIO Nº 22.3

A empresa Toshimp, produtora de televisores, tem patrimônio líquido (PL) (valor da empresa para os acionistas) de $ 12.000.000 e produz um único modelo, de um único tamanho. Esse produto é vendido, em média, por $ 555 cada unidade, e nesse preço estão incluídos impostos de 10%.

O custo de matéria-prima, material de embalagem, peças, partes e componentes é de $ 299,50 por unidade; os custos fixos atingem $ 1.600.000 por período; 20% desse valor correspondem à depreciação de máquinas e equipamentos da fábrica; e as despesas fixas de administração e vendas, $ 400.000, também por período.

A empresa possui uma dívida de $ 600.000, de curto prazo, contraída junto a um banco comercial, para financiar seu capital circulante, a vencer no período objeto de análise.

Pede-se calcular:

a) O Ponto de Equilíbrio Contábil (PEC) em unidades físicas (q) e em valor monetário ($) relativo à receita líquida.

b) O Ponto de Equilíbrio Financeiro (PEF) em unidades físicas (q) e em valor monetário ($) relativo à receita líquida.

c) O Ponto de Equilíbrio Econômico (PEE), em unidades físicas (q), considerando que o lucro mínimo desejado pelos acionistas é de 10% do PL, já descontado o Imposto de Renda sobre o lucro, que é de 20%.

EXERCÍCIO Nº 22.4

A Empresa Comp-ID presta serviços de consultoria e possui a seguinte estrutura de preço, custos e despesas:

- Preço por hora de consultoria, líquido de tributos — $ 250
- Despesas variáveis — 25% (dos honorários líquidos cobrados)
- Custo variável por hora de consultoria — $ 100
- Custos fixos mensais — $ 300.000
- Despesas fixas mensais — $ 50.000

Pede-se calcular:

a) A Margem de Segurança, em percentual, quando a empresa presta 5.000 horas de consultoria em determinado mês.

b) O valor do lucro contábil mensal, quando a empresa atingir o Ponto de Equilíbrio Econômico, considerando-se um lucro desejado de 5% sobre a receita total.

c) O Ponto de Equilíbrio Financeiro, em quantidade de horas (h), considerando-se que 40% dos custos fixos são sunk costs.

d) O Ponto de Equilíbrio Contábil, em quantidade de horas (h), caso a empresa reduza seu preço de consultoria em 20%.

EXERCÍCIO Nº 22.5

Uma indústria do setor eletroeletrônico produz um único artigo, cujo preço de venda bruto é de $ 1.200 por unidade; o custo dos componentes utilizados para a produção das filmadoras é de $ 650/un.

O valor do Patrimônio Líquido (PL) da empresa é de $ 2.000.000 e ela possui um passivo tributário cujo parcelamento acaba de ser negociado com a Secretaria da Receita. O acordo de parcelamento estipula que o valor de cada pagamento mensal deve corresponder a 3% da receita bruta.

Tabela 1 *Estrutura básica de custos e despesas fixos mensais da empresa.*

Aluguel do galpão industrial	$ 10.500
Supervisão geral da produção	$ 12.000
Energia elétrica na produção (demanda)	$ 6.800
Despesas administrativas gerais da empresa	$ 9.500
Depreciação das máquinas de produção	$ 25.000
Despesas com publicidade e propaganda	$ 68.000
Despesas com assessoria de imprensa	$ 10.100

Outros dados:

- sobre a receita bruta incidem 25% de tributos; e
- a empresa remunera seus vendedores à base de 2% sobre a receita líquida.

Com base nos dados apresentados, pede-se calcular o Ponto de Equilíbrio mensal da empresa (PE) em unidades físicas (q), de modo a cumprir com o parcelamento de tributos e ainda remunerar os acionistas em 6% ao ano.

A resposta destes exercícios encontra-se disponível no *site*: <www.grupogen.com.br>.

23

Considerações Adicionais sobre Custo/Volume/Lucro

RESPOSTAS DO EXERCÍCIO PROPOSTO

a) Ponto de Equilíbrio Contábil$_{(q)}$ para a Cascata: 40.000 garrafas.
   Ponto de Equilíbrio Contábil$_{(\$)}$ para a Cascata: $ 40.000.

b) Ponto de Equilíbrio Contábil$_{(q)}$ para a Cachoeira: 40.000 garrafas.
   Ponto de Equilíbrio Contábil$_{(\$)}$ para a Cachoeira: $ 40.000.

c) Variação do Ponto de Equilíbrio Contábil$_{(\%)}$ da Cascata: (25%)
   Variação do Ponto de Equilíbrio Contábil$_{(\%)}$ da Cachoeira: (27,8%).

d) Taxa de Retorno sobre Investimento da Cascata: 55,60%.
   Taxa de Retorno sobre Investimento da Cachoeira: 64,10%.

EXERCÍCIO Nº 23.1

A resposta deste e dos próximos exercícios encontra-se disponível no *site*: <www.grupogen.com.br>.

A empresa Limpa Tudo produz apenas dois produtos, enceradeiras e aspiradores de pó, cujos preços de venda – líquidos dos tributos – são $ 120 e $ 80, respectivamente, e sobre esses preços ela paga comissões de 5% aos vendedores. Os custos e despesas fixos, comuns aos dois produtos, são de $ 5.000 por período.

Os custos variáveis são os seguintes:

	Enceradeiras	Aspiradores
Matéria-prima	2 kg/un. a $ 8/kg	1 kg/un. a $ 8/kg
Mão de obra direta	2,5 h/un. a $ 20/h	1,5 h/un. a $ 20/h

Considerando quantidades iguais para os dois produtos, pede-se calcular:

a) O Ponto de Equilíbrio Contábil (PEC) da empresa em unidades físicas (q).
b) O Ponto de Equilíbrio Contábil (PEC) da empresa em valor monetário ($).

EXERCÍCIO Nº 23.2

A Empresa Matrix produz dois produtos cujos preços de venda, *líquidos de tributos*, são, em média, $ 70 e $ 85, respectivamente. Historicamente, o volume de produção é de cerca de 4.000 unidades do Produto A e 12.000 unidades do B, por período, e a administração projeta essa mesma tendência para o futuro próximo.

Os custos variáveis somam $ 30 por unidade, para cada um (não há despesas variáveis); já os fixos totalizam $ 500.000 por período e as despesas fixas $ 89.375 por período.

Considerando a composição normal de venda (*mix*), pede-se calcular:

a) O Ponto de Equilíbrio Contábil (PEC) em unidades físicas (q).

b) O Ponto de Equilíbrio Contábil (PEC) em valor monetário ($).

EXERCÍCIO Nº 23.3

O Hotel Sharon tem apartamentos em duas categorias: *standard* simples e *standard* duplo. Os preços das diárias são, em média, $ 150 e $ 200, respectivamente. Sua estrutura de custos e despesas é a seguinte (em $):

	Standard Simples	Standard Duplo
Custos e despesas variáveis (CDV) por dia	80	110
Custos e despesas fixos (CDF) identificados	182.000	378.000
Custos e despesas fixos (CDF) comuns	119.000	

Pede-se calcular:

a) O Ponto de Equilíbrio Contábil (PEC) de cada categoria, separadamente, em unidades e em valor, considerando apenas os custos e despesas fixos (CDF) identificados.

b) A quantidade de apartamentos da categoria *standard* simples que precisaria ocupar, para cada apartamento da categoria *standard* duplo que o hotel deixe de locar, a fim de amortizar todos os custos e despesas fixos (CDF).

c) O Ponto de Equilíbrio Contábil (PEC), em unidades e em valor, na hipótese de os administradores do hotel decidirem padronizar os apartamentos e trabalhar com apenas uma ou outra categoria. Considere que os CDF identificados são elimináveis.

EXERCÍCIO Nº 23.4

A Cia. Porto Eucaliptos iniciou suas atividades em 2-1-X1, e os proprietários esperam um retorno de 6% por período, no mínimo.

No primeiro ano, a empresa operou com 80% de sua capacidade prática, em termos de mão de obra direta e de equipamentos.

Em 31-12-X1, seu primeiro balancete de verificação era constituído pelas seguintes contas (em $ mil):

1. Caixa	460
2. Bancos	1.000
3. Clientes	6.060
4. Matéria-prima	5.000
5. Equipamentos de produção	2.000
6. Depreciação acumulada de equipamentos	300
7. Veículos	1.000
8. Depreciação acumulada de veículos	100
9. Empréstimos de curto prazo (inclui juros de período apropriados e não pagos)	3.520
10. Capital Social	15.000
11. Consumo de matéria-prima	7.000
12. Mão de obra direta (inclui encargos sociais) no período (custo fixo)	6.000
13. Supervisão geral da fábrica	2.880
14. Aluguel da fábrica	600
15. Consumo de lubrificantes nos equipamentos de produção (custo fixo)	350
16. Manutenção preventiva de máquinas comuns de produção (custo fixo)	500
17. Supervisão do almoxarifado de matéria-prima	1.440
18. Energia elétrica consumida na produção	790
19. Depreciação de equipamentos de produção	300
20. Seguro dos equipamentos de fábrica	340
21. Despesas comerciais no período (fixas)	5.060
22. Despesas administrativas gerais da empresa (fixas)	3.040
23. Encargos financeiros apropriados e não pagos no período	200
24. Vendas de produtos acabados (PAC)	25.100

A matéria-prima é a mesma para todos os produtos e o consumo se faz na mesma proporção: 1 kg de MP para cada unidade de PAC.

A energia elétrica necessária é a mesma para fabricar qualquer um dos três produtos (em termos de kWh) e é diretamente proporcional ao tempo de utilização das máquinas. O contrato com a concessionária de energia estabelece o faturamento exclusivamente de acordo com o consumo efetivo.

Outros dados relativos ao ano de X1:

Produtos	Preço médio de venda/un.	Volume de produção (em unidades)	Tempo de máquina/un.
X	$ 270	50.000	0,60 hm
Y	$ 350	30.000	1,50 hm
Z	$ 500	20.000	3,75 hm

Pede-se calcular:

a) O Ponto de Equilíbrio Contábil (PEC) em unidades (q) e em valor ($).

b) O Ponto de Equilíbrio Financeiro (PEF) em unidades (q) e em valor ($).

c) O Ponto de Equilíbrio Econômico (PEE) em unidades (q) e em valor ($).

d) O Grau de Alavancagem Operacional (GAO), tomando por base o volume atual de produção.

EXERCÍCIO Nº 23.5

Uma empresa que atua na área de eletroeletrônicos fabrica dois produtos: TVs e DVDs. Segundo seus registros históricos, cerca de 60% do volume físico de produção e vendas referem-se às TVs. Os principais dados operacionais da empresa, bem como a sua estrutura básica de custos, são demonstrados na tabela a seguir:

	TV	DVD
Preço de Venda Bruto	$ 500/un.	$ 400/un.
Embalagem	$ 2,30/un.	$ 1,24/un.
Depreciação (por mês)	$ 30.000	$ 38.000
Mão de obra	3 h/un.	2,5 h/un.
Componentes	4 kg/un.	3,2 kg/un.

Outros dados:

- tributos incidentes sobre a receita bruta: 25%;
- a empresa importa os componentes de fabricação de seus dois produtos da Alemanha ao custo de € 7/kg (com tributos embutidos);
- tributos recuperáveis incidentes sobre o preço dos componentes: 20%; sobre a embalagem não há;
- o aluguel da fábrica, no valor de $ 40.000 por mês, é um Custo Fixo comum aos dois produtos e é reajustado de acordo com o IPCA;
- os gastos gerais e administrativos da empresa são de $ 57.000 por mês;
- a comissão dos vendedores é de 10% da receita líquida;
- o salário/hora dos funcionários, que é de $ 3/h, é reajustado pelo IPCA; e o percentual de encargos sociais é de 100%;
- o valor dos investimentos operacionais da empresa é de $ 300.000 e a taxa de rentabilidade objetivada é de 6%; e
- a taxa cambial é de $ 3 por euro.

A. Sem alocar custos e despesas fixas aos produtos, mas ponderando as margens de contribuição pela proporção do volume físico de produção e vendas, pede-se calcular:

1. o Ponto de Equilíbrio Contábil (PEC) de cada produto, em quantidade (q) e em valor ($), de Receita Bruta e Líquida, considerando apenas os custos identificados; e

2. o Ponto de Equilíbrio Econômico (PEE) da empresa como um todo, considerando a manutenção do *mix* de produção e vendas, indicando-o em quantidade (q) e em valor ($), de Receita Bruta e Líquida, totais de cada produto.

B. Uma crise política afetou a economia, provocando os seguintes efeitos:

- a cotação do euro passou a $ 3,30;

- o IGP-M aumentou 15%; e
- o IPCA aumentou 10%.

O valor dos gastos gerais e administrativos subiu para $ 58.300 e as embalagens de TV e DVD tiveram seus preços reajustados para $ 3,78 e $ 4,36, respectivamente.

Considerando agora que 70% do volume físico de produção e vendas referem-se a DVDs, pede-se calcular:

3. o novo Ponto de Equilíbrio Contábil (PEC) de cada produto, em quantidade (q) e em valor ($), de Receita Bruta e Líquida, considerando apenas os custos identificados; e

4. o novo Ponto de Equilíbrio Econômico (PEE) da empresa como um todo, em quantidade (q) e em valor ($), de Receita Bruta e Líquida, totais de cada produto (utilize o IGP-M para corrigir o valor dos investimentos operacionais).

A resposta destes exercícios encontra-se disponível no *site*: <www.grupogen. com.br>.

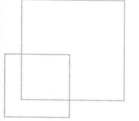

24

Custeio Baseado em Atividades (ABC) – Abordagem Gerencial e Gestão Estratégica de Custos

RESPOSTAS DO EXERCÍCIO PROPOSTO

a) Custos Indiretos de Produção unitários rateados à base de MOD:
Fritadeiras $\Rightarrow$ CIP/un. = \$ 50/un.
Batedeiras $\Rightarrow$ CIP/un. = \$ 25/un.

b) Custos Indiretos de Produção unitários rateados à base de MAT:
Fritadeiras $\Rightarrow$ CIP/un. = \$ 26,316/un.
Batedeiras $\Rightarrow$ CIP/un. = \$ 32,895/un.

c) Custos Indiretos de Produção unitários rateados pelo ABC:
Fritadeiras $\Rightarrow$ CIP/un. = \$ 27,883/un.
Batedeiras $\Rightarrow$ CIP/un. = \$ 32,372/un.

d1) Lucro Bruto com CIP à base no custo de MOD:
Fritadeiras $\Rightarrow$ Lucro Bruto = 0.
Batedeiras $\Rightarrow$ Lucro Bruto = \$ 480.00.

d2) Lucro Bruto com CIP à base no custo de MAT:
Fritadeiras $\Rightarrow$ Lucro Bruto = \$ 94.736.
Batedeiras $\Rightarrow$ Lucro Bruto = \$ 382.260.

d3) Lucro Bruto com CIP pelo ABC:
Fritadeiras $\Rightarrow$ Lucro Bruto = \$ 53.218.
Batedeiras $\Rightarrow$ Lucro Bruto = \$ 337.032.

EXERCÍCIO Nº 24.1

A resposta deste e dos próximos exercícios encontra-se disponível no *site*: <www.grupogen.com.br>.

Assinalar a alternativa correta:

1. A segunda versão do ABC possibilita a análise de custos sob as visões:
    a) Vertical e horizontal.
    b) Financeiras e fiscais.
    c) Econômica e social.

d) Produção e ambiente.

e) Direta, fixa e variável.

2. O ABC de primeira geração procura custear:

a) Estruturas.

b) Processos.

c) Ferramentas.

d) Produtos.

e) Funcionalidade.

3. No ABC de segunda geração, o objetivo principal é:

a) Gestão de custos.

b) Custeio de produtos.

c) Rateio de custos fixos.

d) Avaliação de rateios.

e) Valoração de estoques.

4. O ABC que apropria custos aos produtos no sentido vertical, mediante atividades realizadas em cada departamento, é uma visão:

a) Econômica de custeio.

b) Meramente tributária.

c) Tradicionalista apenas.

d) De custeio de produto.

e) Meramente financeira.

5. No ABC, a visão horizontal, no sentido de captar os custos dos processos por meio das atividades realizadas nos vários departamentos funcionais, busca:

a) Avaliação física dos estoques.

b) Aperfeiçoamento de processos.

c) Elaboração de relatórios fiscais.

d) Alocação de custos com rateios.

e) Levantamento físico de material.

EXERCÍCIO Nº 24.2

O Hotel Garden Plaza possui apartamentos das categorias *standard* simples e duplo, e de categoria luxo simples e duplo. Considerando as taxas médias de ocupação, o volume estimado de diárias é de cerca de 3.650 *standard* simples, 14.600 *standard* duplo, 4.380 luxo simples e 6.570 luxo duplo, por ano.

Os custos diretos e os preços são os seguintes:

	Standard		Luxo	
	Simples	**Duplo**	**Simples**	**Duplo**
Custos diretos (em $/apto.)	15	30	20	35
Preço da diária (em $/apto.)	75	100	150	200
Nº de diárias por ano	3.650	14.600	4.380	6.570

Por meio de entrevistas, análise de dados na contabilidade etc., verificou-se que os principais custos indiretos referiam-se às seguintes atividades relevantes (em $):

Atividades	$
Inspecionar apartamentos	148.000
Recepcionar hóspedes	153.000
Requisitar materiais	135.000
Lavar roupa (enxoval)	169.000
Total	**605.000**

Os custos e despesas fixos estruturais totalizam $ 1.852.500 por ano, e não devem ser rateados.

A administração fez um levantamento dos direcionadores de custos dessas atividades. São eles:

	Standard		Luxo	
	Simples	**Duplo**	**Simples**	**Duplo**
Tempo gasto com inspeção	300 h	1.500 h	500 h	1.100 h
Nº de hóspedes	3.600	29.000	4.300	13.100
Nº de requisições	700	4.230	670	1.500
Quilogramas de lavagem	5.000	37.000	4.000	13.000

Pede-se calcular:

a) O custo de cada categoria, rateando os indiretos com base nos diretos.

b) A margem de lucro, em porcentagem, por categoria de apartamento.

c) O custo de cada categoria, pelo Custeio Baseado em Atividades (ABC).

d) A margem de lucro, em porcentagem, por categoria, pelo ABC.

e) O lucro operacional do hotel, antes do Imposto de Renda (LAIR), por ano.

EXERCÍCIO Nº 24.3

Assinalar a alternativa correta:

1. O ABC deve ser implantado mediante análise de:
   a) Processos.
   b) Orçamento.
   c) Fornecedor.
   d) Lucratividade.
   e) Manutenção.

2. O ABC propõe que os custos sejam reportados por:
   a) Produção.
   b) Orçamento.
   c) Mercado.
   d) Atividades.
   e) Fornecedor.

3. A análise de valor proporcionada pelo ABC e pelo ABM deve ser realizada pela óptica dos:
   a) Clientes.
   b) Preços.
   c) Custos.
   d) Canais.
   e) Lucros.

4. Com relação à gestão de atividades e processos para obter vantagens competitivas, a Gestão Baseada em Atividades (ABM) é focada em:
   a) Planejamento, execução e mensuração.
   b) Economias de escala, custos e preços.
   c) Lucratividade, planejamento e despesas.
   d) Orçamento, execução e cadeia de valor.
   e) Estudo, análise e gestão do *overhead*.

5. É exemplo de gestão de custos:
   a) Levantamento dos balanços.
   b) Uso do custeio por absorção.
   c) Utilização do custo histórico.
   d) Contagem física de estoques.
   e) Eliminação de desperdícios.

EXERCÍCIO Nº 24.4

Assinalar Falso (F) ou Verdadeiro (V):

( ) O sucesso de um projeto de implantação de ABC deve definir, clara e antecipadamente, o escopo.

( ) O ABC/ABM permite uma análise que se restringe ao custeio dos produtos e análise de sua lucratividade.

( ) No ABC, os processos são vistos como conjuntos de atividades que, necessariamente, são desempenhadas sempre dentro de um mesmo departamento.

( ) Os conceitos e a metodologia do ABC aplicam-se a qualquer empresa, de qualquer porte e setor, pois atividades ocorrem tanto em processos de manufatura quanto de prestação de serviços.

( ) A principal deficiência do ABC é a não mensuração dos custos da não qualidade, provocados por falhas internas e externas.

EXERCÍCIO Nº 24.5

Uma empresa presta três diferentes tipos de serviços para duas categorias de clientes: pessoas físicas e pessoas jurídicas. Os principais dados operacionais são demonstrados nas tabelas a seguir:

Tabela 1 *Preços e volumes normais de serviços prestados.*

Serviços	Preço de venda bruto (por un.)	Volume (em unidades)
S1	$ 5,70	7.000
S2	$ 11,40	3.000
S3	$ 28,50	300

Tabela 2 *Custos diretos, por unidade de serviço (em $).*

Serviços	Material	Mão de obra
S1	0,81	2,1824
S2	1,21	2,7280
S3	2,42	4,4633

Tabela 3 *Processo de logística interna.*

Atividades	Custos (em $)	Direcionadores de custos	Quantidade
Planejar as operações	2.250	Tempo, em partes iguais	–
Supervisionar as operações	2.250	Tempo, em partes iguais	–
Receber materiais	5.000	Nº de recebimentos	250
Estocar materiais	2.750	Nº de lotes estocados	100
Requisitar materiais	2.750	Nº de requisições	100
Comprar materiais	2.250	Nº de pedidos	250
Desenvolver fornecedores	1.000	Nº de fornecedores	100

Tabela 4 *Direcionadores de custos das atividades do processo de logística.*

Direcionadores de custos	Serviços		
	S1	S2	S3
Nº de recebimentos	125	90	35
Nº de lotes estocados	20	30	50
Nº de requisições	20	30	50
Nº de pedidos	125	90	35
Nº de fornecedores	25	30	45

Tabela 5 *Processo de controle de qualidade dos serviços.*

Atividades	Custos (em $)	Direcionadores de custos	Quantidade
Testar materiais	3.750	Quantidade de testes	250
Inspecionar a execução dos serviços	4.000	Quantidade de verificações	1.122

Tabela 6 *Direcionadores de custos das atividades do processo de controle de qualidade dos serviços.*

Direcionadores de custos	Serviços		
	S1	S2	S3
Quantidade de testes	125	90	35
Total de inspeções	630	420	72

Tabela 7 *Processo de administração.*

Atividades	Custos (em $)	Direcionadores de custos	Quantidade
Efetuar registros fiscais	150	Quantidade de recebimentos de materiais	250
Pagar fornecedores	150	Quantidade de pagamentos	250
Outras	100		

Tabela 8 *Direcionadores de custos das atividades do processo de administração.*

Direcionadores de custos	Serviços		
	S1	S2	S3
Quantidade de recebimentos	125	90	35
Quantidade de pagamentos	125	90	35

Tabela 9 *Processo de comercialização.*

Atividades	Custos (em $)	Direcionadores de custos	Quantidade
Emitir pedidos	100	Nº de pedidos	2.000
Emitir boletos bancários	500	Volume (quantidade)	10.300
Outras	200		

Tabela 10 *Direcionadores de custos das atividades do processo de comercialização.*

Direcionadores de custos	Categorias de clientes	
	Pessoas físicas	Pessoas jurídicas
Nº de pedidos	1.800	200
Volume	6.180	4.120

Outros dados:

- sobre a Receita Bruta incidem 12% de tributos;
- o valor total da folha de pagamento de Mão de obra Direta (MOD) é um custo variável cujo valor médio, incluindo os encargos sociais, é de $ 10/hora;
- o valor dos Custos Indiretos de Produção (CIP), que é o *overhead* específico da área de produção, é de $ 26.000 por período e está discriminado nas Tabelas 3 e 5;
- o valor das Despesas Gerais de Vendas e Administração, que é o *overhead* administrativo, é de $ 1.200 e encontra-se demonstrado nas Tabelas 7 e 9; e
- 40% do volume total de cada serviço são prestados para pessoas físicas.

Pede-se calcular os valores:

a) da Margem de Contribuição Total (MCT) de cada tipo de serviço;

b) da Margem de Contribuição Total (MCT) por categoria de clientes;

c) da Margem Bruta de cada tipo de serviço, rateando os Custos Indiretos de Produção (CIP) com base no volume físico de produção (abordagem do *Volume Based Costing* – VBC);

d) da Margem Bruta de cada tipo de serviço, rateando os Custos Indiretos de Produção (CIP) com base no valor da receita bruta;

e) da Margem Bruta de cada tipo de serviço, segundo a abordagem do Custeio Baseado em Atividades (ABC);

f) da Margem Operacional de cada tipo de serviço, segundo a abordagem do Custeio Baseado em Atividades (ABC);

g) da Margem de Lucro por categoria de clientes, considerando os custos indiretos de produção obtidos em (C) e alocando as despesas comerciais e administrativas com base na receita bruta; e

h) da Margem de Lucro por categoria de clientes, utilizando o Custeio Baseado em Atividades (ABC).

A resposta destes exercícios encontra-se disponível no *site*: <www.grupogen. com.br>.

Controle, Custos Controláveis e Custos Estimados

RESPOSTA DO EXERCÍCIO PROPOSTO

	Variação (em $)				Variação (em %)			
	Total	F/D	Por unid.	F/D	Total	F/D	Por unid.	F/D
Matéria-Prima	64.000	F	0	–	20	F	0	–
Material de Consumo Direto	4.000	F	0,200	D	2,22	F	22,2	D
Energia Elétrica	24.800	F	0,030	F	24,80	F	6	F
Mão de Obra Direta	99.920	F	0,062	F	22,20	F	2,76	F
Mão de Obra Indireta	20.080	F	0,012	D	18,26	F	2,18	D
Depreciação de Equipamentos	0	–	0,094	D	0	–	25,07	D
Consertos e Manutenção	5.080	D	0,113	D	7,82	D	34,77	D
Material Indireto	5.000	D	0,200	D	3,70	D	29,63	D
Outros Custos Indiretos	0	–	0,0825	D	0	–	25	D
TOTAL	202.720	F	0,6095	D	–	F	–	D

EXERCÍCIO Nº 25.1

A resposta deste e dos próximos exercícios encontra-se disponível no *site*: <www.grupogen.com.br>.

Assinalar a alternativa correta:

1. Observar as sentenças a seguir:

    I – Conhecer a realidade.
    II – Comparar o que foi com que deveria ser.
    III – Tomar conhecimento da origem das divergências, e corrigi-las.

    Estas atividades fazem parte do processo de:
    a) Previsão.
    b) Decisão.
    c) Sistema.
    d) Objetivo.
    e) Controle.

2. A separação dos custos estimados e incorridos pelos diferentes níveis hierárquicos e áreas de responsabilidade de uma organização é denominada:
   a) Custeio por responsabilidade.
   b) Controle das despesas totais.
   c) Sistema de custos incorridos.
   d) Relatório plurianual de custos.
   e) Centro de custeamento geral.

3. Para fins de controle, é importante a identificação do custo:
   a) Histórico corrigido.
   b) Indireto e unitário.
   c) Da produção total.
   d) Por departamento.
   e) Deflacionado total.

4. Os custos sob a responsabilidade de determinado profissional que possua autonomia de decisão sobre eles são denominados:
   a) Determinados.
   b) Dinâmicos.
   c) Controláveis.
   d) Históricos.
   e) Incontroláveis.

5. Os custos sob a responsabilidade de nível hierárquico superior são denominados:
   a) Determinados.
   b) Dinâmicos.
   c) Controláveis.
   d) Históricos.
   e) Incontroláveis.

EXERCÍCIO Nº 25.2

A empresa Black, produtora de café solúvel, utiliza um sistema de controle de custos bastante simples. Sua produção em abril foi consideravelmente superior à de março, com um acréscimo de 36% no volume, devido a uma inesperada demanda de exportação.

Os custos totais de um de seus departamentos, Purificação, cresceram. Seu relatório de custos é o seguinte (em $):

	Março	Abril	Variação	Variação
	(em \$)		**(em \$)**	**(em %)**
Custos Diretos				
Recebidos da torrefação	9.760	12.700		
Material direto	2.000	2.650		
Mão de obra direta	1.200	1.630		
Custos indiretos identificados com o departamento				
Depreciação	814	870		
Mão de obra indireta	312	234		
Material	140	140		
Manutenção	340	35		
Energia elétrica	98	120		
Custos indiretos recebidos por rateio				
Administração da produção	264	264		
Manutenção	418	106		
Almoxarifado	86	110		
Controle de qualidade	90	115		
Total	15.522	18.974		

Sabendo que não houve inflação nos períodos considerados, pede-se calcular para os meses de março e de abril:

a) O valor dos custos controláveis pelo Departamento de Purificação.

b) O valor dos custos não controláveis.

c) A variação, em \$ e em %, para todos os elementos de custos.

EXERCÍCIO Nº 25.3

Assinalar Falso (F) ou Verdadeiro (V):

( ) O custeio por responsabilidade é a separação dos custos estimados e incorridos pelos diferentes níveis hierárquicos e áreas de responsabilidade.

( ) O custeio por responsabilidade sempre traz um sistema de produção adicional à empresa, para apropriação de custos.

( ) O custeio por áreas de responsabilidade não necessita de comparações entre custos reais e previstos.

( ) A atribuição, por si só, dos custos à responsabilidade de alguém resolve de vez o problema de controle de custos.

( ) Com inflação alta, a comparação do custo estimado com o real fica prejudicada ou impossível, se os respectivos valores não forem traduzidos à mesma base.

EXERCÍCIO Nº 25.4

Assinalar a alternativa correta:

1. O método das UEPs é mais indicado para ambientes de produção em que haja:
   a) Poucos produtos.
   b) Produção homogênea.
   c) Diversidade de produção.
   d) Muitos itens em estoque.
   e) Um só produto fabricado.

2. O ABC e a UEP são instrumentos gerenciais:
   a) Idênticos.
   b) Conflitantes.
   c) Antagônicos.
   d) Concorrentes.
   e) Complementares.

3. Uma característica das células de manufatura é:
   a) Estrutura departamentalizada.
   b) Organização verticalizada.
   c) Organização funcional.
   d) Grupos de máquinas.
   e) Gestão centralizada.

4. A segregação do ambiente de produção em postos operativos é uma característica:
   a) Da UEP.
   b) Do ABC.
   c) Do ABM.
   d) Do JIT.
   e) Do TQM.

5. A estrutura organizacional departamentalizada é uma característica da:
   a) Célula de manufatura.
   b) Organização funcional.
   c) Moderna administração.
   d) Gestão da qualidade total.
   e) Reengenharia de processos.

EXERCÍCIO Nº 25.5

Uma empresa fabricante de chocolates planejou produzir, em determinado período, 20.000 caixas de bombons de chocolate branco. Analisando-se a estrutura de produção da empresa, foram estabelecidas as seguintes estimativas de custos para aquele produto:

Tabela 1 *Custos diretos, variáveis por unidade.*

Custos diretos	$/un.
Matéria-prima (cacau)	1,50
Mão de obra direta	1,25

Tabela 2 *Custos indiretos de produção, ao valor-padrão, para o volume de 20.000 caixas.*

Custos indiretos	Em $
Supervisão da produção	11.000
Depreciação de equipamentos	7.500
Energia elétrica	8.000
Manutenção dos equipamentos	4.000
Seguro dos equipamentos	1.350
Aluguel da fábrica	6.600

Durante o período de produção, houve uma queda inesperada na colheita de cacau, reduzindo sua oferta no mercado e elevando o custo em 8% acima do orçado; sendo assim, a empresa só pôde produzir 16.000 caixas. Além disso, o custo real da mão de obra direta ficou 4% acima do previsto.

Tabela 3 *Custos indiretos de produção realizados, para o volume de 16.000 caixas.*

Custos indiretos	Em $
Supervisão da produção	11.000
Depreciação de equipamentos	7.500
Energia elétrica	6.000
Manutenção dos equipamentos	2.600
Seguro dos equipamentos	1.350
Aluguel da fábrica	6.600

Pede-se calcular a variação dos custos, item a item, em valor monetário ($) e em porcentagem (%), no total e por caixa produzida. Indicar se a variação é favorável (F) ou desfavorável (D).

A resposta destes exercícios encontra-se disponível no *site*: <www.grupogen.com.br>.

26

Custo-padrão

SOLUÇÃO DO EXERCÍCIO PROPOSTO

1. Alternativa correta: E.
2. Alternativa correta: E.
3. Alternativa correta: A.
4. Alternativa correta: B.
5. Alternativa correta: B.

EXERCÍCIO Nº 26.1

A resposta deste e dos próximos exercícios encontra-se disponível no *site*: <www.grupogen.com.br>.

Assinalar a alternativa correta:

1. A elaboração de um custo-padrão corrente parte do pressuposto de que:
   a) Algumas ineficiências são inevitáveis.
   b) A empresa terá os melhores recursos a sua disposição.
   c) A média de custo do passado é um número válido.
   d) O custo-padrão ideal é muito prático.
   e) Ele é o que realisticamente deverá ocorrer.

2. O custo-padrão atende aos preceitos da Contabilidade:
   a) Financeira.
   b) Societária.
   c) Geral.
   d) Gerencial.
   e) Tributária.

3. O custo-padrão é útil para ser utilizado na fase de:
   a) Planejamento.
   b) Execução.
   c) Controle.
   d) Programação.
   e) Todas as fases.

4. No processo de custeio-padrão, cabe à área de Contabilidade de Custos:
   a) Elaborar os padrões.
   b) Apurar as variações.
   c) Avaliar as variações.
   d) Tomar medidas corretivas.
   e) Avaliar os desempenhos.

5. Na formação de preços de venda com base em custos, deve-se tomar por referência o custo:
   a) Histórico.
   b) Real.
   c) Padrão.
   d) Fixo.
   e) Variável.

EXERCÍCIO Nº 26.2

Assinalar Falso (F) ou Verdadeiro (V):

( ) a) O custo-padrão corrente é útil como base de referência para elaboração de orçamentos.
( ) b) O custo-padrão é construído com base no orçamento global da empresa.
( ) c) O uso do sistema de custo-padrão é um fator de simplificação do sistema de informação das empresas.
( ) d) Padrões de custos podem ser estabelecidos apenas em termos quantitativos, não necessariamente monetários.
( ) e) Padrões de custos podem ser estabelecidos apenas em termos monetários, não necessariamente quantitativos.

EXERCÍCIO Nº 26.3

Assinalar Falso (F) ou Verdadeiro (V):

( ) a) O custo real (histórico) é o custo certo.
( ) b) Do ponto de vista gerencial, a diferença entre o custo-padrão e o real deve ser repassada aos produtos, sob forma de ajuste.
( ) c) Do ponto de vista legal (tributário e societário), a diferença entre o custo-padrão e o real deve ser repassada aos produtos, sob forma de ajuste.
( ) d) O custo-padrão corrente deve ser revisado periodicamente.
( ) e) O custo-padrão deve ser revisado permanentemente.

EXERCÍCIO Nº 26.4

Assinalar Falso (F) ou Verdadeiro (V):

( ) a) Se o custo-padrão não for atingido, o produto não deve ser produzido.
( ) b) O uso de custo-padrão atende aos Pronunciamentos Técnicos do CPC.

( ) c) O custo-padrão pode ser aplicado só ao material, mão de obra direta etc., não necessariamente a todos os elementos de custo.

( ) d) O custo-padrão não deve ser utilizado para avaliar desempenhos.

( ) e) O custo-padrão deve ser aplicado a todas as áreas da empresa, não pode ser parcial, a apenas uma ou algumas.

EXERCÍCIO Nº 26.5

1. Com relação ao uso do custo-padrão, é correto afirmar que:
   a) Deve ser sempre comparado com o custo estimado.
   b) Deve substituir o custo histórico como base de valor.
   c) Pode ser implantado para apenas um ou alguns produtos.
   d) Deve enfatizar mais o planejamento do que o controle de custos.
   e) Deve ser estabelecido sempre para todo o conjunto de produtos.

2. Observe as sentenças abaixo:

   I – O uso do custo-padrão ideal não é muito restrito, é de fácil aplicação.

   II – O custo-padrão corrente considera algumas ineficiências da empresa.

   III – O custo-padrão ideal só capta fatores de produção que a firma possui.

   IV – O custo-padrão corrente é uma meta para ser alcançada a curto prazo.

   Estão corretas as sentenças:

   a) II e IV.
   b) II e III.
   c) I e IV.
   d) I e III.
   e) III e V.

3. Assinale a alternativa correta:
   a) O custo-padrão é mais eficaz em ambientes em que não exista custo-real.
   b) Custo-padrão é o custo estabelecido pelas empresas como meta para seus produtos.
   c) O uso do custo-padrão é característico de processos de gestão focados apenas em custos.
   d) A implantação do custo-padrão não deve envolver pessoas de outras áreas além da controladoria.
   e) A implantação do custo-padrão só pode ser bem-sucedida onde não haja utilização de métodos de custeio (variável ou absorção).

4. No que se refere ao processo de gestão de custos, o custo-padrão é útil nas seguintes etapas:
   a) Controle.
   b) Execução.
   c) Planejamento.
   d) Estratégica, tática e operacional.
   e) Planejamento, execução e controle.

5. Assinalar Verdadeiro (V) ou Falso (F):

( ) a) O custo real é o que efetivamente foi executado, enquanto que o padrão é o que deveria ter sido.

( ) b) O custo estimado é estabelecido de forma mais rigorosa que o padrão.

( ) c) O custo-padrão não é um terceiro método ou critério de custeio, tal como o de absorção e o variável.

( ) d) Na Contabilidade Societária os estoques devem ser valorados pelo seu custo-padrão, sempre que a empresa utilizar bem este sistema.

( ) e) Um bom sistema de custo-padrão pode substituir o custo histórico no âmbito da Contabilidade Gerencial.

A resposta destes exercícios encontra-se disponível no *site*: <www.grupogen. com.br>.

Análise das Variações de Materiais e Mão de Obra

RESPOSTAS DO EXERCÍCIO PROPOSTO

Elementos de custo	Custo-padrão ($/un.)	Custo Real ($/un.)	Variações							
			Total		Quantidade		Preço		Mista	
			$/un.	F/D	$/un.	F/D	$/un.	F/D	$/un.	F/D
Matéria-prima	100	102,70	2,70	D	4	D	1,25	F	0,05	F
Mão de obra direta	120	123,90	3,90	D	6	D	2	F	0,10	F
Total	220	226,60	6,60	D	10	D	3,25	F	0,15	F

EXERCÍCIO Nº 27.1

A resposta deste e dos próximos exercícios encontra-se disponível no *site*: <www.grupogen.com.br>.

Assinalar a alternativa correta:

1. Seja: PP = Preço-Padrão; PR = Preço-Real; QP = Quantidade-Padrão; e QR = Quantidade-Real; então, a variação de quantidade é:
   a) QP (PP – PR)
   b) QR (PP – PR)
   c) (QP – QR) (PP – PR)
   d) PR (QP – QR)
   e) PP (QR – QP)

2. Seja: PP = Preço-Padrão; PR = Preço-Real; QP = Quantidade-Padrão; e QR = Quantidade-Real; então, a variação de preço é:
   a) QP (PR – PP)
   b) QR (PP – PR)
   c) (QP – QR) (PP – PR)
   d) PR (QP – QR)
   e) PP (QP – QR)

3. Seja: PP = Preço-Padrão; PR = Preço-Real; QP = Quantidade-Padrão; e QR = Quantidade-Real; então, a variação mista é:
   a) QP (PP – PR)
   b) QR (PP – PR)
   c) (QR – QP) (PR – PP)
   d) PR (QP – QR)
   e) PP (QP – QR)

4. Variação de quantidade é sinônimo de variação de:
   a) Eficácia.
   b) Eficiência.
   c) Efetividade.
   d) Competência.
   e) Produtividade.

5. Na comparação do custo real com o padrão, considerando-se que, na formulação do padrão, as principais variáveis tenham sido muito bem planejadas:
   a) Espera-se variação favorável, sempre.
   b) Variação desfavorável pode ser positiva.
   c) Não deveria haver quaisquer variações.
   d) Variações favoráveis podem ser negativas.
   e) Não há padrão para uma boa comparação.

EXERCÍCIO Nº 27.2

A Pimpolho Indústria e Comércio produz, entre outros produtos infantis, creme dental com sabor de frutas, com os seguintes custos para cada tubo:

	Padrão	**Real**
Material direto	35 g × $ 0,06/g	36 g × $ 0,08/g
Mão de obra direta	12 min × $ 0,12/min	9 min × $ 0,12/min

Pede-se calcular, por unidade produzida, as seguintes variações, em $. Indicar se a variação é Favorável (F) ou Desfavorável (D):

a) De eficiência no uso do material.
b) De preço na compra do material.
c) Mista no custo do material.
d) De eficiência no uso da mão de obra direta.
e) De preço (taxa) da mão de obra direta.
f) Mista no custo da mão de obra direta.

Elementos de custo	Custo-padrão ($)	Custo Real ($)	Variações							
			Total		Quantidade		Preço		Mista	
			$	F/D	$	F/D	$	F/D	$	F/D
Material										
Mão de obra direta										
Total										

EXERCÍCIO Nº 27.3

A Empresa Wissen, fabricante de um único produto, tem os seguintes padrões de custos:

Quantidade da matéria-prima	1kg/un.
Preço da matéria-prima	$ 1,00/kg
Tempo da mão de obra direta	1h/un.
Taxa da mão de obra direta	$ 3,00/h

Em determinado mês, ocorreram os seguintes eventos:

Custo de mão de obra direta incorrido	$ 259.250
Quantidade de horas de MOD trabalhadas	85.000
Matéria-prima adquirida (100.000 kg)	$ 110.000
Volume da produção	80.000 un.
Volume das vendas	60.000 un.
Estoque inicial de matéria-prima	0
Estoque final de matéria-prima:	10.000kg

Pede-se calcular, por unidade produzida, as seguintes variações, em valores monetários ($). Indicar se a variação é Favorável (F) ou Desfavorável (D):

a) De eficiência no uso da mão de obra direta.

b) De preço (taxa) da mão de obra direta.

c) De eficiência no uso da matéria-prima.

d) De preço na compra da matéria-prima.

e) Mista no custo da matéria-prima.

Elementos de custo	Custo--padrão ($)	Custo Real ($)	Variações							
			Total		Quantidade		Preço		Mista	
			$	F/D	$	F/D	$	F/D	$	F/D
Material										
Mão de obra direta										
Total										

EXERCÍCIO Nº 27.4

A Empresa SuperComp, prestadora de serviços na área de informática, foi contratada para implantar uma rede de computadores para determinado cliente.

Considere os seguintes dados relativos ao custo da implantação:

	Padrão	Real
Material (cabo de rede)	100 m a $ 1,00/m	120 m a $ 1,20/m
Mão de obra (configuração das estações)	12 h a $ 35/h	9 h a $ 35/h

Pede-se calcular as seguintes variações, em $. Indicar se a variação é Favorável (F) ou Desfavorável (D):

a) De eficiência no uso do material.
b) De preço (taxa) na compra do material.
c) Mista no custo do material.
d) De eficiência no uso da mão de obra direta.
e) De preço (taxa) da mão de obra direta.
f) Mista no custo da mão de obra.

Elementos de custo	Custo-padrão ($)	Custo Real ($)	Variações							
			Total		Quantidade		Preço		Mista	
			$	F/D	$	F/D	$	F/D	$	F/D
Material										
Mão de obra direta										
Total										

EXERCÍCIO Nº 27.5

Uma empresa fabricante de produtos para nutrição animal planeja produzir no próximo período, entre outros produtos, 1.000 toneladas de ração para aves em fase inicial de crescimento.

Analisando-se a estrutura da produção e custos da empresa e a tendência de preços no mercado de grãos, foram estabelecidos os seguintes padrões para aquele produto:

	Soja	Milho
Composição da matéria-prima (por kg de produto)*	60%	40%
Preço (por saca de 60kg)	$ 36	$ 15
Mão de obra direta (por kg de produto)	4 min. × $ 3,00/h	

* Cada 1 kg de produto acabado contém 1 kg de matéria-prima.[1]

Considerando-se os níveis normais de impurezas encontradas nos grãos, a diminuição natural de peso durante a armazenagem nos silos e também nos processos de moagem e de mistura, sabe-se que cerca de 4% do peso total de cada matéria-prima normalmente se perdem; portanto, para se produzir um kg de produto acabado, é

---

1 Esta composição de matérias-primas foi simplificada, para fins didáticos. Embora haja variações, uma estrutura mais próxima da realidade poderia ser a seguinte, para uma tonelada de ração:

✓ Milho: 500 kg.
✓ Farelo de soja: 400 kg.
✓ Farinha de carne e ossos: 50 kg.
✓ Óleo de soja degomado: 40 kg.
✓ Outros (sal etc.): 10 kg.

necessário adquirir mais de um kg de matéria-prima. (Considerar três casas decimais no cálculo das quantidades.)

Durante o período de produção da ração, houve uma queda na colheita de soja, em razão da proliferação de pragas durante a safra. Este fato fez com que a oferta de soja no mercado fosse muito inferior à prevista; em consequência disso, o preço real desta matéria-prima ficou 40% acima do orçado.

Devido à escassez de soja a empresa, na produção real, inverteu as proporções-padrão da quantidade de soja e milho para a produção de ração, sendo que o percentual de perda se manteve. Verificou-se, também, que o preço real do milho ficou 20% abaixo do projetado.

A taxa real de mão de obra superou em 10% o padrão, em função de uma greve parcial dos operários. Além disso, o tempo real de mão de obra direta aplicada ficou 25% acima da eficiência-padrão.

O volume real de produção no período foi de 950.000 kg de ração.

1. Pede-se calcular, por unidade produzida e para a produção real total, as seguintes variações, em valores monetários ($). Indicar se a variação é Favorável (F) ou Desfavorável (D):

   a) De quantidade no uso da matéria-prima (soja).

   b) De preço na compra da matéria-prima (soja).

   c) Mista no custo da matéria-prima (soja).

   d) De quantidade no uso da matéria-prima (milho).

   e) De preço na compra da matéria-prima (milho).

   f) De preço (taxa) da mão de obra direta.

   g) De eficiência no uso da mão de obra direta.

   h) Mista no custo da mão de obra direta.

   i) De preço na compra de matéria-prima (milho), considerando o sistema de duas variações (de quantidade e de preço, incluindo a variação mista na de preço).

   j) O efeito da variação conjunta de preço e quantidade das duas matérias-primas (resultado da variação no *mix* dos insumos).

Elemento de custo	Custo-padrão ($)	Custo real ($)	Variações								
			Total		Quantidade		Preço		Mista	
			$	F/D	$	F/D	$	F/D	$	F/D
Soja										
Milho										
Mod										
Total										

2. Comente a respeito de como essa análise de variações poderia influenciar a avaliação de desempenho dos gestores das áreas de compras e de produção.

A resposta destes exercícios encontra-se disponível no *site*: <www.grupogen.com.br>.

Análise das Variações de Custos Indiretos

RESPOSTAS DO EXERCÍCIO PROPOSTO

a) Custo-padrão de Custos Indiretos: $ 0,05/pág.
b) Variação de Volume no Custo Indireto de Produção: $ 0,00273/pág.
c) Variação no Custo do Custo Indireto de Produção: $ 0,00073/pág.

EXERCÍCIO Nº 28.1

A resposta deste e dos próximos exercícios encontra-se disponível no *site*: <www.grupogen.com.br>.

Assinalar a alternativa correta:

1. Quando se fala em custos indiretos por unidade produzida, fica implícito que a empresa está usando:
    a) Custeio por Absorção.
    b) Orçamento-padrão.
    c) Controles gerenciais.
    d) Custo de oportunidade.
    e) Produção contínua.

2. A variação total de custos indiretos pode ser subdividida em:
    a) De custos e padrão.
    b) De volume e de preços.
    c) Direta, real e mista.
    d) De controle e real.
    e) De volume e padrão.

3. Acontece variação de volume devido à existência de:
    a) Inflação alta.
    b) Cadeia de valor.
    c) Custos fixos.
    d) Custo-padrão.
    e) Orçamentos.

4. Variação de volume não existe no custeio:
   a) Direto.
   b) Variável.
   c) Por absorção.
   d) Pleno.
   e) ABC.

5. A variação de custos pode ser separada em variações de:
   a) Departamentos e real.
   b) Eficiência e de preços.
   c) Padrão e de volumes.
   d) Volumes e de custos.
   e) Produção e de ordem.

EXERCÍCIO Nº 28.2

A Montadora de Veículos Autobrás produz apenas automóveis do modelo SkyLine-XT, em série. Seu período contábil anual é de 364 dias, divididos em 52 semanas. Ela trabalha com um sistema de custo-padrão semanal; e para os Custos Indiretos de Produção (CIP), o padrão é de $ 10.000.000.

O volume-padrão de produção da empresa é de 5.000 veículos por semana; e os valores reais de determinadas semanas foram:

	Semanas			
	nº 5	nº 8	nº 11	nº 12
Produção real (veículos)	4.850	5.000	5.020	5.050
Custos indiretos reais ($)	10.225.000	9.590.000	9.995.000	10.100.000

Pede-se calcular:

a) A variação de volume da 5ª semana.
b) A variação de custo da 8ª semana.
c) A variação de volume da 11ª semana.
d) A variação de custo da 12ª semana.

EXERCÍCIO Nº 28.3

A Embalax é uma empresa produtora de caixas de papelão. Para sua linha de embalagens para liquidificadores foram estabelecidos os seguintes padrões de Custos Indiretos Fixos de Produção (CIP) para um nível de produção de 200.000 caixas: $ 6.000.000.

Durante determinado período foram produzidas 230.000 caixas, e os custos indiretos reais totalizaram $ 6.900.000.

Pede-se calcular:

a) A variação de volume no Custo Indireto de Produção (CIP).

b) A variação de preço no Custo Indireto de Produção (CIP).

EXERCÍCIO Nº 28.4

A empresa Standard elaborou o seguinte plano operacional de produção para determinado período:

	Físico	Monetário
Volume:	40.000 un.	–
Mão de obra direta:	80.000 h	$ 4.800.000
Custos Indiretos de Produção (variáveis):		$ 25/hmod
(fixos):		$ 1.200.000

Passado o período, a Contabilidade de Custos reportou os seguintes dados reais (históricos):

	Físico	Monetário
Volume:	42.000 un.	–
Mão de obra direta:	88.200 h	$ 5.203.800
Custos Indiretos de Produção Totais:		$ 3.570.000

Considerando que os Custos Indiretos de Produção são apropriados com base no custo de mão de obra direta, pede-se preencher a ficha de custo-padrão e calcular, por unidade produzida, as seguintes variações:

a) De eficiência no CIP.

b) De volume no CIP.

c) Total do CIP.

Elementos de custo	Custo-padrão ($)	Custo Real ($)	Variações					
			Total		Quantidade		Preço	
			$	F/D	$	F/D	$	F/D
Custos Indiretos de Produção								

EXERCÍCIO Nº 28.5

Uma empresa de confecções produz peças de vestuário para moda infantil e a cada estação climática lança uma nova coleção, com o volume-padrão de produção de 1.000 un. de determinado produto. Os principais dados relativos aos custos indiretos de produção estão demonstrados a seguir:

Tabela 1 *Custos indiretos de produção, ao valor-padrão.*

Custos	Variáveis	Fixos
Supervisão da produção	–	$ 9.000
Material indireto	$ 9/hm	–
Energia elétrica	$ 6/hm	$ 6.500
Depreciação	–	$ 5.500

Passado o período, o departamento de Produção, juntamente com o de Contabilidade de Custos, verificou que tinham sido produzidas 1.200 un. e que os custos indiretos reais foram:

Tabela 2 *Custos indiretos de produção realizados.*

Custos	Variáveis	Fixos
Supervisão da produção	–	$ 9.500
Material indireto	$ 10,25/hm	–
Energia elétrica	$ 5,75/hm	$ 7.000
Depreciação	–	$ 6.000

Sabendo-se que o padrão de eficiência é de uma hm por unidade e que o total de horas trabalhadas no período foi de 1.260 hm, pede-se calcular as seguintes variações de custos indiretos, por unidade produzida, indicando se são Favoráveis (F) ou Desfavoráveis (D):

a) de volume;

b) de eficiência; e

c) de preços.

A resposta destes exercícios encontra-se disponível no *site*: <www.grupogen. com.br>.

29

Contabilização do Custo-padrão – o Problema da Inflação

RESPOSTAS DO EXERCÍCIO PROPOSTO

Elementos de custo	Custo-padrão ($/un.)	Custo Real ($/un.)	Variações							
			Total		Quantidade		Preço		Mista	
			$/un.	F/D	$/un.	F/D	$/un.	F/D	$/un.	F/D
Material	108	144	36	D	21,60	D	12	D	2,40	D
Mão de obra	453,60	315	138,60	F	113,40	F	33,60	F	8,40	F
Total	561,60	459	102,60	F	91,80	F	21,60	F	6	F

EXERCÍCIO Nº 29.1

A resposta deste e dos próximos exercícios encontra-se disponível no *site*: <www.grupogen.com.br>.

Assinalar a alternativa correta:

1. No custeio-padrão, até o final de cada período os produtos acabados e os vendidos são contabilizados ao custo:
    a) Histórico.
    b) Variável.
    c) Direto.
    d) Padrão.
    e) De mercado.

2. Na contabilização pelo critério simples com uso do custo-padrão, os custos – quer diretos, quer indiretos – são debitados à conta produção ao custo:
    a) Padrão.
    b) Real.
    c) Fixo.
    d) De mercado.
    e) Ideal.

3. Para efeitos fiscais e societários, no Brasil, o tratamento correto é o de avaliar os estoques no balanço pelo custo:

a) Padrão.

b) Ideal.

c) Fixo.

d) De mercado.

e) Real.

4. Na forma complexa de contabilização à base do padrão, à medida que são incorridos, os custos são debitados por seu valor:

a) Padrão.

b) Fixo.

c) Real.

d) De mercado.

e) Ideal.

5. Na forma complexa de contabilização à base do padrão, durante o processo produtivo os custos são transferidos à produção a valor:

a) Histórico.

b) Variável.

c) Direto.

d) Padrão.

e) De mercado.

EXERCÍCIO Nº 29.2

A empresa Ypirell produz utensílios domésticos, e iniciou o ano 20X2 sem estoques de Produtos Acabados ou em Elaboração.

A empresa considera como volume-padrão de produção 50.000 unidades, por período. Foram iniciadas durante o ano 50.000 unidades, das quais 45.000 foram terminadas e 40.000, vendidas.

Sua estrutura de custos é a seguinte:

	Padrão	Real
Material direto	5 kg/un. a $ 20/kg	255 t, a $ 18.000/t
Mão de obra direta	6 h/un. a $ 25/h	300.000 h a $ 7.800.000
Custos indiretos variáveis	$ 8/h de MOD	$ 2.496.000
Custos indiretos fixos	$ 600.000/ano	

As unidades em processamento no fim do período estavam 100% acabadas em termos de material direto e 60% em termos de mão de obra direta e custos indiretos de produção.

Pede-se calcular:

1. Do ano:

a) O valor do custo-padrão unitário.

b) O custo real total do material direto consumido.

c) O custo-padrão dos produtos acabados.

d) O custo-padrão dos produtos vendidos.

2. Com os ajustes do fim do exercício:
   a) O custo real total unitário.
   b) O custo real de estoque dos produtos acabados.
   c) O valor do custo real dos produtos vendidos.
   d) O valor real do estoque de produtos em elaboração.

EXERCÍCIO Nº 29.3

A empresa Marred's, produtora de geléia de morango, apresenta a seguinte estrutura de custos, por caixa com uma grosa:

	Padrão	Real
Matéria-prima	45kg/cx × $ 7,50/kg	44,5 kg/cx × $ 8,40/kg
Mão de obra direta	12 h/cx × $ 15/h	13h/cx × $ 16/h
Custos indiretos	$ 120	$ 140

Sabendo que houve uma inflação de 12% entre o período orçado e o efetivamente realizado, pede-se calcular, por unidade produzida (caixa com uma grosa), as seguintes variações, em $. Indicar se a variação é Favorável (F) ou Desfavorável (D):

a) De eficiência no uso da matéria-prima.
b) De preço de matéria-prima.
c) De eficiência de mão de obra direta.
d) De preço (taxa) de mão de obra direta.
e) De custos indiretos.

Elementos de custo	Custo-padrão ($)	Custo real ($)	Variações					
			Total		Quantidade		Preço	
			$/un.	F/D	$/un.	F/D	$/un.	F/D
Material								
Mão de obra direta								
Total								

EXERCÍCIO Nº 29.4

A Empresa Pompina foi constituída em 30 de março com o capital de $ 10.000 e os proprietários esperam um retorno de, no mínimo, 6% por período. O capital inicial foi total e imediatamente utilizado na produção de um produto com o seguinte custo:

	Padrão (30 de março)	Real (30 de abril)
Material	60 kg a $ 90/kg	64 kg a $ 100/kg
Mão de obra	180 h a $ 20/h	180 h a $ 20/h

O produto foi vendido em 30 de abril do ano seguinte por $ 15.000, incidindo impostos e comissões de $ 1.000 sobre esse preço.

Considerando-se que a inflação de abril foi de 2,0%, pede-se calcular as seguintes variações, em $. Indicar se a variação é Favorável (F) ou Desfavorável (D):

a) De eficiência no uso do material.

b) De preço (taxa) na compra do material.

c) Mista no custo do material.

d) De eficiência no uso da mão de obra direta.

e) De preço (taxa) da mão de obra direta.

f) Mista no custo da mão de obra.

Elementos de custo	Custo-padrão ($)	Custo Real ($)	Variações							
			Total		Quantidade		Preço		Mista	
			$	F/D	$	F/D	$	F/D	$	F/D
Material										
Mão de obra direta										
Total										

EXERCÍCIO Nº 29.5

Uma empresa estabeleceu os seguintes padrões de custos de produção:

Tabela 1 *Valores-padrão de material direto e de mão de obra direta.*

	Padrão físico	Padrão monetário
Material direto	300 g/un.	$ 200 por kg
Mão de obra direta	2,5 h/un.	$ 8 por hora

Em determinado período, foi iniciada a produção de 4.000 unidades do produto, com os seguintes custos:

Tabela 2 *Custos reais de material direto e de mão de obra direta.*

	Real físico	Real monetário
Material direto	315 g/un.	$ 220 por kg
Mão de obra direta	2,75 h/un.	$ 12 por hora

Outros dados:

- no início do período não havia estoques;
- a quantidade de material adquirida no período foi de 2.000 kg;
- 70% dos produtos foram vendidos;

- a taxa de inflação do período foi de 6%; e
- toda a produção iniciada foi concluída no período.

Pede-se:

a) apurar as variações efetivas de custos (descontando o efeito da inflação); e
b) contabilizar os custos (por seus valores-padrão corrigidos)e as variações, em razonetes.

Ficha de custo-padrão e variações

Elementos de custo	Custo--padrão ($)	Custo real ($)	Variações							
			Total		Quantidade		Preço		Mista	
			$	F/D	$	F/D	$	F/D	$	F/D
Material										
MOD										
Total										

A resposta destes exercícios encontra-se disponível no *site*: <www.grupogen.com.br>.

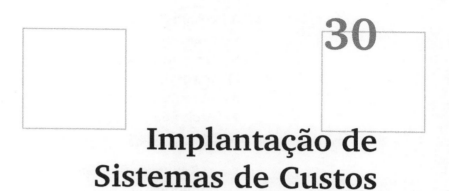

Implantação de Sistemas de Custos

RESPOSTAS DO EXERCÍCIO PROPOSTO

1. Alternativa correta: A.
2. Alternativa correta: E.
3. V, V, V, F e F.

EXERCÍCIO Nº 30.1

A resposta deste e dos próximos exercícios encontra-se disponível no *site*: <www.grupogen.com.br>.

Assinalar a alternativa correta:

1. A atitude de uma pessoa, por ter resistência à implantação de um sistema de custos, normalmente é uma reação:
   a) Ativa.
   b) De controle.
   c) Passiva.
   d) De medo.
   e) Positiva.

2. A escolha de um sistema de custos depende principalmente:
   a) Da metodologia empregada.
   b) Do objetivo a ser atingido.
   c) Do tamanho do setor.
   d) Da mão de obra empregada.
   e) Do patrimônio da empresa.

3. São subsistemas típicos de um Sistema de Informações Gerenciais:
   a) Planejamento, Execução e Controle.
   b) Contabilidade Gerencial e Decisorial.
   c) Contabilidade, Custos e Orçamentos.
   d) Contabilidade, Execução e Controles.
   e) Controles, Orçamentos e Gestão.

4. A implantação de um sistema de informação deve ser:
   a) Imperativa.
   b) Gradativa.
   c) Imposta.
   d) Autoritária.
   e) Arbitrária.

5. Observar as sentenças seguintes:

   I – Sempre existirão problemas na adoção e implantação de um sistema de informação.

   II – Quando da implantação de um sistema, pode-se desencadear uma sensação de início de uma era de controle e fiscalização sobre o pessoal.

   III – A curto prazo, normalmente, todo sistema consegue eliminar pessoas e gastos.

   IV – Quando um dos motivos da implantação de um sistema é a ideia de redução de custos, pode ocorrer imediata reação do pessoal.

   Estão corretas as sentenças:
   a) I, II e IV.
   b) I, II, III e IV.
   c) II, III e IV.
   d) I, III e IV.
   e) I, II e III.

EXERCÍCIO Nº 30.2

Assinalar a alternativa correta:

1. São informações geradas por um sistema de custos:
   a) Valor dos estoques, lucro líquido, liquidez.
   b) Custos das perdas, receita bruta, solvência.
   c) Valor dos estoques, custo-padrão, custo fixo.
   d) Custo fixo, lucratividade, patrimônio líquido.
   e) Valor dos estoques, custo por produto, liquidez.

2. Pode-se citar como intercâmbio de dados entre subsistemas de um Sistema de Informações Gerenciais (SIG):
   a) Preço do concorrente e consumo de material.
   b) Custo previsto e liquidez corrente da empresa.
   c) Análise dos concorrentes e valor dos estoques.
   d) Quantidade prevista e consumida de material.
   e) Análise de mercado e de demanda por produto.

3. Não se pode afirmar, a respeito da implantação de Sistemas de Custos, que ela:
   a) Deve ser gradativa.
   b) Deve ser imposta.
   c) Depende do objetivo.
   d) Depende do nível de detalhe.
   e) Informações são caras.

4. A respeito de "importação" de sistemas de custos, é correto afirmar que:
   a) O uso de pacotes de sistemas, já pré-moldados e predesenhados, pode, na maioria das vezes, ser bem-sucedido.
   b) O sistema que foi bem-sucedido na matriz também funcionará bem na filial.
   c) Se um sistema estiver funcionando bem num concorrente, não implica que, necessariamente, tenha sucesso no outro.
   d) Um sistema sempre funciona bem, independentemente do grau de sofisticação da estrutura administrativa, da qualidade e educação do pessoal envolvido.
   e) Modelos desenvolvidos para empresas onde a ênfase é no controle de mão de obra podem ser aplicados, sem qualquer adaptação, numa outra cujo foco está em material direto.

5. A implantação de um sistema de custos depende de:
   a) Objetivo e nível de detalhe.
   b) Ambiente e pessoal.
   c) Informação e tecnologia.
   d) Mercado e demanda.
   e) Fiscalização e controle.

EXERCÍCIO Nº 30.3

Assinalar Falso (F) ou Verdadeiro (V):

( ) Quaisquer que sejam os sistemas de custos adotados, a quantidade de dados necessários e a finalidade de sua implantação, sempre existirão alguns problemas, como a resistência do pessoal e outros.

( ) A implantação de sistemas de custos consegue sempre eliminar pessoas e reduzir muitos custos a curto prazo.

( ) Quando da implantação de um sistema de custos, o que normalmente ocorre é o aumento de pessoas e de equipamentos, pelo menos durante algum tempo.

( ) Um sistema de custos deve ser eficiente a ponto de levantar todos os dados e gerar todas as informações possíveis, custe o que custar.

( ) A primeira reação das pessoas, ao implantar um sistema de custos, é a sensação de estar sendo iniciada uma era de controle por parte da Administração.

EXERCÍCIO Nº 30.4

Assinalar Falso (F) ou Verdadeiro (V):

( ) Nada mais barato do que utilizar um sistema de custeio que já tenha sido bem-sucedido numa outra empresa.

( ) Se o problema é específico, talvez não haja necessidade de a empresa implantar um sistema para todo o conjunto da organização.

( ) Não é necessário que seja dada alguma assessoria junto aos usuários, já que todo sistema é autoexplicativo.

( ) Definidos os objetivos, torna-se mais fácil determinar o tipo de sistema, assim como seu nível de detalhamento.

( ) Onde nunca houve sistemas formais de captação de dados deve-se começar com o máximo de detalhamento.

EXERCÍCIO Nº 30.5

Uma empresa presta serviços de consultoria ambiental no Brasil e é reconhecida por seu alto nível de qualidade; é sediada em Campinas (SP) e até pouco tempo possuía apenas três filiais. Nos últimos anos, expandiu suas atividades para outras regiões do país graças à crescente conscientização socioambiental das organizações, à exigência da legislação e à pressão de ONGs.

Apesar de apresentarem resultados positivos na empresa como um todo, os executivos tinham a impressão de que alguns projetos não estavam cobrindo seus próprios custos. Os orçamentos eram preparados com base em estimativas grosseiras, sem uma análise acurada de seus custos; consequentemente, não se sabia qual dos projetos e de qual região estava sendo mais lucrativo.

O sistema de bonificações da empresa não tinha informações seguras para recompensar os gerentes que tivessem melhor desempenho.

Tudo isso fez com que a empresa se preocupasse em ter sistema de apuração de custos e resultados por projeto. Além disso, era necessário, também, que se aprimorasse o processo de elaboração dos orçamentos.

Assim, decidiu-se adquirir no mercado um sistema de apuração de custos que fosse voltado a empresas de prestação de serviços. Segundo a direção da empresa, o sistema não deveria restringir-se à Contabilidade Gerencial, mas atender também às áreas Fiscal e Societária da empresa. Apesar do alto custo, acreditava-se que a compra de um sistema completo e detalhado seria vantajosa, porque todos os problemas de todas as áreas seriam resolvidos em pouquíssimo tempo.

Depois da implantação, os trabalhos redobraram; o tempo despendido na contagem de materiais e no apontamento de horas em *time sheet* era maior do que as horas dedicadas aos projetos. O excesso de detalhes do sistema passou a incomodar também os gerentes, que continuavam sem ter um instrumento confiável para a tomada de decisões.

O índice de rotação de pessoal aumentou significativamente. Houve resistência dos funcionários, porque o sistema demandava muito trabalho e não foi considerada a necessidade de novas contratações; além disso, a direção não teria se preocupado em treinar os funcionários para operar o sistema.

Com base na leitura do texto, pede-se assinalar a alternativa correta.

1. Quanto aos objetivos do sistema de apuração de custos, pode-se afirmar que:
   a) Os executivos não estavam preocupados em saber quais eram os clientes e os projetos mais lucrativos, e sim o resultado global e por filiais.
   b) O sistema deveria proporcionar informações para que o orçamento dos projetos não fosse mais elaborado de forma errática e intuitiva.
   c) A cobertura dos custos de cada projeto era uma informação obtida apenas na Contabilidade Societária da empresa.
   d) A informação sobre os custos de cada filial não ajudaria a diminuir a competição entre as mesmas.
   e) As funções de avaliação, decisão e controle de custos do sistema apoiariam os objetivos da empresa e os interesses individuais dos gerentes.

2. No que diz respeito à implantação do sistema de custos na empresa, não seria necessário:
   a) Verificar a materialidade da informação requerida.

b) Definir objetivos a serem atingidos com o sistema.

c) Considerar o impacto que teria com os funcionários.

d) Avaliar a relação geral de custo-benefício do sistema.

e) Contemplar todos os processos, atividades e tarefas.

3. Para os diretores da empresa, as principais entidades de custeio objeto do sistema eram:

a) Filiais.

b) Regiões.

c) Projetos.

d) Agências

e) Escritórios.

4. Quanto às razões da reação dos funcionários à forma de adoção do sistema, pode-se afirmar que:

a) Os problemas encontrados dizem respeito exclusivamente a esta empresa, porque geralmente os funcionários aceitam tudo.

b) O excesso de dados requeridos pelo sistema de custos foi um fator que não influenciou o índice de rotação de empregados.

c) Os funcionários resistiram à proposta da empresa, porque não estavam dispostos a entendê-la, já que foi imposta pela direção.

d) Preparar os funcionários para trabalhar com o sistema não se restringiria a treiná-los, mas também discutir com eles os seus objetivos.

e) A motivação dos funcionários foi prejudicada pela política de recompensas implantada, que iniciou um clima de competição entre eles.

5. Para os diretores da empresa, os principais eventos objeto de decisão, a contar com o suporte do sistema, eram:

a) Precificação e admissão de funcionários.

b) Precificação e avaliação de desempenho.

c) Precificação e descontinuação de projetos.

d) Avaliação de desempenho e sistema de remuneração.

e) Avaliação de desempenho e descontinuação de projetos.

6. Considerando-se a decisão tomada pela empresa em comprar o sistema pronto, é correto afirmar que: (Assinalar Falso (F) ou Verdadeiro (V))

( ) Aspectos institucionais relacionados ao comportamento e à cultura do pessoal da organização foram levados em conta.

( ) O fato de o sistema adquirido ser do setor de atuação da empresa não garantiu que ela atingisse seus objetivos com ele.

( ) Para os principais executivos da empresa, a aquisição e o uso do sistema de apuração de custos trariam a garantia de resultados efetivos.

( ) Além do preço de aquisição do sistema, a empresa considerou outros gastos, como a sua manutenção e o treinamento de funcionários.

( ) O excesso de detalhes de cada um dos módulos do sistema enriqueceu e agilizou o processo de tomada de decisões na empresa.